高等教育财经类核心课程系列教材
高等院校应用技能型精品规划教材
高等院校教育教学改革融合创新型教材

富媒体 智能化

经济学基础
ESSENTIALS OF ECONOMICS

（第三版）

思政·德育·实务·实训

李贺 ◎ 主编

视频版·课程思政

上海财经大学出版社
SHANGHAI UNIVERSITY OF FINANCE & ECONOMICS PRESS

上海学术·经济学出版中心

图书在版编目(CIP)数据

经济学基础:思政·德育·实务·实训/李贺主编.—3版.
—上海:上海财经大学出版社,2024.6
高等教育财经类核心课程系列教材
高等院校应用技能型精品规划教材
高等院校教育教学改革融合创新型教材
ISBN 978-7-5642-4384-5/F·4384

Ⅰ.①经⋯ Ⅱ.①李⋯ Ⅲ.①经济学-高等学校-教材 Ⅳ.①F0

中国国家版本馆 CIP 数据核字(2024)第 096142 号

□ 责任编辑　汝　涛
□ 书籍设计　贺加贝

经济学基础
——思政·德育·实务·实训
（第三版）

李　贺 ◎主编

上海财经大学出版社出版发行
(上海市中山北一路 369 号　邮编 200083)
网　　址:http://www.sufep.com
电子邮箱:webmaster@sufep.com
全国新华书店经销
上海新文印刷厂有限公司印刷装订
2024 年 6 月第 3 版　2024 年 6 月第 1 次印刷

787mm×1092mm　1/16　21 印张　579 千字
印数:15 001—19 000　　定价:59.00 元

第三版前言

经济学是经济学家对市场经济运行规律的理论概述,对建设和完善新时代中国特色社会主义市场经济不仅具有重要的借鉴价值,而且具有很强的实用性。本教材以开阔的视野和丰富的案例,将经济学的基本理论与我国市场经济实践紧密结合,阐述了经济学的基本原理和运用方法,以经济学"如何满足需求"为线索,使学生学会用经济学的眼光看世界,挖掘蕴藏在经济发展趋势背后的经济学知识。本教材自出版以来,受到了全国高校师生的厚爱与好评,并被评为辽宁省"十四五"省级规划教材。在此,我们对教材进行了第三版的编写,努力让新版教材呈现出新的亮点和特色,以便更好地满足广大师生的需要。编写本教材的"初心"就是要让学生能够在一学期内较系统、完整地掌握经济学的基础知识,"使命"就是实现"教师善教,学生乐学"。在本次改版中,编者以习近平新时代中国特色社会主义思想为指导,深入贯彻党的二十大精神,以教育部《关于印发〈高等学校课程思政建设指导纲要〉的通知》(教高〔2020〕3号)和《普通高等学校教材管理办法》(教材〔2019〕3号)为依据,修订了这本实用性很强的富媒体·智能化教材——《经济学基础》(第三版)。

《经济学基础》(第三版)本着二十大精神进教材的出发点,将知识要素、技能要素、素质要素和思政要素落实到具体内容中,深入挖掘思政元素,将二十大精神的新思想、新观点、新论断融入教材,用习近平新时代中国特色社会主义思想启智润心。因此,编者力求在内容上有所突破,将社会主义核心价值观教育融入教材内容,以课程思政贯穿全过程,营造全员育人环境,全面提升人文素养,强化职业道德素质。通过融入课程思政内容,增强学生的理想与信念,并结合当前教育部对高校教学改革的要求,以及应用技能型高等院校财经类学生教学培养目标,理论联系实际,依照"原理先行、实务跟进、案例同步、实践到位"的原则修订了这本具有一定前瞻性的课证融通教材。

《经济学基础》(第三版)共涵盖3个模块,12个项目,43个任务。在结构安排上,采用"项目引领、任务驱动、实操技能"的编写方式,力求结构严谨、层次分明;在表述安排上,力求语言平实凝练、图文并茂、通俗易懂;在内容安排上,尽可能考虑到财经类不同层次的不同需求,每一个项目都设有知识目标、技能目标、素质目标、思政目标、项目引例和引例导学;在"知识支撑"中涵盖了课堂讨论、学思践悟、悟有所得、启智润心、明理善行、同步思考、案例鉴赏、做中学、学中做、视频、课程思政、提示、注意等栏目。教材的课后内容编排了应知考核(包括单项选择题、多项选择题、判断题、简答题、计算题)、应会考核(包括观念应用、技能应用、案例分析)和项目实训(包括实训任务、实训情境、实训要求),这样使学生在学习每一个项目内容时做到有的放矢,增强学习效果;应知考核和应会考核对学生巩固加深所学知识大有裨益,同时案例、实训又使学生加深对经济学的理解,学会在实际工作中将基本的理论和实务知识付诸实践。

作为高等教育财经类核心课程系列教材,本书力求体现以下特色:

1. 学生导向,能力为重。为打造一本学生喜欢的经济学教材,让学生觉得学经济学是一种享受,本书强调经济学理论的分析和应用,避免枯燥、晦涩难懂的理论推导,书中引入大量案例、政策分析等内容,大大提高了可读性。根据应用型人才培养目标的需要,以"必需、够用"为原则,以学生的能力需求为中心设计本书的内容和结构,力求知识体系充实、合理、实用,突出内容的基础性、知识的针对性。

2. 结构合理,体系规范。本书针对应用技能型高等院校财经类课程的特点,将内容庞杂的经济学基础知识系统性地呈现出来,力求做到结构体系科学规范、内容简明且实用,提高学生在特定业务情境中发现问题、分析问题和解决问题的能力,从而强化学生的职业道德素养。为此,在适当借鉴西方国家经济理论的同时,兼顾我国近几年经济发展新趋势和经济体制改革的新思路,使学生能够理解国家的经济政策并读懂财经新闻。

3. 内容求新,突出应用。针对应用技能型高等院校教学的要求和特点以及学生学习兴趣与学习能力的变化,采用"项目—任务"式布局,同时采用项目式和任务化的编写方式,将经济学各部分理论知识融于每一个具体任务中,使学生在完成任务的基础上,真正领悟经济学知识的精髓。在注重经济学必要理论的同时,强调经济学在发现问题、分析问题、解决问题上的应用;主要引导学生"学中做"和"做中学",以学促做,做学合一,一边学理论,一边将理论知识加以应用,实现理论和实践一体化。

4. 加强修养,立德树人。高校的根本任务是立德树人,培养中国特色社会主义事业的建设者和接班人,在通用技术课程中应该注重思想政治性,即注重做好课程思政建设。因此,在本次改版时,我们将贯彻课程思政原则作为首要原则,注意引导学生在学习专业知识时加强思想修养、提高政治水平,添加了小栏目"课程思政""学思践悟""启智润心"。本书注重加强对学生的世界观、人生观和价值观的塑造,为社会培养更多德智体美劳全面发展的人才。同时,注重培养学生审美和情操,丰富其想象力,培养其创新意识。

5. 栏目丰富,形式生动。本书栏目形式丰富多样,每个项目设有知识目标、技能目标、素质目标、思政目标、项目引例;知识支撑涵盖了课堂讨论、同步案例、案例鉴赏、做中学、视频、课程思政、学思践悟、启智润心等;课后安排了应知考核、应会考核、项目实训等栏目,丰富了教材内容与知识体系,也为教师教学和学生更好地掌握经济学知识内容提供了首尾呼应、层层递进的可操作性教学方法。

6. 课证融合，书证融通。 本书以人力资源和社会保障部全国经济专业技术资格考试认证为目标，以全国经济专业技术资格考试中的经济基础知识（初级、中级）内容为主线，在注重实践操作的同时，为与资格考试内容相配套，在每个项目中设计了与考证对接的相关配套习题，从而为资格认证打下基础；同时也适用于高校经济学大赛，做到了"课证融合""书证融通""岗课赛证"。

7. 课程资源，配套上网。 为了使课堂教学达到多元立体化，编者开发了教学资源（含有教师课件、习题答案、教师教案、教学大纲、模拟试卷等）；为学生学成技能配备了以"主要的纸质教材为主体，线上学习平台为载体"，多种教学资源混合（课件、学习任务、教学视频、教学案例等）的立体化数字教学资源体系。

本书由李贺主编。杨阳、王海涛、李虹、王玉春、李洪福负责全书教学资源包的制作。本书适用于应用技能型高等院校财经商贸类专业的学生，同时，也可作为企业经济管理人员，特别是参加经济师考试和自学之用，还可作为专升本考试的辅导教材。在编写过程中，参阅了参考文献中所涉及作者的教材、著作和网站等资料，同时得到了上海财经大学出版社的大力支持，谨此一并表示衷心的感谢！由于编写时间仓促，加之编者水平有限，本书难免存在一些不足之处，恳请专家、学者批评指正，以便不断地更新、改进与完善。

内容更新与修订

编者
2024 年 5 月

目 录

模块一　走进经济

项目一　揭开经济面纱——经济学导论 003
　任务一　经济学的研究对象 004
　任务二　经济学的研究内容 016
　任务三　经济学的研究方法 023
　任务四　经济学十大原理 029
　　应知考核 031
　　应会考核 033
　　项目实训 034

模块二　微观经济

项目二　掌握殿堂钥匙——价格理论 037
　任务一　需求理论分析 038
　任务二　供给理论分析 045
　任务三　均衡价格理论分析 049
　任务四　弹性理论分析 056
　　应知考核 066
　　应会考核 068
　　项目实训 069

项目三　学会理性消费——消费者行为理论 ………………………………………… 071
任务一　效用理论概述 …………………………………………………………… 072
任务二　基数效用分析 …………………………………………………………… 075
任务三　序数效用分析 …………………………………………………………… 081
任务四　消费者行为分析 ………………………………………………………… 086
应知考核 …………………………………………………………………… 093
应会考核 …………………………………………………………………… 095
项目实训 …………………………………………………………………… 096

项目四　研究企业行为——生产者行为理论 …………………………………… 097
任务一　生产函数概述 …………………………………………………………… 098
任务二　短期生产函数 …………………………………………………………… 101
任务三　长期生产函数 …………………………………………………………… 107
应知考核 …………………………………………………………………… 116
应会考核 …………………………………………………………………… 118
项目实训 …………………………………………………………………… 120

项目五　回归生产理性——成本与收益理论 …………………………………… 121
任务一　成本理论概述 …………………………………………………………… 122
任务二　短期成本曲线 …………………………………………………………… 125
任务三　长期成本曲线 …………………………………………………………… 130
任务四　收益理论分析 …………………………………………………………… 135
应知考核 …………………………………………………………………… 138
应会考核 …………………………………………………………………… 140
项目实训 …………………………………………………………………… 141

项目六　寻找市场规律——市场均衡理论 ……………………………………… 143
任务一　完全竞争市场 …………………………………………………………… 144
任务二　垄断市场 ………………………………………………………………… 150
任务三　垄断竞争市场 …………………………………………………………… 158
任务四　寡头垄断市场 …………………………………………………………… 162
应知考核 …………………………………………………………………… 167
应会考核 …………………………………………………………………… 168

项目实训 ·· 170

项目七　知晓社会分配——分配理论·· 171
任务一　生产要素··· 172
任务二　劳动供需曲线·· 175
任务三　资本利润理论·· 185
任务四　收入分配理论·· 191
　　应知考核·· 197
　　应会考核·· 198
　　项目实训·· 199

项目八　调节市场行为——市场失灵与政府干预理论····························· 201
任务一　市场失灵原因·· 202
任务二　政府干预方法·· 215
　　应知考核·· 218
　　应会考核·· 220
　　项目实训·· 221

模块三　宏观经济

项目九　开启宏观经济——国民收入核算与决定理论···························· 225
任务一　国民收入核算·· 226
任务二　国民收入总量·· 231
任务三　国民经济运行·· 235
任务四　简单国民收入决定··· 237
任务五　IS—LM 曲线··· 242
任务六　AD—AS 曲线·· 251
　　应知考核·· 258
　　应会考核·· 260
　　项目实训·· 261

项目十　直面失业问题——失业与通货膨胀理论··································· 263
任务一　失业理论··· 264

任务二　通货膨胀理论 ··· 269

任务三　菲利普斯曲线 ··· 276

应知考核 ·· 279

应会考核 ·· 281

项目实训 ·· 282

项目十一　把握经济脉络——经济增长和经济周期理论 ·· 283

任务一　经济增长理论 ··· 284

任务二　经济周期理论 ··· 293

应知考核 ·· 301

应会考核 ·· 302

项目实训 ·· 303

项目十二　政府调节经济——宏观经济政策理论 ··· 304

任务一　宏观经济政策 ··· 305

任务二　财政政策理论 ··· 308

任务三　货币政策理论 ··· 313

应知考核 ·· 322

应会考核 ·· 323

项目实训 ·· 324

参考文献 ·· 326

模块一

走进经济

项目一　揭开经济面纱——经济学导论

● **知识目标**

理解：经济学相关的基本概念；经济学的研究对象。
熟知：经济学的研究方法；经济学十大原理。
掌握：微观经济学和宏观经济学的研究内容及两者之间的关系。

● **技能目标**

能对周围发生的经济现象有一定的敏感度；初步学会从经济学的视角分析各种社会问题；能够区分微观经济学与宏观经济学；清楚实证分析法与规范分析法；能够绘制生产可能性曲线并理解机会成本、资源配置、资源利用；能够解释资源稀缺性与资源配置之间的关系。

● **素质目标**

能够正确领会和理解经济运行的逻辑关系和基本规律，学会用经济学的方法来思考、分析经济问题，具备分析问题、解决问题的能力，树立正确的世界观、人生观和价值观，做到学思用贯通、知信行统一。

● **思政目标**

通过本项目的学习，引领并塑造学生价值观，培养学生对经济学的理解与热爱，培养新的思维方法和思维模式，明确在经济学的学习中，按照习近平总书记的重要讲话精神，不断开拓当代经济学新境界。同时，树立保护稀缺资源的生态文明意识，培养强烈的事业心和责任心。

● **项目引例**

生活中的权衡取舍

A 国有一个小镇，镇上的人们过着简单而幸福的生活。小镇上有一家面包店，老板叫汤姆。汤姆是这个小镇上唯一的面包师，他用自己的秘方制作出了非常美味的面包，深受当地人的喜爱。

某一天，A 国政府宣布将在小镇旁边修建一条高速公路，这条公路将使小镇与周边地区的交通更加便利，也将带来更多的商业机会和就业机会。但是，修建这条公路需要开发一块当地生态环境比较好的土地。于是,政府需要在保护环境与发展经济之间做出权衡取舍。

汤姆也面临着一个类似的问题。他的面包店生意越来越好,人们对他的面包越来越依赖。但是,汤姆的面包制作需要消耗大量的面粉和燃料,而这些资源的价格伴随需求的增长逐渐上涨。他需要在保持质量与扩大规模之间做出权衡取舍

同样,社会也面临着类似的问题。人们对环保和可持续发展的意识越来越高,人们期望政府和企业都能够采取措施来保护环境并促进可持续发展。社会需要在保护环境与推动经济发展之间做出权衡取舍。政府、汤姆和社会都需要运用经济学的知识和工具来做出权衡取舍,并制定合适的政策和计划。政府需要权衡公共利益和经济利益,汤姆需要权衡质量和成本,社会需要权衡环保和经济发展。通过综合考虑各种因素,他们最终做出了最佳的决策,使得小镇可以保持环境的美丽和生态的完整性,同时也能够实现经济的发展并提高人们的福祉。

请问:经济学产生的原因是什么?经济学主要解决什么问题?

● 引例导学

人类社会的基本问题是生存与发展。生存与发展就是不断地用物质产品或劳务来满足人们日益增长的需求。需求来自欲望,相对于人类社会的无穷欲望而言,经济物品或者说生产这些物品所需的资源总是不足的,这种资源的相对有限性就是稀缺性。在日常生活中,我们常遇到这样那样的烦恼,烦恼主要源于资源稀缺所致的决策烦恼。在经济学中,我们通常将人们面临的决策问题描述为"权衡取舍"问题。了解经济学的知识和方法可以帮助我们更好地分析这些问题,从而做出更理性的选择、更明智的决策,实现个人、组织和国家的目标和利益。

因此,掌握正确的经济学知识,将经济学思考问题的方法运用到日常生活中来,使我们能够更理性地面对生活中的各种事情,小到油盐酱醋,大到治国理政,有助于减少工作和生活中的诸多郁闷和不快,多一些快乐。经济学的理论告诉我们:资源是稀缺的,时间是有限的,选择是有代价的。我们要学会放弃一些眼前得失,要选择机会、选择未来,坚持学习,不断地给自己充电,适应新的变化。如果你能多懂得一点经济学,就会多一点机遇、少一点风险。

● 知识支撑

任务一　经济学的研究对象

经济学是研究人们如何做出选择来使用稀缺资源生产各种物品,并把这些物品分配给社会各个成员以满足他们需求的一门社会科学。或者也可以这样说,经济学是一门教导人们如何有效配置稀缺资源的社会科学。

一、理解经济学的关键词

什么是经济学?经济学实际上就是我们对日常生活现象的本质的探索和思考,是研究资源配置与利用的科学,是为解决选择问题而产生的。也就是说,经济学的研究对象是由稀缺性而引起的选择问题。要了解经济学的含义,首先要弄清楚经济学含义中的几个关键词:稀缺性、选择、机会成本等。

(一)稀缺性(Scarcity)

人类社会物质资料生产活动所需要的诸种要素统称为资源。资源按其丰裕程度可分为经济资源和自由取用资源。前者是稀缺的,要使用它就必须付出一定的代价;后者如空气,其数量的丰富使人们不付分文便可以得到它。在现实生活中,相对于人

动漫视频

稀缺性

类的需要来说,绝大多数资源是数量有限的或稀缺的经济资源。这种资源的稀缺性决定了人类的需要只能得到部分的满足。

在经济学上,一切直接或间接地为人类所需要并构成生产要素,用来生产满足人类需求的商品所需要的物质资料和服务,称为经济资源。经济资源从不同的角度可以有不同的分类方法。按经济活动的部门属性来分,经济资源可分为工业资源、农业资源、交通运输资源、建筑资源、旅游资源、能源资源和科技资源等。按其本身属性来分,经济资源大体可分成四大类:自然资源、人力资源、资本资源和信息资源。

每个人来到这个世界上都会面临着两大问题,即生存与发展,并且人们都希望自己能更好地生存和发展,这就是人类的欲望,也称需要。马克思将人的需要划分为生存需要、享受需要和发展需要。需要不仅是有层次的,而且其内容是不断更新发展的。温饱问题解决后,还会追求吃得营养、穿得讲究、住得舒适、行得方便,以及闲暇生活的丰富多彩等。人们对生活质量的追求是不断增长的。

习近平总书记指出,中国特色社会主义进入新时代,我国社会主要矛盾已经转化为人民日益增长的对美好生活的需要与不平衡、不充分的发展之间的矛盾。人们的需要是无限的,当一种需要满足之后,又会产生另一种新的需要。美国学者亚伯拉罕·马斯洛(Abraham Maslow)将人的欲望分为五个层次:①生理需要,即吃、穿、住等生存的需要;②安全需要,即希望未来生活有保障,如免于失业、免于受伤害等;③社会需要,即感情、爱、归属感的需要等;④尊重需要,即需要有名誉、威望和地位等;⑤自我实现的需要,即实现个人价值和理想等。这些需要从低到高依次排列,当前一种比较低层次的需要得到满足或部分满足后,后一种更高层次的需要便会产生,因此,人类的需要是无限的,但用来满足人类需要的"经济物品"却是有限的,相对于人类无限的需要而言,经济物品或者说生产这些物品所需要的经济资源总是不足的,这就是稀缺性。

【提示】稀缺性是一个普遍的规律,存在于一切时代和一切社会。它是始终伴随人类社会发展的问题。这就使得人类要不断地探索如何有效利用资源的问题,从而形成以探索资源有效利用为主线和主题的学说,即经济学。

1. 稀缺与稀缺法则

人的欲望是无穷的,但资源却是有限的,这就会产生资源的稀缺。稀缺是指任何社会在获得人们所需要的物品上所存在的自然的限制。稀缺是指这样一个状态:相对于人们的需求,物品总是有限的。实事求是的人们都不会否认,尽管经历了快速的经济增长,我国的生产能力还是不能完全满足每个人的欲望。如果将所有的需要加总起来的话,我们就会发现,现有的物品和劳务根本无法满足人们全部的消费欲望。经济学家认为,经济学是为解决人类经济活动中经常面临的欲望的无限性与资源的稀缺性之间的矛盾而产生的。稀缺具有相对性和绝对性。

(1)相对性是指资源是否稀缺并不取决于资源物品本身绝对数量的多少,而是相对于人们无限增长的需要而言的。在生活中,总是存在一个显而易见的事实,那就是人们的需要总是超过他所能得到的东西,很难想象存在一个所有的需要都能被满足的社会。只要列出来的需要超出了自己满足这些需要的能力,人们就会面临稀缺问题。

(2)绝对性是指稀缺是人类社会永存的问题,任何人、任何社会都无法摆脱稀缺性,即使在长时期内,物品的质和量可以改变,但仍然是有限的。

【提示】经济学产生于稀缺性的存在。稀缺性的存在决定了一个社会和个人必须做出选择。

由于稀缺的存在对人们的经济行为产生了客观要求,就有了人类社会的一个基本法则,即稀缺法则。稀缺法则是指资源和物品相对于人类无限欲望的有限性及由此产生的合理使用资源和物品(有所选择)的客观要求。如果资源是无限的,能够无限量地生产任何物品,或者人类的需要已经完全满足,那么每个人都能随心所欲地得到他所需要的东西,也就不会产生任何问题。正是由于资源有限,才在客观上要求人类面临各种选择,违背了这个规律,就会受到惩罚,如企业破产就是典型的例子。这也是经济学产生的原因。

课程思政　　　　　昭君出塞——资源短缺

西汉在汉武帝的时候已经进入全盛时期,到汉宣帝的时候更是强盛。那时候,匈奴的军事实力大为减弱。其中有一个名为呼韩邪的匈奴单于曾亲自带领部下来朝见汉宣帝。汉宣帝之后的汉元帝时期,西汉与呼韩邪的关系也是不错的。

公元前33年,呼韩邪单于率众第三次前来长安,朝见汉元帝,请求同汉朝和亲,以巩固双方关系,并表示愿意娶汉女作为匈奴的阏氏。元帝也十分愿意通过和亲的形式来巩固双方关系,以减少不必要的战争。但是,元帝舍不得将公主远嫁到匈奴,于是决定将宫女许配给呼韩邪为妻。

后宫佳丽虽多,但基本没有人愿意去匈奴。这时候,有一个名为王昭君的宫女挺身而出愿意远嫁匈奴。元帝十分高兴,公主不用远嫁匈奴了。元帝在长安给呼韩邪与王昭君操办亲事。呼韩邪单于得到年轻貌美的妻子,很开心。返回匈奴之前,呼韩邪携王昭君一同向元帝告别。元帝见到这样的绝世美女,心里很不是滋味,但为时已晚,只能眼睁睁地看着王昭君远走。

之后,元帝很气愤:为什么连宫里面的美女都发现不了呢。为了追查,他派人把王昭君的画像拿出来,仔细看看。这才恍然大悟,原来画像上的王昭君与现实中的相差太远。于是,元帝发出这样的疑问:"为什么画中的王昭君会变成这个样子呢?"最后,元帝搞清楚了原因。原来宫女进宫时先由画工画像,然后送给皇帝看,依据画像来决定是否入选。当时的画工给宫女画像,如果宫女给画工送礼,画工才会把人画得很美。但是,王昭君不愿意贿赂画工,结果画工就没把王昭君的美貌如实地画出来,导致王昭君不能入选,未能与元帝谋面。得知此事,元帝极为恼怒,下令严惩画工。

资料来源:李贺主编:《经济学基础》(第2版),上海财经大学出版社2021年版,第5页。

【思政感悟】　在昭君出塞的故事中,为什么呼韩邪单于和亲的时候要娶汉女?对汉元帝来说,王昭君这样的美女也是稀缺的,不然也不至于恼怒,惩办画工。

【三省吾身】　如今,人们积极倡导营造低碳生活,尽量减少化石燃料(如汽油、煤炭)的使用,甚至在专业研究领域中出现了低碳会计这样的研究课题。这是为什么呢?是因为化石燃料是稀缺的,所以一方面我们要学会节约,不能浪费资源;另一方面要学习经济学,只有学好了经济学,才可以帮助我们更好地处理稀缺性问题。

古语说"知足者常乐"。这告诉我们在面对相对稀缺的资源时,要节制欲望。如果放任自身欲望膨胀,不仅对自然环境有害,而且自己也得不到真正的快乐。

人们都希望自己的欲望能够得到全部的满足,但能够满足人们欲望的经济物品和资源又是稀缺的,因此,人类无限的欲望与有限的经济物品和资源之间是相互矛盾的,人们通常把这个矛盾称为"大炮与黄油的矛盾"。大炮代表武器,能满足国民安全的需要;黄油代表食物,能满足国民吃饱的需要。二者都是经济物品,需要消耗资源才能生产出来。在社会资源一定的情况下,多生产武器势必导致少生产食物,多生产食物则会导致少生产武器。这就是我国古代孟子所说的"鱼和熊掌不可兼得"。

下面举例说明,在图1—1中,横轴表示产品2的数量,纵轴表示产品1的数量。首先是将所有的资源都用来生产产品1,那么最多只能生产 OA 数量;其次是将所有资源全部用来生产产品2,最多生产的数量也只有 OB。假如生产是在 D 点,那么产品1的数量就是 OC,产品2的数量就是 OG;假如生产是在 F 点,产品1和产品2的数量就分别是 OE 和 OH。在曲线 $ADFB$ 上的任何一点都表示资源已经被最大限度地使用了,不存在资源被闲置的情况。

在该图中还有 I 和 J 两个点,其中 I 点表示资源没有得到充分利用,即资源有闲置。这个时候可以通过增加生产的方法扩大产量,使得 I 点移动到生产可能性曲线上。当然,J 点已经超出了生产可能性曲线之外,这就是表示在现有的技术条件下,是达不到 J 点的。

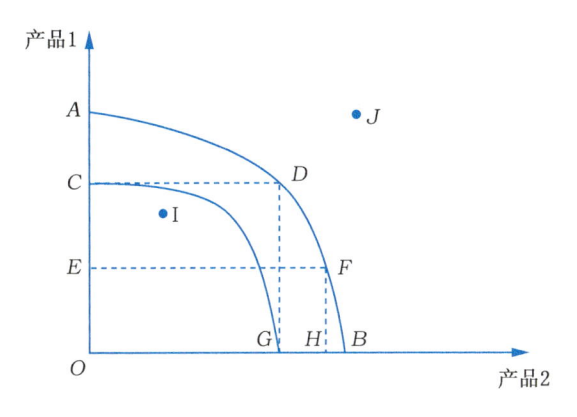

图 1—1　生产可能性曲线

曲线 ADFB 和曲线 CG 都是生产可能性曲线(即生产可能线、生产可能性边界)。生产可能性曲线(Production Possibilities Curve,PPC,或 Production Possibilities Frontier,PPF)是指在一定的技术条件下,利用现有资源所能生产出来的最大产量的组合。

课程思政　　　　楚汉之争——生产可能性曲线

秦朝末年,群雄并起。其中,项羽破釜沉舟,在巨鹿全歼秦军主力,一时名声大噪,成为起义部队中实力最强的一支队伍。然而,项羽没有想到的是,刘邦乘其酣战之际率军独自攻入咸阳,占领关中。项羽觉得自己冒着生命危险同秦军进行苦战,没想到胜利果实却被刘邦夺取了,大为恼怒。于是,项羽自立为西楚霸王,在公元前 206 年向刘邦开战,拉开了楚汉之战的序幕。

项羽在巨鹿之战后,实力十分雄厚,拥军 40 余万人,并且取得了上将军地位。尽管刘邦占据富足的关中地区,但是军队人数不足 10 万人,显然不是项羽的对手。于是,刘邦便请项伯为其说情,为表诚意决定亲赴鸿门向项羽赔不是。此举收到了成效,不仅动摇了项羽进行战争的决心,而且使得"亚父"范增与项羽关系不和,可谓一箭双雕。

刘邦回到关中以后,继续"约法三章"并采纳萧何的建议,迅速完成了"收巴蜀、定三秦"的战略目标,并制定了夺取天下的谋略。刘邦拜韩信为大将军、曹参为前锋,积极备战。刘邦乘齐、楚两军胶着之际,以项羽背信弃义为借口,联合各路人马,共同攻占楚都彭城。项羽大惊,遂亲率精兵 3 万人解围彭城,以少胜多,大败刘邦及其联军。

刘邦痛定思痛,一方面积极发展生产经济,另一方面招兵买马,并继续重用大将军韩信,与项羽展开拉锯战。此时的刘邦已经不可小觑,内有萧何运筹帷幄,外有韩信决胜千里,实力大为增加。特别是韩信在东边取得的一系列军事胜利,形成从东、北两面对项羽夹击的态势。

在此后的两年里,态势的发展对项羽来说每况愈下。英布叛楚归汉,北有韩信的威胁,中有彭越的侵扰,刘邦则据荥阳、成皋,此时的项羽是腹背受敌。后来,刘邦调集韩信、彭越等各路大军几十万人马,将项羽包围于垓下。项羽已是四面楚歌,最后逃至乌江自刎。刘邦彻底赢得了楚汉之争,统一了天下。

资料来源:李贺主编:《经济学基础》(第 2 版),上海财经大学出版社 2021 年版,第 6 页。

【思政感悟】 在楚汉之争刚刚开始的时候,项羽经过巨鹿之战,拥兵多达40万,而且控制的地域范围相当广泛,占尽了优势。此时无论是兵力还是地域范围,刘邦皆不能够与项羽相抗衡。可以想象,这时候的刘邦怎么可能是其对手呢。当楚汉之争发展到后期,刘邦和项羽的形势正好发生了颠倒,此时的刘邦不仅占据关中地区,而且有张良的运筹帷幄,以及韩信横扫北方的燕赵与东方的齐,实力已经超过了项羽。

如果从经济学的角度来说明这个问题,就是说在楚汉战争刚刚拉开帷幕的时候,刘邦的"生产可能性曲线"是远远低于项羽的,但是到了后期,项羽的"生产可能性曲线"就远远不如刘邦的了。对大多数读者来说,"生产可能性曲线"这个概念估计还是很模糊的,在具体介绍这一概念之前让我们来回忆一下"昭君出塞"这个故事里所说的内容——资源是稀缺的。由于资源的稀缺性导致我们不能随心所欲地生产出需要的所有产品,同样,刘邦与项羽也不能随心所欲地招兵买马。

在楚汉之争开始的时候,我们借助图1—1,刘邦面临的就是 CG 曲线,项羽面临的是 ADFB 曲线,显然项羽的实力强于刘邦。随着战争的持续发展,刘邦与项羽的形势也发生了变化,即他们面临的生产可能性曲线正好发生了颠倒,所以刘邦取得了最后的胜利。

【三省吾身】 生产可能性曲线告诉我们这样一个道理:做事要量力而行,千万不要"明知不可为而为之"。这样不仅不能把事情做好,而且会徒增烦恼。在大学期间,总是有许多学生喜欢出去做兼职,有些人也因此耽误了学习,这是因为每个人的时间和能力都是有限的所致。同时,我们也不要妄自菲薄,轻视自己的能力。有时我们可能处于自己的"生产可能性曲线"之内,需要你充分发挥自己的潜力,达到"人尽其才"。

【学中做1—1】 某学生1小时可读8页经济学书籍,或10页心理学书籍,他每天学习8小时。请画出他阅读经济学和心理学的生产可能性曲线。

分析:生产可能性曲线如图1—2所示。

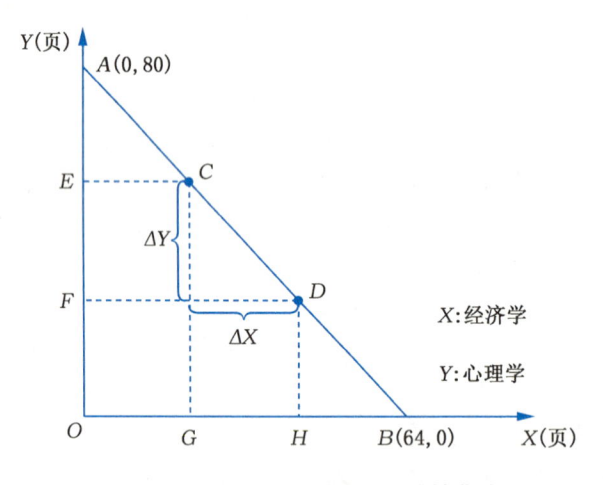

图1—2 该学生的生产可能性曲线

2. 自由物品和经济物品

物品与劳务根据资源稀缺与否和满足需要的程度分为以下两大类:

(1)自由物品(Free Goods),即不受限制、不付代价而可以任意取用的物品。这类物品是由非稀缺资源形成的,相对于人的需要来说是丰富的,人们对这种物品可以随心所欲地消费而不会影响他人的享用,如风和日丽的春天和迷人的秋天。

(2)经济物品(Economic Goods),是用稀缺资源生产出来的,相对于人们的需要来说是有限的物品。这类物品对个人和社会来说,不能以充足的数量满足人们现有的需要,必须节约使用。物品之所以稀缺,最终的根源在于用来生产消费品的资源是稀缺的。这些稀缺的生产资源就是通常所说的生产要素,包括土地、劳动、资本和企业家才能等。经济资源的价值在于它们可以组合起来,生产出人们希望消费的最终物品和服务。

【注意】稀缺资源也称为经济资源,判断标准是:需要付出某种代价才能获得的资源,即为经济资源,可以简单地以价格作为标准,价格大于 0 的资源就是经济资源。

课堂讨论

砂石和水是经济物品吗?试想一想生活中见到的物品,哪些是经济物品,哪些是自由物品?

(二)选择(Choice)

《拉封丹寓言》中有一只非常有名的布里丹毛驴,它在面对两捆干草时不知该吃哪一捆才好,最后竟然饿死了。在现实中,布里丹毛驴面临的问题正是经济学家所说的"选择"。稀缺性决定了社会和个人必须做出选择。同一资源和物品有多种用途,人类的欲望也有轻重缓急之分,因此,在使用有限的资源与物品去满足人类的不同欲望时,就必须做出选择。

生活中,权衡取舍的情况与人们息息相关,随处可见。每个人都会面临各种不同的选择,因此,生活就是一个不断权衡取舍的过程。就像早饭是吃油条还是吃包子;下课后是去图书馆看书还是出去玩;逛街时看中了两件衣服,到底买哪一件才好;是买房还是投资;大学毕业了,是工作还是继续学习……可见,我们时时刻刻都在权衡取舍。

所谓选择,就是如何利用既定的资源去生产经济物品,以便更好地满足人类的需求。选择有以下特征:①选择是相对于稀缺资源而言的;②资源可以被选择到多种用途上;③选择同时意味着放弃,即选择是要付出代价的。

(三)机会成本(Opportunity Cost)

稀缺迫使人们做出选择,任何选择都是有代价的。从经济学的视角出发,做出选择有所得就要有所失,即"天下没有免费的午餐",有选择就有放弃,鱼和熊掌不能兼得,要进行选择就必须敢于放弃。这是经济学中的基本原理,也是我们生活中的简单道理。如同汉语中的"舍得",有所舍才能有所得,不会或者不敢舍弃,总是"既想马儿跑又想它不吃草",如此就不可能有好的"所得"。把既定资源投入某一特定用途所放弃的在其他可能用途中获得的最大收益就是机会成本。

动漫视频

机会成本

【同步思考】　　　　　　　　选择和机会成本

小黄今年即将本科毕业。3 个月前,他参加了国家公务员考试,并被录用,预计年薪为 10 万元;在得知被录用公务员前,他又应聘了一家外企,后来也被录用了,预计年薪 12 万元;前几天,他接到南开大学硕博连读的入学通知书。现在,他困惑了。假如你是小黄,你如何衡量各种选择的利弊?一旦做出选择,那么你的机会成本是什么?

无论是政府、企业还是个人,在稀缺资源下产生了选择的必要性。选择就是善于利用有限的资源,"尽我们所有的,做我们最好的"。由于人们的选择有优劣之分,所以选择必然有一个得失权衡和利弊比较的问题。我们一旦做出选择,就必须放弃其他的选择,我们放弃的选择所能带来的收益就是我们选择的机会成本。机会成本是一种资源用于某种用途而放弃其他用途的最高收益。为了得到某种东西而放弃的另外多种选择中可能得到的最大收益就是做出决策的机会成本,也可以说是做出一种选择而放弃另一种选择的实际代价。从理论上说,机会成本是某一资源改作他用的各种可能中最优的选择;但由于信息不完全,只能是多种选择中的比较满意的选择。

【注意】①机会成本不是实际支出的成本,是一种选择成本。它是因选择行为而产生的成本,是一种经济分析的成本,而不是会计成本。②机会成本并不全是由个人的选择所引起的。③机会成本是做出一种选择时所放弃的其他若干种可能选择中最好的一种。

课堂讨论

上大学的机会成本是什么?

课程思政　　　　　网上聊天、打游戏的经济学

网上聊天、打游戏已经成为许多人日常生活的一部分,这种情况在大学生中尤其普遍。"也不是不困,就是想再等等,至于等什么呢? 不知道,反正就是想再等等",这已经成为不少大学生的口头禅。而这个"等等",多数是在刷手机。那么,大学生每天手机上网的时间是多久? 主要做什么? 某机构围绕手机上网的话题,对全国1 220名大学生进行问卷调查。结果显示:超四成大学生每天上网超过5小时;超八成大学生上网主要是社交聊天;多数学生认为手机上网让支付、信息获取、社交更便捷;多数学生期待5G的网速能够更快、更便于学习和生活。四川某大学的学生吴某每天都使用手机上网,使用时长在6小时左右,"每天醒来就是刷手机,这已经成为我的习惯,现在上网是日常所需,感觉除了上网也没有太多事做,没课就喜欢上网聊天、看新闻、打游戏,一玩手机就停不下来"。与吴某一样有长时间上网习惯的大学生不在少数。但是,许多喜欢上网的学生放弃了大部分的户外活动,导致他们身体素质下降。由于上网聊天和打游戏,同学之间的日常线下交流也明显减少。

资料来源:李贺主编:《经济学基础》(第2版),上海财经大学出版社2021年版,第8—9页。

【思政感悟】 首先,我们一天的时间是有限的,这意味着时间这种资源是稀缺的。我们何尝不希望有更多的时间在网上聊天或玩游戏,但我们还有许多重要的事情要做。其次,时间的相对有限性迫使我们选择。或许我们在网上玩得兴起时可以不考虑时间,但事后往往会有一丝悔意,因为感觉到还有许多事情没有做。所以,上网是有成本的,这种成本或许因为能使用校园网络资源而变得不明显,但上网挤占了学习或做其他事情的时间是不争的事实。再次,上网造成了锻炼时间减少、身体素质下降等,这些都构成了上网的机会成本。最后,机会成本与选择所得收益之间的比较是我们决策的依据。的确,上网可以带来欢乐,这是收益,但我们又不得不考虑上网的机会成本。我们需要不断调整上网时间,以便获得一种最佳组合。考试前,上网时间缩短就是例证。经济学无非是将我们的选择表述出来而已。

【三省吾身】 在实际生活中,我们会面对许多的选择。有时候,我们对此一筹莫展。比如,即将毕业的大学生会面临是工作还是继续深造的选择,以及在就业的时候是选择国有企业还是选择私营企业。再比如,如果选择读研究生,那么在读研期间损失的工资收入也是一种机会成本。可见,机会成本与我们如影相随。正是因为有了机会成本,才使得学习经济学变得更加有意义。

在面对选择时,我们在学习有关经济学知识后,可以利用经济学来分析每一种选择可能带来的收益和损失,才能做出更好的安排。

【做中学1—1】　　　　机会成本与经济学思维

湖南省的一个农民某甲以8 000元购买优质品种的种仔猪,目的是繁殖仔猪进行销售。但销售仔猪的农场以劣等的B种仔猪冒充,价格相差4倍。后来某甲繁殖的仔猪无人购买,发现是出售该仔猪的农场以次充好,经过交涉未取得满意结果,造成直接经济损失5万元。某甲告到法院要求赔偿5万元。涉事农场认为当初双方的交易额是8 000元,赔偿5万元是天方夜谭。请你从不

同的角色思维出发,思考应该如何进行处理。

分析:解决这一问题可以采取以下三种思维方式。

(1)民间传统思维:应该赔偿8 000元,也就是骗人者骗多少就应该赔偿多少。

(2)法官思维:应赔偿所有直接损失,包括购买成本8 000元,以及饲料、雇工工资、饲养场土地房舍等直接费用。如果要起到惩戒作用和从制度上消灭假冒伪劣产品的产生,就要贯彻"杀人抵命"的对等原则。如果要建立起有效的激励约束机制,还需要更多的赔偿。

(3)经济学思维:赔偿额要大于5万元。因为该农民除了直接费用开支外,还有一些间接的损失。例如,8 000元购买仔猪款、饲料款、工资等费用若不用于购买进行饲养,将这些款项存到银行可得到一定的利息。买了仔猪后,这些存款的利息无疑也遭到了损失,这个利息在经济学中被称为机会成本。按照这一思维方式,农场不仅要赔偿5万元,而且要包括赔偿这5万元如果不用于购买这些仔猪进行饲养而用于其他投资可能取得的最大纯收入。只有这样,才会让像这个农场那样做坏事的人真正"搬起石头砸自己的脚"。

二、经济学的产生和发展

有关文献资料表明,经济学出现于奴隶社会产生以后。古希腊思想家色诺芬(约公元前430—公元前354年)的《经济论》一书的问世,表明了西方开始出现早期经济学。这本书首先使用了"经济"一词。《经济论》是一部研究奴隶主家庭经济管理问题的著作。色诺芬认为,经济学研究的是善良的主人如何管理好自己的财产。

经济学虽然出现于奴隶社会,但在奴隶社会和封建社会并未能形成一门独立的学科。经济学作为一门独立的社会科学并取得"政治经济学"这一学科名称,是随着资本主义生产方式的产生与发展而形成的。17世纪初,法国重商主义代表人物安·德·蒙克莱田(1575—1621)出版了《献给国王和王后的政治经济学》,其用意在于表明他所论述的经济问题已超出家庭或庄园经济的范围,是涉及国家或社会的经济问题。但重商主义经济学还不能算作真正的现代经济科学,因为其研究范围仅局限于流通过程。真正的现代经济科学,是当理论研究从流通过程转向生产过程的时候才开始的,完成这一转变的是资产阶级古典经济学。18世纪后期,古典经济学兴起,它是作为重商主义的对立面出现的。它所强调的是自由放任的经济,倡导国家不要干预经济,而由市场机制充分发挥作用,以解决资源配置和要素报酬分配的问题。古典经济学有两个主要代表人物:18世纪后期的亚当·斯密(1723—1790)和19世纪初的大卫·李嘉图(1772—1823)。后来,又出现了以边际效用价值论为基础的新古典经济学。新古典经济学的代表人物马歇尔(1842—1924)在其著名的《经济学原理》一书中进一步论述了市场机制是如何发挥调节供求平衡作用的,具体分析了各种资源的配置是怎样通过价格机制、工资机制和利率机制的自发运行来实现的。从19世纪30年代到20世纪30年代,在经济学界占主流地位的仍然是主张国家不要干预经济的古典和新古典经济学的经济思想。

1929—1933年,资本主义世界发生了空前严重的经济危机,使供给相对于需求严重过剩,生产严重缩减,失业达到了前所未有的程度。面对濒于崩溃的资本主义经济,主张自由放任的经济自由论者束手无策。这样,20世纪30年代初出现的经济大危机就成为经济学的一个重大转折点。以政府干预论为中心内容的凯恩斯主义应运而生,并逐渐成为在西方世界占主导地位的经济学说。凯恩斯认为,自由市场经济会经常造成有效需求不足。他着重对经济的总量进行分析,用以说明经济危机和长期萧条的现象,并以此为基础,提出一套政府干预刺激需求、解决危机、稳定经济的政策主张。

但是,西方资本主义国家在推行凯恩斯主义理论、刺激经济发展的同时,出现了"滞胀"的经济现象。到了20世纪70年代,"滞胀"这种失业和通货膨胀的并发症成为西方资本主义世界普遍存在的经济现象。"滞胀"使以需求管理为中心、认为通货膨胀和失业不可能同时存在的凯恩斯主义经济学陷入进退两难的境地。于是,新自由主义经济理论、货币学派、供给学派、理性预期学派等纷纷登场。新自由主义者强调市场机制的自动调节作用,反对国家对经济生活的过度干预;货币主义者强调货币政策的重要性;供给学派主张削减税率;理性预期学派则试图用信息的不完全来解释资本主义经济运行的波动。20世纪80年代以来又出现了新的强调国家干预经济的新凯恩斯主义。

19世纪中叶,马克思在批判地继承古典经济学科学遗产的基础上,服务于无产阶级反对资产阶级斗争的需要,搜集和研究了资本主义发展历史的大量材料,详细地分析了资本主义社会的经济结构,揭示了资本主义经济关系的本质、矛盾及其运动规律,以剩余价值学说为基石,创立了以价值分析为核心范畴的马克思主义经济学。不过由于马克思的经济学说重点在于揭示人类社会的发展规律,服务于当时无产阶级反对资产阶级的阶级斗争,偏重于对经济关系本质的分析(严格来说,是以"价值"为核心范畴的政治经济学),而对市场经济运行机制以及资源的有效利用等则较少研究。

20世纪的世界经济出现了多元化趋势,有资本主义市场经济与社会主义市场经济之分,也有计划经济、市场经济与混合经济之分,德国的社会市场经济与美国的自由市场经济之分。但是,自从20世纪80年代掀起世界范围内的社会主义经济改革运动以来,传统的社会主义计划经济模式为新的现代市场经济模式所取代。到20世纪末,虽然各国的市场体系发育不同,用市场配置资源的模式存在差异,但是全面发展现代市场经济已成为共同任务。研究市场经济的运行、矛盾和调节方式已成为经济学的共同主题。

党的十一届三中全会以来,中国共产党把马克思主义政治经济学基本原理同改革开放新的实践结合起来,不断丰富和发展马克思主义政治经济学。1984年10月《中共中央关于经济体制改革的决定》通过后,邓小平同志评价说:"写出了一个政治经济学的初稿,是马克思主义基本原理和中国社会主义实践相结合的政治经济学。"邓小平坚持实事求是的原则,科学地总结了我国经济建设和世界各国经济发展的经验教训,创造性地提出了社会主义条件下的现代市场经济理论。40多年来,我国市场取向的经济体制改革实践验证了邓小平社会主义条件下现代市场经济理论的科学性。

中共十八大以来,以习近平同志为核心的党中央紧紧围绕新时代中国特色社会主义经济改革和发展重大实践课题,提出一系列治国理政新理念、新思想、新战略,形成了习近平经济思想。这一思想把"公有制为主体、多种所有制经济共同发展""按劳分配为主体、多种分配方式并存""社会主义市场经济体制"确立为社会主义基本经济制度,提出我国经济发展的根本保证是加强中国共产党对经济工作的全面领导,领导人民发展社会主义市场经济,发挥市场在资源配置中的决定性作用,更好发挥政府作用,建立完善的宏观调控体系。这是社会主义经济制度理论和中国特色社会主义政治经济学的重大创新。

三、经济学的研究对象

经济学(Economics)通常被认为是研究经济资源的配置和利用的,原因是人类一切经济活动都是为了满足他们的欲望以及由这些欲望引起的对各种物品和服务的需求。人类的欲望和需求是无穷无尽的,而满足这些的经济资源(包括它们生产的产品)在一定时期内总是有限的,这就是稀缺性。由于资源相对需求而言的稀缺性,便产生了如何利用稀缺资源去生产"经济物品"(人类必须用代价才能得到的物品)来更好地满足人类需要的所谓选择问题。选择所要解决的问题包括:①生产什么(What)以及多少(How Much);②如何(How)生产;③为谁(For Whom)生产;④何时(When)生产。

从经济资源稀缺性的事实出发解决人类经济生活的上述四个基本问题,实际上就是要解决资源的合理配置和充分利用问题。资源配置和利用方式就是所谓经济体制(制度)问题。迄今为止，人类经济体制大体上经历了以下四种类型：一是自给自足经济，即每个家庭或者村落生产其所需要的大部分物品，经济效率十分低下。二是计划经济，是指以计划作为资源配置主要方式的一种经济体制。在计划经济体制下，生产资料和各种资源都为国家所有或主要为国家所有，企业只是政府的附属物。资源配置是通过中央政府统一计划进行的。三是市场经济，也称"自由放任型经济"，即有关资源配置的问题主要由市场供需所决定，也就是说，市场经济的资源配置是通过市场机制或价格机制来实现的。在市场经济中，每个消费者、生产者或经营者都是相互独立的。政府对企业的经营决策一般不进行直接干预，生产什么、生产多少和如何生产都完全由企业按照自己的经营目标，根据市场价格的变动和市场供求状况来决定。四是混合经济，其基本特征是经济的私人所有和国家所有相结合，自由竞争和国家干预相结合，即以市场经济为基础，又有政府适当干预的经济制度。目前，世界上大多数国家采用这种经济体制。当前，解决资源配置与资源利用的经济制度类型基本上是后三种。

以解决资源配置和利用为对象来划分，经济学总体上又分为微观经济学和宏观经济学两大部分。微观经济学以单个经济单位(家庭、企业和单个产品市场)为考察对象，运用个量分析方法，研究单个经济单位的经济行为以及相应的经济变量如何决定，分析的是资源配置问题。由于资源配置在市场经济中是通过价格机制决定的，因此微观经济理论又称为价格理论。宏观经济学以整个国民经济活动作为考察对象，运用总量分析方法，研究社会总体经济问题以及相应的经济变量如何决定，研究这些经济变量的相互关系。这些变量中的关键变量是国民收入，因此宏观经济学又称为国民收入决定理论。宏观经济学研究国民收入决定和波动，实际就是研究资源利用问题以及用什么政策改善资源的利用。

微观经济学以研究资源配置为目标时假定资源利用不成问题，相反，宏观经济学以研究资源利用为目标时假定资源配置不成问题。由于分析问题角度不同，一些问题从微观看可行或者有效，但是从宏观看就不可行或者无效。另外，微观经济学和宏观经济学不是仅从名称上就可以区分的。例如，价格、产出、消费、投资、供给、需求等名称在微观、宏观经济学中都出现，但含义不一样。例如，价格这个词在微观经济学中是指一个个商品的价格，而在宏观经济学中是指物价总水平。前者是个量概念，后者是总量概念。

四、经济学研究的基本问题

(一)资源配置

如何选择有效的方式利用有限资源，更多地满足人们的需要，是经济学的主要问题。如何选择，面临着以下五个基本问题。

1. 生产什么(What)

生产什么是指生产什么样的产品和劳务，各生产多少，也即如何进行资源配置。由于资源有限，用于生产某种产品的资源多一些，用于生产另一种产品的资源就会少一些。人们必须做出抉择：用多少资源生产某一种产品，用多少资源生产其他产品。

2. 生产多少(How Much)

生产多少就是生产商品和劳务的数量问题，生产多了会造成资源与经济物品的浪费，生产少了又会造成商品和劳务供给不足，因而必须确定合理的生产数量。

3. 如何生产(How)

社会决定采用什么样的方法生产产品和劳务。主要有四个问题：①由谁来生产；②用什么资源生产；③用什么技术生产；④用什么样的组织形式生产。例如，谁去打猎、谁去钓鱼；是用热力还水力,或是原子能发电;是大规模生产还是小规模生产;是机器生产还是手工制作。

4. 何时生产(When)

何时生产是生产时机的选择问题。例如,在我国手机市场已基本上看不见那种模拟手机时代的1G、GSM手机时代的2G、3G智能手机,而是逐步从4G向5G时代的手机过渡。

5. 为谁生产(For Whom)

为谁生产是指即社会决定所生产的产品和劳务如何在社会成员之间进行分配。例如,经理、工人和资本所有者,谁应当得到高收入?根据什么原则、采用什么机制进行产品分配?分配的数量界限如何把握?

稀缺性是人类社会永恒的问题,只要有人类社会存在,就有稀缺性,因此选择问题,也就是"生产什么""生产多少""如何生产""何时生产""为谁生产"的问题。这五个问题是任何社会、任何国家在进行生产时都必须面临和需要解决的基本经济问题,因此被称为资源配置问题。经济学正是为解决这五个问题而产生。

(二)资源利用

所谓资源利用,就是人类社会如何更好地利用现有的资源生产出更多的物品。资源利用包括以下三个问题:

1. 充分就业问题

为什么稀缺的资源得不到充分利用?有些产业为什么会出现严重的产能过剩?如何解决失业?这都是充分就业需要面对的问题。

2. 经济波动和经济增长问题

在资源总量不变时,为什么产量有时低有时高?怎样才能使经济稳定增长呢?这是短期经济波动或者经济周期问题,各国经济经常面临着这种波动。政府调节经济的一个重要目的就是平滑这种波动。与此相关的是,如何用既定的资源生产出更多的产品和劳务,即实现经济增长。

3. 物价稳定问题

在货币流通条件下,物价总水平的不断上升似乎是一个普遍现象,如果物价总水平大幅上升,必然导致货币贬值、通货膨胀,严重影响居民生活,加剧社会分配不公,扭曲市场价格,冲击企业的正常生产经营活动,助长投机行为;同时,物价大幅上涨也容易导致总供求的失衡,严重制约经济的稳定与增长。

【提示】稀缺性不仅引起资源配置问题,而且引起资源利用问题。前者由微观经济学解决,后者则由宏观经济学解决。

启智润心　　　　　科学配置促进资源节约和高效利用

改革开放以来,中国经济发展取得了举世瞩目的成就,但在加速工业化和城镇化的过程中消耗了大量能源、水、粮食、土地、矿产等资源和原材料,"高投入、高消耗、低产出"的粗放发展方式未得到彻底扭转,生产生活中资源浪费的现象仍然存在,导致资源消费总量居高不下,高质量发展面临的资源约束长期偏紧,安全保障压力增大。中共十八大以来,我国部署实施全面节约战略,大幅降低能源、水、土地利用强度,大力发展循环经济,在全社会倡导厉行节约、反对浪费,推动资源节约、集约高效利用,取得积极成效。进入新发展阶段,实现高质量发展、推动产业转型升级、更好地满足美好生活需要,都对资源节约和高效利用提出了更高要求。为此,要抓紧落实党中央决策部署,从理念、技术、政策等方面入手,以能源、工业、建筑、交通等重点领域为着力点,综合运用好市场化、法治化手段,加快建立体现资源稀缺程度、生态损害成本、环境污染代价的资源价格形成机制,在"开源"和"节流"两个方向上持续发力。一方面,加紧战略性矿产勘探开发,加大可再生能源、清洁生产、绿色产品研发创新投入力度,深化"一带一路"沿线国家资源合作,拓展资源边界,扩大能源、矿产及低碳技术和产品的有效供给;另一方面,坚持倡导全民节约,创新发展循环经济,进一步优化技术、产品的能耗标准体系。

中国是资源大国,也是人口大国,资源总量大、品类丰富,但人均占有量偏少,这一客观事实决定了节约资源是需要长期坚持的基本国策。要鼓励企业积极探索资源科学配置的新路径新模式。用好数字技术,精准识别制约资源利用效率提升的难点和堵点,推动数字化绿色化深度融合,引领重大低碳技术、工艺和装备研发应用实现新突破,促进全产业链、产品全生命周期的精细化能耗监测和低碳管理。

资料来源:杨丹辉:"科学配置促进资源节约和高效利用",《人民日报》,2022年11月2日。

【明理善行】 节约资源是我国必须长期坚持的一项基本国策。习近平总书记在中共二十大报告中指出:"推进生态优先、节约集约、绿色低碳发展。"习近平总书记在中央全面深化改革委员会第二十七次会议上强调,坚持把节约资源贯穿于经济社会发展全过程、各领域,推进资源总量管理、科学配置、全面节约、循环利用。为贯彻好这些要求,我们必须坚持节约优先,促进资源科学配置和高效利用。我们要筑牢安全底线,为加快推进生态文明建设、推动高质量发展、推进中国式现代化提供坚实的资源保障。青年学生要认清形势,增强节约意识,从我做起、从身边的小事做起,节约粮食、践行"光盘行动",节约用电、用水、用纸等;坚持做好垃圾分类;树立文明健康的消费理念,理性消费,不盲目攀比;积极参加形式多样的环保宣传活动等。

五、经济学的学科性质

对于经济学的研究对象,西方学者有多种表述:

美国的《国际社会学百科全书》给经济学下的定义:经济学是研究稀缺资源在无限而又有竞争性的用途中配置的问题。它是一门研究人与社会寻求满足物质需求与欲望的方法的社会科学,其原因是人与社会所支配的资源不可能满足一切欲望。

萨缪尔森提出,经济学研究人和社会如何做出最终抉择,在使用或不使用货币的条件下,使用可以有其他用途的稀缺的生产性资源,在现在或将来生产各种商品,并把商品分配给社会的各个成员以供消费之用。它分析的是改善资源配置形式所需的代价和可能得到的利益。

许多经济学家认为,经济学是研究如何实现资源的最佳配置以使人类需要得到最大限度满足的科学。

正是上文分析的普遍存在的稀缺性与人类需要的无限性之间的矛盾,决定了任何社会所面临的基本经济问题,确定了经济学要研究的对象。这个表述从一个角度强调了一个重要的事实,就是资源的稀缺性构成人类满足各种需要的约束条件:①一个社会只能在资源允许的范围内实现经济增长;②一个人的花费不能超过他的收入,后者归根结底又取决于他的资源禀赋。这一含义也从另一个角度强调了一个事实:稀缺的资源必须节约使用,以达到有效、充分的使用。从这个意义上说,经济学是关于节约的科学,经济问题和经济学之所以产生,就是因为稀缺的普遍存在迫使我们必须节约。

显然,一个社会不可能只消费一种物品,它必须把稀缺的资源在多种物品的生产之间加以配置,以满足社会不同成员的不同偏好。同理,一个社会也不能只顾眼前消费,把全部资源都用于消费品生产,它必须把有限的资源在消费品与资本品生产之间加以配置,以便兼顾社会成员的眼前利益和长远利益。总之,需要的无限性和多样性与资源的稀缺性和用途的多样性,要求我们必须在各种资源配置之间做出选择。

【注意】经济学是研究在一定经济体制下对稀缺资源的有效配置和合理利用的科学。

任务二 经济学的研究内容

经济学的研究内容包括微观经济学和宏观经济学。微观经济学主要是研究经济活动中个体（包括企业和个人）行为的经济学，而宏观经济学则重点研究经济活动的整体规律、产业部门间的相互作用等。微观经济学与宏观经济学之间的联系在于两者都是从市场经济规律出发，有相近的理论基础和研究方法。

一、微观经济学（Microeconomics）

"微观"一词来源于希腊语（Micro），是"小"的意思。微观经济学是以单个经济单位为研究对象，通过研究单个经济单位的经济行为和相应的经济变量单项数值的决定，来说明价格机制如何解决社会的资源配置问题。例如，微观经济学研究人员可以研究租金控制对北京市住房的影响，可以研究国外竞争对中国汽车行业的影响，也可以研究受教育程度对工人收入的影响。

（一）微观经济学的特点

1. 研究的对象是单个经济单位的经济行为

单个经济单位是指组成经济体系的最基本的单位，包括个人、家庭和企业。其中，个人和家庭又称居民户，是经济中的消费者；企业是经济中的生产者。

2. 解决的问题是资源配置

微观经济学从研究单个经济主体追求利益最大化的行为入手（消费者要实现满足程度最大化，生产者要实现利润最大化），来解决社会资源的最优配置问题。如果每个经济主体都实现了利益最大化，整个社会的资源配置也就实现了最优化。

3. 中心理论是价格理论

在市场经济中，消费者和企业行为都要受价格的支配，生产什么、生产多少、如何生产、为谁生产均由价格决定。价格就像一只"看不见的手"，调节着各经济主体的经济行为。通过价格调节，社会资源的配置实现了最优化。微观经济学要说明的正是这一经济运行的全过程。

【提示】微观经济学的中心是价格理论，其他内容都是围绕这一中心问题展开的。

4. 研究方法是个量分析

个量分析是研究经济变量的单项数值是如何决定的。

（二）微观经济学的基本假设

经济学的研究是以一定的假设为前提的。微观经济学理论研究的三个基本假设条件如下：

1. 理性人假设

理性人假设又称经济人假设，或称最大化原则。"经济人"被定义为经济生活中一般的人的抽象，其本性被假设是利己的。理性人假设是经济学中最基本的前提假设。

2. 信息完全假设

信息完全假设是指市场上每个从事经济活动的个体都对有关的经济情况具有完全的信息。价格机制是传递供求信息的经济机制，信息完全假设具体体现在自由波动的价格上。

3. 市场出清假设

市场出清假设是指无论是劳动市场上的工资还是产品市场上的价格都具有充分的灵活性，可以根据供求情况迅速进行调整。它与前两个基本假设具有明确的因果关系，是前两者的逻辑推论。

只有在以上三个假设条件下,微观经济学关于价格调节实现资源配置最优化,以及由此引出自由放任的经济政策才是正确的。但是事实上,这三个假设条件并不一定完全具备或同时具备。这也是传统微观经济学遭到现代经济学家质疑的主要原因。

(三)微观经济学的基本内容

微观经济学的基本内容主要包括价格理论、消费者行为理论、生产者行为理论、成本与收益理论、市场理论、分配理论、市场失灵与政府干预等,这些是本书要介绍的内容。其中,价格理论是微观经济学的核心理论,其他内容是围绕这一核心理论展开的。微观经济学的中心理论实际上是解释英国古典经济学家亚当·斯密"看不见的手"这一原理的。亚当·斯密认为,每个人在追求自己的个人利益时,由于受一只"看不见的手"的指引,就会增进社会的利益。"看不见的手"就是价格。微观经济学的中心就是要解释价格如何实现资源配置的最优化。

学思践悟　　　　　　无形之手——价格机制

市场经济最重要的核心机制就是自由定价,即价格机制由市场的供求关系决定。这个如果被破坏了,很多东西就会改变,之前的商品短缺或过剩现象将会重现。

例1:假设某个地区的出租车市场存在供过于求的现象,即出租车数量过多而乘客数量相对较少。这种情况下,出租车司机会面临乘车价格下跌和收入下降的困境。

在微观经济学的框架下,市场供求理论可以用来解释和解决这个问题。出租车的供给量太多,需求不足,供过于求。在这种情况下,市场价格会下跌,而交易量也会下降,出租车司机通过提高服务质量、降低价格或开展促销活动等策略来吸引更多的乘客。随着供给价格的不断降低,对出租车的需求量逐渐增加。最终,这些策略帮助出租车司机更好地适应市场变化,使出租车市场回到满足市场供求关系的均衡结果,从而实现该市场最大的经济效益。

例2:气候异常导致美国玉米收成大幅下降。在供给量减少的情况下,市场上的需求依然不减,因为玉米是人类和动物饲料中的重要组成部分。短时间内玉米大幅减产,导致供求失衡,需求大于供给,市场出现供不应求的状况。市场中,许多消费者开始减少玉米的使用量,并开始寻找其他替代品,玉米的价格也因此而慢慢回升。生产商受到价格上涨的刺激,增加了玉米的生产量以满足市场需求。最终,玉米市场回到供求均衡的结果。

可见,价格是资源配置在供求均衡中的信号,当市场上需求量大于供给量时,价格上涨,这将鼓励生产者增加生产,提高供给量,同时鼓励消费者减少购买,减少需求量,直到市场达到供求平衡。一般来说,价格上涨的信号激励生产者增加生产,消费者也相应地减少对产品的需求。最终,市场实现供求均衡。

总之,微观经济学的市场供求理论可以用来分析和解决市场失衡问题,市场自身总是可以使经济回到均衡的结果,像一只无形的手,促使实现市场出清的结果以达到经济效益最大化的目的。

【悟有所得】 理论与实践表明,市场是配置资源最有效率的方式。在市场经济中,家庭和企业的行为都受价格的支配,生产什么、如何生产和为谁生产都由价格决定。哪个部门与地区的收益率高,这个部门与地区的资源流入量就会大于流出量。这种配置是通过价格引导要素自由流动实现的。当要素资源按照市场价格配置资源时,不仅每个资源主体收入会得到提高,而且整体的资源配置效率也会得到改善。价格就像只看不见的手,调节着整个社会的经济活动,通过价格的调节,社会资源的配置实现了最优化。微观经济学正是要说明价格如何使资源配置达到最优化,价格理论是微观经济学的中心,其他内容都是围绕这一中心问题展开的,也正因为这样,微观经济学也被称为价格理论。

提高资源配置效率是实现高质量发展的重要动力源泉。习近平总书记指出,"使市场在资源配置中起决定性作用","要切实转变政府职能,大幅减少政府对资源的直接配置"。实践证明,市场配置资源是最有效率的形式。高质量发展阶段的一个重要特征就是全要素生产率的提高,那些要素市场化程度越高的行业或领域,资源配置的效率也越高,市场主体的活力也越强。

案例鉴赏　　　　　亚当·斯密的故事

亚当·斯密(1723—1790),三岁丧父,与母亲相依为命,终身未娶。小的时候,他差一点被吉卜赛流浪汉抢走。他生长在一个小渔村里,那里有个码头。由于贸易发展,那里逐渐发展成为一个城市。船员们出海回来喜欢坐在码头旁边休息,一边喝啤酒,一边谈论其见闻。由此,他发现了贸易对于一个国家、一个地区经济发展的重要性。

他从小就是个智力超群的孩子,14岁进入格拉斯哥大学,17岁获得硕士学位。1746年毕业于牛津大学巴利奥尔学院。先在爱丁堡大学任讲师,28岁担任格拉斯哥大学逻辑学教授,29岁改任道德哲学教授。他因为教学水平高超、极富思辨力而远近闻名。

1763年,他辞去教授职务,担任布莱克公爵的私人教师,年薪非常丰厚。1764年,他陪着年轻的公爵踏上欧洲之旅。来到欧洲大陆后,他发现原来英国这么落后,欧洲大陆却如此发达。他们先后到了法国、德国等国家,游历了欧洲大陆,极大地增长了见闻。

在此期间,他拜访了很多研究经济的学者,也了解到一些经济学流派,如重商学派、重农学派,前者主张商业创造价值,后者主张农业创造价值。斯密则提出,劳动创造价值。在欧洲侍学两年半后,斯密回到英国,带着丰厚的报酬回到家乡。随后十年,他深居简出,思考着一个问题:这个社会究竟是怎么运转的呢?社会财富是怎样产生的?

经过十年的苦心钻研,他发现原来这个社会的运转靠的是一只"看不见的手":每个人在做事时,并没有首先想到社会利益,而是如何最有利于自己,追求的是个人利益。当每个人追求个人利益时,就好像有一只"看不见的手"在指引他,其结果要比他真正想要促进社会利益好得多。

斯密认为自己发现了经济社会(当时是资本主义社会)运转的真正内核。为此,他兴奋异常,在屋子里来回踱着步子。于是,一部旷世之作《国富论》诞生了。正是从斯密开始,人类才有了现代意义上的经济学。

斯密主张国家不要干预经济,而是让经济自由发展,让价格机制自发地起作用。每个人都会自动按照价格机制根据自己的利益去做事,这样经济自然就会发展了。

在其思想指引下,英国经济首先得到发展,然后是西欧地区,之后是美国。斯密的思想主导了资本主义世界150年之久。在一个半世纪里,人们用他的理论管理国家,政府不干预经济,只做"守夜人",让经济自由发展。

资料来源:李贺主编:《经济学基础》(第2版),上海财经大学出版社2021年版,第14—15页。

二、宏观经济学(Macroeconomics)

"宏观"一词也来源于希腊语(Macro),是"大"的意思。宏观经济学以整个国民经济为研究对象,通过研究经济中各个总量的决定及变动,来说明资源如何实现充分利用。例如,宏观经济学家可以研究中国政府借债的影响,可以研究经济中失业率随时间推移的变化,也可以研究提高一国生活水平的不同政策。

(一)宏观经济学的特点

1. 研究的对象是整个经济

如果说微观经济学研究的是树木,那么宏观经济学研究的就是由这些树木所组成的森林。宏观经济学是以整个国民经济为研究对象的,因而它考察的是社会的经济总量。

2. 解决的问题是资源利用

宏观经济学研究现有资源不能得到充分利用的原因、达到充分利用的途径及如何保持经济增长等问题。

3. 中心理论是国民收入理论

在宏观经济领域中,国民收入是一个最基本的经济总量,它综合反映了其他的经济总量及其变动状况。宏观经济学以国民收入的决定为中心来研究社会资源的充分利用问题,分析整个国民经济的运行。

4. 研究方法是总量分析

总量是指能反映整个经济运行情况的经济变量。总量分析就是分析这些总量的决定、变动及相互关系,并通过这种分析来说明经济的运行状况,制定经济政策。

(二)宏观经济学的基本假设

1. 市场机制是不完善的

市场机制自发地调节经济并不能完美地实现帕累托最优。帕累托最优(Pareto Optimality)也称为帕累托效率,是指资源分配的一种理想状态,即假定固定的一群人和可分配的资源,从一种分配状态向另一种状态变化,在没有使任何人的处境变坏的前提下,也不可能使某些人的处境变好。换句话说,就是不可能在改善某些人的处境时,而不使其他人受损。

2. 政府有能力调节经济,弥补市场机制的缺陷,纠正市场机制的偏差

人类不是只能顺从市场机制的作用,而是要在遵从基本经济规律的前提下,对经济进行调节。政府可以通过观察并认识经济运行的规律,采取适当的手段进行调节。

(三)宏观经济学的基本内容

宏观经济学的基本内容包括国民收入核算与决定理论、失业与通货膨胀理论、经济增长和经济周期理论、宏观经济政策等。这些是本书要介绍的内容。

宏观经济学研究的一个中心问题是:国民收入的水平是如何决定的?宏观经济学认为,国民收入水平,反映着整个社会的生产与就业的水平,因此通过对整个在某一时期的社会总需求和总供给的研究,可以对一个国家的短期国民收入问题进行分析。而一个国家长期的国民收入水平是由该国生产潜力的增长决定的。同时,宏观经济学还认为,政府应该并且能够通过运用财政政策、货币政策等手段,对总需求进行调节,平抑周期性经济波动,既克服经济衰退,又避免通货膨胀,以实现"充分就业均衡"或"没有通货膨胀的充分就业"。

学思践悟　　　　有形之手——宏观调控

例1:在一个美丽的国度"阳光国",每天阳光明媚、空气清新、鸟语花香,让人们感到舒适和愉悦。可是,由于国际环境的不稳定和政治问题的持续加剧,"阳光国"的经济开始陷入低迷,失业率上升,人们的生活水平受到影响。政府深知经济困境的危害,决定运用政府的"有形之手"进行宏观调控来有效解决这些经济问题。政府采取一系列措施来增加总支出。首先,政府减税,鼓励人们消费和投资。其次,政府增加公共支出,提高社会福利和公共服务水平。最后,政府降低利率,以激发更多的投资。为了更好地实现这些目标,政府制定了一系列针对性的政策,如鼓励创新、加大投资、扩大基础设施建设等。在政策的推动下,"阳光国"的经济逐渐好转,人们消费和投资的意愿不断提升,失业率开始下降,GDP开始回升。

经过一段时间的持续努力,"阳光国"的经济已经从低谷中逐渐崛起,政府和人民携手共进,创造了一个更加繁荣和美好的国度。政府的正确决策和行动,不仅解决了经济问题,而且为国家的未

来发展奠定了坚实的基础。

例2：在我国，中国特色宏观调控助推中国经济创造增长奇迹，为中国式现代化打下了坚实的历史基础。改革开放以来，中国经济创造了举世瞩目的增长奇迹——从贫困落后的低收入国家一跃成为全球第二大经济体。2023年，中国GDP总量已突破126万亿元。中国经济实力的大幅跃升，为中国式现代化的推进提供了坚实的经济基础和物质条件。在这一过程中，中国特色宏观调控起到了不可或缺的重要作用，尤其是以下两方面优势得到充分体现：

在短期内，由于中国特色宏观调控的调控方式较为灵活，所以具备更强大的逆周期调节能力，有效地保证了经济在高速增长过程中平稳运行。

长期来看，由于中国特色宏观调控以国家中长期发展规划为导向，所以能更好地促进经济增长，确保长期经济增长目标顺利实现。

【悟有所得】 宏观经济学主要研究整体经济运行的规律，以实现经济稳定和增长。它研究的基本问题包括失业、通货膨胀、经济周期和经济增长等，国民收入决定理论是其中心理论。中国特色宏观调控注重短期与长期调控有机结合。短期来看，调控方式较为灵活，具备强大的逆周期调节能力，有效地保证了经济在高速增长过程中平稳运行；长期来看，坚持以国家中长期发展规划为导向，更好地促进了经济增长，确保了长期经济增长目标顺利实现。

三、微观经济学与宏观经济学的关系

微观经济学和宏观经济学是经济学中互为前提、彼此补充的两个分支学科，二者既有联系，也有区别。

（一）二者的联系

1. 微观经济学和宏观经济学互为补充

经济学的目的就是实现社会福利最大化，为了达到这一目的，便要实现资源的优化配置和充分利用。因此，微观经济学在假定资源已经充分利用的前提下分析如何达到资源最优化配置的问题，而宏观经济学则在假定资源已实现优化配置的前提下分析如何达到充分利用的问题。

2. 微观经济学是宏观经济学的基础

整体经济是单个经济主体的总和，总量分析是建立在个量分析的基础上的。例如，对整个经济的消费分析是以单个消费者的行为分析为基础的，对整个社会的投资分析也是以单个生产者的投资分析为基础的。同一经济现象，从一个角度看是微观经济问题，从另一个角度看却是宏观经济问题。因此，必须进行全面考虑。

3. 宏观经济学和微观经济学都是实证经济学

不管是个量分析方法还是总量分析方法，从经济学的研究和分析方法上看，都是实证分析法，而非规范分析法。

（二）二者的区别

1. 研究对象不同

微观经济学的研究对象是单个经济单位，如家庭、企业等。正如美国经济学家J.亨德逊(J. Henderson)所说，家庭和企业这种单个单位的最优化行为奠定了微观经济学的基础。而宏观经济学的研究对象则是整个经济，研究整个经济的运行方式与规律，从总量上分析经济问题。正如萨缪尔森(Samuelson)所说，宏观经济学是根据产量、收入、价格水平和失业来分析整个经济行为的。美国经济学家E.夏皮罗(E. Shapiro)则强调了宏观经济学考察国民经济作为一个整体的功能。

2. 解决的问题不同

微观经济学要解决的是资源配置问题，即生产什么、如何生产和为谁生产的问题，以实现个体

效益的最大化。宏观经济学则把资源配置作为既定的前提,研究社会范围内的资源利用问题,以实现社会福利的最大化。

3. 研究方法不同

微观经济学的研究方法是个量分析,即研究经济变量的单项数值如何决定。而宏观经济学的研究方法则是总量分析,即对能够反映整个经济运行情况的经济变量的决定、变动及其相互关系进行分析。这些总量包括两类:一类是个量的总和;另一类是平均量。因此,宏观经济学又称为总量经济学。

4. 基本假设不同

微观经济学的基本假设是市场出清、完全理性、充分信息,认为"看不见的手"能自由调节实现资源配置的最优化。宏观经济学则假定市场机制是不完善的,政府有能力调节经济,通过"看得见的手"纠正市场机制的缺陷。

5. 中心理论和基本内容不同

微观经济学的中心理论是价格理论,此外,还包括消费者行为理论、生产者行为理论、分配理论、一般均衡理论、市场理论、产权理论等。宏观经济学的中心理论则是国民收入决定理论,此外,还包括失业与通货膨胀理论、经济增长与经济周期理论、开放经济理论等。

案例鉴赏　　　　　看不见的手

1. "看不见的手"概述

英国经济学家亚当·斯密于1776年在《国富论》中提出"看不见的手"这一命题。最初的意思是,个人在经济生活中只考虑自己利益,受"看不见的手"驱使,即通过分工和市场的作用,可以达到国家富裕的目的。后来,"看不见的手"成为表示资本主义完全竞争模式的形象用语。这种模式的主要特征是私有制,人人为自己,都有获得市场信息的自由,自由竞争,无需政府干预经济活动。亚当·斯密的后继者们以均衡理论的形式完成了对完全竞争市场机制的精确分析。在完全竞争条件下,生产是小规模的,一切企业由企业主经营,单独的生产者对产品的市场价格不发生影响,消费者用货币作为"选票",决定着产量和质量。生产者追求利润最大化,消费者追求效用最大化。价格自由地反映供求的变化,不仅配置稀缺资源,而且分配商品和劳务。通过"看不见的手",企业家获得利润,工人获得由竞争的劳动力供给决定的工资,土地所有者获得地租。供给自动地创造需求,储蓄与投资保持平衡。通过自由竞争,整个经济体系达到一般均衡,在处理国际经济关系时,遵循自由放任原则,政府不对外贸进行管制。"看不见的手"反映了早期资本主义自由竞争时代的经济现实。

"看不见的手"揭示了自由放任的市场经济中存在的一个悖论,认为在每个参与者追求他(或她)的私利的过程中,市场体系会给所有参与者带来利益,就好像有一只慈善的"看不见的手",在指导着整个经济过程。

2. "看不见的手"的含义理解

正常情况下,市场会以其内在的机制维持其健康的运行。其中主要依据的是市场经济活动中的经济人理性原则,以及由经济人理性原则支配下的理性选择。这些选择逐步形成了市场经济中的价格机制、供求机制和竞争机制。这些机制就像一只"看不见的手",在默默地支配着每个人自觉按照市场规律运行。

市场机制就是依据经济人理性原则而运行的。在市场经济体制中,消费者依据效用最大化的原则做购买决策,生产者依据利润最大化的原则做销售决策。市场就在供给与需求之间,根据价格的自然变动,引导资源向着最有效率的方面配置。这时的市场就像一只"看不见的手",在价格机制、供求机制和竞争机制的相互作用下,推动着生产者和消费者做出各自的决策。

3."看不见的手"案例分析

20世纪80年代,我国引进了几百条冰箱和彩电生产线,政府计划部门惊呼"重复引进,浪费资源",并连下数道"金牌"加以制止。然而到下面没人买账,冰箱和彩电发展势如破竹。此后,"看不见的手"起了巨大作用。经过十几年的兼并重组淘汰,中国成了冰箱和彩电出口大国。

但是,"看不见的手"不是万能的。1929年,世界性的经济危机爆发,首先从美国开始,股市崩盘、企业破产、银行倒闭、工人失业……人们一夜之间突然发现"看不见的手"把经济搅得一塌糊涂。于是,这时出现一只"看得见的手",也就是英国经济学家凯恩斯提出的国家干预理论。

什么时候用"看不见的手",什么时候用"看得见的手"?"看得见的手"管什么、怎样管?这些的确是政府经济管理部门的研究课题。

资料来源:李贺主编:《经济学基础》(第2版),上海财经大学出版社2021年版,第17—18页。

问题:

(1)怎么理解"看不见的手"?

(2)怎么理解"看得见的手"?

课程思政　　　　　李斯的《谏逐客书》——效率

战国末年,群雄争霸,各国都急需人才,以便使自己的国家取得胜利。不甘平庸的李斯也想通过自己的努力干出一番事业。于是,李斯师从荀子,勤奋好学。学有所成之后,李斯便拜别恩师,来到秦国。

由于李斯博闻强识,不久被宰相吕不韦看中,遂举荐李斯为官。虽然官职较小,但能使李斯在秦国立足,也有了和秦王接触的机会,这为他后来的成就奠定了基础。有一次,他抓住时机对秦王进言:"大王圣明,现在的秦国是兵强马壮,六国都不是大王您的对手,您可以一统天下,完成帝业。"秦王很高兴,提拔了李斯。由于李斯提供给秦王的许多建议取得成效,最后官拜客卿。

此时,发生了这样一件事:韩国因惧怕与秦国交战,派水利工程师郑国去帮助秦国修建水渠(后来的郑国渠),目的很简单,就是通过修渠来牵制秦国劳动力,延缓其进攻韩国。后来,计划露馅。秦王十分气愤,再加上大臣的鼓动,说从外国来秦国的人都心怀鬼胎。于是,秦王决定驱逐这些动机不纯的"外国人"。秦王在全国下逐客令,李斯也在驱逐之列。

一心想建立功勋的李斯哪能就这样被遣送回国啊。冥思苦想之后,他决定写一封劝秦王的谏,这就是历史上有名的《谏逐客书》。大致内容是说:今天秦国的强大很大一部分原因是吸纳外国人才的缘故。举几个例子:第一是秦孝公重用卫国人商鞅,通过变法使秦国逐渐强大;第二是秦惠王采用张仪的"连横"策略,瓦解了六国合纵抗秦的联盟,解除了对秦国的威胁。《谏逐客书》打消了秦王逐客的想法,使得秦国继续重用外来人才,这些人才既有文臣也有武将,他们为秦国统一六国立下了汗马功劳。最后李斯官拜宰相,完成了成就一番大事业的愿望。

资料来源:李贺主编:《经济学基础》(第2版),上海财经大学出版社2021年版,第18页。

【思政感悟】　很多人会说"办事要讲效率",这个效率大概有两层意思:其一是用较少的时间完成较多的任务;其二是用较少的资源做出较多的成果。资源是稀缺的,如何利用好稀缺资源是我们关注的问题。只有提高效率,才能更好地发挥稀缺资源的作用。为此,我们都希望自己是一个有效率的人,李斯也不例外。

在这个故事里,李斯是一个做事讲效率的人。首先,他师从荀子,在很短的时间里就学有所成,说明李斯的学习是有效率的。其次,他作为一个外国人,在秦国从站稳脚跟到官拜客卿,没有花很长的时间,证明他做事有效率。最后,最为出色的莫过于他的《谏逐客书》。它打消了秦王逐客的念头,并使得秦王继续任用外来人才,帮助秦国统一六国。可以说,李斯的这个做法很有效率。

【三省吾身】 著名经济学家萨缪尔森在其经典著作《经济学》中明确指出:"稀缺与效率是经济学的双重主题。"可见,效率在经济学中占有重要的地位。在经济学中,一般提到效率是指配置效率。所谓配置效率,是指将投入一定量的要素按照一种特定的组合,达到一种以最小的投入获得最大产出的状态,否则便是资源配置无效率。资源配置无效率意味着大量的资源闲置或者浪费。

在微观经济学中,企业总是想方设法地提高自己的效率,要么在成本既定的情况下获得最多的产出,要么在产量一定的情况下使用最少的成本,这都是提高效率的具体体现。同样,在宏观经济学中,政府也想以最少的投资获取最多的就业。由此可见,效率确实可以作为经济学的"双重主题"之一。

在现实生活中,每个人都想提高自己的效率。在校的学生都希望自己的成绩突飞猛进,博得老师和同学们的赞许;作为上班一族,总想着以最快的速度办好老板安排的工作,以此获得老板的奖励。这都需要效率作为支撑。

我们知道"二八原则"的含义,花20%的时间可以处理80%的事情。这要求我们在平时的工作或学习中善于分清主次,找出主要矛盾,以高效率去完成。然而,在现实生活中,有很多人在处理事情的时候是"眉毛胡子一把抓",不仅事情没有完成,而且浪费了时间和精力。

只有成为一个有效率的人,才不会被众多纷繁复杂的事情所困扰,才会有大量的时间来享受自己的生活。

任务三　经济学的研究方法

任何一门学科都有一定的分析方法。经济学家在研究社会经济问题时主要采用以下几种方法。

一、实证分析和规范分析

(一)实证分析

实证分析(Positive Analysis)是指排除任何价值判断,首先对研究的变量的含义作出明确规定,其次在一定假设条件下提出假说,并以此预测未来,最后用经验和事实来验证预测。实证分析在研究经济问题时,只考虑经济事务间的现实联系,以及在这种联系的作用下,人们经济行为的后果。也就是说,运用实证分析建立理论体系时,不仅要能够反映或解释已经观察到的事实,而且要能够对有关的现象将来会出现的后果做出正确的预测,即接受将来发生的事件的检验。

实证分析的特点是:对有关问题的逻辑推导,旨在理解经济过程,它回答"是什么"的问题,如"实际是什么"或"将会是什么",而不涉及对结果好坏及公平与否的判断。例如,现实生活中房价是如何决定的?未来一段时间内,房价是上升还是下降?猪肉的价格是上涨还是下调?对这类问题的回答在于揭示经济现象本身及其运行规律,而不对该种规律所带来的结果对社会是好是坏做出相应的判断。用实证方法分析失业、通货膨胀和经济增长等经济问题和经济现象,被称为实证经济学。

【提示】实证分析所涉及的命题可以从其基本逻辑和经验证据两个方面进行检验,实证经济学最接近于作为科学的经济学含义。

(二)规范分析

规范分析(Normative Analysis)是指以一定的价值判断为基础的经济分析法,首先提出某些标准作为分析经济现象的准则,作为确立经济理论的前提和制定经济政策的依据,并研究如何才能符合这些标准。规范分析运用于经济现象研究时,不是考虑经济体系实际如何运行,而主要关心它应该如何运行并力求改变现实;不是关于事物间是否存在某种关系的问题,而是应该如何行动的问题(What ought to be),但以对现实的价值判断为前提。用规范方法分析失业、通货膨胀和经济增长等经济问题和经济现象,被称为规范经济学。

规范分析的特点是:回答诸如经济过程或经济政策"应该是什么"或"怎么样"之类的问题;结论不能由经验事实直接检验。经济学家在进行规范分析时,往往从一定的价值判断出发。从性质上看,价值判断的科学性是难以直接确定的,它不可能用事实、证据或逻辑来证明是正确的或错误的。人们可能一致认为一种特殊政策会产生某种效应,但有些人会认为其结果是好的,另外一些人则认为其结果是不好的,因为他们的价值判断不同。

规范分析往往是制定政策的基础。比如,进口汽车,一方面会使国内市场汽车价格下降,从而使消费者受益;另一方面,又会冲击国内汽车市场,使国内汽车行业就业状况恶化。到底是限制还是鼓励汽车进口,这既取决于前述实证分析的结果,也取决于政策制定者的价值判断,即是应该保护消费者的利益还是应该照顾生产者的利益,消费者从进口汽车中获得的利益是否能够超过汽车行业工人的损失。虽然经济学不可能证明哪一种价值判断是好的、哪一种价值判断是不好的,从而也无法证明哪一项政策是最好的,但它有助于决策者做出政策选择。

在分析现实经济问题时,实证分析和规范分析两种研究工具往往都被使用,但二者的作用不同。实证分析要通过客观事实,分析经济变量之间的关系。规范分析要说明事物本身是好还是坏,是否符合某种价值判断。实证分析是规范分析的前提和基础,规范分析是实证分析的延伸。二者是互相联系、互相补充的,规范分析要以实证分析为基础,而实证分析也离不开规范分析的指导。一般来说,越是具体的问题,实证的成分越多;而越是高层次、带有决策性的问题,越具有规范性。例如,对命题"我国目前的收入分配状况是否合理"的解析就包含了实证分析和规范分析。首先,对我国目前的收入分配现状进行分析,分析其成因及内在的规律,此处使用了实证分析手段;其次需要依据一定的价值标准做出判断,进行规范分析。

经济学既是一门实证科学,又是一门规范科学,因为提出什么问题进行研究、采用什么方法和突出强调哪些因素实际上都涉及研究者的个人价值判断问题,而且一个经济学家之所以提出某一理论,都是为他主张的政策提出理论根据。政策主张不同,除了实证分析有不同结论外,实际上还在于各人有不同的价值判断。

【学中做1—1】　　　　实证分析与规范分析的区别实例

某造纸企业在生产过程中排放出一定的污水,污染了附近的水域。环保部门对此采取征收排污费的办法。如果我们研究对不同规模的造纸企业按什么标准征收排污费,这就是实证分析的范畴。假如造纸企业威胁说,宁肯关闭企业也不愿支付排污费,那么环保部门就面临两种选择:一是允许造纸企业继续生产并不征收排污费,环保部门承担治理污染的责任和费用;二是强制关闭造纸企业,环保部门必须面对企业关闭而产生的工人失业后果。这就是规范分析的范畴。

课堂讨论

张先生是一位经济学教授,他正在进行一项研究,研究的问题是关于最低工资政策的影响。他对最低工资政策进行了实证分析和规范分析,以便更好地了解这项政策的影响。

在实证分析中,张先生研究了最低工资政策对低收入工人的影响。他收集了相关数据,包括低收入工人的就业率、工资水平和其他相关因素,并使用统计方法分析了这些数据,得出了相应结论。

例如,他发现最低工资政策实际上导致部分低收入工人失去了工作,而另一部分低收入工人的工资有所增加。

在规范分析中,张先生研究了最低工资政策应该如何实施才能达到最佳效果。他评估了政策的目标和影响,并提出了建议。例如,他建议政策应该采取不同的工资标准,因为不同地区和不同行业的经济情况不同,同时还建议政策应该考虑到对雇主和低收入工人的激励效应,以最大限度地提高政策的实效性。

这样,张先生的研究通过实证分析和规范分析,提供了有关最低工资政策影响的全面信息。该方法不仅可以帮助经济学家了解现实世界的客观经济问题,而且可以为政策制定者提供决策依据,以最大限度地提高政策效果。

请问:如何选择实证分析与规范分析?

二、边际分析法

(一)边际分析法的含义

边际分析法就是运用导数和微分方法研究经济运行中微增量的变化,用以分析各经济变量之间的相互关系及变化过程的一种方法。边际即"额外的""追加的"的意思,是指处在边缘上的"已经追加上的最后一个单位",或"可能追加的下一个单位";属于导数和微分的含义,就是指函数关系中,自变量发生微量变动时在边际上因变量的变化,边际值表现为两个微增量的比。这种分析方法广泛运用于经济行为和经济变量的分析过程,如对效用、成本、产量、收益、利润、消费、储蓄、投资、要素效率等的分析多有边际含义。

边际分析法之所以成为经济学研究中的非常重要的方法,是由经济学的对象决定的。由于经济学研究资源最优效率的使用,而最优点实际上就是函数的极值点。

(二)边际分析法的特点

边际分析法在经济学中受到特别重视。19世纪70年代法国的瓦尔拉斯、奥地利的门格尔、英国的杰文斯几乎同时提出了这一方法,后被称为"边际革命"。这种方法有以下几个特点。

1. 边际分析是一种数量分析,尤其是变量分析

运用这一方法研究数量的变动及其相互关系。这一方法的引入,使经济学从常量分析发展到变量分析,这一点从含义上已经说明了。事实上,在经济活动中,自变量的微量变动所引起的因变量的变化程度极少相等,即不是直线型,大多是变化率不等的曲线型。边际分析法研究微增量的变化及变量之间的关系,可使经济理论精细地分析各种经济变量之间的关系及其变化过程。也就是说,它对经济变量相互关系的定量分析更严密。

2. 边际分析是最优分析

边际分析实质上是研究函数在边际点上的极值,研究因变量在某一点递增、递减变动的规律,边际点的自变量是做出判断并加以取舍的最佳点,据此可以做出最优决策,因此,边际分析法是研究最优化规律的方法。

3. 边际分析是现状分析

边际值是根据两个微增量的比求解的,是计算新增自变量所引致的因变量的变动量。这表明边际分析是对新出现的情况进行分析,即属于现状分析。这显然不同于总量分析和平均分析,总量分析和平均分析实际上是过去分析,是过去所有的量或过去的平均值的比。在现实社会中,由于各种因素经常变化,用过去的量或过去的平均值来概括现状和推断今后的情况是不可靠的,而用边际分析则更有利于考察现状中新出现的某一情况所产生的作用和所带来的后果。

(三)边际分析法的意义

边际分析法提出后,首先用于对效用的分析,由此建立了理论基础——边际效用价值论。这一分析方法的运用可以说引起了经济学的革命,它的意义具体表现为以下几个方面。

1. 边际分析的运用使经济学研究重心发生了转变

由原来带有一定"社会性、历史性"意义的政治经济学转为纯粹研究如何选择能把有限的稀缺资源分配给无限而又有竞争性的用途上,以有效利用。

2. 边际分析开创了经济学"数量化"的时代

边际分析本身是一种数量分析,在这个基础上,使各种数量工具如线性代数、集合论、概率论等逐步渗入经济学,数量化分析已经成为经济学的主要特征。

3. 边际分析促进了微观经济学的形成

边际分析以个体经济活动为出发点,以需求、供给为重心,强调主观心理评价,促使了以"个量分析"为特征、以市场和价格机制为研究中心的微观经济学的诞生。微观经济学正是研究市场和价格机制如何解决三大基本经济问题,探索消费者如何得到最大满足、生产者如何得到最大利润、生产资源如何得到最优分配的规律。

4. 边际分析奠定了最优化理论的基础

在边际分析的基础上,经济学从理论上推出了所谓最优资源配置、最优收入分配、最大经济效率及整个社会达到最优的一系列条件和标准。

5. 边际分析使实证经济学得到重大发展

研究变量变动时,整个经济发生了什么变动,这为研究事物的本来面目、回答经济现象"是什么"问题的实证经济学提供了方法论基础。

三、均衡分析

均衡分析就是假定经济变量达到均衡状态时所出现的情况及实现均衡的条件。经济学中广泛使用均衡分析方法,均衡含义也是经济学中的一个重要含义。从一定意义上说,微观经济学研究微观经济行为主体的目的就是揭示微观经济行为达到均衡的条件,比如,消费者行为理论就是在给定消费者偏好、收入及商品价格的情况下,研究消费者购买行为达到平衡时的条件;生产者行为理论则是在给定生产要素价格和生产函数的情况下,研究生产者实现生产要素最佳组合(即生产要素购买行为达到平衡)的条件。均衡分析包括局部均衡分析和一般均衡分析。

(一)局部均衡分析

局部均衡分析是指在假定其他条件不变,即假定某一变量只取决于本身的各相关变量的作用,而不受其他变量和因素影响的前提下,分析该种变量如何实现均衡。例如,一种商品的均衡价格只取决于该种商品本身的供求状况,而不受其他商品供求状况的影响。这种分析方法把研究局限在一个局部范围,所以称为局部均衡。

(二)一般均衡分析

一般均衡分析是指研究某一变量在各种条件和因素作用下,如何实现均衡。与局部均衡分析相对应,一般均衡分析从市场上所有商品的供求和价格是相互影响、相互依存的前提出发,考察每种商品的供求同时达到均衡状态条件下的某商品均衡价格决定问题。一般均衡分析不仅用于研究整个经济的价格和产量结构,而且用于研究经济运动的许多方面。例如,实现最大福利的最适度资源配置,社会生产各部门间的投入—产出平衡分析等,都是以一般均衡分析方法为基础的。

【注意】局部均衡分析与一般均衡分析都是均衡分析,是从量的方面研究社会经济现象,只是分析时所考虑的影响均衡的因素在范围上是不同的。

四、静态分析、比较静态分析和动态分析

（一）静态分析

静态分析就是分析经济现象的均衡状态及相关经济变量达到均衡状态所需具备的条件，但并不涉及达到均衡状态的过程。静态分析是一种与均衡分析密切联系的分析方法。运用此方法分析经济规律时，假定这些规律是在一个资本、人口、生产技术、生产组织和需求状况等因素不变的静态社会里起作用。

（二）比较静态分析

比较静态分析是将一种给定条件下的静态与新的条件下产生的静态进行比较。如果原有的已知条件发生了变化，则必将引致有关的变量相应地发生一系列变化，从而打破原有的均衡，形成新的均衡，比较静态分析就是对新旧两种均衡状态进行对比分析。这种分析只是对既成状态加以比较，并不涉及条件变化的调整过程或路径，所以它并不研究如何由原来的均衡过渡到新的均衡的实际过程。

（三）动态分析

动态分析是要考察随条件变化而使经济均衡调整的路径或过程。经济动态是指在时间序列过程中的经济变动状态。动态分析的主要特征在于增加了时间因素的作用，一方面分析人口、生产技术、资本数量、生产组织等在流程中的变化，这种变化如何影响经济体系的运动和发展；另一方面明显地表示出经济变量所属的时间，而经济变量在某一时点上的数值要受以前时点上有关变量数值的制约。正是由于该方法研究变量各个时间的变化情况，因此也称此方法为"时间分析"或"序列分析"。

【注意】动态分析方法尤其适合研究经济增长与发展、经济周期波动等，但分析各种因素的变化必须是客观的、实事求是的。

微观经济学主要采用的是静态分析。例如，在消费者行为理论中，我们分别考察了价格、收入变动对消费者均衡的影响；在市场结构理论中，我们分析了企业和行业在不同需求水平下均衡产量的决定；在要素定理中，我们比较了在不同市场结构下企业对均衡要素使用量的选择。

五、经济模型

经济模型也是一种分析经济问题的方法，是指用来描述与研究对象有关的经济变量之间的依存关系的理论结构。简单来说，经济模型就是用变量的函数关系来说明经济理论，是经济理论的简单表达。经济模型可用文字说明（叙述法），也可用数学方程式表达（代数法），还可用几何图形来表达（几何法、画图法）。经济模型一般包括以下四个步骤。

（一）含义

含义即对所要研究的经济现象的含义作出规定，如什么是需求、什么是失业等。

（二）假设

假设是提出经济模型的前提条件。现实经济十分复杂，一个经济现象直接或间接地受到许多因素的影响。一个经济模型不可能对它们逐一进行分析，从而也就无法建立与实际丝毫不差的复制品，所以有必要提出假设，以对讨论的范围进行限定和简化。例如，一种商品的需求量受多种因素影响，但在建立需求分析的经济模型时，一般就要假定其他条件不变，以分析价格是如何影响需求量的。

（三）假说

假说是在一定的假设条件下利用含义去说明经济现象之间的关系。假说是一种未经证明的理

论。例如,在其他条件不变的前提下,一种商品的价格由该商品的需求和供给决定。这就是现代经济学价格理论的重要假说。

(四)预测

预测是根据假说对未来的发展趋势进行预期。它与猜测的区别是:猜测是盲目的,而预测是从假说得出的结论。例如,如果需求量增加,那么在其他条件不变的前提下,商品的价格就会升高。

案例鉴赏　　　　　　像经济学家一样思考

从观察到理论的升华,同样适用于经济学。我们看一看经济学家是如何观察的。如果观察幼儿园小朋友拥有苹果的情况,我们可能得出以下三种结论(称之为事实):

(1)一个漂亮的小女孩拥有2个苹果。(直接观察得出)

(2)每个小朋友都至少有一个苹果,总数是126个苹果。(通过统计得出)

(3)这个幼儿园发放给每个小朋友苹果作为早餐。(大家都普遍认同的观点)

与上文的例子一样,经济学家在观察经济现象时也大致有三种结果:

(1)直观性事实。就像"一个漂亮的小女孩拥有2个苹果"这个事实,直观性事实是指可以直接观察到的经济现象。例如,楼下的小店食盐供应不足、国家投放新的债券等。这一类事实都是人们不加以整理或分析即可看到的事实。

(2)整理性事实。类似于"每个小朋友至少有一个苹果"的事实是整理性事实,它是指通过统计方法整理大量的个体观察材料或个体数据而得出的总体性数据或结论。例如,2024年3月,辽宁省汽车产量为8.71万辆,同比增长3.78%;2024年第一季度,我国GDP同比增长5.3%。这一类观察事实的特点是通过对大量的数据和资料的整理,来了解某一类现象的事实。

(3)标准性事实。像"这个幼儿园发放给每个小朋友苹果作为早餐"这类事实称为标准性事实,它是指通过分析、整理而得到的某些典型的关系,且长期得到事实证据的支持而被广泛接受的事实。这一类事实常常被经济学家利用,从而对经济现象做出解释。

首先,在观察之后,经济学家就会受到观察事实的启发,从而提出理论。

虽然经济学与物理等学科一样运用观察和理论,但物理学家所得出的理论,可以从实验室中通过实验得到验证,而经济学运用实验方法是非常困难的,因为我们没有测量工具精确地测量经济变量,不能复制经济现象。因此,为了达到与实验一样的效果,经济学家便把目光投向历史中出现过的自然实例。例如,新中国成立前,国民党政府疯狂加印货币,导致物价飞涨等经济现象。这就给经济学家的研究提供了一系列真实的事例。

其次,我们了解一下经济学家的另外一种思维工具——假设。

假如让物理学家解决这样一个问题:从深圳地王大厦楼顶上丢下一块石头,从放手到落地要多长时间?物理学家就会先假设空气不会对石头有任何阻力,然后直接用简单的公式得出。当然,空气是客观存在的,这种假设与事实不符。但空气对石头的阻力微乎其微,不会对结果产生决定性的影响,忽视这种因素而做出假设可以使问题变得简单。

经济学家因为同样的原因而提出假设。例如,在研究国际贸易的时候,实际世界上有200多个国家(或地区)和成千上万种产品,而经济学家会假设世界上只有两个国家、两种商品。这种假设可以让我们从简单的两国关系扩展到多国、多产品之间的关系,这要比直接研究庞大的贸易体系容易得多。

再次,让我们了解一下模型。

经济学研究中,假设的表达形式一般是模型(Model)。模型一般是几个假说或推论的结合,大部分是由图形或者方程式组成的。就像生物学家运用人体骨骼模型作为研究工具一样,经济学家也运用模型。

模型在经济学中的作用是直观和简化地让我们了解事实。正如美国经济学教授曼昆所言:"所有模型——物理学的、生物学的、经济学的——都是为了增进我们对现实的理解而简化了的事实。"

最后,介绍一下实证与规范。

实证经济学试图描述"是什么"的观点。它超越了一切价值判断,只对现象做客观的描述、分析和预测。它的论证是以事实为基础的,且可通过事实来检验。它对一种行为的对错与否不加以判断。

规范经济学企图描述"如何运行"的观点。它依据经济学家本人的价值判断,提出某些规范性的标准,但是它研究的内容具有一定的主观性,且结论无法用经验来进行检验。

资料来源:李贺主编:《经济学基础》(第2版),上海财经大学出版社2021年版,第24—25页。

课堂讨论　　　　搭建经济学的大厦——数学分析

虽然经济学也用数学方法,但与自然科学所采用的方法有所不同。自然科学所采用的方法是比较严谨与准确的。比如,人造卫星围绕地球转一圈所带来的误差也许有几十米,与地球周长比较起来是微不足道的。但是,再高明的经济学家预测一个国家的经济增长速度的误差也达不到"微不足道",而是相对比较大。我们在学习经济学的时候,不要过多地去强调某个数学公式的准确程度,只要这个数学公式确实反映了现实经济变动的主要特征就可以了。

经济学已经被经济学家竭尽全力地武装成一门真正的"科学",这科学的门面主要是数学描述、几何图形、函数坐标,再套上英文字母和阿拉伯数字。一般而言,当一门知识变成深奥的"科学"时,就会渐渐地远离大众,使大多数人不知其所云。这在自然科学领域内是没问题的,因为自然科学里深奥的符号与公式本身是工具也是研究的目的和内容。而经济学不是自然科学,自然科学是发现科学,经济学应该是讲道理的科学,对我们来说只要能明白道理,使用什么工具是无所谓的。

问题:

(1)数学与经济学的联系与区别是什么?

(2)为什么人们常说经济学是社会科学的"皇后"?

任务四　经济学十大原理

前文我们从生产角度提出经济学的五大基本问题。美国著名经济学家N.格里高利·曼昆则从理性人之间交易关系的角度提出了经济学十大原理,这在经济学界很受推崇。曼昆认为,经济只不过是一群人在生活中相互交易而已;经济学研究社会如何管理自己的稀缺资源;经济学家要研究人们如何做出决策、如何相互影响,分析影响整个经济的现状和趋势等。其主要观点如下:

一、人们如何做决策

该问题涉及四个原理:

原理一:人们面临权衡取舍。

我们会经常遇到这样的选择:为了得到一件喜爱的东西,通常就不得不放弃另一件喜爱的东西,做出决策就是要求我们在一个目标与另一个或几个目标之间进行权衡取舍。如学生要考虑如何分配使用其宝贵的时间,国家要考虑财政收入用于国防和居民生活的比例分配等。

对经济学的学习,首先应从认识生活中的权衡取舍开始,至于如何权衡取舍,应该做出怎样的取舍决策,则是更深层次的问题。

原理二：某种东西的成本是为了得到它所放弃的东西。

例如，人们考虑是否上大学的决策。从上大学受益的角度考虑，是为了丰富知识，增长才干，将来寻得好职业。从成本角度考虑，则会产生学费、住宿费、伙食费，但大家不要忽略最大的成本要素，即你为了上大学不得不放弃的工作收入，这是个单项成本，也就是后面将讲到的机会成本。

原理三：理性人考虑边际量。

经济学中，通常假设人是理性的，即人是理性人，具有理性思考的能力。

经济学家通常使用"边际变动"这个术语来描述对现有行动计划的微小增量调整。"边际"是指"边缘"，因此，边际变动是围绕你所做的事进行边缘调整。理性人通常通过比较边际收益和边际成本来做出决策，当一种行为的边际收益大于边际成本时，才会做出理性的决策行为。

原理四：人们会对激励做出反应。

由于理性人通过比较边际成本和边际收益做出决策，因此当激励可以改变做某件事的收益时，人们会对激励做出反应。例如，学校评定"三好学生"，当确定增加或减少三好学生数量时，就要做出激励效应比较。如考虑增加"三好学生"数量，就要顾及这个增量是否降低了"三好学生"评定标准，削弱了影响力。如考虑减少"三好学生"评定数量，就要顾及是否标准太高，大多数学生可望不可即，同样降低了激励效应。又如，政府出台房产税制度，就要从实际出发比较激励效应，过高或过低都会适得其反。

二、人们如何相互影响

在生活中，许多决策不仅影响自己，而且会影响他人。

原理五：贸易可以使每个人的状况都变得更好。

自给自足的自然经济使人们的消费十分局限，不能满足社会生活的需要，贸易可以使人们互通有无，生活丰富多彩，大家各自用最专业的技术生产各自最低成本的质优价廉产品。通过贸易，它可使每个人状况更好。因此，开展贸易的规模和空间越大，人们收益也越大。

原理六：市场通常是组织经济活动的一种好方法。

家庭和企业在市场上相互交易，大家都盯着价格，价格左右着交易者的行为，市场价格是指引人们经济活动的工具。计划经济为什么会挫败？是因为价格不是由市场决定的，而是由中央计划者指定的。中央计划者确定的价格扭曲了市场真实的价格，导致了不合理的结果。

原理七：政府有时可以改善市场结果。

市场的作用是伟大的，但市场也不是万能的。经济学家用"市场失灵"这个概念来指市场本身不能有效配置资源的情况。当发生市场失灵等情况时，政府的宏观控制又是必要的。关于这个问题，本书将在后面的政府宏观调控章节里专门介绍。

三、整体经济运行

前面人们如何做决策和人们如何相互影响共同组成了"经济"。下面的三个原理则涉及整体经济的运行。

原理八：一国的生活水平取决于其生产物品与劳务的能力。

用什么来解释各国和不同时期生活水平的巨大差别呢？答案可以说简单得出人意料，即几乎所有生活水平的变动都可以归因于各国生产率的差别，也就是一个工人一小时所生产的物品与劳务量的差别。在那些每单位时间能生产出大量物品与劳务的国家，大多数人享有高生活水平；而在那些工人生产率低的国家，大多数人需要面对贫困的生活。生产率是生活水平的最终根源。

原理九：当政府发行了过多货币时，物价上涨。

什么引起了通货膨胀？在大多数严重或持续的通货膨胀下，罪魁祸首总是货币量的增长。当一个政府创造了大量本国货币时，货币的价值就下降了。如在20世纪20年代初的德国，当物价平均每月上升3倍时，货币量每月也增加了3倍。

原理十：社会面临通货膨胀与失业之间的短期权衡取舍。

物价水平主要是货币量增加的结果，大多数经济学家这样描述货币注入短期效应：

(1) 经济中货币量增加刺激了整个支出水平，从而刺激了物品与劳务的需求。

(2) 随着时间的推移，高需求会使企业提高物价，但也会鼓励企业增加生产物品和提供劳务量，并更多地雇用生产这些物品和提供这些劳务的工人。

(3) 雇用更多的工人则意味着失业的减少。

上述推理明确了一个结论：在通货膨胀与失业之间存在着短期权衡取舍关系。政府要兼顾这种关系调控经济运行。

以上就是曼昆从理性人之间交易关系的角度考察提出的经济学十大原理，简单易懂。即使是最复杂的经济分析，也是用这十大原理构建起来的。

关键术语

机会成本　微观经济学　宏观经济学　实证分析　边际分析法　规范分析

应知考核

一、单项选择题

1. 经济学研究的基本问题是（　　）。
   A. 企业如何赚钱的问题　　　　　　B. 如何实现稀缺资源的有效配置和利用问题
   C. 用数学方法建立理论模型　　　　D. 政府如何管治的问题

2. 经济学中最基本的前提假设是（　　）。
   A. 理性人假设　　B. 信息完全假设　　C. 市场出清假设　　D. 市场机制不完善假设

3. 选择有效的方式利用有限资源，面临的主要问题是（　　）。
   A. 生产什么，生产多少　　　　B. 如何生产
   C. 为谁生产　　　　　　　　　D. 以上问题均正确

4. 下列中属于规范分析经济问题的是（　　）。
   A. 通货膨胀和失业是由什么引起的　　B. 利率上升有利于增加储蓄
   C. 北京市计划限制私人汽车的发展　　D. 消费者如何对比较低的价格做出反应

5. "现有资源不能充分满足人的欲望"这一事实被称为（　　）。
   A. 机会成本　　B. 稀缺性　　C. 规范经济学　　D. 生产什么的问题

6. 经济学可定义为（　　）。
   A. 研究政府如何对市场机制进行干预的科学
   B. 消费者如何获取收入并进行消费的学说
   C. 研究如何最合理地配置稀缺资源于诸多经济性用途的科学
   D. 企业取得利润的活动

7. "富人的所得税税率比穷人高"是（　　）。

A. 规范的表述　　　B. 实证的表述　　　C. 否定的表述　　　D. 理论的表述

8. 当经济学家说人们是理性的时,这是指( )。
   A. 人们不会做出错误的判断　　　B. 人们总会从自己的角度做出最好的决策
   C. 人们根据完全的信息而行事　　　D. 人们不会为自己所做出的任何决策而后悔

9. 研究个别家庭与企业决策的经济学称为( )。
   A. 宏观经济学　　　B. 微观经济学　　　C. 实证经济学　　　D. 规范经济学

10. 经济物品是指( )。
    A. 有用的物品　　　　　　　　　B. 稀缺的物品
    C. 要用钱购买的物品　　　　　　D. 有用且稀缺的物品

二、多项选择题

1. 物品和劳务根据资源稀缺与否及满足需要的程度分为( )。
   A. 经济物品　　　B. 自由物品　　　C. 稀缺物品　　　D. 公共物品

2. 资源利用包括( )问题。
   A. 充分就业　　　　　　　　　　B. 经济波动和经济增长
   C. 物价稳定　　　　　　　　　　D. 生产什么

3. 当前世界解决资源配置与资源利用的经济制度类型有( )。
   A. 计划经济　　　B. 市场经济　　　C. 混合经济　　　D. 自给自足经济

4. 微观经济学的特点有( )。
   A. 研究的对象是单个经济单位的经济行为　B. 解决的问题是资源配置
   C. 中心理论是价格理论　　　　　　　　　D. 研究方法是总量分析

5. 经济学的研究方法有( )。
   A. 实证分析和规范分析　　　　　B. 边际分析
   C. 均衡分析　　　　　　　　　　D. 静态分析、比较静态分析和动态分析

三、判断题

1. 如果社会不存在资源的稀缺性,也就不会产生经济学。( )
2. 资源的稀缺性决定了资源可以得到充分利用,不会出现资源浪费现象。( )
3. 微观经济学的基本假设是市场失灵。( )
4. 是否以一定的价值判断为依据是实证经济学与规范经济学的重要区别之一。( )
5. "人们的收入差距大一点好还是小一点好"的命题属于实证经济学问题。( )

四、简答题

1. 在下列陈述中,哪些是实证分析,哪些是规范分析?
   (1)降低利率,会增加投资量。( )
   (2)政府应当提高利率,以防汇率下跌。( )
   (3)消费者的收入增加会促进商品的需求增加。( )
   (4)经济增长会提高一个国家的综合实力,因此经济增长是好事。( )
   (5)目前的社会救济金太少。( )
2. 简述实证方法与规范方法的区别与联系。
3. 简述经济学十大原理。

4. 下列哪些问题是宏观经济问题,哪些又是微观经济问题?
(1)通货膨胀问题。(   )
(2)某些服务行业的低工资问题。(   )
(3)人民币和欧元的汇率问题。(   )
(4)白菜的价格波动为何比汽车的价格波动大。(   )
(5)本年度与上年度经济增长率的对比。(   )
5. 简述微观经济学与宏观经济学的关系。

应会考核

■ 观念应用

1. 许多人认为,经济学是说钱的,你认为这种观点对吗?请简要说明经济学的含义,微观经济学与宏观经济学的区别与联系。

2. 为什么生活在极端奢华之中的富豪也会面临稀缺性?人们通常希望有更多的钱,可政府为什么不印更多的钞票?这样能够一下子解决稀缺的问题吗?有人认为,"社会生活中许多资源是取之不竭、用之不尽的,比如空气、河流等,所以社会资源稀缺的观点不完全妥当"。你对这样的观点怎么看?试分析说明。

3. 你大学毕业时总会遇到一些选择,比如继续读书深造、找工作挣钱等。请运用机会成本含义分析权衡取舍决策过程。

4. 举例说明"看不见的手"是如何发挥调节作用的?

5. 在现实生活中,"看不见的手"能否在所有领域发挥作用?请举例说明。

■ 技能应用

某总公司有甲、乙、丙三个分公司,每个分公司都生产 X 和 Y 两种产品。表1-1所示为三个分公司用其全部资源可生产的 X 与 Y 的最大产量。

表1-1　　三个分公司用其全部资源可生产的 X 与 Y 的最大产量

分公司 \ 产品	X	Y
甲	100	200
乙	120	180
丙	150	150

请画出该总公司的生产可能性曲线(以 X 为横轴,Y 为纵轴)。

■ 案例分析

食堂排队问题的经济学分析

当你在食堂排队买饭菜时,你总会感到所站的队列特别慢。你常常会左顾右盼,略作估算,然后下决心离开原队而站到旁边的队列。往往没过几分钟,你会发觉你新站的队列至少与原先所在的队列一样慢!让我们对这一有趣的现象作较为形象的描述。我们假定,食堂一横排开有十多个窗口,每个窗口出售完全相同的饭菜;又假定你进入食堂后,只能看到你附近的两三个队列。

问题:

当你进入食堂,是先巡逻一番,挑最短的队列站,还是只从你所能看到的两三个队列中挑较短的一队？试用经济学的观点分析此问题。

▼ 项目实训

【实训任务】

通过本项目的实训，学生要理解资源配置与利用的相关内容，并能够解决现实经济生活中存在的实际问题。

【实训情境】

1. 根据本项目的内容，上网或通过书刊查找有关资料，讨论辩论双方的以下观点：上大学接受高等教育比更早步入社会学习实践经验更重要。

2. 正方的观点：接受高等教育越多越容易成功；反方的观点：社会实践比大学教育更重要。

3. 全班分成正反双方两组，实行组长负责制，完成综合实训项目。辩论要求：一方说完，另一方才能开始反驳，要听完对方的辩论；所出示的证明资料要准确、真实。

4. 两组进行陈述及自由辩论，组长做总结性发言，观摩的同学进行评价，教师最后点评，给出考核成绩。

【实训要求】

撰写《正反方辩论报告》。

《正反方辩论报告》		
项目实训班级：	项目小组：	项目组成员：
实训时间：　年　月　日	实训地点：	实训成绩：
实训目的：		
实训步骤：		
实训结果：		
实训感言：		

模块二

微观经济

项目二　掌握殿堂钥匙——价格理论

● **知识目标**

　　理解：需求收入弹性与需求交叉弹性；分析需求、供给的变化与市场价格的关系。
　　熟知：影响需求、供给的因素；影响需求弹性、供给弹性的因素。
　　掌握：供给函数和需求函数；供求定理的内容；需求的变动与需求量的变动；供给的变动与供给量的变动。

● **技能目标**

　　能熟练进行需求价格弹性和供给价格弹性的计算；能够根据商品的需求价格弹性判断其经济收益；注重支持价格、限制价格在经济中的运用；能够根据市场条件，画出供求曲线，明确均衡价格形成的原理，并根据供求定理、均衡价格和弹性理论解释经济现象。

● **素质目标**

　　能够正确领会和理解经济运行的逻辑关系和基本规律，在掌握市场供求规律的基础上，能够对某种的供求状况作出预测；能够对需求、供给和价格进行简单分析，具备初步分析问题、解决问题的能力，树立正确的世界观、人生观和价值观，做到学思用贯通、知信行统一。

● **思政目标**

　　通过本项目的学习，让学生树立正确的科学理论观，培养学生正确的理想、信念教育，对各种重大社会现象的透彻分析的能力，以及对历史发展规律必然性深刻认识的能力。正确理解个人利益与社会利益的关系。严格遵守相关法律法规，增强诚信意识、守法观念，明辨是非，理性消费，塑造大学生良好的个性人格，提高其奉献、进取精神。

● **项目引例**

房贷利率下降影响房价吗？

　　2024年2月20日，中国人民银行授权全国银行间同业拆借中心公布，2024年2月20日贷款市场报价利率(LPR)为：1年期LPR为3.45%，5年期以上LPR由4.20%下调至3.95%，其中5年期LPR下调25个基点。这也是继2023年6月份降息10个基点后，LPR时隔8个月再度下调利率,也创下了 LPR 挂钩房贷利率以来最大幅度的降息。2024 年春节过后,政府加大了刺激信贷需求的力度,释放了积极的信号。

在税收政策方面,财政部、税务总局、住房城乡建设部公告:自 2024 年 1 月 1 日至 2025 年 12 月 31 日,对出售自有住房并在现住房出售后 1 年内在市场重新购买住房的纳税人,对其出售现住房已缴纳的个人所得税予以退税优惠。其中,新购住房金额大于或等于现住房转让金额的,全部退还已缴纳的个人所得税;新购住房金额小于现住房转让金额的,按新购住房金额占现住房转让金额的比例退还出售现住房已缴纳的个人所得税。

在商业贷款方面,2024 年 2 月,中国银行、建设银行、工商银行等在内的多家银行已经将首套房贷利率下调至 3.55%。

资料来源:潘福达:"五年期 LPR 下调!百万房贷 20 年月供或省 133 元",《北京日报》,2024 年 2 月 20 日。

请问:房贷利率下降、税收优惠一定会引发需求端快速反弹吗?分析政府政策对房价的影响。

● 引例导学

分析房贷利率、税收政策的变化对房价可能产生的影响,我们要结合需求端、供给端、供求市场预期三方面的因素综合考量。从需求端看,房贷利率的变化,直接影响购房的成本,进而影响潜在购房者的购买意愿。从供给端看,5 年期以上 LPR 下降后,房地产企业的中长期贷款利率也随之下降。二者综合作用,房地产市场投资可能出现回暖,从而增加供给。从供求对市场预期看,房贷利率下降会影响供求双方对市场的预期,而预期又是影响住房价格的重要变量。从当前市场与经济的情况看,楼市放松政策更多的是释放宽松的信号,提振房地产市场信心,以扭转之前供求双方对市场预期的不确定性。预期稳则价格稳、市场稳。当前,不论是房贷利率下降,还是保障房地产合理融资需求,都是稳定预期的必要举措。

由此可见,由房贷利率下降直接得出房价上涨与"房住不炒"相违背的结论缺少依据。此次房贷利率下降的主要影响是帮助购房者降低购房成本,降低实体经济融资成本,提振房地产市场主体信心,促进信贷有效需求回升,从而增强消费信心,进一步巩固经济恢复基础,保持经济运行在合理区间。"房住不炒"不是限制房地产市场,而是规范房地产市场,保持楼市平稳健康发展,同时保持各地因城施策的灵活性。稳地价、稳房价、稳预期,因城施策,以促进房地产行业良性循环和健康发展。在"稳"的目标下,强调对合理住房需求的支持。

● 知识支撑

任务一　需求理论分析

一、需求、需求表、需求曲线

(一)需求

需求(Demand),是指消费者在某一时期内,在一定价格水平上,对某一商品或服务愿意并且能够购买的数量。

需求必须具备两个条件:①消费者有购买商品或服务的欲望,如某人有购买别墅的欲望,但别墅价位过高,支付不起,所以,需求难以实现,只能称其为需要;②消费者有支付能力,如大多数女性消费者对烟和酒没有欲望,即使有支付能力,需求也难以实现。因而,需求必须是欲望与支付能力的统一,缺少任何一方面都不能形成需求,即经济学上讨论的需求是有支付能力的需求,或称有效需求(Effective Demand),即:需求＝欲望＋支付能力。

需求具体包括个人需求(Individual Demand)和市场需求(Market Demand)。个人需求是指单个消费者或家庭对某种商品的需求,即对应于一定的商品价格所愿意并能够购买的数量;市场需求是指全体消费者对某种商品的总需求。市场需求可以通过个人需求加总而实现,个人需求和市场需求都是对某一商品的需求。

(二)需求表

需求表(Demand Schedule),是指在其他因素不变的条件下,某种商品的价格与需求量之间的关系的表。需求表可以直观地表明价格与需求量之间的一一对应关系。

需求表具体分为个人需求表和市场需求表。描述某人(家庭)与价格相对应的需求数量的表,称为个人需求表。把某一商品(该商品市场)所有个人需求加总求和,也就是把每一个价格对应的每个人的需求量加在一起,就构成了该市场上与每一个价格对应的市场需求表。表2—1是某一市场上某种商品的个人需求和市场需求随价格的变化而变化的需求表。

表2—1　　　　　　　　　　　　消费者甲和乙对某商品的需求

价格(元)	消费者甲的需求量(千克)	消费者乙的需求量(千克)	市场的需求量(千克)
1	100	150	250
2	90	130	220
3	80	110	190
4	70	90	160
5	60	70	130
6	50	50	100
7	40	30	70

需求曲线(Demand Curve),是根据需求表绘出的用来表示需求量与商品价格之间对应关系的曲线。或者说,需求曲线是以几何图形来表示商品价格与需求量之间的函数关系的曲线。如图2—1所示,横轴OQ表示商品的数量,纵轴OP表示商品的价格,曲线D为根据表2—1绘制的一条需求曲线。由于价格下降,需求量增加,所以需求曲线向右下方倾斜,即它的斜率为负值。需求曲线显示了在影响需求的所有其他因素不变的情况下,商品价格与需求量之间的关系。曲线上的每个点都显示了在特定价格下消费者能够选择购买的数量。

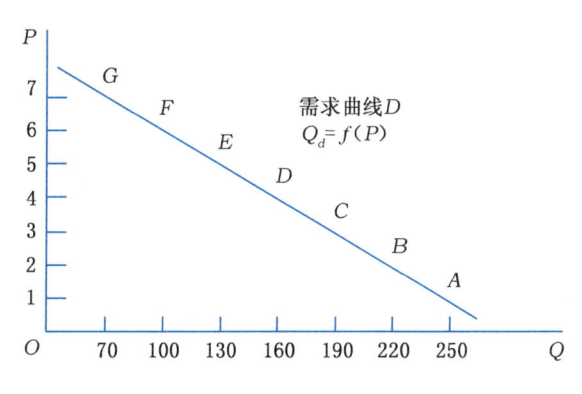

图2—1　商品价格与需求量的关系

> **案例鉴赏**　　　　猪价涨超成本线，春节后价格或易跌难涨

春节渐近，节前备货需求启幕，农村、乡村猪肉消费需求明显增加。截至2024年1月31日，全国生猪出栏均价涨至16.17元/千克。这一价格或已是春节前猪价高点，短期猪价继续上涨动力不足。2月1日，全国生猪出栏均价15.93元/千克，较1月31日下跌0.24元/千克，但相较1月10日和20日的价格，即13.59元/千克和13.76元/千克，仍有明显涨幅。目前，猪价受天气等影响已经涨至相对高位，虽临近年关备货对需求形成向上支撑，但提振力度较为有限。而从供应端看，春节前养殖单位出栏量或仍然较大，受1月下旬持续提涨价格的影响，屠宰企业目前提价收猪后已有部分圈存及冻品库存，高价生猪走货难度增加，2月1—2日生猪价格或下降；但与此同时，部分区域屠宰量仍有提升空间，一定程度上制约行情下降幅度，行情或保持在较高位水平。大范围雨雪天气再次来袭，春节前猪价变化仍面临不确定因素。目前，全国北方市场因前期猪病导致供应出现阶段性缺口，但需求提振有限，暂时不具备可持续性支撑猪价上涨能力；而南方市场处于供大于求状态，部分猪源南猪北调，行情暂时只能被动跟随北方调整。春节后生猪价格或易跌难涨，市场回归正常交投氛围，养殖场出栏逐渐上量，物流运输恢复，华中、华东等部分省份可能仍面临阶段性缺猪现象，但南北猪价存有价差，南猪北调将缓解此局面，市场整体供给压力或逐渐增大。另外，随着节后终端消费转淡，消费量将明显减少。

资料来源：李莎："猪价涨超成本线 春节后价格或易跌难涨"，《21世纪经济报道》，2024年2月1日。

二、影响需求的因素

在一种商品市场上，影响其需求的因素有很多，下面以汽车为例来说明影响商品需求的因素，主要包括：

（一）商品本身的价格

从大量的经验事实中可以发现，一种商品的价格越高或上涨，人们对该商品的购买量就会越少或减少；价格越低或下降，人们的购买量就越多或增加。例如，当汽车价格上升时，人们就会减少对它的购买；而当汽车降价促销时，人们对它的购买量也会随之增加。商品本身的价格是影响其需求量最重要、最直接的因素，商品的价格与其需求量之间存在着相当稳定的反向关系。

（二）消费者的收入水平和分配平等程度

收入水平的提高，收入分配趋向平等，会使需求增加；反之，收入水平下降，社会分配不平等，会导致需求减少。例如，富裕的国家或家庭对汽车、电器、水果、住宅、电力等需求，都高于贫穷的国家或家庭。但并不是收入增加后对所有商品的购买都增加。货币收入对需求的影响要区分商品的不同特性。对大部分商品而言，消费者的收入越高，对它们的需求就越大；反之则越小，如家用电器。而对另一部分低档商品，随着收入水平的提高，对它们的需求反而下降。如低档化纤服装等，在城镇居民收入有较大提高时，其需求就会下降。经济学家将前者称为正常商品，后者称为低档商品。正常品的需求与价格之间是正向（比）关系。低档品的需求与收入是反向（比）关系。

（三）消费者的偏好

消费者对某种商品的偏好程度会对该种商品的需求量产生影响，偏好程度越高，需求量越大；相反，偏好程度越低，需求量越小。那么，消费者的偏好受什么因素影响？影响因素包括文化因素、心理因素、示范效应、广告效应等。例如，东方人比西方人更偏爱喝茶，人均茶叶的需求量大于西方。在某一时间的某一地区内，由于受到示范效应的影响，就可能引导一个消费群体的消费偏好，就会形成时尚性的市场需求状态。

(四)其他相关商品的价格

当一种商品本身的价格保持不变,而与它相关的其他商品的价格发生变化时,这种商品本身的需求量也会发生变化。相关商品包括互补品和替代品。

1. 互补品之间

互补品(Complement Goods)是指两种商品互相补充共同满足人们的同一种欲望,完成同一消费功能,如计算机和软件、电动车和蓄电池等。互补品价格与需求量之间关系:当一种商品的价格提高,其互补品的需求量就会减少;相反,价格降低,其互补品的需求量就会增加。例如,汽车价格上升,汽油的需求量下降,而汽油价格上升,对大排量汽车的需求则会下降。

> **课堂讨论**　　　　　鲍鱼大王——苏志铭

鲍鱼一直被认为是昂贵的食材,不是所有人都吃得起。但随着人们消费能力的提高,对这类食材的消费量也在加大。中国台湾一位商人苏志铭看准商机,远赴海南从事鲍鱼养殖,历经多次失败,终于成立了海南最大的鲍鱼养殖场,年产50吨,连远在西安的消费者,都可以吃到他养殖的鲍鱼。

苏志铭养殖鲍鱼需要大量的鱼饵——海藻,他带动了周围乡村的渔民养殖海藻而致富。许多鲍鱼养殖场用细江蓠海藻喂养鲍鱼,因而使得细江蓠海藻供不应求,价格一度走俏,养殖经济效益显著,大大增加了农民养殖细江蓠海藻的信心。而养殖海藻需要经常翻动才能存活,否则就会腐烂,这又带动了放养鸭子的农民致富。

放养鸭子的目的,一方面鸭粪可作为肥料,增加水体营养;另一方面由于鸭子的游动可使水体循环流动,促进上下层水交换,起到改善水质的作用,对细江蓠海藻的生长大有好处,故养殖的细江蓠海藻生长旺盛,养殖20天左右便可采收。若含氨量过多,可通过换水的方法进行调控。生产实践证明,在养殖细江海蓠藻的池塘里放养鸭子,是细江蓠海藻增产增收的有效措施。

这样由于鲍鱼—海藻—鸭子形成互补品关系,实现了鲍鱼—海藻—鸭子"三赢"的经济效益。

资料来源:王京:海南鲍鱼大王——苏志铭,央视国际,2006年8月12日。

讨论:什么是互补品?举例说明具有互补关系的商品。结合案例分析有互补关系的两种商品,当一种商品降价了,对其互补品的需求有何影响。该案例对企业经营的启示是什么?

2. 替代品之间

替代品(Substitute Goods)是指两种商品可以互相替代来满足同一种欲望,如茶叶与咖啡、猪肉与牛羊肉。替代品价格与需求量之间关系:当一种商品的价格提高,其替代品的需求量就会增加;相反,价格降低,其替代品的需求量就会减少。例如,当猪肉的价格不变而牛羊肉的价格上升时,牛羊肉的需求量会减少,牛羊肉的替代品如猪肉的需求量就会增加。

> **课堂讨论**　　　新能源汽车对燃油汽车的市场替代

目前,传统燃油车与新能源汽车市场竞争异常激烈。随着新能源汽车品类和综合能力的提升,新能源汽车在消费市场认可度持续提升。据统计,2019—2023年,全球新能源汽车销量持续大幅增长。特别是国内市场,新能源汽车销量在短短几年内实现了从100多万辆到近千万辆的数量级跨越。相比之下,传统燃油车的销量则逐年下滑,尤其是2023年,合资燃油车体系呈现出全线崩塌的势头。与此同时,新能源汽车销量逐年增加。这表明我国消费者对新能源汽车接受程度正在快速提高。

两相对比,无论是各项政策的促使还是人们环保理念的加持,似乎燃油车正在丢失的消费者拥抱新能源汽车。这说明,在汽车消费方面,国人的消费认知已经发生转变,人们当初对新能源汽车的排斥、质疑等抵触情绪已逐渐消逝,反而正在以惊人的速度接受新的交通方式。

资料来源:陈观秋:"汽车零部件行业相关政策及发展现状分析2023",中研网,2023年2月18日。

讨论:

什么是替代品?如果两种商品是替代关系,当一种商品降价了,对其替代品的需求有何影响?未来新能源汽车会全面取代燃油车吗?

(五)消费者对未来商品的价格预期

如果消费者认为某种商品未来要涨价,就愿意增加现在的购买;如果认为某种商品未来要降价,就愿意减少现在的购买,等待未来再购买。例如,人们预料汽车价格以后会上涨,就会增加对汽车的购买量;人们预料未来国家会采取一些措施,如限号等,也会增加当前对汽车的购买。在金融资产交易市场(股票和债券市场)和房地产市场,预期特别重要。当人们认为在不久的将来,股票、债券和房地产的价格会上升时,当前就会多购买这些商品。

此外,人口规模或人口构成、政府的消费政策、可供选择商品的范围、时间因素、风俗习惯等都会对商品的需求产生影响。

三、需求函数

需求函数(Demand Function),是用函数关系表示某商品的需求量与影响因素之间的依存关系。如果把影响需求的各种因素作为自变量,把需求量作为因变量,则可以用函数关系表示影响需求的因素与需求量之间的关系,这种函数称为需求函数。用公式表示如下:

$$Q_d = f(a, b, c, d, \cdots, n)$$

式中,Q_d代表某种商品的需求量,$a,b,c,d,\cdots,n$代表影响需求的因素。

在影响商品需求量的众多因素中,商品的价格是最重要的因素。假定其他影响因素不变,只考虑商品本身的价格变化对该商品需求量的影响,这样,需求函数可表示为:

$$Q_d = f(P)$$

该函数具体可以参见图2—1。该图中的需求曲线是一条直线,实际上,需求曲线可以是直线,也可以是曲线。当需求函数为线性函数时,相应的需求曲线是一条直线,直线上各点的斜率是相等的;当需求函数为非线性函数时,相应的需求曲线是一条曲线,曲线上各点的斜率是不相等的。在微观经济分析中,大多使用线性函数,则需求函数可写为:

$$Q_d = a - bP$$

式中,Q_d为需求量,P为价格,a、b为常数,且a、$b>0$。

需求曲线具有一个明显的特征:它是向右下方倾斜的,即它的斜率为负值,表示商品的需求量与价格之间呈反方向变动的关系。

四、需求定理、需求量的变动与需求的变动

(一)需求定理

需求定理(或称需求规律、需求定律)是用来说明商品本身价格与需求量之间相互关系的理论。其基本内容是:在影响需求的其他因素不变的情况下,商品的需求量与其价格之间呈反方向变动,即需求量随商品本身价格的上升而减少,随商品本身价格的下降而增加。

对需求定理的理解,要注意两个方面的内容:①其他条件主要是指收入、相关商品的性质等;②商品价格与需求量成反向变动的关系,是替代效应和收入效应共同作用的结果。

需求定理是通过科学的假设而得出的,以影响需求量的其他条件不变为假设。这就是说,任何一种经济理论都是有条件的,只有在某种条件下才能成立,才有适用性。只有在这一条件下,才能揭示出商品本身的价格与其需求量之间的本质联系,得出科学的需求定理。例如,如果收入有大幅度增加,那么,价格上升,需求量仍会增加,但这种增加,反映不出它与价格的关系。这说明了科学的假设在理论形成中的重要性。

需求规律是一般的正常商品的规律,在某些特殊的商品和经济形势下,与需求定律相矛盾的现象也是存在的,主要的例外情况有以下两种:

(1)炫耀性商品。炫耀性商品是用来显示人的社会身份与地位的商品,这类商品的需求量与预期价格之间呈同方向变动。只有商品的价格比较高时,购买者才能满足炫耀自己社会身份和地位的心理需求,而不在于该商品的实际价值如何。例如,珠宝首饰、豪华型轿车等,价格上升,需求会增加;价格下降,需求反而减少。

(2)吉芬商品。这类商品是低档生活必需品,这类商品的价格上升,其需求量反而增加。这种价格上升、需求量增加的现象被称为"吉芬之谜"。主要是因为在经济萧条时期,普通居民生活水平普遍下降,土豆价格虽然上升,价格水平比正常年景要高出许多,但它是相对便宜的食物,它的价格比其他食物的价格要低得多。因此,当时大多数穷人在生活消费中更多吃土豆,而少吃其他食物。

【同步思考】　　　　　　商品房的吉芬商品属性与市场价格

商品房的价格之所以长期以来一路攀升但需求始终火爆,别除宣传信息诱发需求膨胀的因素之外,最关键的原因在于商品房已经成为典型的"吉芬商品"。"吉芬商品"是一种需求弹性为负数的特殊商品,专指那些价格上涨而消费者对其需求量不减反增的商品。吉芬商品得以产生的前提条件有两个:其一,这种商品是必需品;其二,不存在更廉价的替代选择。

对大多数靠工资生活的中国老百姓来说,商品房是"吉芬商品"。首先,衣食住行是人的基本生活需要。无论房价涨得多离谱,大家还是勒紧腰带,为自己找寻一块栖身之地。其次,除了购买商品房,大多数老百姓的确没有什么更好的选择。数量有限的经济适用房、天价的别墅都不是合适的替代品。因此,商品房价格一路上涨,老百姓对其的需求却不减反增——大家不得不争先恐后,谁知道明天的房价又将涨几个百分点——而高涨的需求又成为开发商们继续涨价的理由,推动房价一轮又一轮地上涨。

更为重要的是,对吉芬商品的供给者而言,向消费者转嫁成本很容易。由于涨价不会导致需求下降,即使政府通过宏观调控增加了供给者获取巨额利润的成本,开发商以及炒房者们依然可以通过继续上调交易价格向消费者转嫁成本。

根据国际经验,出台房产税可能是比较有效的调控手段。商品房这样的特殊吉芬商品仅靠市场调节是不够的。

资料来源:李贺主编:《经济学基础》(第2版),上海财经大学出版社2021年版,第37页。

【学中做2—1】　　　　　　　　吉芬商品——口罩

2020年初暴发的"新冠"疫情,将口罩推向了大众视野。在极短的时间里,口罩摇身一变从"无人问津"到"一罩难求",抢购现象频发。疫情前一次性医用口罩售价0.2~0.5元一个,即使是3M9501V口罩也只有2.6元左右一个。但"新冠"疫情肆虐期间,一次性口罩涨到2~5元一个,3M更是突破15元大关,直逼20元一个。口罩价格不断上涨,却一度出现紧急断货的情况,药店、超市、电商平台……往日我们不怎么关注的口罩,居然买不到。

请问:口罩价格上涨,需求量却不降反升,这是否违背需求规律?为什么?

分析:从现象看,这显然是与需求规律不匹配,但这并不意味着需求规律是错的,因为我们还没有考虑"其他条件"。"新冠"防控期间,出门戴口罩成为强制性规定,口罩成为生活必需品。危急情况下,人们担心健康问题,会通过购买大量口罩以确保生活正常进行。在这样的背景下,口罩成功晋升为吉芬商品。

(3)投机性商品。在投机性市场(如证券和期货市场)中,其价格发生波动时,需求呈现不规则变化,人们有一种"买涨不买落"的心理,这与人们对未来价格的预期及投机的需要有关。

【注意】需求定理反映了一般商品的客观实际,但并不排除某些特殊商品的例外,这些商品只占极小的一部分,因此,需求定理并没有因此而遭到"破坏"。

案例鉴赏　　　　违背需求定理的丝绸产品

丝绸是中国古老文明的象征之一。丝绸产品也是中国传统的大宗出口产品,曾出口世界130多个国家和地区。在20世纪80年代末以前,中国的丝绸产品在意大利乃至整个欧洲都非常热销,意大利的上层社会将其作为富有和身份的象征;但是20世纪80年代末以后,随着中国乡镇丝绸企业的崛起,大量廉价的丝绸产品充斥意大利市场,上层社会就失去了对中国丝绸产品的兴趣。由于丝绸的清洗保养相对较难,一般消费者也不喜欢纯丝绸产品,于是商人们发现,丝绸产品的价格低廉了,需求量反而下降了。

资料来源:李贺主编:《经济学基础》(第2版),上海财经大学出版社2021年版,第37页。

(二)需求量的变动与需求的变动

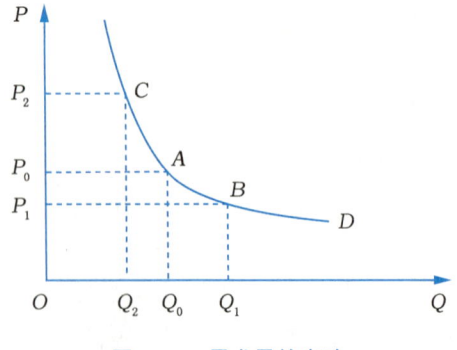

1. 需求量的变动

需求量的变动,是指在影响需求的其他因素(如消费者的收入、嗜好、替代品和互补品的价格等)给定的条件下,价格变动所引起的商品需求数量的变动。其表现为需求曲线上点的变动,简称点变动。例如,在图2-2中,在需求曲线 D 上,当由 A 点移动到 B 点,表示需求量增加,从 Q_0 增加到 Q_1,价格下降,从 P_0 下降到 P_1;当由 A 点移动到 C 点,表示需求量减少,从 Q_0 减少到 Q_2,价格上升,从 P_0 上升到 P_2。

2. 需求的变动

需求的变动,是指在商品价格不变的条件下,非价格因素的变动所引起的需求量的变动(如收入变动等)。其表现为需求曲线的平行位移,简称线变动。例如,在图2-3中,在同样的价格水平上(P_0),当需求曲线 D_0 向右上方平行移动到 D_1 时,表明需求增加;当需求曲线 D_0 向左下方平行移动到 D_2 时,则表明需求下降。

图2-2　需求量的变动

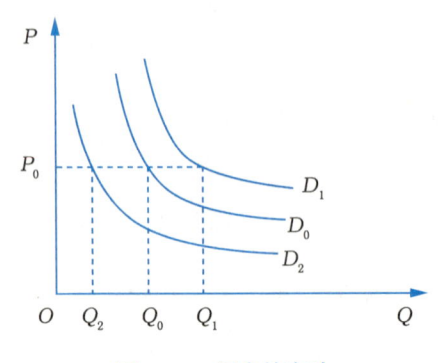

图2-3　需求的变动

3.需求量的变动与需求的变动的区别

前者表现为其他因素不变,商品本身价格变化带来的需求量的变化;后者表现为商品本身价格不变,其他因素变化带来的需求量的变化。

> **课堂讨论** 吸烟有害健康,如何减少人们吸烟的数量呢?

每年的5月31日是世界无烟日。全世界现有10多亿烟民,目前我国吸烟现状更是不容乐观:烟民人数不断增加,已经超过4.5亿人,烟民平均年龄在降低,女烟民及青少年吸烟的数量在不断增加。那么,如何减少对烟草的需求呢?

减少吸烟需求量的一种方法是提高香烟的价格。按照需求定理,价格提高会引起吸烟者减少对香烟的消费,需求量在同一条香烟或其他烟草产品的需求曲线上从某一点移动到价格更高而数量较少的一点。

另外一种方法是价格不变,利用公益广告、香烟盒上有害健康的警示以及禁止在电视上做香烟广告,充分利用任何一种价格水平既定时可以降低香烟需求量的政策,这就使香烟的需求曲线向左移动,减少烟草的需求量。

事实上,政府大多在采取双管齐下的办法减少烟草的需求量,那为什么我国的烟民或烟草的需求量还在增加呢?请分析其原因。

目前,大学生吸烟的状况也令人担忧,调查一下周围吸烟的同学,哪些因素会影响他们对香烟的需求?

任务二 供给理论分析

一、供给、供给表和供给曲线

(一)供给

供给(Supply),是指生产者(企业)在一定时期内,在一定的价格水平上,对某一商品或服务愿意而且能够供应的商品数量。

【提示】在理解供给概念时,供给是对应于一系列销售价格的一系列出售数量,而不是一个特定的具体数值。其中,对于某一特定价格水平,生产者愿意并且能够销售的商品数量称为"供给量"。

供给必须具备两个条件:①有出售商品的愿望,如工厂有出售自己生产的产品的愿望;②有供应商品的能力,如电视机生产商有供应100万台电视机的能力。因此,供给必须是出售愿望与供给能力的统一,缺少任何一方面都不能形成供给,即经济学上讨论的供给是有实际供应能力的供给,或称有效供给(Effective Supply),即:供给=出售愿望+供应能力。

供给分为个体供给(Individual Supply)和市场供给(Market Supply)。个体供给是指单个企业对某种商品的供给。市场供给是指该商品市场所有个体供给的总和,即与每一可能的售价相对应的每个企业供给量的总和。市场供给可以通过个体供给加总而成。

(二)供给表

供给表(Supply Schedule)是指在其他因素不变的条件下,某种商品的价格与对应的供给量之间的关系的数字序列表。供给表可以直观地表明价格与供给量之间的一一对应关系。

供给表具体可分为个体供给表和市场供给表。描述某个生产者(企业)与价格相对应的供应数量的表,称为个体供给表。把某一商品(该商品市场)所有生产者的供应加总求和,也就是把每一个价格对应的所有生产者的供应量加在一起,就构成了该商品市场上与每一个价格对应的市场供给表。表2—2是某一市场上某种商品的个体供给和市场供给随价格的变化而变化的供给表。

表2—2　　　　　　　　　生产者甲和生产者乙对某商品的供给

价格(元)	生产者甲的供给量(吨/日)	生产者乙的供给量(吨/日)	市场的供给量(吨/日)
10	1	2	3
20	3	5	8
30	5	7	12
40	8	9	17
50	10	12	22
60	12	15	27
70	15	18	33

供给曲线(Supply Curve),是描述一种商品供给量与价格之间相互依存关系的曲线。如图2—4所示,图中的横轴OQ表示商品数量,纵轴OP表示商品价格。该图中的曲线S为根据表2—2绘出的一条供给曲线。它表示在不同的价格水平下生产者愿意而且能够提供出售的商品数量。供给曲线向右上方倾斜,是因为在其他条件相同的情况下,价格越高意味着供给量越多。

动漫视频

供给曲线

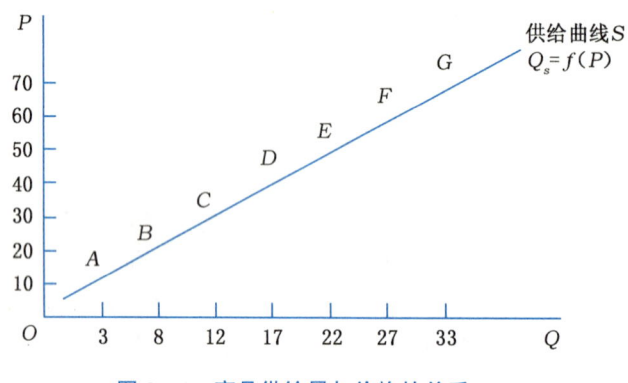

图2—4　商品供给量与价格的关系

二、影响供给的因素

(一)商品本身的价格

由于企业的目标是追求利润极大化,在其他条件既定的条件下,如果某种商品价格上升,企业就会投入更多的生产资源用于该商品的生产,从而使其供给量增加;反之,企业则会将生产资源转移于其他相对价格较高的商品的生产,从而使该商品的供给量减少。

(二)其他有关商品的价格

1. 替代品之间

一种商品的价格上升,消费者对另一种商品的需求就会增加,从而引起该种商品的价格上升,利润增加,进而供给增加;一种商品的价格下降,消费者对另一种商品的需求就会减少,从而引起该种商品的价格下降,利润减少,进而供给减少。即一种商品的价格与其替代品的供给呈同方向变动。例如,当经济作物价格上升时,粮食生产者可能会减少粮食作物的生产而转向生产那些高价格的经济作物。

2. 互补品之间

一种商品的价格上升,消费者对另一种商品的需求就会减少,引起该种商品的价格下降,利润下降,因而供给减少;反之亦然。即一种商品的价格与其互补品的供给呈反方向变动。例如,计算机价格的下降,对软件的需求增加,引起软件商品生产的增加;汽车价格的下降,引起汽油需求量的增加,汽油供给增加,加油站供给增加;汽油价格上升,则引起对汽车需求下降,从而供给减少。

(三)生产者从事生产的目标

在经济分析中,一般假定企业的目标是利润最大化,即耗费给定成本所赚得的利润最大,或赚得给定的利润所费成本最小。但是,假如企业的目标是销售量或销售金额最大,则企业的供给曲线与任一给定的销售价格相对应,企业愿意供应的产量很可能与以利润最大化为目标的企业供给曲线有所不同。

(四)生产技术的变动和生产要素的价格

生产技术和管理水平的提高,可以降低原有的生产成本,使在同一价格水平下,可以提供更多的产品,供给量增加。

生产要素价格的变化直接影响到商品的生产成本。在其他条件不变的情况下,要素价格上升,企业利润减少,供给也会减少;反之,则供给增加。例如葡萄酒的生产,假定葡萄酒的价格不变,而葡萄的价格上涨或工人工资上涨,意味着企业生产葡萄酒的成本增加,产品供给将会减少。

(五)政府的政策

政府为了达到其宏观经济调控的目的,有时会推出一些经济政策或对原有的政策进行调整,这会对市场上的商品的价格产生冲击。假设政府补贴玉米的生产,对于农民所生产的玉米,每亩补助200元。由于补贴的原因,玉米供给量会增加。再如,如果政府采取了利率上调政策,生产者的投资成本将会增加,从而供给将会减少;如果政府采取降低税率的政策,生产者的利润会增加,从而供给会增加。

(六)企业对未来的预期

如果企业对未来的经济持乐观态度,则会增加供给;反之,则会减少供给。比如,在二手房市场,人们预期房子会降价,则大家会持续观望,有卖房意向的卖主也会考虑暂时不卖房,等待市场回暖,这就使得供给减少。

【提示】影响供给的因素要比影响需求的因素复杂得多,在不同的时期、不同的市场上,供给要受多种因素的综合影响。还应该强调的是,供给的变动与时间因素密切相关。一般来说,在价格变动之后的极短时期内,供给只能通过调整库存来做出反应,变动不会很大。在短期内可以通过变更原料、劳动力等生产要素来调节供给,变动会较大。

三、供给函数

供给函数(Supply Function)是用函数关系表示某商品的供给量与影响供给量因素之间的依存关系。如果将供给量作为因变量,将影响供给量的各种因素作为自变量,则可以用函数关系来表示供给量与其影响因素之间的依存关系。这种函数称为供给函数,用公式表示为:

$$Q_s = f(a, b, c, d, \cdots, n)$$

式中,Q_s 代表供给量,$a,b,c,d,\cdots,n$ 代表影响供给的因素。

由于价格对供给的影响是最重要的,假定其他因素不变,只考虑价格对供给的影响,则供给函数可简化为供给价格函数：

$$Q_s = f(P)$$

式中，P 表示价格。

该函数具体可以参见图 2—4。该图中的供给曲线是一条直线，实际上，供给曲线可以是直线，也可以是曲线。当供给函数为线性函数时，相应的需求曲线是一条直线，直线上各点的斜率是相等的；当供给函数为非线性函数时，相应的供给曲线是一条曲线，曲线上各点的斜率是不相等的。在微观经济分析中，大多使用线性函数，则供给函数可写为：

$$Q_s = -a + bP$$

式中，Q_s 为供给量，P 为价格，a、b 为常数，且 a、$b>0$。

【注意】供给曲线具有一个明显的特征：它是向右上方倾斜的，即它的斜率为正值，表示商品的供给量与价格之间呈同方向变动的关系。

案例鉴赏　　　　　　　　　供给的影响因素的应用

广州本田是汽车的供给者，假定存在以下三种情况：①最近几年，汽车的价格整体下滑；②由于管理部门管理得当，企业的管理费用减少；③车间引进了一条新的生产线，提高了劳动生产率。这三种情况会对汽车的供给量造成什么影响？供给曲线又将怎样变化？

答：①供给量减少，供给曲线不变；②供给量增加，供给曲线右移；③供给量增加，供给曲线右移。

四、供给定理、供给量的变动与供给的变动

（一）供给定理

通过大量的观察、统计和分析，可以得到这样一条规律：某商品的供给量与其价格呈同向变动，即在影响供给量的其他因素给定不变的条件下，供给量随着商品本身价格的上升而增加，随着商品本身价格的下降而减少。这种现象普遍存在，被称为供给定理(供给规律)(Law of Supply)。

供给定理同样是通过科学的假设而得出的，它以影响供给量的其他因素给定不变为条件。也就是说，只有在这一条件下，才能揭示出商品本身的价格与其供给量之间的本质联系，得出科学的供给定理。

【提示】供给定理所说明的供给量与价格的同向变动关系可以用生产成本来解释。在经济活动中，作为生产要素的资源总是有限的。供给增加，生产要素的价格上升，因此，只有在商品价格上升时，供给才会增加。

经验显示，大多数商品的供给符合供给定理。不过，供给定理也有失灵的时候。如在工资开始上升时，劳动的供给会增加；但当工资提高到一定水平后还在提高时，劳动的供给不仅不会增加，而且会减少。因为工作较短的时间就能取得同样或更多的收入，劳动者会选择较短的工作时间，相应增加更多的自己可以支配的时间。

（二）供给量的变动与供给的变动

1. 供给量的变动

供给量的变动是指在影响供给的其他因素（如生产技术、生产要素的价格等）保持不变的条件下，商品本身价格的变动所引起的供给量的增加或减少。它表现为供给曲线上点的变动，简称点变动。例如，在图 2—5 中，在供给曲线 S 上，当由 A 点移动到 B 点，表示供给量增加，从 Q_0 增加到 Q_1，价格上升，从 P_0 上升到 P_1；当由 A 点移动到 C 点，表示供给量减少，从 Q_0 减少到 Q_2，价格下降，从 P_0 下降到 P_2。

2. 供给的变动

供给的变动是指在商品价格不变的条件下,非价格因素(如生产技术进步或生产要素价格下降等)的变动所引起的供给量的变动。它表现为供给曲线的平行位移,简称线变动。在图 2—6 中,在同样的价格水平(P_0)上,当供给曲线 S_0 向右下方平行移动到 S_1 时,表明供给增加;当供给曲线 S_0 向左上方平行移动到 S_2 时,则表明供给下降。

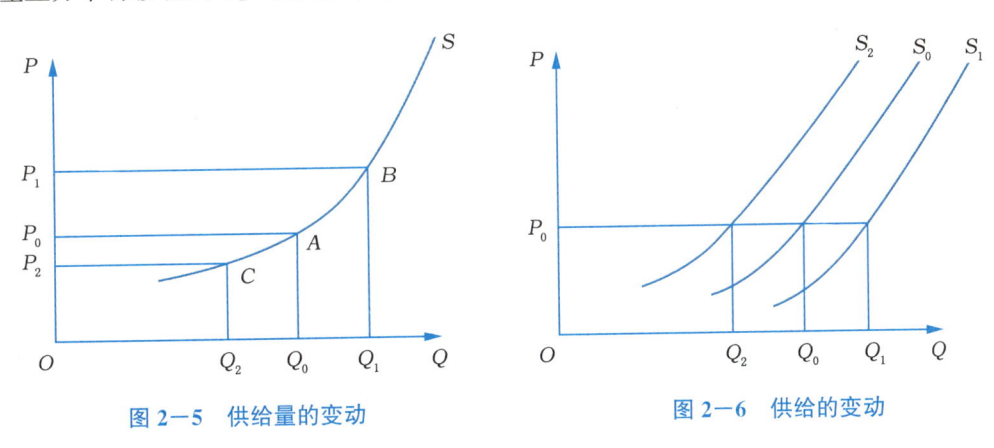

图 2—5 供给量的变动

图 2—6 供给的变动

3. 供给量的变动与供给的变动的区别

前者表现为其他因素不变,价格变化带来的供给量的变化;后者表现为价格不变,其他因素变化带来的供给量的变化。

案例鉴赏　　决定供给的因素——技术进步对供给的影响

在供给理论中,我们的分析以供给量与价格的关系为中心,但应该看到技术越来越成为决定供给的关键因素。计算机供给就说明了这一点。

20 世纪 80 年代,个人计算机的价格按运算次数、速度和储存能力折算,每台约为 100 万美元。尽管价格如此高昂,但供给量很少,只有少数工程师和科学家使用。如今同样能力的个人计算机已降至 1 000 美元以下。价格只是当初的 1‰,但供给量却增加了不止 1 万倍。现在个人计算机的普及程度是许多科学家所未预见到的。

计算机供给的这种增加不是由价格变动引起的,而是由技术进步变动引起的。从 20 世纪 80 年代末开始,计算机行业的生产技术发生了根本性变化。集成电路技术的发展、硬件与软件技术标准的统一、规模经济的实现与高度专业化分工使计算机的生产成本迅速下降,而质量日益提高。这种技术变化不仅使计算机供给曲线向右移动,而且移动幅度相当大。这样,尽管价格下降,供给还是大幅度增加了。

技术越来越成为决定某种商品供给的决定性因素,正因为如此,经济学家越来越关注技术进步。
资料来源:李贺主编:《经济学基础》(第 2 版),上海财经大学出版社 2021 年版,第 43 页。

任务三　均衡价格理论分析

一、均衡价格的决定

(一)均衡价格的含义

当代经济学家认为,如果把需求和供给的分析结合起来,就可以研究在完全市场上,商品均衡价格的形成问题。

均衡(Equilibrium)是由相反力量的平衡带来的相对静止状态。一种商品的均衡价格(Equilibrium Price)是指该商品的市场需求量和市场供给量相等时的市场价格,即一种商品的市场需求曲线与市场供给曲线相交时的价格。在均衡价格水平下的相等的供求数量被称为均衡数量。在微观经济分析中,市场均衡可以分为局部均衡和一般均衡。局部均衡是就单个市场或部分市场的供求与价格之间的关系和均衡状态进行分析。一般均衡是就一个经济社会中的所有市场的供求与价格之间的关系和均衡状态进行分析。需求曲线和供给曲线都说明了价格对于消费者的需求和生产者的供给的决定。商品的价格决定就是在商品的市场需求和市场供给这两种相反力量的相互作用下形成的。因此,我们把需求和供给曲线结合在一起,说明均衡价格的形成。

均衡价格和均衡数量是由供求均衡决定的,即供求均衡点决定了均衡价格和均衡数量。如图2—7中,需求曲线 D 和供给曲线 S 相交于 E 点,E 点为均衡点。在均衡点 E,均衡价格 $P_0=6$ 元,均衡数量 $Q_0=700$。显然,在均衡价格6元的水平,消费者的购买量和生产者的销售量是相等的,都为700单位。也可以反过来说,在均衡数量700单位的水平下,消费者愿意支付的价格与生产者愿意接受的价格是相等的,都为6元。这样一种状态便是一种使买卖双方都感到满意,并愿意持续下去的均衡状态。均衡点以上需求曲线与供给曲线所夹区域为供给过剩区,均衡点以下需求曲线与供给曲线所夹区域为供给短缺区。

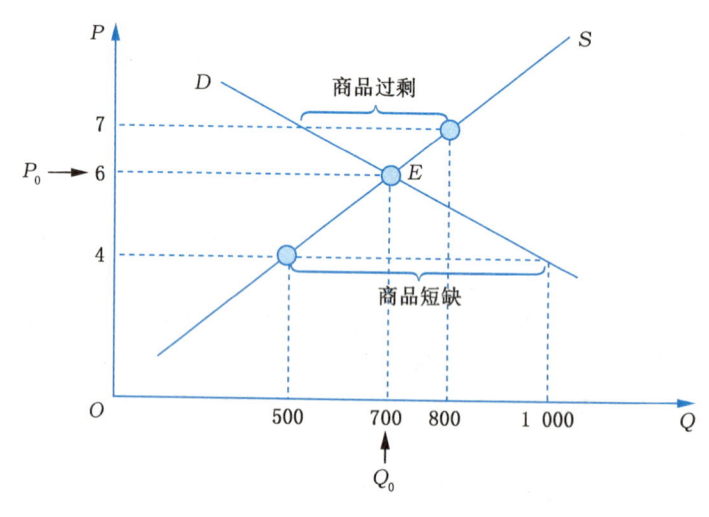

图2—7 均衡价格

(二)均衡价格的形成

英国经济学家阿尔弗雷德·马歇尔(Alfred Marshall)把供给和需求比作一把剪刀的两个刀片。我们很难说究竟哪一个刀片在"裁剪"时作用更大。同样道理,我们也很难说需求和供给究竟哪一方决定了市场价格。实际上,价格是由市场的供给和需求所共同决定的,是在商品的市场需求和市场供给两种相反力量的相互作用下自发形成的。

仍用图2—7来说明均衡价格的形成。当市场价格高于均衡价格为7元时,商品的需求量为500单位,供给量为800单位。此时商品供给量大于需求量,市场存在商品过剩或超额供给,一方面会使需求者压低价格来购买商品,另一方面又会使供给者减少商品的供给量。这样,该商品的价格必然下降,一直下降到均衡价格6元的水平。与此同时,随着价格由7元下降为6元,商品的需求量逐步地由500单位增加为700单位,商品的供给量逐步地由800单位减少为700单位,从而实现供求量相等的均衡数量700单位。

相反,当市场价格低于均衡价格为4元时,商品的需求量为1 000单位,供给量为500单位。此时商品需求量大于供给量,市场存在商品短缺或超额需求的状况,一方面迫使需求者提高价格来得到他所要购买的商品量,另一方面又使供给者增加商品的供给量。这样,该商品的价格必然上升,一直上升到均衡价格6元的水平。在价格由4元上升为6元的过程中,商品的需求量逐步地由1 000单位减少为700单位,商品的供给量逐步地由500单位增加为700单位,最后达到供求量相等的均衡数量700单位。

可见,商品的均衡价格表现为商品市场上需求和供给这两种相反的力量共同作用的结果,当市场价格偏离均衡价格时,市场上会出现超额需求或者超额供给的不均衡状态。市场的超额需求或超额供给迫使价格回归均衡状态,从而决定均衡价格和均衡数量。也就是说,它是在市场供求力量的自发调节下形成的。而均衡价格形成后,一旦市场价格背离均衡价格,由于供求的相互作用,则有自动恢复到均衡的趋势。

对均衡价格的理解应注意以下几点:

第一,均衡价格是由于需求与供给这两种相反力量的作用使价格处于一种相对静止、不再变动的状态,这时的价格和数量是暂时确定的,即均衡价格和均衡数量。因此,均衡是暂时的、相对的,而不均衡是经常的,供不应求或供过于求会经常发生。

第二,决定均衡价格的是需求和供给,如果有外力的干预,那时的价格就不是均衡价格。在完全竞争市场上,需求和供给对价格的决定作用不分主次,是同等重要的。因此,需求和供给的变动都会影响均衡价格和均衡数量的变动。

第三,市场上各种商品的均衡价格是最后的结果,其形成过程是在市场背后自发进行的。

【学中做2-2】 假设大连某商品市场需求函数为$D=12-2P$,供给函数为$S=2P$。请问,均衡价格和均衡产量各是多少?

解:由题意可知:$D=12-2P$,$S=2P$

(1)均衡价格:令$D=S$,即:$12-2P=2P$,得$P=3$

(2)均衡产量:$Q=D=S$,$Q=2P=2\times 3=6$

因此,均衡价格是3,均衡产量是6。

【同步思考】　　　　　　　　　　　　　　**洛阳纸贵**

在西晋时期,有一位著名的文学家叫左思。他羡慕东汉班固、张衡的文学成就,可是对他们的名作《两都赋》《两京赋》又有一点不服气,于是花了十年的功夫,写了《三都赋》。写成之后,人们都惊叹它不亚于班、张之作,一时竞相传抄,蔚为盛事。但由于当时纸张的供给量比较小而且比较固定,所以当人们都需要用纸张来抄写《三都赋》的时候,纸张供不应求了,一时间,价格飞涨,这就是著名的"洛阳纸贵"的典故。洛阳纸的价格是如何决定的?

二、供求变动与均衡

需求曲线或供给曲线位置的移动都会使均衡价格水平发生变动。如果均衡价格不变,非价格因素变化,就会引起需求和供给的变化(曲线移动),而需求和供给的变动必然会引起均衡点的移动,从而引致均衡价格和均衡产量的移动。

由于影响均衡的因素太多、太复杂,因此,当分析某个事件如何影响一个市场时,我们按照以下三个步骤进行:第一,确定该事件是使供给曲线移动,还是使需求曲线移动,或者是使两条曲线都移动。第二,确定曲线是向右移动,还是向左移动。第三,用供求图形来考察这种移动对均衡价格和均衡产量的影响。

我们以冰激凌市场为例,根据以上三个步骤分析以下事件对均衡价格、均衡产量的影响以及它们涉及的分别是"需求点移动"还是"需求线移动":①天气炎热对冰激凌市场的影响;②地震使冰激凌企业中断生产及其对市场的影响;③天气炎热和地震同时发生对冰激凌市场的影响。

(一)供给不变,需求变动对均衡价格的影响

在供给不变的情况下,需求增加会使需求曲线向右平移,从而使得均衡价格和均衡数量都增加;需求减少会使需求曲线向左平移,从而使得均衡价格和均衡数量都减少。

在图2-8中,既定的供给曲线S和最初的需求曲线D_1相交于E_1点。在均衡点E_1,均衡价格为P_1,均衡数量为Q_1。需求增加使需求曲线向右平移至D_2曲线的位置,D_2曲线与S曲线相交于E_2点。在均衡点E_2,均衡价格上升为P_2,均衡数量增加为Q_2。相反,需求减少使需求曲线向左平移至D_3曲线的位置,D_3曲线与S曲线相交于E_3点。在均衡点E_3,均衡价格下降为P_3,均衡数量减少为Q_3。

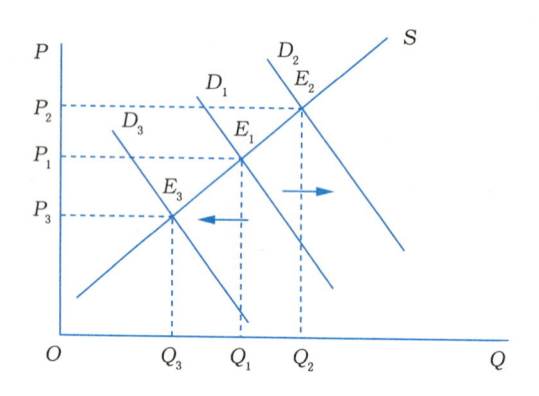

图2-8 需求的变动和均衡价格的变动

显然,收入增加,人们会增加对冰激凌的需求,会引起需求曲线向右移动,在供给不变的条件下,会使均衡价格上升,均衡数量增加。

(二)需求不变,供给发生变动对均衡价格的影响

在需求不变的情况下,供给增加会使供给曲线向右平移,从而使得均衡价格下降,均衡数量增加;供给减少会使供给曲线向左平移,从而使得均衡价格上升,均衡数量减少。

在图2-9中,既定的需求曲线D和最初的供给曲线S_1相交于E_1点。在均衡点E_1的均衡价格和均衡数量分别为P_1和Q_1。供给增加使供给曲线向右平移至S_2曲线的位置,并与D曲线相交于E_2点。在均衡点E_2,均衡价格下降为P_2,均衡数量增加为Q_2。相反,供给减少使供给曲线向左平移至S_3曲线的位置,且与D曲线相交于E_3点。在均衡点E_3,均衡价格上升为P_3,均衡数量减少为Q_3。

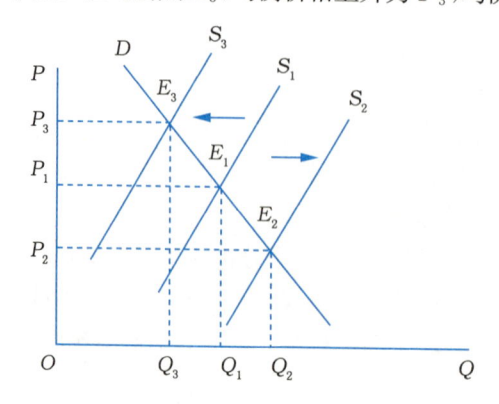

图2-9 供给的变动和均衡价格的变动

显然,地震使冰激凌企业减少了产量,使供给减少,引起供给曲线向左移动,在需求不变的条件下,均衡价格上升,均衡数量减少。

(三)需求和供给同时发生变动

1.需求和供给同时增加或减少时对均衡价格的影响

具体见图2—10,其中:

(a)需求上升的幅度大于供给上升。此时,均衡价格和均衡数量同时上升。
(b)需求上升的幅度小于供给上升。此时,均衡价格下降,均衡数量上升。
(c)需求上升的幅度等于供给上升。此时,均衡价格不变,均衡数量上升。

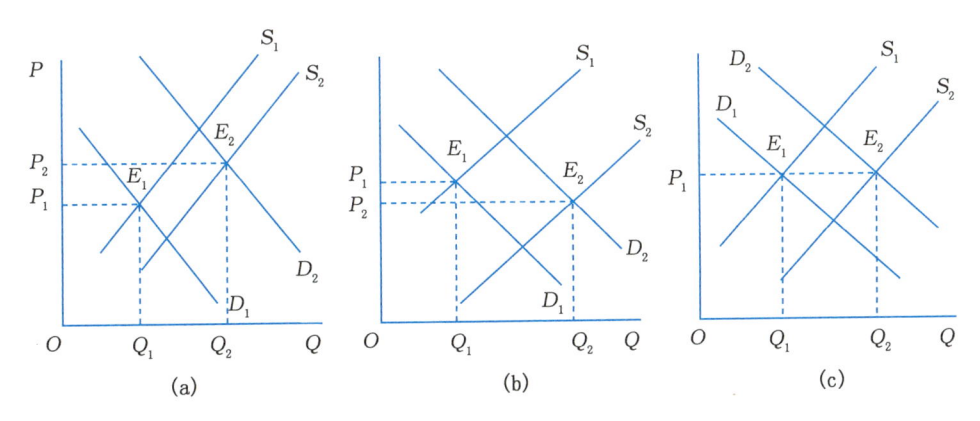

图2—10 需求和供给同方向同时变动对价格的影响

2.需求和供给反方向同时变动对价格的影响

具体见图2—11,其中:

(a)需求上升,供给下降,两者变化量相等。此时,均衡价格上升,均衡数量不变。
(b)需求下降,供给上升,两者变化量相等。此时,均衡价格下降,均衡数量不变。
(c)需求上升的幅度大于供给下降。此时,均衡价格和均衡数量同时上升。
(d)需求上升的幅度小于供给下降。此时,均衡价格上升,均衡数量下降。

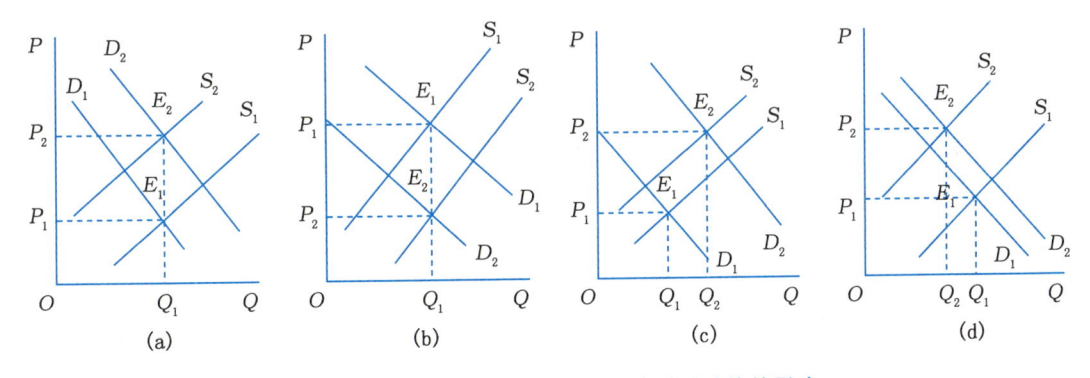

图2—11 需求和供给反方向同时变动对价格的影响

显然,收入增加和地震灾害同时发生对冰激凌市场的需求和供给均发生影响,会使需求增加,需求曲线向右移动,同时,会使供给减少,引起供给曲线向左移动,两条曲线移动的结果会形成新的均衡点,得到一个新的均衡价格和均衡产量,但是这种移动会引起三种可能的结果,这主要取决于供给曲线和需求曲线移动的相对大小。若增加的幅度和减少的幅度一样大,均衡数量不变,见图

2—11(a)。若需求大幅度增加,而供给减少很少,均衡数量增加了,见图 2—11(c)。若供给大幅度减少,而需求增加很少,均衡数量减少了,见图 2—11(d)。

(四)供求定理

从上述关于需求与供给变动对均衡的影响分析,可以得出供求定理的基本内容,即可以归纳为:在其他条件不变的情况下,

(1)需求变动分别引起均衡价格和均衡数量同方向变动。需求增加,均衡价格提高,均衡产量增加;需求减少,均衡价格下降,均衡产量减少。

(2)供给变动分别引起均衡价格反方向变动和均衡数量同方向变动。供给增加,均衡价格下降,均衡产量增加;供给减少,均衡价格上升,均衡产量减少。

(3)需求和供给同时增加或同时减少引起均衡产量同方向变动,而均衡价格则有上升、不变或下降三种可能。

(4)需求和供给反方向同时变动,根据各自变动幅度的不同,均衡价格和均衡产量有上升、不变或下降三种可能。

三、均衡价格理论的应用

(一)支持价格/最低价格(Support Price)

支持价格是指政府为了支持某一行业发展而对该行业规定的高于均衡价格的最低限价,所以也称为最低价格。例如,政府为了扶持农业,常实行农产品支持价格。支持价格所产生的后果可用图 2—12 来表示。

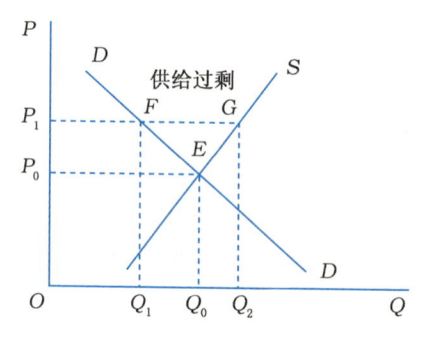

图 2—12 支持价格

从图 2—12 可以看到,该商品市场的均衡价格为 P_0,均衡产量为 Q_0,实行支持价格 P_1 后,由于 $P_1 > P_0$,这时市场需求量为 Q_1,市场供给量为 Q_2;由于 $Q_2 > Q_1$,即供给量大于需求量,产品出现过剩,其过剩量为 $Q_2 - Q_1$,即 FG。为维持支持价格,这些过剩商品不能在市场上卖掉。此时,政府可采取的措施有两种:一是政府收购过剩产品,或用于储备,或用于出口。在出口受阻的情况下,收购过剩商品必然会增加政府财政支出。二是政府对该商品的生产实行产量控制,规定将生产的数量控制在 Q_1,使供求平衡,并对减少产量的生产者进行补贴。

【做中学 2—1】　　　　　　　谁从最低工资调整中受益

日前,辽宁省人力资源和社会保障厅公布,根据相关规定,经辽宁省政府同意及人力资源和社会保障部批准,将对全省最低工资标准进行调整。调整后的月最低工资标准,一档为 2 100 元,二档为 1 900 元,三档为 1 700 元。小时最低工资标准也同时进行了调整,调整后,一档为 21 元,二档为 19 元,三档为 17 元。值得注意的是,月最低工资标准适用于全日制就业劳动者,但不包括加班

工资、特殊工作条件下的津贴(如中班、夜班、高温、低温、井下、有毒有害等环境)以及法律法规和国家统一规定的劳动者福利待遇等。而小时最低工资标准则适用于非全日制就业的劳动者,不包括个人和单位依法应缴纳的社会保险费。辽宁省人力资源和社会保障厅已向各市发出通知,要求各市政府根据辽宁省最低工资规定和调整后的辽宁省最低工资标准调整本市最低工资标准,并需要在 2024 年 3 月 9 日前报省政府批准。新的最低工资标准将于 2024 年 5 月 1 日起正式执行。

资料来源:曲俊铮:"辽宁将调整全省最低工资标准",《辽宁日报》,2024 年 1 月 12 日。

请问:什么是最低限价?结合背景画图说明其积极意义。

(二)限制价格/最高限价(Ceiling Price)

限制价格是指政府为了限制某些物品价格的上涨而规定的低于市场均衡价格的最高价格,其目的是稳定经济生活和社会秩序。限制价格政策一般在战争时期或灾荒时期施行,如对生活必需品实行限制政策,可以保护消费者利益,安定民心。限制价格所产生的后果可用图 2—13 表示。

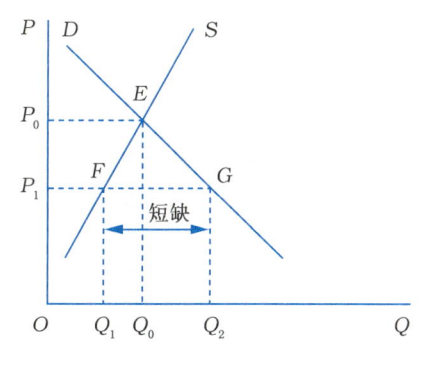

图 2—13 限制价格

从图 2—13 可以看到,该商品市场的均衡价格为 P_0,均衡产量为 Q_0,实行限制价格 P_1 后,由于 $P_1<P_0$,市场价格下跌,这时市场需求量为 Q_2,市场供给量为 Q_1,由于 $Q_2>Q_1$,即供给量小于需求量,该产品出现短缺,其短缺量为 Q_2-Q_1,即 FG。为维持限制价格,解决商品短缺,政府一般采取配给制,发放购物券。

但配给制只适用于短时期内的特殊情况,长期会引起严重的不利后果。这主要表现在:第一,价格水平低不利于刺激生产,从而会使产品长期存在短缺现象;第二,价格水平低不利于抑制消费,从而会在资源缺乏的同时又造成严重的浪费;第三,配给制会产生黑市交易、寻租活动,从而引起社会风气败坏。

正因为上述原因,经济学家通常反对长期采用限制价格政策,一般只在特殊时期使用。

案例鉴赏　　票贩子屡禁不止的原因——限制最高价格

看过病的人应该知道,在一些知名的大医院挂专家门诊号有多难。价格倒不贵,北京协和医院专家门诊号的最高价格为 14 元。这是政府规定的专家门诊号的最高价格。采取这种政策的目的是保证穷人也能找专家看病,但它引起了什么后果呢?由于价格低,无论大病、小病,人人都想看专家门诊,但专家看病的积极性并不高。这样,供给量小于需求量,存在短缺问题。在存在短缺但价格又不能上升的情况下,解决供给小于需求的方法有三种:配给(由医院决定给谁)、排队和黑市。黑市交易是票贩子与病人之间的交易。票贩子是一批以倒号为业的人,他们或拉帮结伙装作病人挂号,或者与医院有关人员勾结把号弄到手,然后以黑市的均衡价格(比如 300 元)卖给病人。尽管监管部门屡次打击票贩子,但由于丰厚的利润,票贩子现象屡禁不止。医院为了对付票贩子,实行了持身份证的挂号实名制,但仍没有解决问题,变化只是票贩子由卖号变为卖排队的位置,可见只要存在限制价格,短缺就无法消除,票贩子现象也难以消失。

票贩子的存在既损害了病人的利益,也损害了专家的利益。病人不得不付出高价,这种高价又不为专家所得。在上面的例子中,限制价格14元是医院得到的价格,病人却付出了300元,其间的差额286元就归票贩子及提供门诊号的人所得。有关部门制定限制价格的意图也许是为了维护消费者的利益,但实际上却损害了消费者的利益。

分析:从经济学的角度看,消除票贩子现象的办法不是"加大打击力度"等,而是取消对专家挂号费的限制价格政策。一旦价格放开,挂号费上升,想看专家门诊的人减少(小病不找专家,大病、疑难病症才找专家),愿意看病的专家增加,最终会实现供求均衡。这时,票贩子无利可图,自然也就消失了。

当然,放开专家门诊涉及医疗制度的改革问题,如医院分级收费、医药分开、完善社会保障体系等。但要解决专家门诊的供求矛盾,从根本上解决问题,还是要放开价格。这是医疗市场化改革的重要内容。

资料来源:李贺主编:《经济学基础》(第2版),上海财经大学出版社2021年版,第48—49页。

课程思政　　　　　　不同歌手门票差别之谜

单从演唱会来说,门票价格就是歌手劳务的价格。在经济学中,劳务是一种无形的物品,其定价规律与有形的物品是一样的。

我们在现实中会注意到,美声唱法歌手演唱会的门票便宜——即使是大腕,通常也就是几百元,但流行歌手演唱会的门票昂贵,有的甚至达到数千元。

用演唱这种劳务中所包含的劳动量恐怕无法解释这种差别。提供某种劳务的劳动量包括为此而用的培训时间与提供劳务所耗费的活劳动。美声唱法是一种复杂劳动,需要长期专业培训,演唱也颇费力。与此相比,流行歌手的劳动要简单一点。这就是说,同样一场演唱会,美声唱法包含的劳动量要大于流行唱法的劳动量。看来劳动量的差别并不能解释门票价格如此巨大的差别。

【思政感悟】 学过价格理论,你就会知道,决定不同歌手门票差别的关键在于需求与供给,引起这种门票差别的也在于供求。美声唱法是阳春白雪的高雅艺术,能欣赏它的是少数音乐修养高的观众。流行唱法是下里巴人的大众艺术,能欣赏它的人很多,尤其是人数众多的青少年对它很喜欢。这就是说当美声唱法歌手与流行唱法歌手相当(供给相同)时,由于流行唱法的需求远远大于美声唱法,门票就自然高多了。另外,由于流行歌手收入丰厚,许多人担当这种歌手,随着知名流行歌手的增加,其门票也在下降。但由于能成为"大腕"的人仍然不多,供给增加有限,而歌迷对这些大腕的需求不减,大腕的门票仍然相当高,他们的收入依然丰厚。

【三省吾身】 供求关系并不复杂,利用它可以解释我们在现实中观察到的许多现象。

任务四　弹性理论分析

一、弹性的一般含义

弹性(Elasticity),是指因变量的相对变动对自变量的相对变化的反应程度。经济学中的弹性是指经济变量之间存在函数关系时,因变量对自变量变动的反应程度,是衡量买者与卖者对市场条件变动反应大小的指标。其大小可以用两个变量变动的百分比之比即弹性系数来表示，即：

$$弹性系数 = \frac{因变量变动的百分比}{自变量变动的百分比} = \frac{\dfrac{变动后的因变量-变动前的因变量}{变动前的因变量}}{\dfrac{变动后的自变量-变动前的自变量}{变动前的自变量}}$$

经济学中的弹性分为需求弹性和供给弹性。需求弹性又分为需求价格弹性、需求收入弹性和需求交叉弹性。而供给弹性主要是指供给价格弹性。

二、需求弹性

（一）需求价格弹性

需求价格弹性（Price Elasticity of Demand）又称需求弹性，指的是价格变动所引起的需求量变动的程度，或者说某商品需求量的变化率与该商品自身价格变化率之比。因此，需求弹性的大小说明了需求量变动对价格变动的反应程度。如果一种物品的需求量对价格变动的反应大，可以说这种物品的需求是富有弹性的；如果一种物品的需求量对价格变动的反应小，可以说这种物品的需求是缺乏弹性的。经济学家用需求量变动的百分比除以价格变动的百分比来计算需求价格弹性。这就是：

需求价格弹性 = 需求量变动的比率 ÷ 价格变动的比率

$$E_d = (\Delta Q/Q)/(\Delta P/P) = (\Delta Q/\Delta P) \cdot P/Q$$

上式中，E_d 表示需求价格弹性，Q 表示商品的需求量，P 表示该商品的价格，$\Delta Q/Q$ 表示需求量变动的百分比，$\Delta P/P$ 表示价格变动的百分比。

【做中学 2—2】　　以需求价格弹性浅析身边的小事——薄利多销

在平时收到的宣传单或报纸上，有着花花绿绿的广告版面，从新店开业到学校招生、快餐店的打折券，再到某商场大甩卖，各种各样的促销信息层出不穷。最常见的当属各类商场、百货商店关于季节性新品上市和清仓促销信息，吸引着消费者的眼球。在这些促销信息中常见的现象是，品牌服装、名品和家具等中高档商品占了大部分；相反，一些生活必备的日用消费品则很难在促销单上觅到踪影，即便是偶尔有个别生活必需品在促销，大部分在后面加了一个"限量发售"的小尾巴。那么，为什么商家很少对生活必需品打折呢？

请问：大型百货商店为什么不对生活必需品进行打折？广告打折促销的产品多是什么样的商品？用弹性原理画图分析"薄利多销"的含义。

分析：大型百货商店为什么不对生活必需品进行打折，这实际上体现的是经济学原理中对不同商品的需求价格弹性的把握。

在做商品促销计划时，首先应该考虑的是价格变动对销售的影响。根据需求价格弹性 $E_p = (P/Q) \times (Q/P)$，如果将价格降低 10%，需求会提升 10%，也即 E_p 绝对值会大于 1，那么总的销售额是会增加的，能够达到薄利多销的目的；反之，即使降价 10%，而需求量增长不到 10% 的话，也即 E_p 绝对值会小于 1，那么打折反而会导致销售收入萎缩。它反映了商品需求量对其价格变动反应的灵敏程度。生活必需品无论价格如何上涨，其需求量都不会有大幅度变化，其价格需求缺乏弹性，因此，大型百货商店不对生活必需品进行打折。

相反，高档品的价格如果很高的话，其需求量就会大幅下降，但是因为高档品的需求价格弹性大，商店便可以采取先吸引消费者的眼球，再打折的策略，这会让消费者充分享受打折带来的利益与满足感，让消费者获得更大的效用，同时使得商场收入增加，因此这类商品常常都会登上打折排行榜。

"薄利多销"是指低价低利扩大销售的策略。"薄利多销"中的"薄利"就是降价,降价就能"多销","多销"就能增加总收益。在销售市场有可能扩大的情况下,通过降低单位商品的利润来降低商品的价格,虽然会使企业从单位商品中获得的利润量减少,但由于销售数量增加,企业所获利润总额可以增加。只有需求富有弹性的商品才能"薄利多销"。实行薄利多销的商品,必须满足商品需求价格弹性大于1,此时需求富有弹性。因为对需求富有弹性的商品来说,当该商品的价格从 P_1 下降到 P_2 时,需求量(从而销售量)从 Q_1 增加到 Q_2,需求量增加的幅度大于价格下降的幅度,所以总收益增加,如图2—14所示。

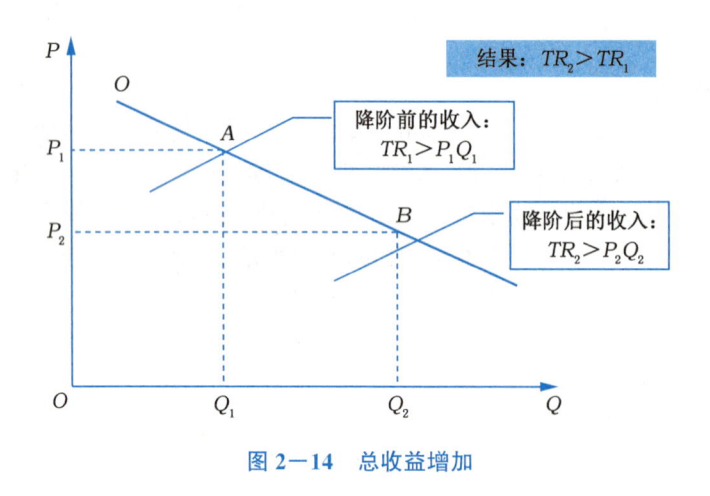

图2—14 总收益增加

【做中学2—3】 假定冰激凌蛋筒的价格从2元上升到2.2元,这样使你购买的冰激凌蛋筒从每月10个减少为8个。我们可以计算出需求的价格弹性为:

$$需求价格弹性 = \frac{\frac{8-10}{10} \times 100\%}{\frac{2.2-2}{2} \times 100\%} = \frac{-20\%}{10\%} = -2$$

在这个例子中,弹性系数是-2,反映了需求量变动的比例是价格变动比例的两倍。由于一种物品的需求量与其价格负相关,所以,数量变动的百分比与价格变动的百分比总是相反的符号。在这个例子中,价格变动的百分比是10%(反映了上升),而需求量变动的百分比是-20%(反映了减少)。由于这个原因,需求价格弹性一般为负数。在本书中,我们遵循一般做法取绝对值,需求价格弹性越大,意味着需求量对价格越敏感。

【做中学2—4】 假定某面包店推行面包减价优惠计划:面包的销售价格从10元降到8元,相应的需求量从6个提升到9个。面包的需求价格弹性应该是:

$$E_d = (\Delta Q/Q)/(\Delta P/P) = (\Delta Q/\Delta P) \cdot P/Q = |(9-6) \div (8-10) \times (10 \div 6)| = 2.5$$

【注意】 ①需求弹性是价格变动所引起的需求量变动的程度,或者说需求量变动对价格变动的反应程度。②需求弹性系数是价格变动的比率与需求量变动的比率的比,而不是价格变动的绝对量与需求量变动的绝对量的比。③弹性系数的数值可以为正值,也可以为负值。对任何一种正常商品来说,需求弹性都是负数,这是因为价格与需求量成反比关系。但在实际运用中,为了计算和分析方便,一般取其绝对值。④同一条需求曲线上不同点的弹性系数大小并不相同。这是由曲线上每点的价格及需求量不同所造成的。

1.需求弹性的类型

不同商品的需求弹性是不同的。根据它们的弹性系数绝对值的大小可分为五类,如图2-15所示。

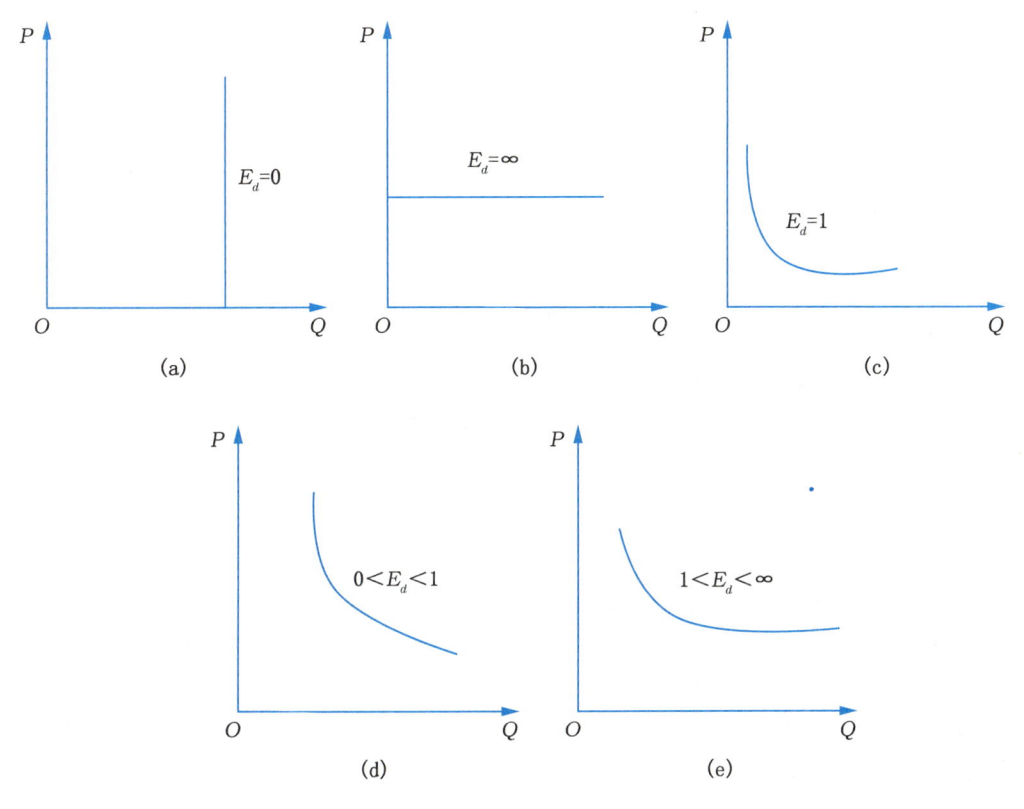

图2-15 需求弹性的类型

(1)需求完全无弹性(Perfectly Inelastic),即$E_d=0$,如图2-15(a)所示。在这种情况下,无论价格如何变动,需求量都不会变动。此时的需求曲线是一条与横轴垂直的线。例如,糖尿病人对胰岛素这种药品的需求。

(2)需求完全有弹性(Perfectly Elastic),即$E_d=\infty$,如图2-15(b)所示。在这种情况下,当价格既定时,需求量是无限的。此时的需求曲线是一条与横轴平行的线。例如,银行以一固定价格收购黄金,无论多少黄金都按这一价格收购,银行对黄金的需求是无限的。

(3)需求单位弹性(Unit Elastic),即$E_d=1$,如图2-15(c)所示。在这种情况下,需求量变动的比率与价格变动的比率相等。这时的需求曲线是一条正双曲线。

以上三种情况都是需求弹性的特例,在现实生活中是很少见的。现实中常见的是以下两种:

(4)需求缺乏弹性(Inelastic),即$0<E_d<1$,如图2-15(d)所示。在这种情况下,需求量变动的比率小于价格变动的比率。此时的需求曲线是一条比较陡峭的线。生活必需品,如粮食、蔬菜、食盐等属于这种情况。

(5)需求富有弹性(Elastic),即$E_d>1$,如图2-15(e)所示。在这种情况下,需求量变动的比率大于价格变动的比率。此时的需求曲线是一条比较平坦的线。名贵物品,如豪华轿车、珠宝等属于这种情况。

2.影响需求弹性的因素

(1)消费者对商品的需要程度。如生活必需品(柴、米、油、盐)的需求弹性小,名贵物品(豪华轿车、珠宝)的需求弹性大。

(2)商品的可替代程度。如果一种商品有许多替代品,则该商品的需求弹性大,如猪肉与牛羊肉;如果一种商品的替代品少,则该商品的需求弹性小,如食盐。

(3)商品本身用途的广泛性。一些商品的用途越多,其需求弹性越大,如水、电;另一些商品的用途越少,其需求弹性越小,如鞋油、桌椅。

(4)商品使用时间的长短。使用时间长的耐用消费品需求弹性大,如电视机、汽车;使用时间短的非耐用消费品需求弹性小,如报纸、一次性水杯。

(5)商品在家庭预算支出中所占的比例。在家庭预算支出中所占比例越小的商品,其需求弹性越小,如食盐、大米;在家庭预算支出中所占比例越大的商品,其需求弹性越大,如汽车、住房、电视机。

同步思考

为什么家电产品经常降价促销而药品很少降价促销?

答:因为家电产品需求弹性大,降价促销可以使需求量大幅增加,从而使总收益增加;而药品需求弹性小,降价促销并不会使需求大幅增加。

案例鉴赏　　　　情人节的玫瑰花和巧克力

2月14日就是情人节了,在昆明街头,鲜花的价格已经悄然上涨,各大商场也纷纷设立了巧克力专柜,准备大做文章。当然,各种价格的烛光晚餐也早已推出,情人节经济已悄然兴旺。

"20多元一束的玫瑰不算贵了,等情人节再来买,肯定要涨了。"在这里做了10年鲜花生意的韩女士告诉记者,由于情人节临近,大部分鲜花的价格出现了不同程度的上涨。以销量最好的玫瑰花为例,与几天前相比,每束20枝的玫瑰零售价从15元涨至18~20元;每束20枝的康乃馨零售价从12元涨至15元;百合的价格基本没有变。

韩女士说,受天气的影响,大量的鲜花运不出省,因此今年花价较往年便宜了一半。去年情人节前两天,一束玫瑰花的价格往往在三四十元左右,而今年的价格只有往年的一半。业内人士分析,13日、14日两天,玫瑰花价格的上涨还将继续。

12日上午在家乐福超市,情人节的传统礼物巧克力已开始大量上柜销售。售货员专门在巧克力专柜处设立了情人节促销标志。某知名品牌巧克力的上柜品种也比平时增加了五六种。

据售货员介绍,巧克力销售涨幅与平时相比并不大,一种包装精美的巧克力售价每盒58元,而去年这一款巧克力的售价是每盒80元。

价格上实行优惠,自然吸引了不少年轻人光顾。柜台前,挑好心仪的巧克力,等待包装的顾客排成几排。一位等不及的姑娘,要了张包装纸自己动手包起来。她说提前来超市,选好情人节的礼物,免得到时候麻烦。

资料来源:李贺主编:《经济学基础》(第2版),上海财经大学出版社2021年版,第52—53页。

(二)需求收入弹性与交叉弹性

1.需求收入弹性(Income Elasticity of Demand)

需求收入弹性,是指一种商品的需求量变动对消费者收入变动的反应程度,是需求量变动的比率与收入变动的比率之比。其公式是:

$$需求收入弹性 = 需求量变动的比率 \div 收入变动的比率$$

$$E_i = (\Delta Q/Q)/(\Delta I/I) = (\Delta Q/\Delta I) \cdot I/Q$$

上式中,E_i表示需求收入弹性,Q表示商品的需求量,I表示消费者的收入。

在影响需求的其他因素既定的条件下，需求的收入弹性系数可以为正值，也可以为负值，并可据此来判别该商品是正常品还是低档品。

(1) 如果某种商品的需求收入弹性系数是正值，即 $E_i>0$，表示随着收入水平的提高，消费者对此种商品的需求量增加，该商品为正常品(Normal Demand)。正常品的需求收入弹性系数可以等于1、大于1(名贵物品)和小于1(必需品)，即分别表示单位弹性、富有弹性和缺乏弹性。

(2) 如果某种商品的需求收入弹性系数是负值，即 $E_i<0$，表示随着收入水平的提高，消费者对此种商品的需求量反而下降，该商品为低档品(Inferior Goods)。那些低档的日用消费品，就可能具有负的收入弹性，因为随着人们收入水平的提高，人们会更多地购买高档的消费品取而代之。

案例鉴赏　　　　恩格尔系数

19世纪中叶，德国经济学家N.恩格尔对比利时不同收入的家庭消费情况进行了调查。他研究了收入增加对消费支出构成的影响，提出了一个定理：随着收入的提高，食物支出在全部支出中所占的比例越来越小，即恩格尔系数是递减的。恩格尔系数是由食物支出额在总支出金额中所占的比重来决定的，其计算公式为：

$$恩格尔系数 = 食物支出金额 \div 总支出金额$$

恩格尔系数可以反映一个家庭或一个国家的富裕程度与生活水平。一般来说，恩格尔系数越高，作为家庭来说，则表明收入越低，购买食物的支出在家庭收入中所占的比重越大，富裕程度和生活水平越低。作为国家来说，则表明国家较穷；反之亦然。

根据恩格尔系数，联合国划分贫穷与富裕的档次是：恩格尔系数在59%以上为绝对贫困；50%～59%为勉强度日；40%～50%为小康水平；30%～40%为富裕；30%以下为非常富裕。

学思践悟　　　　中国恩格尔系数持续下降说明了什么

1978年以来，我国居民恩格尔系数不断下降，从1978年的63.9%下降到了2023年的29.8%，反映出我国居民消费结构在改善。它与我国经济从高速发展迈向高质量发展相匹配，不仅从一个侧面佐证了中国经济社会的发展进步，而且民众分享到改革开放红利，告别温饱阶段、走向更加富裕生活的生动注解。

收入是分配的基础，恩格尔系数连续下降反映出我国居民收入不断增加的过程，总体可分配的"蛋糕"持续增大，食品支出所占的比例自然会越来越小，而居民消费中非食物性支出会相应上升，这在消费的统计数据中已经得到明显体现。用于陶冶情操、增进身心健康的文化艺术、健身保健、医疗卫生等方面的支出稳步增长，用于子女非义务教育和自身再教育的支出大幅度提高。同时，我们可以看到，长期以来，我国农村居民恩格尔系数高于城镇居民，但这个差距在不断缩小。例如，2023年海南省国民经济和社会发展统计公报显示：农村居民家庭恩格尔系数为43.7%。从1978年以来，中国恩格尔系数呈现逐年下降的趋势，从超过50%降至2019年28.2%的历史性低点。疫情三年中，恩格尔系数出现回升，至2022年达到30.5%，2023年又回落至29.8%。

资料来源：王恩博："十年间中国居民恩格尔系数下降3.2个百分点"，中国新闻网，2022年10月11日。

【悟有所得】　中国恩格尔系数连续稳步下降，是经济社会持续发展进步的生动见证。只要我们保持定力，咬定发展不松劲，大力破解区域经济发展不平衡、不充分难题，深入推进收入分配改革，以满足消费升级需求为抓手，使消费红利充分释放，我国恩格尔系数还将从"下降"走向"下降"，我国经济社会发展将迈上更高层次和更高水平的新台阶。

2.需求交叉弹性(Cross Elasticity of Demand)

需求交叉弹性,是指一种商品的需求量对另一种商品的价格变动的反应程度,或是某商品的需求量变动的比率与相关商品价格变动的比率之比。其公式是:

需求交叉弹性＝x 商品需求量变动的比率÷y 商品价格变动的比率

$$E_c = (\Delta Q_x/Q_x)/(\Delta P_y/P_y) = (\Delta Q_x/\Delta P_y) \cdot P_y/Q_x$$

上式中,E_c 表示需求交叉弹性,Q_x 表示商品的需求量,P_y 表示商品的价格。

需求交叉弹性可以是正值,也可以是负值。它取决于商品之间的关系,即两种商品是替代品还是互补品,由此可以度量商品之间关系的密切程度。①如果 x 商品与 y 商品的需求交叉弹性系数是正值,表示随着 y 商品价格的提高(降低),x 商品的需求量也随之增加(减少),则 x 商品与 y 商品之间存在替代关系,二者为替代品。例如,煤气价格上升(正值),电费价格不变,消费者的用电量就会增加(正值)。需求交叉弹性系数越大,x 商品与 y 商品之间的替代性就越强。②如果 x 商品与 y 商品的需求交叉弹性是负值,表示随着 y 商品价格的提高(降低),x 商品的需求量也随之减少(增加),则 x 商品与 y 商品之间存在互补关系,二者为互补品。例如,汽油价格上升(正值),汽车的需求量减少(负值)。需求交叉弹性系数的绝对值越大,x 商品与 y 商品之间的互补性就越强。③如果 x 商品与 y 商品的需求交叉弹性为零,则说明 x 商品的需求量并不随 y 商品价格的变动而发生变动,x 商品与 y 商品既非替代品也非互补品,它们之间没有什么相关性,是相对独立的两种商品。例如,汽车价格变化与食盐的消费没有关系。

课堂讨论　　　　　企业决策的重要依据

在打印机市场上,彩色喷墨打印机和墨盒的定价很反常。普通一般佳能彩色喷墨打印机一台售价仅为 300 元人民币,价格很实惠,使得很多有计算机的用户购买这样的打印机。人们在买到打印机后需要买墨盒时才发现,一个小小的墨盒的价格是 200 元人民币,并且在使用中如果一种色彩的油墨用完,就必须换墨盒,不换墨盒就不能保证画面质量,此时消费者才感到买得起打印机买不起墨盒。为什么商家要如此定价?

讨论:请结合背景资料简要回答需求交叉价格弹性原理的微观和宏观意义。

学思践悟　　　　　谷贱伤农

在日常生活中,有时可以看到,某些商品价格下降了,人们蜂拥抢购;而另一些商品价格下降了,却无人问津。《五代史·冯道传》中记载了这样一件事:有一年风调雨顺,年景很好,"明宗问:'天下虽丰,百姓得否?'道曰:'谷贵饿农,谷贱伤农'"。无独有偶,叶圣陶在《多收了三五斗》中也描写了一种丰收成灾的情形。在风调雨顺的年景,农民喜获大丰收,但当老农们粜米后却发现他们的收益比去年少了。老农们感到非常迷惘:去年是水灾,收成不好,亏本;今年算是好年时,收成好,还是亏本!为什么"谷贵饿农""谷贱伤农"的故事在历史上不断地重演,类似的"菜贱伤农""果贱伤农"的事件在今天也时常发生,这里面究竟蕴含着什么样的经济学理论,又如何解决这样的问题?

【悟有所得】 谷贱伤农是指粮食获得丰收不仅不能使农民从中获益,而且会因为粮食价格的下降而导致收入降低。粮食价钱过于便宜,就会损害农民的利益。用经济学原理解释,根本原因在于农产品往往是缺乏需求价格弹性的商品。

中共二十大报告提出,全方位夯实粮食安全根基,牢牢守住十八亿亩耕地红线。支持保护制度是现代化国家农业政策的核心,也是我国发展现代农业的必然要求。十八大以来,中央着眼于农业形势的发展变化,将健全农业支持保护制度作为深化农村改革的重要内容,做出一系列重大部署。

经过多年探索,我国已经形成以保障粮食安全促进农民增收和农业绿色发展为主要目标,由农民直接补贴、生产支持、价格支持、流通储备、灾害救助、基础设施、资源与环境保护等各类支出组成,涵盖农业产前、产中、产后各个环节和主要利益主体的农业支持保护政策体系,为稳住农业基本盘,更好发挥"压舱石"作用夯实了制度基础。系统性的农业支持保护制度不断健全,标志着中国经济社会发展进入新阶段。

三、供给弹性

(一)供给价格弹性的含义

供给价格弹性(Price Elasticity of Supply)又称供给弹性,衡量供给量对价格变动的反应程度。如果供给量对价格变动的反应很大,可以说这种物品的供给是富有弹性的;如果供给量对价格变动的反应很小,可以说这种物品的供给是缺乏弹性的。

经济学家用供给量变动百分比除以价格变动百分比来计算供给价格弹性。这就是:

$$供给价格弹性(E_S)=\frac{供给量变动百分比}{价格变动百分比}=\frac{\frac{变动后的供给量-变动前的供给量}{变动前的供给量}}{\frac{变动后的价格-变动前的价格}{变动前的价格}}=\frac{\Delta Q/Q}{\Delta P/P}$$

式中,E_S 代表供给价格弹性系数,Q 和 ΔQ 分别代表供给量和供给量的变动量,P 和 ΔP 分别代表价格和价格的变动量。

【做中学 2—5】 假设每千克牛奶的价格从 3 元上升到 3.3 元,牧场主每月生产的牛奶量从 1 万千克增加到 1.15 万千克。在这种情况下,供给价格弹性是:

$$供给价格弹性=\frac{\frac{1.15-1}{1}\times 100\%}{\frac{3.3-3}{3}\times 100}=\frac{15\%}{10\%}=1.5$$

弹性为 1.5,大于 1,它反映了供给量变动的比率大于价格变动这一事实。

很容易看出,供给的价格弹性的含义与需求价格弹性的含义是相通的。唯一的差别在于:对供给而言,数量对价格的反应是正的;而对需求而言,其反应是负的。

(二)供给弹性的分类

根据弹性系数的大小,供给弹性也分为五种类型。

(1)供给富有弹性,即 $E_S>1$,是指一种商品供给量变动的百分比大于价格变动的百分比的状况。例如,书籍、汽车和电视机这类制成品的供给就富有弹性。供给曲线是一条向右上方倾斜且相对平缓的线,如图 2—16(a)所示。

(2)供给缺乏弹性,即 $0<E_S<1$,是指一种商品供给量变动的百分比小于价格变动的百分比。例如,资本技术密集型产品、土地等的供给就缺乏弹性。供给曲线是一条向右上方倾斜且相对陡峭,如图 2—16(b)所示。

(3)供给单位弹性,即 $E_S=1$,是指一种商品供给量变动的百分比等于价格变动的百分比,此时的供给曲线是一条从原点向右上方倾斜、斜率为 1 的直线,如图 2—16(c)所示。

(4)供给完全弹性,即 $E_S=\infty$,是指在既定价格水平下,供给量可以任意变动。此时的供给曲线是一条与横轴平行的线。价格上升很小,就引起供给量上升无穷。弹性等于无穷大,在这种情况下,供给曲线是水平的,如图 2—16(d)所示。

(5)供给完全无弹性,即 $E_S=0$,是指一种商品的价格无论如何变化,供给量总是不变的,如一些珍贵名画。供给曲线是一条垂直于横轴的一条直线,如图2-16(e)所示。

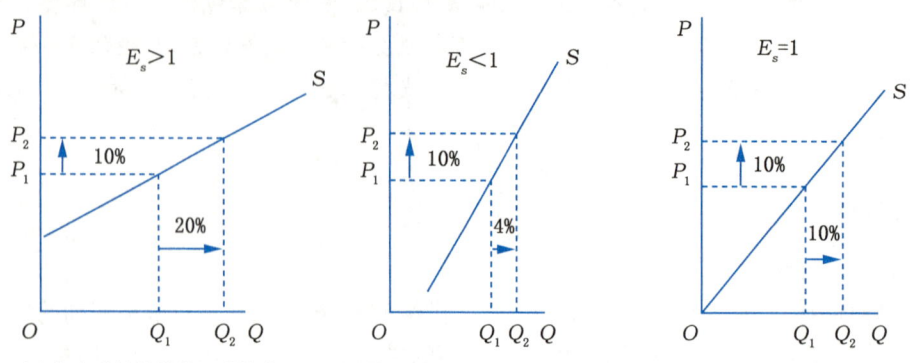

(a) 富有弹性的供给:弹性大于1　(b) 缺乏弹性的供给:弹性小于1　(c) 单位弹性的供给:弹性等于1

(d) 完全弹性的供给:弹性等于无限大　(e) 完全无弹性的供给:弹性等于0

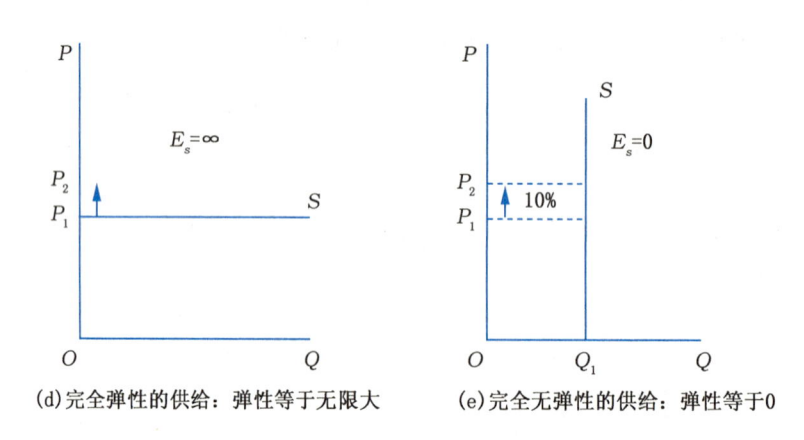

图2-16　供给弹性的五种类型

(三)影响供给弹性的因素

1. 生产的难易程度

一般而言,在一定时期内,容易生产的产品,当价格变动时其产量变动的速度快,因而供给弹性大;较难生产的产品,则供给弹性小。

2. 生产规模和规模变化的难易程度

一般而言,生产规模大的资本密集型企业,其生产规模较难变动,调整的周期长,因而其产品的供给弹性小;而规模较小的劳动密集型企业,应变能力强,其产品的供给弹性大。

3. 成本的变化

如果随着产量的提高,只引起单位成本的轻微提高,供给弹性大;而如果单位成本随着产量的提高而明显上升,则供给弹性就小。

4. 时间的差异

当商品的价格发生变化时,企业对产量的调整需要一定的时间。在短期内,企业要及时地增加产量或及时地减少产量,都存在不同程度的困难,如石油的开采等,相应地,供给弹性是比较小的。但是,在长期内,生产规模的扩大与缩小,甚至转产,都是可以实现的,供给量可以对价格变动做出较充分的反应,供给弹性也比较大。

另外,企业生产能力、对未来价格的预期等因素,都会影响供给弹性。

四、弹性理论的运用

某种商品的价格变动时,其需求弹性的大小与价格变动所引起的出售该商品而所得到的总收益的变动情况密切相关,这是因为总收益等于销售量(需求量)乘以价格。总收益的计算公式如下:

$$TR = P \cdot Q$$

式中,TR 表示总收益,P 表示价格,Q 表示销售量。

不同商品的需求弹性不同,价格变动引起的销售量的变动程度不同,从而总收益的变动也就不同。

(一)需求富有弹性($1<E_d<\infty$)的商品与总收益的关系

【做中学 2-6】 已知 A 商品的需求是富有弹性的,$E_d=2$,原来的价格 $P_1=600$ 元,销售量 $Q_1=200$ 件。如果价格下降或上升 15%,那么总收益如何变化?

当 $P_1=600$ 元,$Q_1=200$ 件时,$TR_1=P_1 \cdot Q_1=600 \times 200=120\ 000$(元)

①如果价格下降 15%,即 $P_2=600 \times (1-15\%)=510$ 元,由于 $E_d=2$,所以销售量增加 30%,即 $Q_2=200 \times (1+30\%)=260$ 件。则:

总收益 $TR_2=P_2 \cdot Q_2=510 \times 260=132\ 600$(元)

$TR_2-TR_1=132\ 600-120\ 000=12\ 600$(元)

这表明,A 商品价格下降,总收益增加了。

②如果价格上升 15%,即 $P_3=600 \times (1+15\%)=690$ 元,由于 $E_d=2$,所以销售量减少 30%,即 $Q_3=200 \times (1-30\%)=140$ 件。则:

总收益 $TR_3=P_3 \cdot Q_3=690 \times 140=96\ 600$(元)

$TR_3-TR_1=96\ 600-120\ 000=-23\ 400$(元)

这表明,A 商品价格上升,总收益减少了。

结论:需求富有弹性的商品,其价格与总收益呈反方向变动,当价格下降时,需求量的增加幅度大于价格的下降幅度,总收益增加;当价格上升时,需求量的减少幅度大于价格的上升幅度,总收益减少。这个结论可以解释"薄利多销"的市场现象。

(二)需求缺乏弹性($0<E_d<1$)的商品与总收益的关系

【做中学 2-7】 已知 B 商品的需求是缺乏弹性的,$E_d=0.5$,原来的价格 $P_1=2$ 元,销售量 $Q_1=500$ 千克。如果价格上升或下降 20%,那么总收益如何变化?

当 $P_1=2$ 元,$Q_1=500$ 千克时,$TR_1=P_1 \times Q_1=2 \times 500=1\ 000$(元)

①如果价格上升 20%,即 $P_2=2 \times (1+20\%)=2.4$ 元,由于 $E_d=0.5$,所以销售量减少 10%,即 $Q_2=500 \times (1-10\%)=450$ 千克。则:

$TR_2=P_2 \cdot Q_2=2.4 \times 450=1\ 080$(元)

$TR_2-TR_1=1\ 080-1\ 000=80$(元)

这表明,B 商品价格上升,总收益增加了。

②如果价格下降 20%,即 $P_3=2 \times (1-20\%)=1.6$ 元,由于 $E_d=0.5$,所以销售量增加 10%,即 $Q_3=500 \times (1+10\%)=550$ 千克。则:

总收益 $TR_3=P_3 \cdot Q_3=1.6 \times 550=880$(元)

$TR_3-TR_1=880-1\ 000=-120$(元)

这表明,B 商品价格下降,总收益减少了。

结论:对于需求缺乏弹性的商品,其价格与总收益呈同方向变动,当价格下降时,需求量的增加幅度小于价格的下降幅度，企业的总收益减少；当价格上升时，需求量的减少幅度小于价格的上升幅度，企业的总收益增加。这一结论可以解释"谷贱伤农"的市场现象。

综上所述，需求价格弹性与总收益的关系如表2—3所示。

表2—3　　　　　　　　　　需求价格弹性与总收益的关系

价格变动方向 \ 总收益需求弹性	$1<E_d<\infty$	$E_d=1$	$0<E_d<1$
上升	总收益减少	总收益不变	总收益增加
下降	总收益增加	总收益不变	总收益减少

同步思考

如果你是某美容店老板，在"三八"妇女节到来之际，你会采取哪些措施以提高总收益？请利用经济学原理进行分析。

分析：美容服务这种商品富有弹性，价格与总收益呈反方向变动，即价格上升，总收益减少；价格下降，总收益增加。因此，应该采取打折促销、进行广告宣传等策略。

启智润心　　　　　弹性消费遏制餐饮环节"舌尖上的浪费"

目前，很多餐馆采取弹性消费的形式，设置不同的消费价目。例如，同一个菜式设置不同的菜量，并且依此确定两到三种价目。量少，价格适当下调；量多，价格合理上浮。这样一来，顾客就可以根据实际用餐人数、个人食量合理点菜，避免了因吃不完而造成的浪费；餐馆也可以根据顾客选择的价格，对配菜的分量进行合理调整，不用担心顾客埋怨菜品"量少"。

【明理善行】弹性是指一个变量相对于另一个变量发生的一定比例的改变的属性。餐馆采取弹性消费的形式，设置不同的价目，既满足了不同顾客的消费需求，又使"舌尖上的浪费"现象有所改观。民以食为天，食以俭养德。中共二十大报告指出，在全社会弘扬"勤俭节约精神，培育时代新风新貌"。我们要继续弘扬勤俭节约的传统美德，自觉抵制浪费行为；按需点餐，杜绝浪费，使用公勺公筷，拒绝野味，文明就餐；在礼品的选择上应以突出心意和祝福为主，摒弃商品过度包装之风等。杜绝浪费需要全社会共同努力，大家都以节约粮食为荣、以铺张浪费为耻，破除讲排场、比阔气的陋习，才能把节约进行到底。

关键术语

需求　需求表　需求曲线　需求函数　需求定理　供给　供给表　供给曲线　供给定理
均衡价格　支持价格　限制价格　弹性　需求价格弹性　需求收入弹性　需求交叉弹性

应知考核

一、单项选择题

1. 在某一时期内，轿车的需求曲线向左平移的原因是(　　)。

A. 轿车的价格上升　　　　　　　　　　B. 消费者对轿车的预期价格下降

C. 消费者的收入水平提高　　　　　　D. 三轮车的价格上升

2. 某种商品价格下降对互补品最直接的影响是（　　）。
A. 互补品的需求曲线向右平移　　　　B. 互补品的需求曲线向左平移
C. 互补品的供给曲线向右平移　　　　D. 互补品的供给曲线向左平移

3. 商品的均衡价格会随着（　　）。
A. 商品需求与供给的增加而上升　　　B. 商品需求的减少与供给的增加而上升
C. 商品需求的增加与供给的减少而上升　D. 商品需求的增加与供给的减少而下降

4. 假设个人计算机的供给和需求都增加且个人计算机供给的增加大于个人计算机需求的增加。在个人计算机市场上，我们可以预期（　　）。
A. 均衡数量增加，而均衡价格上升
B. 均衡数量增加，而均衡价格下降
C. 均衡数量增加，而均衡价格保持不变
D. 均衡数量增加，而均衡价格的变动是无法确定的

5. 适合进行薄利多销的商品是（　　）的商品。
A. 需求缺乏弹性　B. 需求富有弹性　C. 需求有无限弹性　D. 需求完全无弹性

6. 在下列因素中，（　　）的变动会引起商品供给量的变动。
A. 生产技术　　　B. 原料价格　　　C. 商品价格　　　D. 居民收入

7. 下列组合中，一种商品需求量与另一种商品价格呈反方向变动的是（　　）。
A. 香蕉和苹果　　B. 照相机和胶卷　C. 汽车和收音机　D. 面包和方便面

8. 需求量与消费者收入之间呈反方向变动的商品称为（　　）。
A. 正常商品　　　B. 低档商品　　　C. 生活必需品　　D. 名贵物品

9. 假如黄豆和烟草都能在相同的土地上种植，在其他条件相同时，烟草价格的增加将会引起（　　）。
A. 黄豆的价格沿着黄豆供给曲线向上移动
B. 黄豆的价格沿着黄豆供给曲线向下移动
C. 黄豆供给曲线向右移动
D. 黄豆供给曲线向左移动

10. 假如汽车工人的工资得到较大的增加，在其他条件不变时，汽车的价格将会上涨，这是因为（　　）。
A. 汽车的需求增加　　　　　　　　　B. 汽车的供给曲线向右移动
C. 汽车的供给曲线向左移动　　　　　D. 汽车的需求减少

二、多项选择题

1. 需求弹性主要包括（　　）。
A. 需求价格弹性　B. 需求交叉弹性　C. 需求供给弹性　D. 需求收入弹性

2. 农产品的需求价格弹性种类有（　　）。
A. 缺乏弹性的　　B. 富有弹性的　　C. 刚性需求　　　D. 完全有弹性的

3. 下列哪些产品通常可以通过薄利多销的策略使企业总收益增加？（　　）
A. 食品　　　　　B. 水果与蔬菜　　C. 小汽车　　　　D. 高档皮革制品

4. 下列各组物品需求交叉弹性大于零的有（　　）。
A. 左脚鞋和右脚鞋　　　　　　　　　B. 康师傅绿茶和统一绿茶

C. 螺丝和螺母　　　　　　　　　　D. 美国车和日本车

5. 下列属于供给弹性的影响因素的有（　　）。

A. 生产的难易程度　　　　　　　　B. 产品生产规模和变化的难易程度

C. 企业生产能力　　　　　　　　　D. 成本的变化

三、判断题

1. 需求就是家庭在某一特定时期内，在每一价格水平下愿意购买的商品量。（　）
2. 如果需求量增加，需求一定增加。（　）
3. 假定其他条件不变，某种商品价格下降将引起需求的增加和供给的减少。（　）
4. 当某种商品的价格上升时，其互补商品的需求将上升。（　）
5. 假定供给不变，需求的减少将引起均衡价格的下降和均衡交易量的增加。（　）

四、简答题

1. 运用需求弹性原理解释"薄利多销"和"谷贱伤农"的含义。
2. 什么是需求？影响需求的因素有哪些？
3. 什么是供给？影响供给的因素有哪些？
4. 均衡价格是怎样形成的？它在供给和需求发生变化的情况下将怎样变化？
5. 试分别用图形表示以下四种情形引起的均衡价格的变动：①消费者的货币收入增加；②互补商品的价格上升；③生产技术和管理水平提高；④生产要素的价格上升。

五、计算题

1. 已知某一时期内某商品的需求函数为 $Q_d = 50 - 5P$，供给函数为 $Q_s = -10 + 5P$。求均衡价格 P_e 和均衡数量 Q_e，并做出几何图形。
2. 已知某商品的需求弹性系数为 0.5，当价格为每千克 3.2 元时，销售量为 1 000 千克，若其价格下降 10%，销售量是多少？该商品涨价后总收益是增加了还是减少了？增加或减少了多少？
3. 已知某商品的需求函数为 $P = 120 - 3Q$，供给函数为 $P = 5Q$，求均衡价格和均衡数量。
4. 某商品的价格由 20 元上升到 30 元后，需求量相应减少 10%。请问该商品的需求弹性是多少？该商品价格变化对总收益有何影响？
5. 已知某产品的需求价格弹性 $E_d = 0.5$，该产品原销售量 $Q_d = 800$ 件，单位产品价格 $P = 10$ 元。若该产品价格上调 10%，计算该产品提价后销售收入变动多少元？

应会考核

■ 观念应用

1. 如果考虑提高生产者的收入，那么对农产品是采取提价还是降价的办法？对旅游产品呢？为什么？
2. 用供求图形分析劝导性的"吸烟有害健康"广告与征收高额烟草税对香烟市场的不同影响。
3. 如果你是一个大型游乐园的园长。你的财务经理告诉你，游乐园缺乏资金，需要考虑改变门票价格以增加总收益。你将怎么办呢？你是提高门票的价格，还是降低门票的价格？

■ 技能应用

1. 请同学们进行一次市场调查，了解某一个家电产品在上市以后的价格变动情况，并尝试分析其原因,写出一份调查报告。

2.分析均衡变动的影响。

背景资料:2022年12月,布洛芬、对乙酰氨基酚等退烧药"一药难求",抢购、缺货等词条屡上热搜。在不少城市,面对市民的询问,"无""缺货""卖完了"是药店的常用词汇。在互联网电商平台,限时抢购的布洛芬、对乙酰氨基酚等热门产品,基本上一上架就被抢空。我国是全球布洛芬原料药生产和出口大国,占全球产能的1/3,而上述药品已经是成熟的品种。如此成熟的药品,为什么会面临缺货?零售渠道的采购商们认为原因之一是疫情防控管制政策的放开,短时间内爆发的大量需求,消费者扎堆囤货所致。在此情形下,多部门发出保供倡议,呼吁药店采取拆零销售、延时销售等方式,缓解供需矛盾,最大限度地满足市民用药需求。由此,不少有条件的药店延长了服务时间,并公开夜间服务电话,便于市民随时联系购药。

请作图分析我国疫情防控管制政策的放开,短时间内对布洛芬、对乙酰氨基酚等退烧药市场均衡的影响。

■ 案例分析

月饼里蕴藏的经济学原理

每到中秋节前夕,市场上总少不了一批品类众多、口味丰富的月饼,如盒马工坊推出"冷锅串串现烤月饼";螺蛳粉品牌螺霸王推出螺蛳粉月饼;杏花楼则与雀巢联名,推出植物肉五仁月饼。并且现今月饼的比拼早已不局限于口味层面,各大品牌在包装材质、设计创意、潮流元素等多个方面发力,从造型到包装堪称豪华。随着月饼种类越来越多,包装越来越豪华,价格也越来越贵。制作成本与馒头烧饼一样的普通食物,月饼售价却能卖到几百元甚至上千元,往往偌大的包装盒里,只"躺着"几块月饼。即便"性价比"如此之低,购买的人依旧不在少数,消费者似乎已经习惯于用购买奢侈品的态度购买月饼。月饼销售窗口期短,前后不足两个月,却成为部分餐饮食品企业的营收主力。2023年中国月饼消费者购买月饼的主要用途是自己食用或与家人分享,占比为85.2%,然后是个人送礼(57.7%)与企业采购(13.6%);广式月饼(53.1%)最受消费者青睐。随着健康饮食理念逐步深入人心,消费者最期待月饼在食材和营养方面能够减少添加剂(73.6%)和使用健康食材(61.7%)。2023年中国月饼销售规模达271.3亿元,同比增长11.3%,2025年有望增至332.8亿元。2023年月饼市场出现高端品牌化、下沉平民化类产品热销、中间价位整体平淡的状况;直播电商、外贸出口、品牌定制等新趋势明显,传统商超大卖场销售不及预期。

食用价值基本与馒头烧饼一样的普通食物,月饼是怎么在中秋节前夕引发高需求,并自抬身价,卖出几十上百倍的价格的呢?

问题:

请结合案例分析影响月饼高需求,并自抬身价的因素有哪些。

▼ 项目实训

【实训任务】

通过本项目的实训,使学生理解价格理论的相关内容,并能够运用价格理论解决现实生活中存在的实际问题。

【实训情境】

1.根据本项目内容,上网或通过书刊查找有关资料,进行自拟题目分析。

2.全班分成若干小组,每组8~10人,实行组长负责制,完成综合实训项目。

3.各组进行分组讨论答辩,组长做总结性发言,各组之间进行评价,最后由教师进行点评,并给出考核成绩。

【实训要求】

撰写《价格理论实训报告》。

《价格理论实训报告》		
项目实训班级：	项目小组：	项目组成员：
实训时间：　年　月　日	实训地点：	实训成绩：
实训目的：		
实训步骤：		
实训结果：		
实训感言：		

项目三　学会理性消费——消费者行为理论

● **知识目标**

　　理解:效用的评价方法;消费者均衡的条件;收入—消费曲线与恩格尔曲线。
　　熟知:总效用与边际效用;消费可能线;替代效应与收入效应。
　　掌握:边际效用递减规律;消费者均衡;消费者剩余;无差异曲线。

● **技能目标**

　　能够注重消费者行为理论的实际应用;会运用边际收益递减规律解释现实经济问题,并分析消费者在有限的资源下如何进行最优选择,提高经济学素养,为未来职业发展提供重要基础。

● **素质目标**

　　能够正确领会和理解经济运行的逻辑关系和基本规律,利用效用理论对自己的收入作出合理化安排。能够对消费者行为进行简单分析,树立正确的消费观,理解消费者行为背后的逻辑和动机,具备初步分析问题、解决问题的能力,树立正确的世界观、人生观和价值观,做到学思用贯通、知信行统一。

● **思政目标**

　　通过本项目的学习,培养学生积极进取的人生态度、昂扬向上的精神状态和不屈不挠的坚强意志。要正确面对消费者选择问题,根据消费者行为理论进行消费决策,使学生能够在有限的资源下做出最佳的消费选择。能够理解消费者行为和市场运行,提高自身的分析、决策和创新等综合能力,增强学生的经济学思维,从经济学的视角理解和分析现实生活中的问题。

● **项目引例**

幸福的经济学分析

　　从古至今,幸福就一直备受热议与关注,每个人都希望自己过得幸福,但怎样才算幸福呢? 不同的人对这个词语有着截然不同的观点。
　　古希腊的哲学家是这样来定义幸福的:幸福＝身体无疾＋灵魂无忧。

中国的老百姓对幸福的定义是：幸福＝身体健康＋家庭和睦。

诺贝尔经济学奖获得者保罗·萨缪尔森列过一个"幸福方程式"：幸福＝效用/欲望。式中的效用是指人们从消费的物品中获得的主观满足，意思是说，如果人的欲望是既定的，效用越大就会越幸福。如一个人在饿了一天后吃了一只烤鸭，他感觉很舒服、很愉悦，我们认为他获得了效用。能给人们带来效用的物品有两种：一种是自由物品，如阳光、空气等，不需要付出代价即可获得；另一种是经济物品（商品），包括有形的产品和无形的劳务，需要人们消耗资源进行生产才能获得。

欲望是指人们的需要，美国心理学家马斯洛指出人有五个层次的需要，即生理需要、安全需要、社会需要、尊重需要和自我实现的需要。由于自由物品种类很少，所以人们的效用的满足（即幸福）主要来自商品，这也是人类要发展生产、进行商品交换的根本原因。

打个比方：如果你的男友拿到奖金1 000元，可你期望他给你买10 000元的新款女包，1 000除以10 000，幸福感只有0.1。但如果你的期望是让男友请自己吃顿200元的西餐，1000除以200，幸福感是5。幸福指数是原来的50倍。

请问：你能用经济学的视角分析幸福与欲望的关系吗？

● **引例导学**

人们对幸福的感受与人们对幸福的追求和心理欲望是相辅相成的。从上面经济学的视角可以看到，人们想要获得幸福主要有两个途径：一是在既定的欲望上增加自己的效用，即消费更多的商品；二是在效用一定的情况下可以通过节欲来获得幸福感，即我们常说"知足常乐"，但是这一点对大多数人来说是很难的。因此，人们效用的满足（即幸福）主要来自商品的消费，这也是人类要发展生产、进行商品交换的根本原因之所在。

在物质丰富和外界诱惑巨大的今天，我们如何提升自己的幸福感呢？首先，我们要有明确的生活目的，满足自己应当满足的合理需要，要知足常乐。其次，我们要有衡量幸福的客观依据，不至于被财富、权势、美色所累而陷入痛苦的深渊。最后，我们要处理好个人幸福与社会幸福的关系。个人幸福是社会幸福的基础和条件，社会幸福是其所有成员幸福的总和。个人的利益和幸福得不到满足，社会的利益和幸福就无从谈起。要保持个人幸福和社会幸福的和谐一致，一方面要依赖于人民在追求个人幸福时，也能适当地考虑他人的幸福和社会的幸福；另一方面要靠国家法律来保障，只要国家法律是妥当的和有效的，人们追求个人快乐的行为就不会成为社会秩序的障碍。

● **知识支撑**

任务一　效用理论概述

一、欲望与效用

（一）欲望

欲望（Wants），也称作需要（Needs），是指人们的需要，或指一种缺乏的感觉与求得满足的愿望，是一种心理现象。根据马斯洛（Maslow）的需要层次理论，需要分为五个层次：①基本的生理需要——生存的需要；②安全的需要——希望未来生活有保障，如免于伤害、失业等；③社会的需要——心理需要，如感情、归属感的需要；④受尊重的需要——需要有自尊心以及受到别人的尊重；⑤自我实现的需要——出于对人生的看法，需要实现自己的理想。

欲望是多种多样的、无穷无尽的。当较低层次的欲望满足之后，就会产生新的欲望。但满足人们的欲望的方式是有限的。

（二）效用

效用（Utility），是指消费者通过消费某种物品或服务所能获得的满足程度。消费者消费某种物品能满足欲望的程度高，说明效用大；反之，则说明效用小。如果得不到满足感，反而感到痛苦，就是负效用。一种商品是否具有效用，不仅在于商品本身所具有的客观物质属性，而且在于消费者的主观感受。它表现在以下两个方面：①效用大小因人而异，同一物品对于不同消费者的效用是不同的。②商品的效用会随着时间、地点的变化而变化。例如，一块面包，在一个人饥饿的时候其效用就比较大，不饿的时候其效用就比较小；只有冬季才使用的商品如羽绒服，在夏季对人们来说就没有效用。

效用本身不具有伦理学的意义。只要能够满足人们的欲望或需要，即使这种欲望是坏的，这种商品也是具有效用的，如吸毒。当然，这从法律的角度是被禁止的。此外，效用还有正负之分。负效用是指某种物品所具有的引起人不舒适或痛苦的能力。例如，香烟对那些不抽烟的人来说，具有负效应。随着消费奶茶数量的增加，该消费者获得的效用是递增的，当消费量达到大约 1.8 杯的时候，效用达到了最大值 5。之后，消费量再继续增加，但获得的效用却从 5 开始递减，当消费量达到大约 3.6 杯的时候，效用就为 0 了，再继续增加消费，效用就为负的了。效用为负，现实的意义也就是说这个人消费这种商品，已无法体验到满足感，而成了一种痛苦或负担。

【提示】在理解效用含义的时候，要强调以下几点：①效用的主观性；②效用本身不具有伦理学意义；③效用可大可小、可正可负。

二、效用的评价方法

用效用观点分析消费者行为的方法称为效用分析，它又分为基数效用论和序数效用论。

（一）基数效用论

基数效用论产生于 19 世纪 70 年代。它认为效用的大小可以计量并且不同消费者的效用可以进行加总计算，因此，可以用统一计数单位和基数（1、2、3……）来表示效用，并可加总求和，其计数单位就是效用单位。例如，提供一杯牛奶的效用为 4 个单位，提供一杯咖啡的效用为 2 个单位，那么可以说这两种消费的效用之和为 6 个单位，且前者的效用是后者的效用的 2 倍。根据此理论，可以用具体数字来研究消费者效用最大化问题。

【注意】基数效用论采用边际分析法分析消费者的均衡问题。

基数效用论是建立在消费者主观心理感受基础上的消费者行为理论。由于消费者的主观心理实际上是无法测量的，商品给消费者带来的效用水平在很大程度上只能说明效用的大小，却不能说明究竟有多大。因此，20 世纪 30 年代，多数经济学家开始使用序数效用论来度量效用水平。

（二）序数效用论

序数效用论产生于 19 世纪末 20 世纪初，是对基数效用论的补充和完善。它认为效用作为一种心理现象无法计量，也不能加总求和，只能表示出满足程度的高低与顺序，因此，效用只能用序数（第一、第二、第三……）来表示。例如，我们仍然用上面的例子，消费者只能说提供一杯牛奶的效用排在第一，而提供一杯咖啡的效用排在第二，至于牛奶和咖啡具体的效用是多少，是没有意义的。

【注意】序数效用论采用无差异曲线分析法分析消费者的均衡问题。

序数效用论者认为，效用在理论上和实际上都是不可度量的，更谈不上加总求和了。商品之间效用大小的比较只能通过次序和等级先后表示出来，或者说，消费者宁愿首选哪一种商品消费。以看一场足球比赛和听一场音乐会的例子来说，消费者要回答的是偏好哪一个，即哪一个效用是第一,哪一个效用是第二。或者说,要回答的是看一场足球比赛还是听一场音乐会。

序数效用论只表示偏好顺序而不表示效用数值。序数效用强调的是相对效用,它不像基数效用注重绝对效用。现代微观经济学通常使用基数效用和序数效用含义,但大多数使用的是序数效用含义,只是在某些研究方面还继续使用基数效用含义。

由此可见,基数效用论和序数效用论,是消费者行为理论中两个重要的理论,尽管两者的分析方法不同,但其分析目的、分析对象和结论却是一致的。两者的最主要区别如表3—1所示。

表3—1　　　　　　　　　　基数效用论和序数效用论的区别

比较项目 效用理论类型	主要观点	假设条件	分析方法	经济学家
基数效用论	效用可计量	苛刻	边际效用分析法	马歇尔
序数效用论	效用可比较	宽松	无差异曲线分析法	希克斯

同步思考　　　　　　　　等车现象

在城市里,我们常见的现象就是人们排队等公交车,特别是在上下班高峰期,几乎每个公交车停靠站都是人头攒动。等车占用了人们不少的时间。但是,只要你还没富裕到可以天天"打的"或自驾的地步,难免每天要耐着性子等候公交车。那么,如何来看待人们的等车行为,它是不是与我们常说的"时间就是金钱"这句话相矛盾呢?

请问:什么是序数效用论?序数效用论与基数效用论有何异同?结合案例分析人们的等车行为是否符合资源的最优配置。

分析:首先,序数效用论认为,效用是不可以计量并加总求和的,因此只能用序数(第一、第二,第三……)来表示满足程度的高低与顺序。案例中,富人和穷人在打车时的行为说明富人在时间与金钱的排序上,他更偏好时间,时间的效用对他来说更高、金钱次之;而对于穷人而言,他更偏好金钱,金钱的效用更高,因此金钱排在时间的前面。

其次,基数效用论认为效用是可以直接度量的,存在绝对的效用量的大小。基数效用论运用边际效用分析来研究消费者行为。序数效用论认为消费者无法知道效用的绝对数值,而只能说出自己的偏好次序。序数效用论用无差异曲线来分析消费者行为。

基数效用论和序数效用论的联系:基数效用论和序数效用论的基本观点是分析消费者行为的不同方法,二者得出的分析结论基本是相同的。

初看起来,人们的等车行为是不符合经济学所说的资源的最优配置的,也即违背了"时间就是金钱"的效率原则。但是,只要我们不机械地理解经济学的定义,我们就会发现,它其实正是资源最优配置的表现。所谓资源的最优配置,就是充分地利用资源的比较优势而已。那么,我们来看看等车行为的比较优势是什么。

为了更好地说明问题,现在我们假定有两人,穷人和富人,同在一个地方上班。富人可以天天"打的",而穷人只好天天挤公共汽车。两人的行为方式(资源配置方式)虽然是不同的,但同样是有效率的。这是因为对富人而言,他的比较优势是钱,而其稀缺资源是时间。在富人的效用函数中,"打的"虽然比坐公共汽车贵一点,但可以节约用在路上的时间,用节省下来的时间可创造比花在"打的"上的费用更高的价值,即钱生钱,因此富人选择"打的"是完全值得的(当然,富人还可能为了方便或显气派或别的什么原因"打的",但最本质的是这点)。与富人相反,穷人多的是时间,少的是金钱,即其稀缺资源是钱。对穷人来说,最重要的是能够少花钱办好事,时间用多少可以不在乎。

等车就是一种既能消耗时间又能节约金钱的行为。换句话说,穷人用等车这一方式也能赚钱(公共汽车的相对价格更便宜)。如果穷人选择"打的"的话,节约下来的时间不能创造任何价值,这对他毫无意义(其实这种情况也适合于那些有钱但更有时间的人)。实际生活中,我们还会看到穷人有时也很"慷慨",但这多半是有些重要事要办,这一刻,他的稀缺资源变为时间,而不是金钱了。

这个案例说明穷人与富人在时间与金钱上的排序是不同的,他们各自按照自己的偏好去进行资源的最优配置。

课堂讨论

基数效用论与序数效用论有何不同?

答:基数效用论的效用大小可以测度,并可加总计量,一般采用边际效用分析法进行分析;序数效用论的效用可以排序,但不能加总计量,可通过无差异曲线进行分析比较。

案例鉴赏　　　　　　　　木碗的故事

一个穷人家徒四壁,只得头顶着一只旧木碗四处流浪。后来,穷人去一条渔船上帮工。一天,渔船在航行中不幸遇到了特大风浪,船上的人几乎都淹死了,穷人抱着一根大木头,才幸免于难。穷人被海水冲到一个小岛上,岛上的酋长看见穷人头顶的木碗,感到非常新奇,便用一大口袋最好的珍珠和宝石换走了木碗,派人把穷人送回了家。

一个富翁听到了穷人的奇遇,心中暗想,一只木碗都能换回这么多宝贝,如果我送去很多可口的食物,该换回多少宝贝!于是,富翁装了满满一船山珍海味和美酒,找到了穷人去过的小岛。

酋长接受了富人送来的礼物,品尝之后赞不绝口,声称要送给他最珍贵的东西。富人心中暗自得意。一抬头,富人猛然看见酋长双手捧着的"珍贵礼物"——木碗,不由得愣住了!

请结合案例,谈谈如何理解效用。经济学上如何衡量效用的高低?

分析:效用是指商品满足人的欲望的能力评价,或者说,效用是指消费者在消费商品时所感受到的满足程度。经济学家用它来解释理性的消费者如何把他们有限的资源分配在能给他们带来最大满足的商品上。由于效用是消费者对商品的主观评价,因此,同一商品会因人、因时、因地之不同而有不同的效用。案例中小岛上的人从没见过木碗,物以稀为贵,因此用一大口袋最好的珍珠和宝石换走了木碗。同理,对于富人送来的山珍海味和美酒,他们也是从未品尝过,因此以他们认为的最珍贵的木碗来作为回报。

一种商品或服务对消费者是否具有效用,取决于消费者是否有消费这种商品的欲望。消费者欲望强烈,效用就高。对效用或者对这种"满足程度"的度量,西方经济学家先后提出了基数效用和序数效用的概念,并在此基础上,形成了分析消费者行为的两种方法,即基数效用论者的边际效用分析方法和序数效用论者的无差异曲线的分析方法。

任务二　基数效用分析

动漫视频

总效用与边际效用

一、总效用与边际效用

(一)总效用

总效用(Total Utility,TU)是指消费者在一定时间内,从一定数量商品的消费中所得到的效用量的总和。微观经济学通常假定总效用在某个范围内是商品数量的增函数,意思是总效用随商品数量的增加而增加。根据上述对效用的理解,总效用是所有单位效用的加总,用数学语言可表述为:如果 Q 表示某种商品的数量,TU 就是 Q 的函数,即:

$$TU = f(Q) \tag{3-1}$$

(二)边际效用

边际效用(Marginal Utility,MU)是指消费者在一定时间内,每增加一个单位商品的消费所得到的效用的增量,即每增加一单位商品消费所增加的效用。其公式为:

$$MU = \Delta TU(Q)/\Delta Q \tag{3-2}$$

式中,MU 为边际效用,ΔTU(Q)为总效用的增加量,Q 为消费者对商品的消费数量,ΔQ 为 Q 商品的增加量。

当商品的增加量趋于无穷小,即 ΔQ→0 时,边际效用也可以表示为:

$$MU = \lim_{\Delta Q \to 0} \frac{\Delta TU(Q)}{\Delta Q} = \frac{dTU(Q)}{dQ} \tag{3-3}$$

【提示】边际效用等于总效用增量与商品增量之比,其大小与总效用增量成正比,与商品增量成反比。

下面用表 3—2 来表示总效用与边际效用之间的关系。

表 3—2　　　　　　　　　　　总效用与边际效用

消费数量	总效用(TU)	边际效用(MU)
0	0	0
1	10	10
2	18	8
3	25	7
4	30	5
5	30	0
6	25	−5

(三)总效用与边际效用的关系

根据表 3—2 可以绘制出图 3—1,以解释总效用与边际效用的关系。

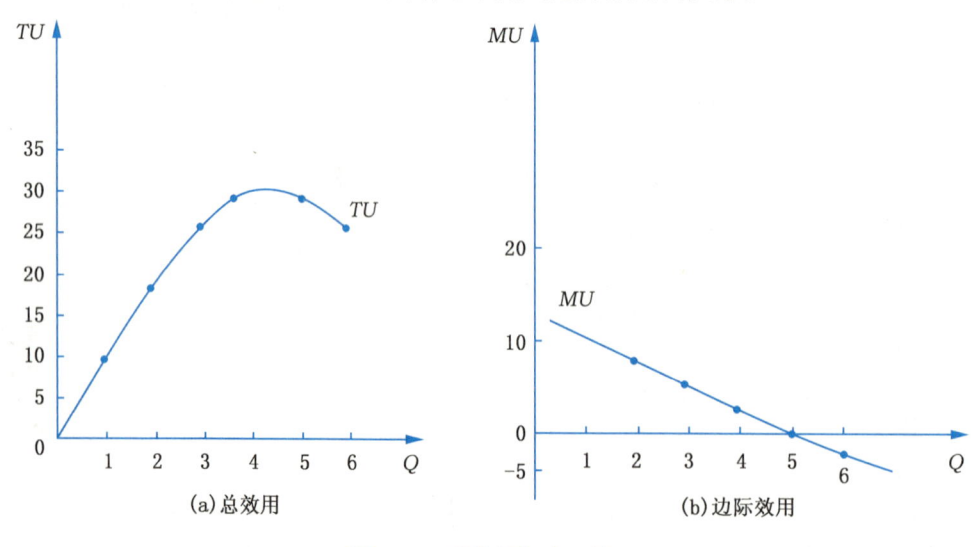

图 3—1　总效用与边际效用

从图 3-1 中可以看出,横轴代表 Q 商品的数量,纵轴分别代表 Q 商品的总效用和边际效用,TU 线和 MU 线分别代表总效用曲线和边际效用曲线。总效用曲线的变动趋势是先递增后递减,而边际效用曲线的变动趋势是递减的。二者的关系为:MU 为正值时,TU 线呈上升趋势;MU 为零时,TU 线达到最高点;MU 为负值时,TU 线呈下降趋势。也就是说,当 $MU>0$ 时,TU 上升;当 $MU<0$ 时,TU 下降;当 $MU=0$ 时,TU 达到最大。

【学中做 3-1】　　　　　　钻石与水的"价值悖论"

钻石与水的悖论是由亚当·斯密在他的著作《国富论》里提出的。众所周知,钻石对于人类维持生存没有多大价值,然而其市场价值非常高。相反,水是人类生存的必需品,其市场价值却非常低。这种强烈的反差就构成了悖论。

为什么水那么便宜而钻石那么昂贵?人类生存离不开水,而钻石却不是人类生存必需的。究竟是什么原因使得人们愿意为一颗钻石支付远高于一杯水的价格?

请结合案资料分析决定商品价格的是总效用还是边际效用,为什么?

分析:消费者购买商品是为了取得效用,对边际效用大的商品,消费者就愿意支付较高价格,即消费者购买商品支付价格以边际效用为标准。按边际效用递减规律:购买商品越多,边际效用越小,商品价格越低;反之,购买商品越少,边际效用越大,商品价格越高。因此,商品需求量与价格呈反方向变化,这就是需求定理。

钻石于人的用处确实远不如水,因此,人们从水的消费中所得到的总效用要远远大于人们从钻石的使用中所得到的总效用。但是,商品的需求价格不是由商品的总效用而是由商品的边际效用决定的。人们对商品的支付意愿取决于额外一单位商品所产生的边际效用,边际效用又取决于人们已经拥有的该商品数量。水对于生命是必需的,但是额外一杯水的边际效用很小,因为水的数量太多了。相反,钻石对于生存并非必需,但由于钻石非常稀缺,人们认为额外一颗钻石的边际效用很大。

二、边际效用递减规律

边际效用递减规律(Law of Diminishing Marginal Utility)是基数效用论的基本定律,又称戈森第一定律,其主要内容是:在一定时间内,在其他商品的消费数量保持不变的条件下,随着消费者对某种商品消费量的增加,消费者从该商品连续增加的每一消费单位中所得到的效用增量(即边际效用)是递减的。

边际效用递减规律告诉我们:在消费者偏好和商品使用价值既定的条件下,商品消费量越小,边际效用越大;商品消费量越大,边际效用越小;如果增加一个单位的消费量不能获得任何满足,则边际效用为零;当商品消费量超过一定数量时,继续增加消费的商品,不仅不能带来愉悦,而且会造成痛苦,边际效用变为负值。

一般来说,消费者所消费的 X 商品的数量增加时,在一定范围内所获得的总效用也会增加。如表 3-2 和图 3-1 所示,某消费者消费 1 个单位商品所获得的效用为 10,边际效用也是 10;消费 2 个单位商品所获得的总效用为 18,边际效用(即消费第 2 个单位商品所增加的效用)是 8;消费 3 个单位商品所获得的总效用为 25,边际效用(即消费第 3 个单位商品所增加的效用)是 7;消费 4 个单位商品所获得的总效用为 30,边际效用(即消费第 4 个单位商品所增加的效用)是 5;消费 5 个单位商品所获得的总效用没有增加,仍为 30,边际效用(即消费第 5 个单位商品所增加的效用)是 0;而第 6 个单位商品的消费不但不能增加总效用,而且使总效用减少了 5 个单位,即边际效用为-5。

为什么边际效用会递减呢？可以通过以下两个方面进行解释：

关于边际效用递减的原因有多种解释，这里介绍有代表性的两种：

(1)出于生理或心理的原因。关于人的欲望，戈森提出了欲望的两条规律：一是欲望强度递减规律，即在一定时期内，一个人对某种物品的欲望强度随着物品数量的增加而减少；二是享受递减规律，即随着欲望的满足，人们得到的满足是递减的。这说明消费者消费某一物品的数量越多，他的满足或对重复刺激的反应能力越弱。

(2)物品本身的用途多种多样。一种物品具有多种用途，不同的用途其重要性也不同。消费者总是把物品先用于最重要的用途，因而其边际效用最大。然后用于次重要用途，边际效用会减小，以此类推。由于用途越来越不重要，边际效用就越来越小。例如，假设消费者有三杯水，他会把第一杯水用于止渴，满足基本的生理需要；第二杯水可能会给朋友，满足爱(关怀)的需要；第三杯水可能用于施舍，满足实现自我价值的需要。因为三杯水用途的重要性依次递减，所以每杯水的边际效用也是递减的。

边际效用递减规律是西方经济学在研究消费者行为时用来解释需要规律(定理)的一种理论观点。根据边际效用递减规律，消费者在对某商品的最初消费中所获得的效用最大，其欲望最强，消费者愿意付出较高的价格。随着消费数量的递增，边际效用在递减，获得的欲望在递减，消费者愿意付出的价格越来越低。当然，它的有效性要以假定人们消费行为的决策符合理性为其必要前提。

【学中做 3—2】　　　　吃三个面包的感觉

罗斯福连任三届美国总统，曾有记者问他有何感想。罗斯福一言不发，只是拿出一块三明治让记者吃。这位记者不明白总统的用意，又不便问，只好吃了。接着总统拿出第二块，记者还是勉强吃了。紧接着，总统拿出第三块，记者赶紧婉言谢绝。这时罗斯福总统微微一笑：现在你知道我连任三届总统的滋味了吧。这个故事揭示了什么原理吗？

资料来源：李贺主编：《经济学基础》(第 3 版)，上海财经大学出版社 2021 年版，第 62 页。

分析：这个故事揭示了经济学中的一个重要原理——边际效用递减规律。总效用是消费一定量某物品与劳务所带来的满足程度。边际效用是某种物品的消费量增加 1 单位所增加的满足程度。我们就从罗斯福总统请记者吃三明治说起。假定该记者吃第一块三明治的总效用是 10 个效用单位，吃第二块三明治的总效用为 18(10+8)个效用单位。如果记者吃第三块三明治，总效用还为 18(10+8+0)个效用单位。记者吃第一块三明治的边际效用为 10 个效用单位，吃第二块三明治的边际效用为 8 个效用单位，吃第三块三明治，那么它的边际效用为 0 个效用单位。这几个数字说明随着记者吃三明治数量的增加，边际效用是递减的。为什么记者不吃第三块三明治？这是因为再吃不会增加效用。

同步思考　　　　边际效用理论应用——物以稀为贵

一个农民在原始森林中建造了一座小木屋，独自在那里劳动和生活。他收获了 5 袋谷物，第一袋谷物是他维持生存所必需的。第二袋谷物是用来增强体力和精力的。此外，他希望有些肉可以吃，所以留第三袋谷物来饲养鸡、鸭等家禽。他爱喝酒，于是他将第四袋谷物用于酿酒。对于第五袋谷物，他觉得最好用来养几只鹦鹉解闷。显然，这五袋谷物根据其不同用途，其重要性也不同。以数字来表示的话，维持生存的那袋谷物的重要性可确定为 12，其余的依次确定为 10、8、6、4。如果有一天小偷偷走了一袋谷物，农民将失去多少效用？

资料来源：李贺主编：《经济学基础》(第 3 版)，上海财经大学出版社 2021 年版，第 66 页。

分析：丢失的那一袋谷物的效用为 4，为最小的效用，因为丢失一袋并不会影响他最重要的那部分需要,如维持生存必需的需要,他可以照样生活下去。所以说,边际效用的大小取决于需要与供应之间的关系,供应越多,其重要性就越小,效用也就越小;供应越少,其重要性就越大,效用也就越大。

课程思政　　　　　　　　　春晚的怪圈

大约从 20 世纪 80 年代初期开始,我国老百姓在过春节的年夜饭中增添了一项诱人的内容,那就是春节联欢晚会。记得 1982 年第一届春晚的出台,在当时娱乐事业尚不发达的我国引起了极大的轰动。晚会的节目成为全国老百姓在街头巷尾和茶余饭后津津乐道的话题。

晚会年复一年地办下来了,投入的人力和物力越来越大,技术效果越来越先进,场面设计越来越宏大,节目种类也越来越丰富。但不知从哪一年开始,人们对春晚的评价却越来越差了。原来街头巷尾和茶余饭后的赞美之词变成了一片骂声,春晚成了一道众口难调的大菜,晚会陷入了"年年办,年年骂;年年骂,年年办"的怪圈。

资料来源:李贺主编:《经济学基础》(第 3 版),上海财经大学出版社 2021 年版,第 66—67 页。

请问:春晚的怪圈反映了什么经济学原理?

【思政感悟】　春晚的怪圈反映了边际效用递减规律。在文艺节目稀缺,人们精神生活贫乏时,第一届春节联欢晚会让我们欢呼雀跃。举办的次数多了,刺激反应弱化,尽管节目本身的质量在整体提升,但人们对晚会节目的感觉越来越差了。在大多数情况下,边际效用递减规律决定了第一次最重要。

【三省吾身】　边际效用递减规律告诉我们:一是没有任何一种商品或者服务是完美的。对于任何一种商品或者服务,其额外的消费并不能够一直带来同等程度的满足感。当我们不断增加消费量时,其带来的满足感会逐渐减少。消费者需要在实际消费过程中不断权衡所得到的好处和消费的成本。二是消费应当有限度。当我们在消费某种商品或者服务时,其满足程度会逐渐降低,最终可能变成负面效应。因此,消费者需要在边际效用逐渐减小的情况下,适度消费,并且要时刻考虑到自己的收支状况,做出明智的消费选择。三是经济决策需要考虑边际效用。消费者在进行经济决策时,需要考虑边际效用的变化。因为边际效用在不同的消费量下是不断变化的,经济决策也应当在这种不断变化的环境下进行。

三、消费者均衡

(一)消费者均衡的含义和假定条件

1. 消费者均衡的含义

消费者均衡(Consumers' Equilibrium),是指在既定收入和各种商品价格的限制下选购一定数量的各种商品,以达到最满意的程度。消费者均衡是消费者行为理论的核心。

2. 消费者均衡的假定条件

(1)偏好既定。消费者在购买物品时,对各种物品因需要程度不同,排列的顺序是固定不变的。比如,一个消费者到商店去买盐、电池和点心,在去商店之前对商品购买的排列顺序是盐、电池、点心,这一排列顺序到商店后也不会发生改变。这就是说,先花第一元钱购买商品时,盐在消费者心目中的边际效用最大,电池次之,点心排在最后。

(2)收入既定。由于货币收入是有限的,货币可以购买一切商品,所以货币的边际效用不存在递减问题。因为收入有限,需要用货币购买的物品很多,但不可能全部都买,只能买自己认为最重要的几种。因为每一元钱的功能都是一样的,在购买各种商品时最后多花的每一元钱都应该为自已增加同样的满足程度,否则消费者就会放弃不符合这一条件的购买量组合,而选择自己认为更合适的购买量组合。

(3)价格既定。由于物品价格既定,消费者就要考虑如何把有限的收入分配于各种物品的购买与消费上,以获得最大效用。由于收入固定,物品价格相对不变,消费者用有限的收入能够购买的商品所带来的最大的满足程度也是可以计量的。因为满足程度可以比较,所以对于商品的不同购买量组合所带来的总效用可以进行主观上的分析评价。

(二)消费者均衡的条件

消费者均衡的条件是指在消费者收入和商品价格既定的情况下,消费者所消费的各种物品的边际效用与其价格之比相等,即每一单位货币所得到的边际效用都相等。

假定消费者用一定的收入 I 购买 X、Y 两种物品,两种商品的价格分别为 P_X 和 P_Y,购买数量分别为 Q_X 和 Q_Y,两种商品所带来的边际效用分别为 MU_X 和 MU_Y,每一单位货币的边际效用为 λ。那么消费者效用最大化的均衡条件可以表示为:

$$P_X \cdot Q_X + P_Y \cdot Q_Y = I \tag{3-4}$$

$$MU_X/P_X = MU_Y/P_Y = \lambda \tag{3-5}$$

(3—4)式表示消费预算限制条件。如果消费者的支出超过收入,其购买就是不现实的;如果消费者的支出小于收入,就无法实现其在既定收入条件下的效用最大化。

(3—5)式表示消费者均衡的实现条件。每单位货币无论是购买 X 商品还是 Y 商品,所得到的边际效用都相等。

案例鉴赏

某人在消费商品 X 和 Y 时的边际效用如表 3—3 所示,且 $P_X=10$ 元,$P_Y=20$ 元,货币收入是 100 元,请说明此人的均衡条件。

表 3—3　　　　　　　　　　　　消费 X 商品和 Y 商品的边际效用

Q_X	1	2	3	4	5	6	7	8	9	10
Q_Y	1	2	3	4	5					
MU_X	5	4	3	2	1	0	−1	−2	−3	−4
MU_Y	6	5	4	3	2					

表 3—4　　　　　　　　　　　　　　均衡条件

组合方式	MU_X/P_X 与 MU_Y/P_Y	总效用
$Q_X=10, Q_Y=0$	$-4/10 \neq 0/20$	5
$Q_X=8, Q_Y=1$	$-2/10 \neq 6/20$	18
$Q_X=6, Q_Y=2$	$0/10 \neq 5/20$	26
$Q_X=4, Q_Y=3$	$2/10 = 4/20$	29
$Q_X=2, Q_Y=4$	$4/10 \neq 3/20$	27
$Q_X=0, Q_Y=5$	$0/10 \neq 2/20$	20

从表 3—4 可以看出,只有在 $Q_X=4, Q_Y=3$ 时,$MU_X/P_X = MU_Y/P_Y$,此时 X 商品所带来的总效用为 14(5+4+3+2),也即 MU_X 的前四个数值;Y 商品所带来的总效用为 15(6+5+4),也

即 MU_Y 的前三个数值。X 商品与 Y 商品所带来的总效用为 29。所以，只有这种组合才能带来最大效用。

消费者之所以按照这一原则来购买商品并实现效用最大化，是因为在既定收入的条件下，多购买 X 商品就要减少 Y 商品的购买。随着 X 商品购买量的增加，X 商品的边际效用就会递减，相应地，Y 商品的边际效用就会递增。为了使所购买的 X 商品、Y 商品的组合能够带来最大的总效用，消费者就不得不调整这两种商品的组合数量，其结果是增加对 Y 商品的购买，减少对 X 商品的购买。当消费者所购买的最后一个单位 X 商品所带来的边际效用与其价格之比等于其所购买的最后一个单位 Y 商品所带来的边际效用与其价格之比时，也就是说，无论是购买哪种物品，每一单位货币所购买的商品的边际效用都相等时，就实现了总效用最大化，即消费者均衡。两种商品的购买数量也随之确定，不再加以调整。

课堂讨论

消费预算限制的条件是什么？
答：$P_X \cdot Q_X + P_Y \cdot Q_Y = I$

任务三　序数效用分析

一、无差异曲线

（一）无差异曲线的含义

无差异曲线（Indifference Curve），又称效用等高线、等效用线，是用来表示两种商品的不同数量的组合给消费者所带来的效用完全相同的一条曲线。或者说，在这条曲线上，无论两种商品的数量怎样组合，所带来的总效用是相同的。

假设有两种商品 X 和 Y，它们在数量上可以有多种组合。表 3－5 列出了商品 X、Y 的 6 种组合，当然还可以列出许多组合。这些组合所代表的效用都是相等的。因此，表 3－5 又称为无差异组合表。

表 3－5　　　　　　　　　　　　无差异组合表

组合方式	X 商品	Y 商品
a	2	18
b	4	15
c	5	13
d	8	10
e	11	7
f	15	4

根据无差异组合表的数据，可以做出无差异曲线，如图 3－2 所示。

在图 3－2 中，横轴代表商品 X 的数量，纵轴代表商品 Y 的数量，I 代表无差异曲线。在无差异曲线上的任何一点，X 商品与 Y 商品不同数量的组合给消费者带来的效用都是相同的。

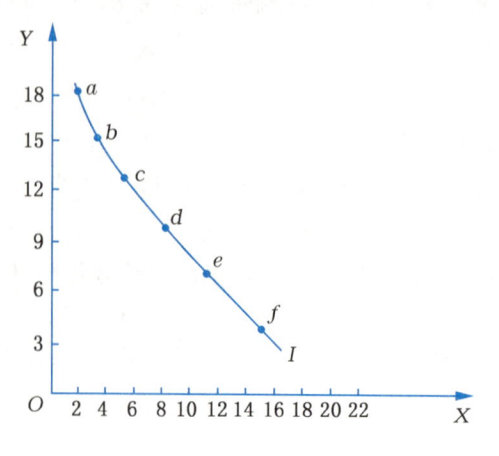

图 3—2 无差异曲线

(二)无差异曲线的特点

(1)无差异曲线是一条向右下方倾斜且凸向原点的曲线,其斜率为负值。

①无差异曲线向右下方倾斜,其斜率为负值,这是因为在收入和价格既定的条件下,消费者要得到同样的满足程度,在增加对一种商品的消费时,必须减少对另一种商品的消费。两种商品在消费者偏好不变的条件下,不能同时增加或减少。

②无差异曲线向右下方倾斜且凸向原点,这是因为边际替代率递减。边际替代率(Marginal Rate of Substitution,MRS)是指为了保持同等的效用水平,消费者要增加一单位 X 商品就必须放弃一定数量的 Y 商品,表现为 Y 商品的减少量与 X 商品的增加量之比。假设 ΔX 为 X 商品的增加量,ΔY 为 Y 商品的减少量,MRS_{XY} 为以 Y 商品代替 X 商品的边际替代率,则有:

$$MRS_{XY} = -\Delta Y/\Delta X \tag{3-6}$$

X 与 Y 的变化方向相反,边际替代率的值应为负数,但人们一般取其绝对值。

当商品数量的变化量趋于无穷小时,上述边际替代率的公式可写成:

$$MRS_{XY} = \lim_{\Delta X \to 0} -\frac{\Delta Y}{\Delta X} = \frac{dY}{dX}$$

边际替代率之所以呈递减趋势,是因为无差异曲线存在的前提是总效用不变,是边际效用递减规律的结果。因此,X 商品增加所增加的效用必须等于 Y 商品减少所减少的效用,用数学公式表示就是 $\Delta X \cdot MU_X = \Delta Y \cdot MU_Y$,或者 $\Delta Y/\Delta X = MU_X/MU_Y$,否则总效用就会改变。然而,由于边际效用递减规律的作用,随着 Y 商品的减少,它的边际效用在递增,因而每增加一定量的 X 商品,所能代替的 Y 商品的数量便越来越少。由此可见,如果 X 商品以同样的数量增加时,所减少的 Y 商品会越来越少,因而 MRS_{XY} 必然是递减的。

(2)同一个平面图上,可以有无数条无差异曲线。同一条无差异曲线代表相同的效用,不同的无差异曲线代表不同的效用。离原点越远的无差异曲线,所代表的效用越大;离原点越近的无差异曲线,所代表的效用越小。

(3)在同一平面图上,任意两条无差异曲线不能相交。因为在交点上两条无差异曲线代表了相同的效用,这会与上面第二个特点相矛盾。

(4)无差异曲线凸向原点。这说明无差异曲线的斜率是递减的。无差异曲线的斜率是两种物品的边际替代率。该曲线凸向原点,是由边际替代率递减所决定的。

同步思考　　　　　　布里丹毛驴效应

一头饥饿的毛驴站在两堆数量、质量和距离完全相等的干草之间,很为难。它虽然享有充分的选择自由,但两堆干草价值相等,客观上无法分辨优劣,因此它无法分清究竟选择哪一堆干草好。于是,这头可怜的毛驴站在原地,一会儿考虑数量,一会儿考虑质量,一会儿分析颜色,一会儿分析新鲜度,犹犹豫豫,来来回回,在无所适从中活活地饿死了。

分析:在生活中,我们经常会面临抉择。如何抉择,对人生的成败得失关系重大,因而常常在抉择之前反复权衡利弊。但是,在很多情况下,机会稍纵即逝,并没有留下足够的时间让我们去反复思考,需要我们当机立断、迅速决策。如果我们犹豫不决,就会两手空空、一无所获。

(三)边际替代率与无差异曲线的形状

边际替代率作为无差异曲线的斜率,就决定了无差异曲线的形状。

(1)如果 X、Y 两种商品是完全替代性质的,则边际替代率是常数,无差异曲线就是一条从左上方向右下方倾斜的直线,如美元与人民币的兑换比率。

(2)如果 X、Y 两种商品是互补性质的,则边际替代率等于零,无差异曲线就是一条直角折线,如我们穿的鞋,需要一双,缺一不可。

(3)如果 X、Y 两种商品是独立的,那么无差异曲线就是一条垂线,如食盐与汽车。

二、消费可能线

消费可能线(Consumption Possibility Line),也称消费者预算线、等支出线、消费可能线,是一条表明在消费者收入与商品价格一定的条件下,消费者所能购买到的两种商品数量最大组合的线。消费可能线表明了消费者消费行为的限制条件。这种限制就是购买物品所花的钱不能大于收入,也不能小于收入。大于收入是在收入既定的条件下无法实现的,小于收入则无法实现效用最大化。这种限制条件可以写为:

$$P_X \cdot Q_X + P_Y \cdot Q_Y = I \tag{3-7}$$

根据预算方程,我们可以绘出预算线。例如,$I=60$ 元、$P_X=20$ 元、$P_Y=10$ 元,则 $Q_X=0$ 时,$Q_Y=6$;$Q_Y=0$ 时,$Q_X=3$。如图 3-3 所示。

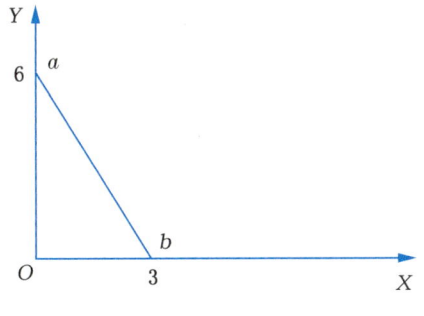

图 3-3　消费可能线

在图 3-3 中,连接 a、b 两点的直线就是消费可能线。在消费可能线上的任何一点都是在收入与价格既定的条件下,能购买到的 X 商品与 Y 商品的最大数量的组合。消费可能线之外的消费组合超出了消费者的消费能力,是不可能实现的;而消费可能线之内的消费组合没有超出消费者的消费能力,是可以实现的。

消费可能线会发生移动,主要原因有两个:一是由于消费者收入变化引起移动;二是由于商品价格变化引起移动。具体如下:

(1)商品价格不变,消费者收入变化。如果商品价格不变,消费者收入增加,则消费可能线平行向右上方移动,即预算水平增加;反之,如果商品价格不变,消费者收入减少,则消费可能线平行向左下方移动,即预算水平减少。如图3—4所示,消费者收入增加,消费可能线 ab 平行向右上方移动到 a_1b_1;消费者收入减少,消费可能线 ab 平行向左下方移动到 a_2b_2。

(2)商品价格变化,消费者收入不变。如果消费者收入不变,而两种商品价格中的一种(如 Y)不变,另一种(如 X)上升或下降,则消费可能线变动如图3—5所示。该图中,Y 商品价格不变,X 商品价格上升,消费可能线 ab 向内移动到 ab_1;X 商品价格下降,消费可能线 ab 向外移动到 ab_2。如果消费者收入不变,而两种商品价格中的一种(如 X)不变,另一种(如 Y)上升或下降,则消费可能线变动如图3—6所示。该图中,X 商品价格不变,Y 商品价格上升,消费可能线 ab 向下移动到 a_1b;Y 商品价格下降,消费可能线 ab 向上移动到 a_2b。

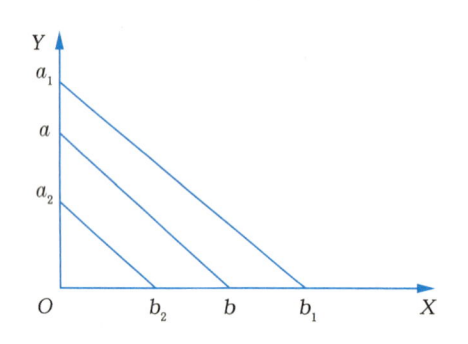

图3—4 消费者收入变化引起消费可能线的移动

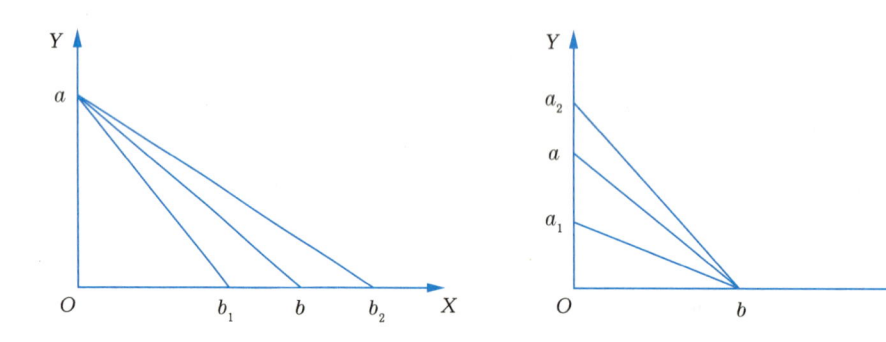

图3—5 商品价格变化引起消费可能线的移动(Y 不变)　　图3—6 商品价格变化引起消费可能线的移动(X 不变)

启智润心　　　　新时代大学生的消费观

随着互联网经济的不断发展,互联网上林林总总的金融产品、各种贷款形式不断涌现,时刻撩动着大学生的消费心弦。大部分互联网金融信贷产品的门槛极低,只需要提供身份证和家庭信息就可以快速获批不小的信用额度,这对没有稳定收入而又向往及时享乐的部分大学生来说,无异于"雪中送炭",具有极大的贷款诱惑力和消费煽动力。大学生群体作为近年来新兴的消费群体,对流行消费形式和观念的反应更为迅速,超前消费现象普遍。数据显示,53.3%的受访大学生使用分期付款产品,此外,分别有19.8%、17.4%的受访大学生会通过分期付款、贷款购买超过预算的产品。

新时代大学生成长期的富庶程度远非父辈可比,这无疑造就了大学生较高的物质需求水平和物质感受体验。同时由于受到泛娱乐主义等思潮的冲击和影响,大学生容易形成追求感官刺激和物质满足感的享乐主义心态。在享乐主义思想的刺激和裹挟下,在众多"娱乐至死"视频媒体、广告媒介的影响下,一部分大学生沉迷于娱乐化、享受化、碎片化的物质生活,疏于认真学习和提升自我,逐渐形成生活上追求享乐、消费上挥霍浪费的行为模式。在这种消费模式下,大学生的消费有可能产生超前和浪费。手机是大学生进行娱乐的最常见的工具,有调查显示,大学生更换手机的周期为18个月,远高于手机淘汰周期17~43个月。大学生充分享受购物带给自身的愉悦感。为了享乐而购买成为其提升快感的兴奋点,他们沉溺于这种快感构建而成的幻境中,失去了寻找自我价值、谋求自我提升、实现自我发展的内在动力。请分析新时代大学生应树立什么样的消费观。

资料来源:艾媒咨询:"2021年中国大学生消费现状总结及趋势分析",艾媒网,2021年8月3日。

【明理善行】 大学生的主要资金来源是父母给予的生活费,应当在预算约束下进行理性消费,之所以出现超前消费、享乐消费,原因主要包括三方面:一是家庭和学校消费教育的缺失;二是受西方消费主义文化的冲击、大众传媒的庸俗化、网络交易平台的监管缺位;三是大学生自身发展的不足,如消费心理不成熟、理财能力欠缺、人生观和价值观出现了偏差。

新时代大学生要全面发展、健康成长,应树立理性消费观,根据自己的经济和消费需求状况,量入为出,在效用最大化原理的指导下进行适时适度消费;树立绿色消费观,在购买商品过程中践行符合生态发展要求的低能耗、低污染的消费。

三、消费者均衡的实现

根据序数效用论的无差异曲线分析法,在消费者的收入和商品价格既定的条件下,当无差异曲线与消费可能线相切时,消费者就实现了效用最大化。其条件是:两种商品的边际替代率等于这两种商品的价格之比,或无差异曲线的斜率等于消费可能线的斜率。其公式为:

$$MU_X/P_X = MU_Y/P_Y \quad 或 \quad MU_X/MU_Y = P_X/P_Y \tag{3-8}$$

如果无差异曲线与消费可能线结合在一个图上,那么,消费可能线必定与无差异曲线中的一条切于一点,在这个切点上就实现了消费者均衡。

如图3-7所示,图中三条无差异曲线效用大小的顺序为 $I_1 < I_0 < I_2$。消费可能线 ab 与 I_0 相切于 E 点(此时消费可能线的斜率等于无差异曲线的斜率),这时实现了消费者均衡。这就是说,在收入与价格既定的条件下,消费者购买 OX_1 的 X 商品和 OY_1 的 Y 商品,就能获得最大的效用。

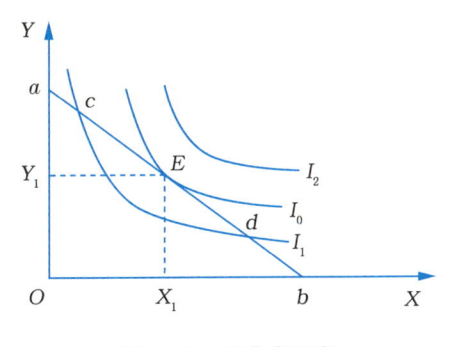

图3-7 消费者均衡

为什么只有在这个切点时才能实现消费者均衡呢?从图3-7可以看出:①只有在这一点上所

表示的 X 商品与 Y 商品的组合才能达到在收入和价格既定的条件下,效用最大。②无差异曲线 I_2 所代表的效用大于 I_0,但消费可能线 ab 同它既不相交又不相切,这说明达到效用 I_2 水平的 X 商品与 Y 商品的数量组合在收入与价格既定的条件下是无法实现的。③消费可能线 ab 同无差异曲线 I_1 有两个交点 c 和 d,说明在 c 和 d 点上所购买的 X 商品与 Y 商品的数量也是收入与价格既定的条件下的最大组合,但 $I_1 < I_0$。在 c 和 d 点,X 商品与 Y 商品的组合并不能达到最大的效用。此外,无差异曲线 I_0 除 E 点之外的其他各点也在 ab 线之外,即所要求的 X 商品与 Y 商品的数量组合在收入与价格既定的条件下是无法实现的。所以,只有 E 点才能实现消费者均衡。

同步思考　　把每一分钱都用在刀刃上

假定 1 元钱的边际效用是 5 个效用单位,一件上衣的边际效用是 50 个效用单位,消费者愿意用 10 元钱购买这件上衣,因为这时的 1 元钱的边际效用与用在一件上衣上的 1 元钱的边际效用相等。此时消费者实现了消费者均衡,也可以说实现了消费(满足)的最大化。低于或大于 10 元钱,都没有实现消费者均衡。我们可以简单地说在收入既定、商品价格既定的情况下,花钱最少得到的满足程度最大就实现了消费者均衡。

通俗地说,假定你有稳定的职业收入,你银行存款有 150 万元,但你非常节俭,吃、穿、住都处于温饱水平,实际上这 150 万元可以使你实现小康生活。要想实现消费者均衡,你应该用这 150 万元的一部分去购房,用一部分去买一些档次高的服装,银行也要有一些积蓄;相反,如果你没有积蓄,购物欲望非常强,见到新的服装款式,甚至借钱去买,买的服装很多,而效用降低,如遇到一些家庭风险,没有一点积蓄,就会使生活陷入困境。还比如,你在现有的收入和储蓄情况下是买房还是买车,你会做出合理的选择。你走进超市,见到琳琅满目的物品,你会选择你最需要的;你去买服装肯定不会买你已有的服装。因此,经济学是选择的学问,而选择就是在你资源(货币)有限的情况下,实现消费满足的最大化,使每一分钱都用在刀刃上,这样就实现了消费者均衡。

资料来源:李贺主编:《经济学基础》(第 3 版),上海财经大学出版社 2021 年版,第 69 页。

请问:什么是消费者均衡? 为什么说货币的效用与物品的效用相同时消费者得到的效用最大?

分析:消费者均衡就是消费者购买商品的边际效用与货币的边际效用相等。这就是说,消费者的每 1 元钱的边际效用和用 1 元钱买到的商品的边际效用相等。我们前边讲到商品的连续消费边际效用递减,其实货币的边际效用也是递减的。在收入既定的情况下,消费者存储货币越多,购买物品就越少,这时货币的边际效用下降,而物品的边际效用在增加,明智的消费者就应该把一部分货币用于购物,增加他的总效用;反过来,消费者卖出商品,增加货币的持有,也能提高他的总效用。经济学家的消费者均衡理论看似难懂,其实一个理性的消费者,他的消费行为已经遵循了消费者均衡理论。

任务四　消费者行为分析

一、消费者剩余的含义和特征

(一)消费者剩余的含义

消费者剩余(Consumers' Surplus),是指消费者在购买一定数量的某种商品时愿意支付的总价格与实际支付的总价格之间的差额,是消费者的一种主观心理感受,是消费者在购买物品时对所购买的物品有一种主观评价,这种主观评价表现为他愿意为这种物品所支付的最高价格,即需求价格。这种需求价格主要有两个决定因素:一是消费者满足程度的高低,即效用的大小;二是与其他同类物品所带来的效用和价格的比较。消费者剩余反映了消费者通过购买商品所感受到的福利,通常被用来度量和分析社会福利问题。例如,你本来愿意花费6 000元买一台手机,现在只需花费5 000元,那么,消费者剩余就是1 000元。

消费者剩余的存在是因为消费者购买某种商品所愿支付的价格取决于边际效用,而实际付出的价格取决于市场上的供求状况,即市场价格。消费者剩余的含义可用图3-8来说明。

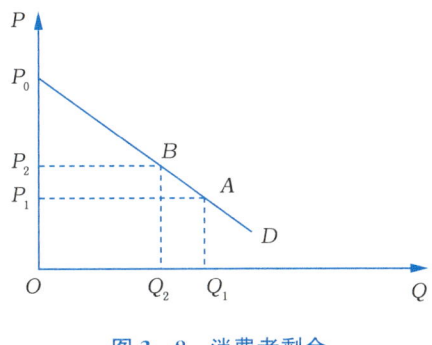

图3-8 消费者剩余

在图3-8中,横轴表示商品数量;纵轴表示价格;D表示消费需求曲线,表明商品数量较少时,消费者愿意付出的价格高,随着商品数量的增加,消费者愿意付出的价格越来越低。消费者对每单位商品所愿付出的价格是不同的,当他购买OQ_1的商品时,愿付出的货币总额为OQ_1AP_0。但是,这时市场价格为OP_1,所以他购买OQ_1商品实际支付的货币总额为OQ_1AP_1。他愿支付的货币减去他实际支付的货币的差额,在图上表示为AP_0P_1。这是消费者剩余,当商品价格上涨为OP_2时,购买的商品量为OQ_2,这时消费者愿付出的货币总额为OQ_2BP_0,实际付出的货币总额为OQ_2BP_2,消费者剩余为BP_0P_2。这表示,当商品价格提高,需求量下降时,消费者剩余减少。

(二)消费者剩余的特征
消费者剩余的特征包括以下方面:
(1)由于心理原因而产生,在于消费者对商品的主观心理评价与商品的客观市场价格之间的差异。
(2)一般情况下,生活必需品的消费者剩余比较大。
(3)边际效用递减规律的存在,使消费者剩余随着消费量增加而递减。

课堂讨论　　　　　　买的东西值不值

你在商场里看中了一件衬衫,价格为100元,你在购买时一般要向卖衣服的人还价,问80元卖不卖,卖衣服的理解消费者的这种心理,往往会同意让利,促使你尽快购买,否则,你就会有到其他柜台看看的念头。讨价还价可能在90元成交。在这个过程中,消费者追求的是效用最大化吗?显然不是,这实际是你对这件衣服的主观评价而已,就是愿意为所购买的物品支付的最高价格。如果市场价格高于你愿意支付的价格,你就会放弃购买,觉得不值,这时你的消费者剩余就是负数,你就不会购买了;相反,如果市场价格低于你愿意支付的价格,你就会购买,觉得很值,这时就有了消费者剩余。因此,我们也可以简单地把消费者剩余理解为:我们每一个人都是消费者,在购买物品时对所购买的物品有一种主观评价。由此我们可以得出:消费者剩余=消费者愿意支付的价格-消费者实际付出的价格。

同步思考　　　　消费者剩余在计算机售卖中的应用

很多消费者知道蜀汉公司经营的天想计算机质量和性能不错,但是,每个消费者愿意支付的价格是有差异的。孙权经济富裕,愿意出9 000元的价格买天想计算机;张辽愿意出8 700元;周瑜愿意出8 300元;曹操只愿意出8 000元。假如现在蜀汉公司只有1台计算机可卖,由4位买者竞价,最后的胜出者肯定是孙权。当他以8 750元买到这台计算机的时候,他的额外收益是多少呢?比起他愿意出的9 000元,他还得到了250元的"消费者剩余"。假如现在有4台天想计算机出售,为了使事情简单化,就统一以8 000元的相同价格卖出,结果会是怎样的呢?

资料来源:李贺主编:《经济学基础》(第3版),上海财经大学出版社2021年版,第74页。

分析:我们从中发现,除了曹操没有得到消费者剩余之外,其余人都不同程度地得到了消费者剩余。其中,得到消费者剩余最多的当然是孙权,他获得了1 000元的消费者剩余,张辽获得了700元的消费者剩余,就连周瑜也获得了300元的消费者剩余。这样算来,4台天想计算机的消费者剩余之和是2 000元。实际上,曹操虽然没有获得消费者剩余,但也并没有觉得自己吃亏,因为他没有以高于自己愿意支付的价格去买。

【做中学3—1】 若需求函数为$Q=30-2P$,求:

(1)当商品价格为10元时,消费者剩余是多少?

(2)其价格由10元下降到5元时,消费者剩余又如何变化?

解:由消费者剩余定义:

消费者剩余=(消费者愿意支付的价格—消费者实际支付的价格)×需求量

(1)当$P=10$时,$Q=10$;当$Q=0$时,$P=15$,消费者剩余=$(15-10)\times10/2=25$(元)。

(2)当$P=5$时,$Q=20$,消费者剩余=$(15-5)\times20/2=100$(元),消费者剩余增加了$100-25=75$(元)。

【学中做3—3】　　　　支付意愿与消费者剩余

在一场小型拍卖会上,有一张绝版的专辑在拍卖,小赵、小明、老李、阿俊4个人同时出现。他们每个人都想拥有这张专辑,但每人愿意为此专辑付出的价格都不同。小赵的支付意愿为500元,小明为400元,老李愿意出350元,阿俊只想支付300元。拍卖会开始了,拍卖者首先将最低价格定为200元,开始叫价。由于每个人都非常想得到这张专辑,并且每个人愿意出的价格都高于200元,于是价格很快上升。当价格高于300元时,阿俊不再参与竞拍,当专辑价格再次提升为350元时老李退出了竞拍,最后,当小赵愿意出401元时,竞拍结束了,因为小明也不愿以高于400元的价格购买这张专辑。

那么,小赵究竟从这张专辑中得到了什么满足呢? 实际上,小赵愿意为这张专辑支付500元,但他最终只为此支付了401元,比预期节省了99元。这99元就是小赵的消费者剩余。

请画图分析小赵的消费者剩余。

分析:消费者剩余并不是消费者实际货币收入的增加,仅仅是一种心理上满足的感觉。买了消费者剩余为负的商品,感觉也不是金钱的实际损失,无非就是心理上挨宰的感觉而已。这就是我们认为所购买的东西值不值的含义。

在图3—9中,横轴表述商品量Q,纵轴表示价格P,D是消费者的需求曲线,表明消费者购买数量少时,愿意付出的价格较高;随着商品量的增加,消费者愿付出的价格越来越低。当消费者购买OQ_0的商品时,愿意付出的货币总额为OQ_0AP_1,但是,这时的市场价格为OP_0,所以他购买OQ_0商品实际支付价格为OQ_0AP_0。他愿意支付的货币减去他实际支付的货币为OQ_0AP_1-

$OQ_0AP_0 = AP_0P_1$，这就是消费者剩余。案例中，小赵愿意支付的价格是 500 元，即图中的 $P_1 =$ 500，其实际支付的价格为 401 元，即图中的 $P_0 = 401$，因此小赵的消费者剩余为图中阴影部分的面积为 99 元。

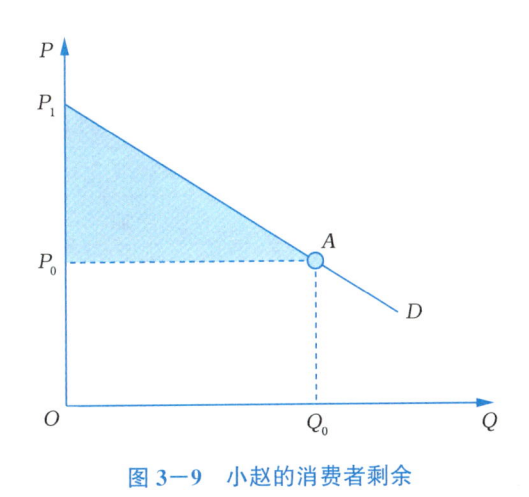

图 3—9 小赵的消费者剩余

二、替代效应与收入效应

（一）替代效应与收入效应概述

1. 替代效应

替代效应（Substitution Effect）是指由商品的价格变动所引起的商品相对价格的变动，进而由商品的相对价格变动所引起的商品需求量的变动。例如，消费者把收入用于购买 X 和 Y 两种商品，如果 X 商品价格上升，则消费者可以减少对 X 商品的购买而增加对 Y 商品的购买，用增加的 Y 商品来代替减少的 X 商品，从而使总效用不变，所以，替代效应表现为均衡点在同一条无差异曲线上的移动。

2. 收入效应

收入效应（Income Effect）是指由商品的价格变动所引起的实际收入水平变动，进而由实际收入的变动所引起的商品需求量的变动。一种商品价格下降可能产生消费者实际收入提高的效应，因为消费者因价格下降而引致的购买力的提高使得他有可能改变商品的购买量。收入效应表现为均衡点随消费可能线的平行移动在不同无差异曲线上的移动。

3. 总效应

总效应（Total Effect）表示一种商品价格变化所引起需求量的总变化。

$$总效应 = 替代效应 + 收入效应$$

（二）正常商品、低档商品、吉芬商品的替代效应和收入效应分析

（1）对正常商品而言，商品价格下降的替代效应和收入效应都使得该商品的需求量增加；正常商品的替代效应为正，收入效应也为正，正常商品的替代效应与收入效应的方向一致，所以正常商品的需求曲线自左上方向右下方倾斜。

（2）对低档商品而言，价格下降的替代效应使得该商品的需求量增加，但收入效应却使得该商品的需求量下降。低档商品的替代效应为正，收入效应为负，低档商品的替代效应与收入效应的方向相反。

(3)对吉芬商品而言,如果为负的收入效应的绝对值大于替代效应,则会使得需求量随价格上升而上升。吉芬商品价格变动的替代效应为正,收入效应为负,并且收入效应大于替代效应,使得需求量随价格上升而上升,因此,吉芬商品的需求曲线向右上方倾斜。

综上所述,价格下降对正常商品、低档商品和吉芬商品的收入效应、替代效应和总效应的影响可以概括在表 3—6 中。

表 3—6　　　　　正常商品、低档商品、吉芬商品的替代效应、收入效应和总效应

类　别	收入效应	替代效应	总效应
正常商品	增加	增加	增加
低档商品	减少	增加	增加
吉芬商品	减少	增加	减少

【学中做 3—4】　　　　　价格变动的替代效应与收入效应

阿迪达斯和耐克是世界知名的两个运动鞋品牌,尤其是在篮球鞋领域,两家品牌所占市场份额较大,竞争力并驾齐驱。虽然两个品牌的篮球鞋在设计上有差别但对非专业篮球玩家来说,很难体验出它们减震、防滑、稳定性、保护等技术上的细微差别。普通消费者选择购买两种品牌的篮球鞋时,更多考虑的是价格优惠政策。如果阿迪达斯实施全场 7 折优惠,当期销量会有大幅上升,耐克的销量也会受到很大影响。我们假定将耐克和阿迪达斯篮球鞋组成一个消费组合,如果阿迪达斯篮球鞋实施优惠政策对消费组合有什么样的影响呢?

结合案例分析什么是替代效应,什么是收入效应。

分析:替代效应是指由于商品相对价格变化引起的消费组合构成比例的变化。案例中,阿迪达斯篮球鞋降价引起了阿迪达斯篮球鞋和耐克篮球鞋间相对价格的变化,从而引致消费者购买阿迪达斯篮球鞋和耐克篮球鞋的数量发生变化,就是替代效应。

收入效应是指在消费者收入既定的前提下,由于商品价格变化导致实际购买力变化而引起的商品消费组合的变化。案例中,阿迪达斯篮球鞋降价引致消费者实际购买力增强,引起消费者购买阿迪达斯篮球鞋和耐克篮球鞋的数量发生变化,就是收入效应。

动漫视频

收入—消费曲线

三、收入—消费曲线与恩格尔曲线

(一)收入—消费曲线

收入—消费曲线(Income Consumption Curve,ICC),也称收入扩展线,是指在商品价格保持不变的条件下,随着消费者收入水平的变动引起消费者均衡变动的轨迹。收入—消费曲线反映的是消费长期变动趋势的曲线,强调的是收入变动对消费均衡的长期影响。一般来说,随着收入水平的提高,收入—消费曲线就是一条与收入水平方向一致的向右上方倾斜的曲线。如图 3—10 所示,把各个短期消费均衡点(E_1、E_0、E_2)连接起来所形成的曲线就是收入—消费曲线。

将收入与商品需求量的关系放在一张图上,从收入—消费曲线中可以引出恩格尔曲线。

(二)恩格尔曲线

恩格尔曲线(Engel Curve)是指反映一种商品需求量与总收入关系的曲线。恩格尔曲线从收入—消费曲线中引出的过程如图 3—11 所示。图 3—11(a)表明该商品是正常商品,图 3—11(b)表明该商品是低档商品。

不同商品的恩格尔曲线的形状不同。必需品需求量的增加速度小于收入的增加速度,如购买

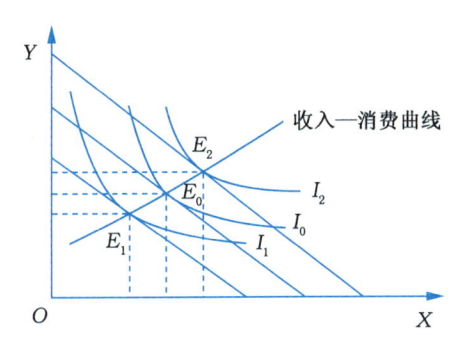

图 3-10 收入—消费曲线

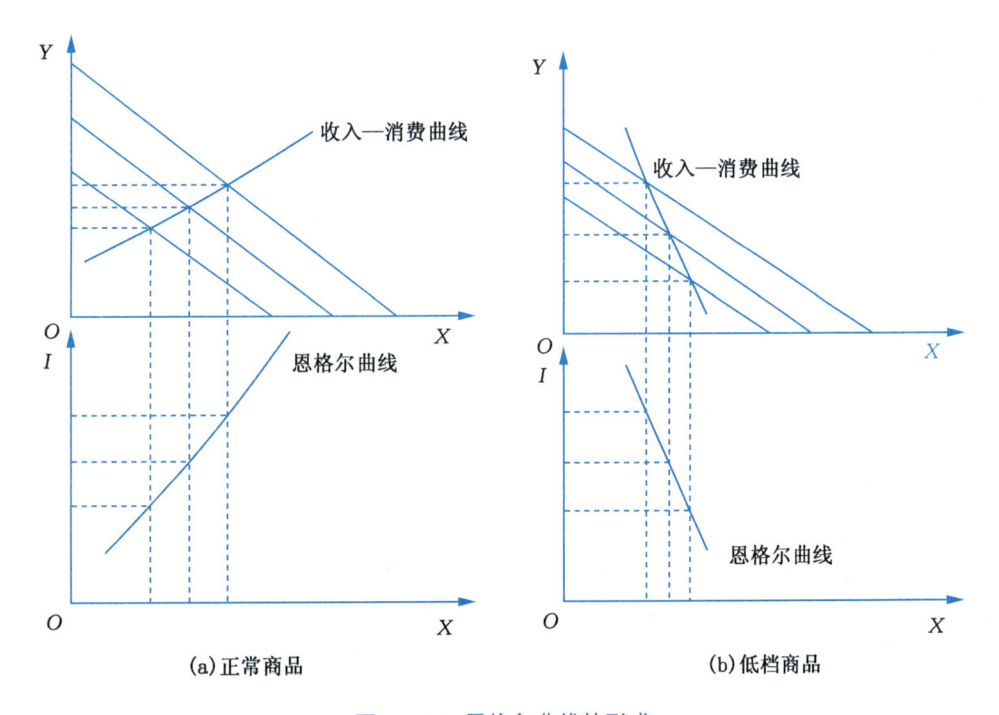

图 3-11 恩格尔曲线的形成
(a) 正常商品　(b) 低档商品

油盐酱醋等;名贵物品需求量的增加速度大于收入的增加速度,如购买珠宝等;低档品随收入的增加而需求量减少,如低档服装等。它们的恩格尔曲线分别如图 3-12 所示。

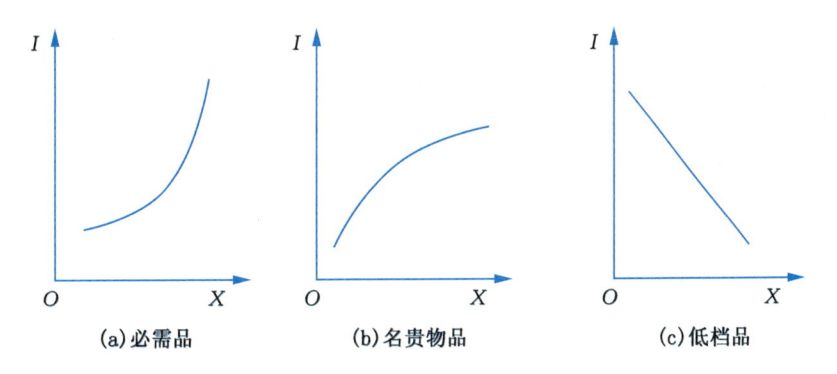

图 3-12 必需品、名贵物品和低档品的恩格尔曲线
(a) 必需品　(b) 名贵物品　(c) 低档品

课堂讨论

生活必需品的恩格尔曲线如何变化？

消费者的收入是递增的，而消费者购买商品的数量是以递减的比率增加的，消费者收入的增加速度大于生活必需品需求量的增加速度。因此，生活必需品的恩格尔曲线是一条向右上方倾斜的曲线。

课程思政　　　　　　　　子非鱼，安知鱼之乐

中国古代哲学家庄子与惠子有一次在一座桥上游玩。庄子看见鱼在水中自由地游来游去，感叹说："儵鱼出游从容，是鱼之乐也。"惠子反驳说："子非鱼，安知鱼之乐？"从现代经济学的角度看，我们可以把这段话作为对鱼儿快乐与否的判断。

【思政感悟】　如果鱼有感觉，它也要追求效用最大化。它在水中自由地游来游去是不得已而为之，还是在享受，只有鱼自己才能判断。效用或满足是一种心理感觉，只有自己能做出判断。所以，像惠子说的，你又不是鱼，怎么能知道鱼是快乐的？

【三省吾身】　消费者行为理论强调的是从个人出发来判断效用，正如要鱼儿自己判断自由地游来游去是否快乐一样。个人的感觉是研究消费者行为的出发点。由于人们的行为有共同之处，人们对满足程度的判断表现为消费行为，所以，这种心理感觉仍是可以研究的，有共同的规律可探寻。这正是消费者行为理论的意义。

学思践悟　　　　　从"消费主义"向"实用主义"转变的消费观念

疫情冲击，给年轻人的生活带来不确定性，也让豆瓣上"抠门男性联合会""抠门女性联合会"等小组迅速壮大"出圈"，网络上年轻人纷纷加入各种"抠组"。在网络世界，他们不讳言"抠"或"穷"，反而以"更抠"为豪。

"抠友"们总结出五花八门的省钱妙招："购物要与公司采购一样，做成本分析和竞品对比。我曾看到酒店在卖一款特别好吃的月饼，就直接跳过酒店找到代工厂的淘宝店购买了。""我靠想象就能'拔草'，比如告诉自己奶茶、零食既浪费钱还会发胖，就抑制住了消费欲望。""我上淘宝从来不看衣服、鞋子，而是看拍卖不动产频道，有的不动产只要20多万元还能贷款，提醒自己不要买贬值品。"

兰州大学柴老师主要研究消费行为。他认为，从社会心理机制角度分析，年轻人有追求新奇、跟风的心理，有些人觉得类似"抠组"成员的行为很有意思或者有点搞笑，因此愿意参与，随大流，赶时髦，"但这并不是一个很长期的或者很普遍的现象"。

"报复性存钱"与过去的"精致穷"一样，源于媒体、社会公众学术研究等过多强化了年轻一代行为表现的新奇性或者异质性，不能代表年轻人真的越来越"抠门"，他们更理智的消费行为是在人生历程中体验到生活的艰辛后，自然而然产生的转变。

"我们不要去过度地渲染或者拔高这种现象，以免社会舆论反过来影响到年轻人正常的消费观。"柴民权认为，年轻人的金钱观、消费观背后是更大的社会价值观体系，需要各个层面共同引领培植。

资料来源：魏其濛、王豪："你有什么抠门办法，欢迎给我们留言"，《中国青年报》，2020年6月19日。

【悟有所得】　树立正确的消费观和生活观，在日常消费过程中，消费水平要在个人承受范围之内，合理安排生活支出，做到量入为出，适度消费，避免盲目跟风，对自己负责，对家庭和社会负责。

从自身做起,理性消费,科学消费,自觉抵制不良网贷和不理性的超前消费,发扬艰苦奋斗、勤俭节约的优良传统,做理性消费的文明市民。

关键术语

欲望　效用　基数效用论　序数效用论　总效用　边际效用　消费者均衡　无差异曲线　消费者剩余　收入效应　替代效应　收入—消费曲线　恩格尔曲线

应知考核

一、单项选择题

1. 某个消费者逐渐增加对 M 商品的消费量,直至达到了效用最大化。在这个过程中,M 商品的(　　)。
   A. 总效用和边际效用不断增加　　　　B. 总效用和边际效用不断下降
   C. 总效用不断下降,边际效用不断增加　D. 总效用不断增加,边际效用不断下降

2. 序数效用论采用(　　)分析消费者的均衡问题。
   A. 边际分析法　　　　　　　　　　　B. 无差异曲线分析法
   C. 消费者剩余　　　　　　　　　　　D. 消费者均衡

3. 已知商品 X 的价格为 2 元,商品 Y 的价格为 1 元。如果消费者从这两种商品得到最大效用时,商品 Y 的边际效用是 26,那么商品 X 的边际效用应该是(　　)。
   A. 52　　　　　　B. 13　　　　　　C. 26/3　　　　　　D. 26

4. 某消费者处于消费者均衡中,这时消费点位于(　　)。
   A. 预算线上　　　　　　　　　　　　B. 一条无差异曲线上
   C. 刚好与预算线相切的无差异曲线上　　D. 以上选项都不正确

5. 均衡点随消费可能线的平行移动在不同无差异曲线上的移动,称作(　　)。
   A. 替代效应　　　B. 收入效应　　　C. 总效应　　　D. 边际效应

6. 总效用达到最大时,边际效用(　　)。
   A. 最大　　　　　B. 为零　　　　　C. 为正　　　　　D. 为负

7. 消费者在购买一定数量的某种商品时,愿意支付的总价格与实际支付的总价格之间的差额是(　　)。
   A. 剩余价值　　　B. 利润　　　　　C. 消费者剩余　　D. 消费者均衡

8. 正常物品由于价格上升导致需求量减少的原因在于(　　)。
   A. 替代效应使需求量增加,收入效应使需求量减少
   B. 替代效应使需求量增加,收入效应使需求量增加
   C. 替代效应使需求量减少,收入效应使需求量减少
   D. 替代效应使需求量减少,收入效应使需求量增加

9. 根据消费者剩余理论,超市商品打折、"双十一"促销等价格差会给消费者带来的是(　　)。
   A. 心理上的满足感　B. 实际的收入增加　C. 成本的增加　D. 心理上的后悔

10. 恩格尔曲线可以从(　　)导出。
    A. 价格—消费线　B. 收入—消费线　C. 需求曲线　　　D. 无差异曲线

二、多项选择题

1. 总效用和边际效用的关系为（　　）。
   A. 当边际效用为零时，总效用最大　　B. 当边际效用为负时，总效用递减
   C. 当边际效用为正时，总效用递增　　D. 总效用与边际效用没有关系

2. 消费者剩余指的是（　　）。
   A. 需求曲线以下、价格曲线以上的部分
   B. 供给曲线以上、均衡价格线以下的部分
   C. 消费者获得的最大满足程度
   D. 消费者从商品的消费中获得的满足程度大于他实际支付的价格的部分

3. 无差异曲线表明（　　）。
   A. 用既定货币收入所购买的两种商品的不同组合对消费者所提供的效用相同
   B. 两种商品给消费者带来不同满足的所有不同组合
   C. 收入一定，同一条曲线上两种商品的不同组合是无差异的
   D. 同等数量的商品产生同等满足

4. 效用分析包括（　　）分析。
   A. 基数效用　　B. 序数效用　　C. 规范方法　　D. 实证方法

5. 关于序数效用论和基数效用论的下列说法中正确的有（　　）。
   A. 序数效用论运用无差异曲线分析消费者行为
   B. 基数效用论运用绝对数值来衡量效用的大小
   C. 基数效用论运用边际效用论分析消费者行为
   D. 序数效用论运用表示次序的绝对数值来衡量效用的大小

三、判断题

1. 同一杯水具有相同的效用。（　　）
2. 无差异曲线表示不同的消费者消费两种商品的不同数量组合所得到的效用是相同的。（　　）
3. 如果边际效用递减，则总效用下降。（　　）
4. 消费者剩余是消费者的主观感受。（　　）
5. 基数效用论采用的是无差异曲线分析法，而序数效用论采用的是边际分析法。（　　）

四、简答题

1. 运用边际效用理论解释水的使用价值很大，而交换价值却很小；钻石的使用价值很小，但交换价值却很大。
2. 简述无差异曲线的特点。
3. 简述基数效用论与序数效用论的区别。
4. 简要分析消费者均衡的假定条件。
5. 如果你有一辆需要四个轮子才能行驶的车子已经有了三个轮子，那么当你有第四个轮子时，这第四个轮子的边际效用似乎超过第三个轮子的边际效用。这是不是违反了边际效用递减规律？

五、计算题

1. 假定消费者购买 X、Y 两种商品,最初的 $\frac{MU_X}{P_X}=\frac{MU_Y}{P_Y}$,若 P_X 下降,P_Y 保持不变,又假定 X 商品的需求价格弹性大于1,Y 商品的购买量应如何变化?

2. 假设某商品的需求方程为 $Q=10-2P$,试求价格 $P_1=2$,$P_2=4$ 时的消费者剩余各为多少?

3. 已知某家庭的总效用方程为 $TU=14Q-Q^2$,Q 为消费商品数量。试求:
   (1) 该家庭消费多少商品效用最大?
   (2) 效用最大是多少?

4. 假设需求函数为 $Q=10-2p$,求:
   (1) 当价格为2元时,消费者剩余是多少?
   (2) 当价格由2元变化到3元时,消费者剩余变化了多少?

应会考核

■ 观念应用

免费发给消费者一定量的实物与发给消费者按市场价格计算这些实物的等价现金,哪种方法给消费者带来更高的效用?为什么?请试用无差异曲线来说明。

■ 技能应用

已知一辆自行车的价格为200元,一份麦当劳套餐的价格为40元。在某消费者关于这两种商品的效用最大化的均衡点上,一份麦当劳套餐对自行车的边际替代率(MRS)是多少?

■ 案例分析

消费者效用的实现

有一对夫妻,花了3个月时间才找到了一只他们非常喜爱的古玩钟。他们商定只要售价不超过600美元就买下来。但是,当他们看清上面的标价时,丈夫却犹豫了。"哎哟,"丈夫低声说,"上面的标价是800美元,你还记得吗?我们说好了不超过600美元,我们还是回去吧。"妻子说:"我们试一试,看店主能不能卖便宜点,毕竟我们已经寻找了这么久才找到。"夫妻俩私下商量了一下,由妻子出面试着与店方讨价还价,尽管她认定600美元买到这只钟的希望非常小。妻子鼓起勇气,对钟表售货员说:"我看到你们有只小钟要卖。我看了上面的标价,架子上有一层尘土,这给小钟增添了几许古董的色彩。"停顿了一下,她接着说:"我想给你的钟出个价,只出一个价。我肯定这会使你震惊的,你准备好了吗?"她停下来看了一下售货员的反应,又接着说:"我只能给你300美元。"钟表售货员听了这个价后,连眼睛也没眨一下就爽快地说:"好!给你,卖啦!"你猜妻子的反应怎样?夫妻俩欣喜若狂了吗?事实正好相反。"我真是太傻了,这钟本来恐怕就值不了几个钱……或者里面缺少了零件,为什么那么轻呢?要么就是质量低劣……"妻子越想越懊恼。尽管后来夫妻俩还是把钟摆到了家中的客厅里,看上去效果很好,美极了,似乎走得也不错,但是她和丈夫总觉得不放心,并且他们被某种欺骗的感觉所笼罩。夫妻俩以低于自己意愿的价格买到了心仪已久的钟,但为什么不开心呢?

问题:

1. 用消费者效用理论解释出现上述现象的原因。
2. 如果钟表店的售货员坚持不降价或只稍微降价,你认为这对夫妻还有可能购买这只钟吗,为什么?

项目实训

【实训任务】

通过本项目的实训,使学生理解消费者行为理论的相关内容,并能够运用消费者行为理论解决一些实际问题。

【实训情境】

1. 根据本项目内容,上网或通过书刊查找有关资料,进行自拟题目分析。

2. 全班分成若干小组,每组8~10人,实行组长负责制,完成综合实训项目。

3. 各组进行分组讨论答辩,组长做总结性发言,各组之间进行评价,最后由教师进行点评,并给出考核成绩。

【实训要求】

撰写《消费者行为理论实训报告》。

《消费者行为理论实训报告》		
项目实训班级:	项目小组:	项目组成员:
实训时间: 年 月 日	实训地点:	实训成绩:
实训目的:		
实训步骤:		
实训结果:		
实训感言:		

项目四　研究企业行为——生产者行为理论

● **知识目标**

理解：生产要素的划分；规模报酬的含义。
熟知：生产函数和技术函数。
掌握：短期生产函数和长期生产函数的内容。

● **技能目标**

能够处理总产量、边际产量和平均产量之间的关系；注重边际收益递减规律、规模经济在实际中的应用；能够运用生产理论分析和解释企业行为。

● **素质目标**

能够正确领会和理解经济运行的逻辑关系与基本规律，能够对现实企业进行生产函数的建立与最优生产要素组合的确定。能够对生产者行为进行简单分析，具备初步分析问题、解决问题的能力，树立正确的世界观、人生观和价值观，做到学思用贯通、知信行统一。

● **思政目标**

通过本项目的学习，认识到追求利润最大化是企业经营的重要目标，但企业在追求经济利润的同时，还需要实现自身发展与社会环境协调统一，勇于承担企业责任。积极践行社会主义核心价值观，在持续推进生产技术的研发与创新，为社会提供更高质量的产品和服务的同时，切实履行社会责任，为推动经济社会高质量发展做出积极贡献。

● **项目引例**

大国粮仓根基牢，中国饭碗端得稳

中共十八大以来，以习近平同志为核心的中共中央高度重视粮食生产，把粮食安全作为治国理政的头等大事。习近平总书记在二十大报告中指出："全方位夯实粮食安全根基，全面落实粮食安全党政同责，牢牢守住十八亿亩耕地红线，逐步把永久基本农田全部建成高标准农田，深入实施种业振兴行动，强化农业科技和装备支撑，健全种粮农民收益保障机制和主产区利益补偿机制，确保中国人的饭碗牢牢端在自己手中。"国家统计局公布2023年我国粮食产量数据：根据对全国31个省(区、市)的调查,全国粮食总产量69 541万吨(13 908亿斤),比2022年增加888万吨(178亿斤),增长1.3%。其中谷物产量64 143万吨(12 829亿斤),比2022年增加819万吨(164亿斤),增长1.3%。我国迎来了连续第20个丰收年。从当年4亿人吃不饱到今天14亿多人吃得好,我国以占世界9%的耕地、6%的淡水资源,养育了世界近1/5的人口,有力回答了"谁来养活中国"的问题,中国人的饭碗越端越稳。

大米是我们日常生活中主要的粮食,它是怎么生产出来的呢?大米是由成熟的水稻脱壳加工而成的,从种子播种开始经过5个月(各地因气候不同,种植到成熟期不同)左右的时间蜕变而成餐桌上的米。俗话说"谁知盘中餐,粒粒皆辛苦",每一粒大米都来之不易,经过晒种、选种、育苗、插秧、水肥管理、田间管理、收割、加工这些过程,每一个环节都需要农民与农业企业付出辛劳的汗水与智慧。

我国西汉时期的文学家、史学家、思想家司马迁在《史记·货殖列传》中写道"天下熙熙皆为利来,天下攘攘皆为利往",一语道破了企业逐利的目标。自古至今,利润最大化是企业永远的目标。

资料来源:罗贵权:"守住粮食安全这条底线",光明网,2022年8月16日。

请问:大米生产过程中投入了哪些生产要素。经济学中将不同类型的生产要素划分为哪几类?企业的生产目标是什么?企业有哪些具体目标?

● **引例导学**

生产被定义为把各种投入转换为产出的一个过程,而将投入与产出联系在一起的就是企业。大米生产过程是农业企业通过投入农民的劳动、农业机械、水田和科研及管理团队等要素,运用先进的生产技术,最终生产出大米。人们将生产过程中的各种投入称为生产要素。因此,结合上述分析,在大米生产过程中,农业企业投入了劳动、资本、土地和企业家才能四种生产要素。

企业的生产目标是追求利润最大化。从短期来看,企业的具体目标呈现出多元化且不断变化的特点,如有的企业以销售收入最大化为目标,有的企业以市场份额最大化为目标,有的企业因更注重社会责任而将稳定与增长作为目标等。从长期来看,如果企业在经营中一直亏损,则注定不能生存,更谈不上发展。盈利丰厚的企业更有实力积累资本,研发并采用先进技术,优先从银行借到资金,从而更具市场竞争力。利润最大化是企业生存发展的基本准则,一个不以利润最大化为目标的企业终将遭到市场的淘汰。

● **知识支撑**

任务一　生产函数概述

一、生产者类型

经济学中,生产者又称为企业,是指使用生产要素自主从事商品或劳务生产决策的单个经济单位。在市场经济中,企业一般采取三种形式:独资企业、合伙制企业和公司制企业。

1.独资企业

独资企业是由一个人所有并经营的企业。它的特点在于所有者和经营者是同一个人。这种企业形式产权明确,责、权、利统一在一个人身上,激励和制约都显而易见。但这种企业有两个缺点:一是以一个人的财力和能力难以做大,这就无法实现规模经济、专业化分工等好处。二是在市场竞争中,这种企业寿命短,出现得快,消失得也快。

2.合伙制企业

合伙制是由若干人共同拥有、共同经营的企业。这种企业可以比单人业主制企业大，但缺点是法律上的无限责任制。这种无限责任制使每一个合伙人都面临巨大风险，企业越大，每个合伙人面临的风险越大。此外，合伙制企业内部产权并不明确，责、权、利不清楚，合伙者易于在利益分配和决策方面产生分歧，从而影响企业的发展。

3. 公司制企业

现代市场经济中最重要的企业形式是有限责任公司和股份有限公司（简称股份制企业）。股份公司是由投资者（股东）共同所有，并由职业经理人经营的企业，股东是公司的共同所有者。公司制企业的优点是：①公司是法人，不同于自然人；②公司实行有限责任制，这样就减少了投资风险，可以使企业无限做大；③实行所有权与经营权分离，由职业经理人实行专业化、科学化管理，提高了公司的管理效率。公司制企业的一个缺点是双重纳税，但公司最重要的问题在于所有权与经营权分离后，所有者、经营者、职工之间的关系复杂，以及由此可能引起的管理效率下降。

二、生产与生产要素

（一）生产

从经济学的角度看，生产是指投入各种不同的生产要素以制成产品的过程，也就是把投入变为产出的过程。

（二）生产要素

生产要素（Factors of Production）是指生产过程中所使用的各种资源。生产要素一般可具体划分为四类：劳动、资本、土地和企业家才能。

1. 劳动

劳动是劳动者所提供的服务，包括体力劳动和脑力劳动。其中，体力劳动是简单劳动，而脑力劳动是复杂劳动。

2. 资本

资本是指生产中所使用的资金，有无形的人力资本和有形的物质资本两种形式。前者是指体现在劳动者身上的身体、文化、技术状态，后者是指生产过程中使用的各种生产设备，如机器、厂房、工具、原料等资本品。在生产理论中，资本指的是物质资本。

3. 土地

土地在这里泛指生产中所使用的、自然界中存在的各种自然资源，如土地、水、自然状态的矿藏、森林等。

4. 企业家才能

企业家才能是指经营管理企业的能力、创新的能力和承担风险的能力。劳动、土地和资本配置都需要企业家来组织。

启智润心　　　　　弘扬企业家精神，推动高质量发展

习近平总书记强调："改革开放以来，党和国家为民营企业发展和企业家成长创造了良好条件。民营企业家富起来以后，要见贤思齐，增强家国情怀、担当社会责任，发挥先富帮后富的作用，积极参与和兴办社会公益事业。"

2020年，面对突如其来的"新冠"疫情，中国建筑、山河集团、三一集团等多家企业四万名建设者和几千台设备昼夜不歇，仅用十多天时间就火速建成火神山医院和雷神山医院。中国邮政、顺丰航空等企业调配779架次航班为武汉运输物资。"诚者，天之道也；思诚者，人之道也。"

20世纪80年代，万向的鲁冠球把40万元的次品当作废品卖掉，海尔的张瑞敏把76台存在缺陷的冰箱挥锤砸掉,惊醒了企业员工的质量意识。如今,诚实守信的观念更加深入人心。履行责任,真诚回报社会如电商平台开辟专区、开直播促对接,消费扶贫如火如荼;扶贫车间创机会、纳就业,一人就业带动全家脱贫;东部企业进山区、兴产业,"山海"合作共谋发展……在脱贫攻坚、乡村振兴中,一大批企业家致富思源、积极行动,做出重要贡献。

【明理善行】 市场活力来自人,特别是来自企业家,来自企业家精神。面对世界百年未有之大变局,更要大力弘扬企业家精神,发挥企业家作用,加快形成更多具有全球竞争力的世界一流企业,推动高质量发展不断取得新成效,为我国经济发展积蓄基本力量,为实现第二个百年奋斗目标、实现中华民族伟大复兴的中国梦做出新的更大贡献。

三、生产函数与技术系数

(一)生产函数

生产函数(Production Function),是指在一定的技术水平条件下,一定时期内,企业生产过程中所使用的各种要素的数量与它们所能生产出来的最大产量之间的函数关系。生产函数的一般表现形式为:

$$Q = f(L, K, N, E)$$

上式中,Q 代表产量,L、K、N、E 分别代表劳动、资本、土地、企业家才能。由于土地资源是相对固定的,企业家才能属于无形资产难以估量,因此生产函数通常表现为:

$$Q = f(L, K)$$

这一生产函数表明,在一定的技术水平条件下,生产 Q 产量,需要一定数量的劳动 L 与资本 K 的组合。同样,这一生产函数也表明,在劳动与资本的数量组合为已知时,就可以推算出最大的产量。

(二)技术系数

技术系数是指为生产一定量的某种产品所需要的各种生产要素的组合比例。例如,劳动与资本的组合比例为 3∶1,即表示在生产中使用 3 个单位的劳动与 1 个单位的资本。这个 3∶1 的比例就是该生产函数的技术系数。技术系数具体包括固定技术系数和可变技术系数。

1. 固定技术系数

固定技术系数是指在一定的技术水平条件下,生产某种产品所需要的各种生产要素的组合比例不发生变化。例如,生产某种化工产品,要求其化学元素的组合比例不能改变。固定技术系数的生产函数表明生产要素之间不能相互替代。

2. 可变技术系数

可变技术系数是指在一定技术水平条件下,生产某种产品所需要的各种生产要素的组合比例可以发生变化。例如,生产同样产量的产品,既可以采用劳动密集型生产方式,也可以采用资本密集型生产方式。可变技术系数的生产函数表明生产要素之间可以相互替代。

【注意】 一般而言,在短期内,技术系数是不变的;但在长期内,技术系数是变化的。

学思践悟 新生产要素——数据

习近平总书记在视察中国科学院时曾指出:"大数据是工业社会的'自由'资源。谁掌握了数据,谁就掌握了主动权。"2020 年 4 月,中共中央、国务院发布的《关于构建更加完善的要素市场化配置体制机制的意见》中,将"数据"与土地、劳动力、资本、技术并称为五种生产要素。2021 年 11 月,《"十四五"大数据产业发展规划》发布,宣布大数据发展的主要任务是加快培育数据要素市场、夯实产业发展基础、构建稳定高效的产业链、打造繁荣有序的产业生态,我国大数据产业从规模增长向结构优化质量提升转型。习近平总书记在2022年6月22日主持召开中央全面深化改革委员会第二十六次会议,审议通过了《关于构建数据基础制度更好发挥数据要素作用的意见》。

当前,数据已经成为数字经济时代的基础性资源、重要生产力和关键生产要素。习近平总书记强调,数据基础制度建设事关国家发展和安全大局,要统筹推进数据产权、流通交易、收益分配、安全治理,加快构建数据基础制度体系。"要构建以数据为关键要素的数字经济","做大做强数字经济,拓展经济发展新空间"。这为我们发挥好数据这一新型生产要素的作用、推动数字经济健康发展指明了方向。近日,中共中央、国务院印发《关于构建数据基础制度更好发挥数据要素作用的意见》,系统性布局了数据基础制度体系的"四梁八柱",历史性绘制了数据要素发展的长远蓝图,具有里程碑式的重要意义。我们要以习近平新时代中国特色社会主义思想为指导,深入贯彻落实二十大精神,坚持问题导向,遵循发展规律,创新制度安排,聚焦"数据二十条"描绘的数据要素发展蓝图,久久为功、善作善成,扎实推进一批国际先进的高水平数据基础制度。

资料来源:国家发展改革委:"加快构建中国特色数据基础制度体系 促进全体人民共享数字经济发展红利",《求是》,2023年1月4日。

【悟有所得】 在数字经济时代,数据是新的生产要素,是基础性资源和战略性资源,也是重要生产力。因此,要构建以数据为关键要素的数字经济,就要推动实体经济和数字经济融合发展,推动互联网、大数据、人工智能同实体经济深度融合,推动制造业加速向数字化、网络化、智能化发展,推进工业互联网基础设施和数据资源管理体系建设,做好信息化和工业化深度融合。科技赋能发展,创新决胜未来,加快形成新质生产力,增强发展新动能。中共二十大报告提出,要加快实施创新驱动发展战略。我们人人都是数字经济的生产者和消费者,创新发展理念正在作为数字经济的重要推动力,引领数字经济走向蓬勃发展。同学们应加强数字化认知、数字化技术和数字化思维,用数据说话,靠数据决策,依数据执行,培养数据定位与获取能力、数据分析与解读能力,以及数据决策与反思能力。

任务二 短期生产函数

一、短期生产函数的含义

这里的"短期",不是指一个具体的时间跨度,而是指企业不能根据其所要达到的产量来调整其全部生产要素的时期,企业的生产规模是不变的。不同行业中的"短期"也不同,这取决于投入品变动所需要的时间。短期生产函数是指在短期内所反映的投入—产出关系,通常表示为:

$$Q = f(\overline{K}, L)$$

上式中,$\overline{K}$ 表示一个常数,只有劳动 L 是生产中的可变要素。

在资本 K 的上面加一横线表示它是一个常数,只有劳动 L 才是生产中的可变要素,因此短期生产函数也可表示为:

$$Q = f(L)$$

二、总产量、平均产量和边际产量

(一)总产量、平均产量和边际产量的含义

假定生产某种产品使用资本 K 与劳动 L 两种生产要素,其中资本在短期内是不变的常数,那

么，各种产量将随着劳动的变化而变化。

1. 总产量

总产量（Total Product，TP），是指投入一定量的生产要素所生产出来的全部产量，或是指在资本不变的条件下，一定的劳动投入量可以生产出来的全部产量。

$$TP_L = f(L, \overline{K})$$

2. 平均产量

平均产量（Average Product，AP），是指平均每单位生产要素投入所生产的产量。

总产量与平均产量之间存在着如下关系：

$$AP_L = TP_L(L, \overline{K})/L$$

上式中，AP_L 表示劳动的平均产量，TP_L 表示劳动的总产量，L 表示劳动的投入量。

3. 边际产量

边际产量（Marginal Product，MP），是指某种生产要素增加或减少一单位所引起的总产量的增加量或减少量。劳动的边际产量可以表示为：

$$MP_L = \Delta TP_L(L, \overline{K})/\Delta L$$

上式中，MP_L 表示劳动的边际产量，又称劳动的边际生产力，ΔTP_L 表示劳动的总产量的增加量，ΔL 表示劳动投入量的增加量。

（二）总产量、平均产量和边际产量之间的关系

总产量、平均产量和边际产量之间的关系可通过表 4－1 中的数据表现出来。

表 4－1　　　　　　　　总产量、平均产量和边际产量之间的关系

资本的投入量（K）	劳动的投入量（L）	劳动投入量的增加量（ΔL）	劳动的总产量（TP）	劳动总产量的增加量（ΔTP）	劳动的平均产量（AP）	劳动的边际产量（MP）
15	0	0	0	0		
15	1	1	5	5	5	5(5－0)
15	2	1	13	8	6.5	8(13－5)
15	3	1	22.5	9.5	7.5	9.5(22.5－13)
15	4	1	30.5	8	7.6	8(30.5－22.5)
15	5	1	38	7.5	7.6	7.5(38－30.5)
15	6	1	45	7	7.5	7(45－38)
15	7	1	45	0	6.4	0(45－45)
15	8	1	42	－3	5.3	－3(42－45)

总产量曲线、平均产量曲线、边际产量曲线之间的关系如图 4－1 所示。

在图 4－1 中，横轴 OL 代表劳动的投入量，纵轴 TP、AP、MP 分别代表总产量、平均产量、边际产量。根据分析可以得出，总产量、平均产量和边际产量之间的关系呈现以下特点：

第一，在资本量不变的情况下，随着劳动量的增加，最初的总产量、平均产量和边际产量都是递增的，但各自增加到一定程度以后就分别递减。所以，总产量曲线、平均产量曲线和边际产量曲线都是先上升后下降。

第二，边际产量曲线与平均产量曲线相交于平均产量曲线的最高点。在相交点左侧，平均产量是递增的，边际产量大于平均产量（$MP>AP$）；在相交点右侧，平均产量是递减的，边际产量小于平均产量（$MP<AP$）；在相交点，平均产量达到最大，边际产量等于平均产量（$MP=AP$）。

第三，当边际产量为正数时（$MP>0$），总产量就会增加；当边际产量为零时（$MP=0$），总产量

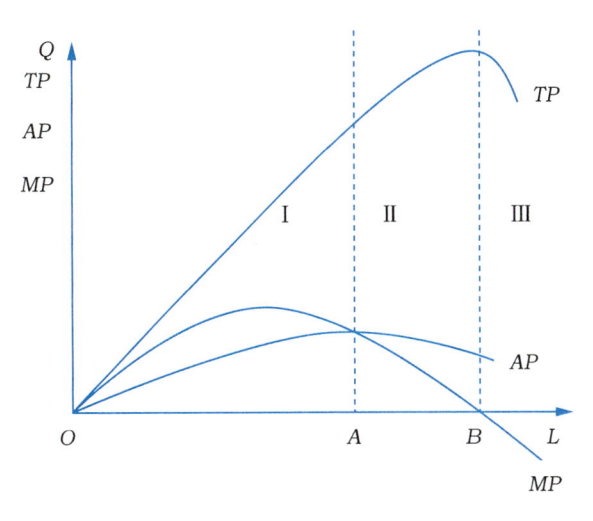

图 4—1　总产量曲线、平均产量曲线、边际产量曲线

达到最大;当边际产量为负数时($MP<0$),总产量就会减少。

三、边际报酬递减规律

(一)边际报酬递减规律的含义

边际报酬递减规律又称边际收益递减规律(Law of Diminishing Return),是指在其他技术水平不变的条件下,在连续等量地把一种可变要素增加到其他一种或几种数量不变的生产要素上去的过程中,当这种可变生产要素的投入量小于某一特定的值时,增加该要素投入所带来的边际产量是递增的;当这种可变要素的投入量连续增加并超过这个特定值时,增加该要素投入所带来的边际产量是递减的,这就是经济学中著名的边际报酬递减规律。

【提示】边际报酬递减规律是短期生产的一条基本规律。

同步思考　农业生产和工业生产中的边际报酬递减规律

在农业生产中,如果在固定的土地面积上增施化肥,开始时,每增施1千克化肥所能增加的农作物的产量是递增的,但当所施化肥超过一定量时,每增施1千克化肥所能增加的农作物的产量就会递减。此时,如果继续增施化肥,不仅不会增加农作物的产量,而且会导致农作物产量的减少。在工业生产中,如果劳动力增加得过多,超过了正常配置的固定资产和设备,就会使生产效率降低。

分析:在农业生产中,适度施加化肥可以增加农作物的产量;而工业生产中的"减员增效",就是按边际报酬递减规律办事的具体体现。

课堂讨论

规模大就一定经济吗?

过度的规模扩大不但不会增收,而且会减少收益或带来负收益,这正是边际收益递减规律所揭示的问题。另外,某些产品的生产并不一定适合大规模生产。

(二)理解边际报酬递减规律需要注意的问题

第一,边际报酬递减规律发生的前提条件是技术水平不变。技术水平不变是指生产中所使用的投入技术没有发生重大变革。一旦某种技术水平形成,会有一个相对稳定的时期,在这一时期内,就可以称为技术水平不变。若技术水平发生变化,这个规律就不存在。

第二,边际报酬递减规律假定至少有一种生产要素的数量是保持不变的,在保持其他生产要素不变而只增加其中某种生产要素投入量时,边际收益才会发生递减,因此它不适用于所有要素的数量都等比例增加的情况。

第三,在其他生产要素不变的情况下,一种可变生产要素的增加所引起的产量或报酬的变动会经历三个阶段:①产量递增阶段,即这种可变生产要素的增加使产量或报酬增加。因为在开始阶段,不变生产要素没有得到充分利用,所以可变生产要素的增加可以使产量增加。②边际产量递减阶段,即这种生产要素的增加仍可使总产量增加,但增加的幅度,即增加的每一单位生产要素的边际产量是递减的。因为在这一阶段,不变生产要素已接近充分利用,所以可变生产要素的增加已不可能像第一阶段那样使产量迅速增加。③产量绝对减少阶段,即这种生产要素的增加使总产量迅速减少。因为在这一阶段,不变生产要素已经充分利用,所以再增加可变生产要素,只会使生产效率降低、总产量减少。

第四,边际报酬递减规律像边际效用递减规律一样,不需要提出理论证明。二者的区别是:边际报酬递减规律是从生产实践中得出来的基本生产规律,边际产量是可以计量的;而边际效用递减规律是从消费者心理感受中得出来的,边际效用是不可计量的。

第五,边际报酬递减规律只存在于技术系数可变的生产函数中。对于技术系数固定的生产函数,由于各种生产要素不可相互替代,因此其组合的比例是不可改变的,当改变其中一种生产要素的投入量时,边际产量就会突变为零,从而不存在依次递减的趋势。

课程思政　　朱元璋与"珍珠翡翠白玉汤"——边际递减规律

明太祖朱元璋在成为皇帝之前有过一段凄惨的经历:因为家贫,小时候给人家放牛,过着食不果腹的生活。到了十几岁的时候,家乡发生了瘟疫,瘟疫夺走了他的亲人,导致他无家可归。无奈之下,朱元璋选择当和尚,这样有口饭吃,不至于饿死。和尚没当多久,遇到了荒年,庙中的香火渐渐稀少,寺庙难以为继。寺庙的住持不得不打发和尚出去化斋,朱元璋也在其列,开始了他的化缘生活。

遇到荒年,老百姓自己吃饭都成了问题,顾不上这些化缘的和尚。朱元璋经常是饥肠辘辘。有一次连续几天没有吃上一口饭,他差点饿晕了。幸好,他被一位路过的好心老婆婆看见了。老婆婆可怜朱元璋,将自己仅有的一小块豆腐和一些菠菜,稍微加点米粒和一点盐,煮好了饭。然后,给朱元璋吃下去。朱元璋吃完后,神志清醒了,心里想:"刚才吃的这个是什么东西啊,这么好吃?"于是除了感谢婆婆之外,顺便问了一下吃的是什么。婆婆随口说:"珍珠翡翠白玉汤。"朱元璋再三拜谢之后便离开了。

后来,朱元璋参加了反元起义,投奔了红巾军。由于他的英勇作战,受到郭子兴的赏识,一路升迁。在郭子兴死后,他不仅广罗人才,而且采取了"高筑墙、广积粮、缓称王"的策略,先后击败了陈友谅、张士诚等,最后当上了明朝的开国皇帝。

当皇帝之后,锦衣玉食,时间长了,朱元璋逐渐觉得乏味。他想起当年老婆婆做的"珍珠翡翠白玉汤"。于是,下令让御厨给他做。无论御厨怎么去做这道菜,尽管味道再好,也不会使他满意。

资料来源:李贺主编:《经济学基础》第2版,上海财经大学出版社2021年版,第87—88页。

【思政感悟】　就算你没有读过"珍珠翡翠白玉汤"这个故事,以我们的日常生活的经验也能够感觉到这种情况的存在。比如,我们在饥饿的时候吃包子,吃第一个包子会感觉到是美味佳肴,等到吃第二个包子的时候,味道就不像第一个了,接着吃第三、第四……直到吃饱的时候。如果再多吃一个包子,不再有胃口了。

正如故事中的朱元璋,在极度饥饿的时候,这碗"珍珠翡翠白玉汤"当然是极品美味了。如果在吃饱之后,还继续让他吃,估计也不会认为"珍珠翡翠白玉汤"是美味了。这个现象在经济学中有个专业的名词——边际递减。

【三省吾身】 所谓"边际",是指增加最后一个东西所能够带来的收益。边际递减分为两种情况:第一种是边际效用递减,主要针对消费者;第二种是边际收益递减,主要针对生产者。

前者的定义是这样的:在一定条件下,消费者在消费某种物品时,随着所消费物品数量的增加,消费者得到的边际效用却是逐渐减少的,如图4—2所示。

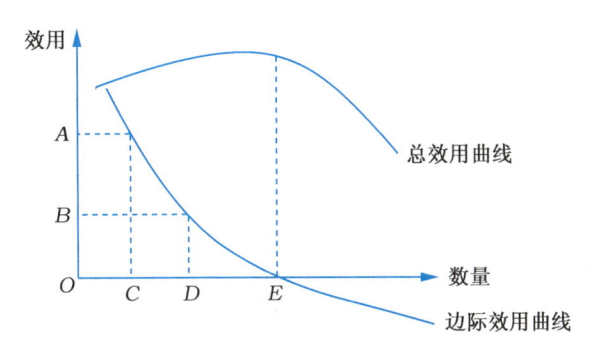

图4—2 边际效用递减

在图4—2中,横轴表示消费的数量,纵轴表示获得的效用,即获得的满足程度。我们可以看出,随着数量从 OC 增加到 OD,虽然总效用在不断地上升,但边际效用却由 OA 降到了 OB。当消费数量达到 OE 时,边际效用就为负数了,这个时候总效用也会下降了。此时再继续增加消费就划不来了。

后者是说:在技术水平不变的情况下,连续增加某种生产要素的投入,当其投入数量达到一定程度以后,增加一单位该要素所带来的收益是递减的,如图4—3所示。

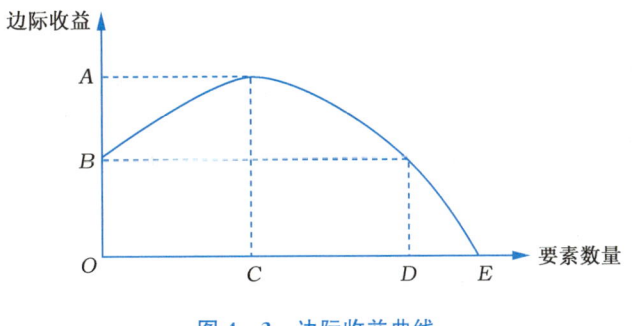

图4—3 边际收益曲线

在图4—3中,横轴表示要素投入的数量,纵轴表示获得的边际收益。可以看出,在 C 点以前,收益是随着要素数量的增加而增加的,这个时候不存在边际收益递减。但到了 C 点以后,随着数量由 OC 增加到 OD,边际收益却由最高点的 OA 降到 OB。同样,边际收益也会达到负值,此时就应停止增加要素投入了,否则就会浪费资源。

"适可而止""过犹而不及"等都是说边际递减这个规律的。既然存在边际递减规律,那么我们就要尽量去减少这种现象,从而减少不必要的资源浪费,毕竟资源是稀缺的。

比如,在工作中常常会遇到这样的问题,即感觉身心十分疲惫的时候还在强迫自己继续工作。此时再工作给你带来的就是一种负效用了,就是说工作会给你带来痛苦。与其痛苦地工作,还不如好好休息一下,等精力充沛之后,再来工作。相信你在学习边际递减规律以后,会更加懂得如何去工作和享受生活。

启智润心　　　　中国人养活自己靠的是农业技术进步

边际收益递减规律早在 18 世纪就有经济学家提出。有人将这一规律应用到农业领域却描绘出一幅人类前景悲惨的画面来:因为耕地等自然资源是有限的,要增产粮食最终只能依靠劳动力的增加,但边际收益递减规律表明,劳动力投入带来的粮食边际产量递减,而人口在不断增长,带来的必然结果是人类将不能养活自己。无独有偶,1994 年,一位叫莱斯特•布朗的人重复类似悲观的预言,发表了一篇题为"谁来养活中国"的文章,宣称人口众多的中国将面临粮食短缺,进而引发全球粮价猛涨的危机。

布朗先生的担忧并没有发生,是因为边际收益递减规律发挥作用是有条件的。其条件之一就是,在生产过程中所使用的技术没有发生重大变革。一旦技术水平发生改变,该规律可能不再成立。中国有出色的农业科学家,推动着农业技术不断进步。

经济学家克拉克较早地发现了这一规律,他曾指出,"知识是唯一不遵守收益递减规律的工具"。如美国微软公司为开发第一套视窗软件投入了 5 000 万美元,其额外生产上千万套只需复制即可,成本几乎可以不计,但仍能以与第一套同样的价格发售。这样,在新经济部门,就出现了不同于传统产业部门的"边际收益递增"的情况。

讨论:边际收益递减规律适用的条件有哪些? 举例说明生活中的"边际收益递增"的事实是否违背了边际收益递减规律。

【明理善行】边际收益递减规律适用的条件有三个方面:第一,边际收益递减规律发挥作用的条件是生产技术水平保持不变。第二,边际收益递减规律只有在其他生产要素投入数量保持不变的条件下才可能成立。第三,边际产量递减在可变要素投入增加到一定程度之后才会出现。由于信息等高科技产业以知识为基础,而知识具有可共享、可重复使用、可低成本复制、可发展等特点,对其使用和改进越多,其创造的价值越大,因此,反而会产生边际收益递增。

马克思主义哲学原理中,量变是指事物数量的增减和场所的变更,是事物在有性质的基础上、在度的范围内发生的变化;质变是指事物性质的变化,是事物由一种质态向另一种质态的转变,表现为突变。边际收益递减规律正是哲学中"量变质变规律"的体现。正如我们的学习过程,学习是一个循序渐进的过程,而不是一蹴而就或以逸待劳的事情。学习也是从量变到质变的过程,但是这一过程并非一帆风顺,而是一个慢慢积累的过程,直到达到质变。

四、一种可变生产要素的合理投入

从上面的分析可知,在生产一种产品所使用的各种生产要素中,除一种生产要素外,其余生产要素固定不变。根据总产量、平均产量和边际产量之间的关系,可以把可变要素的投入量划分为三个区间,如图 4—1 所示。

第 Ⅰ 区间是投入劳动 L 从零增加到 A 点。其特点是:TP 保持递增趋势;AP 由零递增至最高点;$MP>0$,并且 $MP>AP$,MP 在达到最大值后呈递减趋势;当 $MP=AP$(AP 的最高点)时,第一阶段结束。

第 Ⅱ 区间是投入劳动 L 从 A 点增加到 B 点。其特点是:TP 保持递增趋势,AP 呈递减趋势;$AP>MP$,$MP>0$;当 $MP=0$ 时,TP 达到最大值,第二阶段结束。

第 Ⅲ 区间是投入劳动 L 从 B 点增加到无限大。其特点是:TP 呈递减趋势;AP 继续保持递减趋势；MP<0。

第Ⅰ区间和第Ⅲ区间都不是一种生产要素的合理投入范围，因为在第Ⅰ区间，边际产量大于平均产量，增加劳动不仅可增加总产量，而且可以提高平均产量。而在第Ⅲ区间，边际产量小于零，增加劳动会使总产量绝对减少。

一般而言，第Ⅱ区间为生产要素的合理投入区，也就是企业选择最优投入量的区间。但劳动量的投入究竟在这一区间的哪一点上，要视企业的目标而定。如果企业的目标是使平均产量达到最大，那么劳动量增加到 A 点即可；如果企业的目标是使总产量达到最大，那么，劳动量增加到 B 点即可；如果企业是以利润最大化为目标，那么必须结合成本、产品价格等因素来进行分析，因为平均产量为最大时，并不一定是利润最大；总产量为最大时，利润也不一定最大。

课堂讨论

为什么第Ⅱ区间是生产要素的合理投入区间？

答：因为在这个区间，不变生产要素和可变生产要素两者的结合效率最好。

任务三　长期生产函数

一、长期生产函数的含义

长期生产函数中的"长期"是指企业可以根据其所要达到的产量来调整其全部生产要素的时期。长期研究的是企业生产规模的收益率，可根据需求调整生产规模。在长期，企业的生产要素不再划分为不变投入和可变投入，而是所有的要素投入都可以改变。长期生产函数是指在长期内所反映的投入—产出关系。通常表示为：

$$Q=f(K,L)$$

二、等产量线、等成本线、最优要素组合

（一）等产量线

1. 等产量线的含义

等产量线是在技术水平不变的条件下，生产同一产量的两种生产要素投入量的各种不同组合的轨迹。即两种生产要素的不同数量组合可以带来相等产量的一条曲线。表4—2中展示了两种可变投入下的生产。

表 4—2　　　　　　　　　　劳动量、资本量和产量的关系

组合方式	劳动量(L)	资本量(K)	产量(Q)
A	1	7	100
B	3	5	100
C	5	3	100
D	7	1	100

根据表4—2，绘制出等产量线，如图4—4所示。

由于等产量线的几何特点与无差异曲线相似，因此，它又被称为生产无差异曲线。但两者也有

图 4—4 等产量线

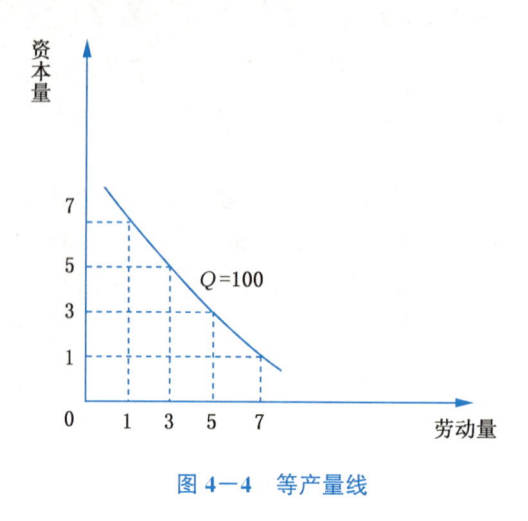

区别：等产量线表示产量，无差异曲线表示效用；等产量线是客观的，无差异曲线是主观的。

2. 等产量线的特征

（1）等产量线是一条向右下方倾斜、凸向原点的曲线，线上每一点的斜率为负值。这个特征说明：在生产者的成本和生产要素的价格不变的情况下，为了实现同一产量，在增加一种生产要素的投入量的同时，必须减少另一种生产要素的投入量。生产者的成本是既定的，因此无法同时增加两种生产要素的投入量；又因为需要维持同一产量，不能使两种生产要素同时减少投入量。等产量线凸向原点是由边际技术替代率递减所决定的。

边际技术替代率（MRTS）是指在技术水平不变的条件下，增加一单位某种生产要素的投入量时所减少的另一种要素的投入量。劳动—资本的边际技术替代率指的是，在保持产出不变的前提下，多投入一单位劳动，资本的投入可以减少的量。假设 ΔL 表示劳动的增加量，ΔK 表示资本的减少量，MP_L 表示劳动的边际产量，MP_K 表示资本的边际产量，$MRTS_{LK}$ 表示劳动对资本的边际技术替代率，则有：

$$MRTS_{LK} = -\Delta K/\Delta L = MP_L/MP_K$$

边际技术替代率具有如下特点：

①当等产量曲线的斜率为负值时，两种生产要素可以互相替代，一种生产要素增加，另一种生产要素必须减少才能使产量维持在同一个水平上。

②当等产量曲线的斜率为正值时，两种生产要素必须同时增加才能达到与从前相同的产量水平。

③等产量曲线的斜率也可以是无穷大或为零，此时表明两种生产要素不能相互替代。

等产量线之所以是一条向右下方倾斜并凸向原点的曲线，是因为边际技术替代率递减。等产量线上任何一点的边际技术替代率，从几何学意义上看，是过该点作等产量线的切线的斜率，因为资本投入增加（减少），则劳动投入减少（增加），其变化方向相反，因此是负值。

（2）在同一平面图上，可以有无数条等产量线。同一条等产量线代表相同的产量，不同的等产量线代表不同的产量水平。离原点越远的等产量线所代表的产量水平越高，离原点越近的等产量线所代表的产量水平越低。

（3）在同一坐标平面上，任意两条等产量线不能相交。如果同一坐标平面上的两条等产量线相交，这两条等产量线在交点处的产量水平是相同的，则与第二个特征即不同的等产量线代表不同的产量水平是相矛盾的。

（4）等产量线是一条凸向原点的曲线。这一点可用边际替代率来说明。

课堂讨论

家具厂生产家具是多雇工人还是多买电动工具?

家具厂生产家具可以采用两种方法:一是多雇工人进行生产;二是少雇工人,多买电动工具。无论家具厂采用哪种方法,都可以生产出家具。作为家具厂的经理,要选择采用哪种方法进行生产?如果劳动力的价格很低,而电动工具价格不菲,厂长就会选择多雇工人而少用资本。这就涉及边际技术替代率,即用一种生产要素替代另一种生产要素在技术上的比例。

分析:家具厂生产家具是多雇工人还是多买电动工具,主要取决于在生产家具的过程中,劳动和资本这两种生产要素的替代性。

【做中学 4—1】 如果每小时劳动投入的边际产量是 10 个单位,而劳动对资本的边际技术替代率是 5。资本的边际产量是多少?

答:根据公式 $MRTS_{LK} = -\Delta K/\Delta L = MP_L/MP_K$

可得, $MP_K = MP_L/MRTS_{LK} = 10 \div 5 = 2$

即资本的边际产量为 2 个单位。

(二)等成本线

等成本线(Isocost Curve)也称企业预算线,是指在既定生产成本和生产要素价格的情况下,生产者所能购买到的两种生产要素最大数量组合的轨迹。等成本线表明了企业进行生产的限制条件,即企业购买生产要素的成本支出大于货币成本,生产就是不现实的;如果购买生产要素的成本支出小于货币成本,就无法实现产量最大化。等成本线可以写为:

$$P_L \cdot Q_L + P_K \cdot Q_K = M$$

上式中,P_L 表示劳动的价格,Q_L 表示劳动的购买量,P_K 表示资本的价格,Q_K 表示资本的购买量,M 代表货币成本。根据预算方程,就可以绘制出预算线。

等成本线具有如下特点:

(1)离原点较远的等成本曲线总是代表较高的成本水平。

(2)同一等成本曲线图上的任意两条成本曲线不能相交,这一特点跟等产量线是一样的。

(3)等成本曲线向右下方倾斜,其斜率是负的。要增加某一种要素的投入量而保持总成本不变,就必须相应地减少另一种要素的投入。

(4)在要素价格给定的条件下,等成本曲线是一条直线,其斜率是一个常数,即两种投入要素的价格之比。

【学中做 4—1】 当 $Q_L=0$ 时,$Q_K=50$;当 $Q_K=0$ 时,$Q_L=40$。于是可以绘制出图 4—5,连接 ab 两点的直线就是等成本线。在等成本线上的任何一点,都是在货币成本与生产要素价格既定的条件下,能购买到的劳动与资本的最大数量的组合。

如果企业的货币成本和生产要素价格改变了,则等成本线就会发生变动。如果生产者的货币成本变动,则等成本线会平行移动。货币成本增加,等成本线向右上方平行移动;货币成本减少,等成本线向左下方平行移动。等成本线的移动如图 4—6 所示。

在图 4—6 中,ab 是原来的等成本线。当货币成本增加时,等成本线移动为 a_2b_2;当货币成本减少时,等成本线移动为 a_1b_1。

【提示】 等成本线向右移动表示生产者的总预算成本增加,能够购买到更多数量的要素;等成本向左移动表示总预算成本减少,能够购买的要素数量减少。

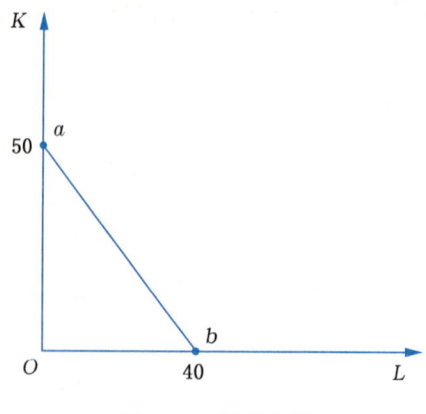

图 4-5 等成本线

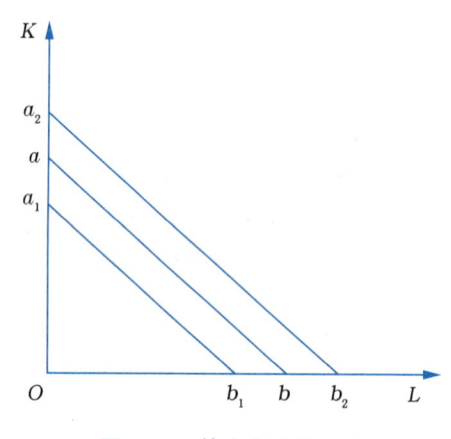

图 4-6 等成本线的移动

同步思考

如果企业投入的劳动价格发生变化,而资本价格不变,那么等成本线会如何变化?

答:等成本线会围绕购买资本最大数量的这一点旋转(斜率变化)。

(三)最优要素组合

最优要素组合是指生产者在既定的成本下实现产量最大化,或者是在既定的产量下实现成本最小化。通过前面的分析可以知道,等产量线是企业为实现一定产量的两种生产要素投入量的组合,企业能够实现的产量又受到生产成本和生产要素价格的限制,即等成本线的限制,因此,我们运用等产量线和等成本线来分析生产要素的最优组合问题。

1.既定产量下的成本最小化

图 4-7 将等产量线和等成本线结合在一张图形上。图中,C_1、C_2、C_3 代表三条不同的等成本线,由于产量既定,所以只有一条等产量线。假定 Q 是既定的等产量线,Q 可以与许多等成本线相交,但只能与一条等成本线相切。图中 Q 与 C_3 相交,与 C_2 相切,与 C_1 不相交也不相切。可以看出,生产者只能选择等成本线 C_2,其原因在于,虽然 C_1 具有较低的成本约束,但在此约束下,不可能生产出 Q 的产量水平;C_3 可以生产出 Q 的产量,却不符合经济原则。可见,用成本 C_2 生产既定产量 Q,既是可能的又是最经济的。

2.既定成本下的产量最大化

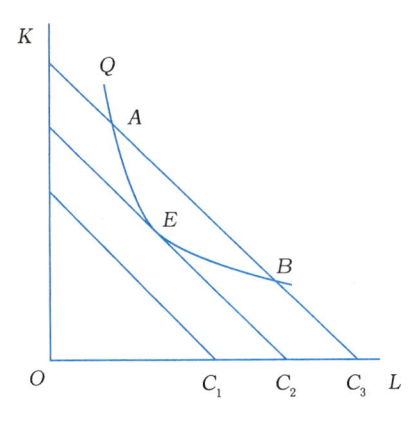

图 4-7 产量一定、成本最小的均衡 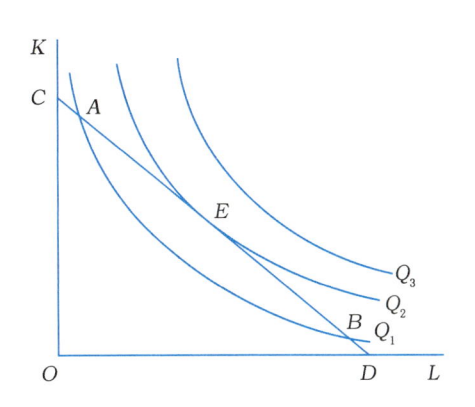　　　　图 4-8 成本一定、产量最大的均衡

如图 4-8 所示，Q_1、Q_2、Q_3 代表三条不同的等产量线，由于成本既定，所以只有一条等成本线。假定 CD 代表生产者在一定成本约束下的等成本线，CD 可以与许多等产量线相交，但只能与一条等产量线相切。在该图中，CD 与 Q_1 相交，与 Q_2 相切，与 Q_3 不相交也不相切。可以看出，生产者只能选择等产量线 Q_2，其原因在于，在既定成本约束下，生产者不可能达到 Q_3 的产量，虽然可以达到 Q_1 的产量，但这种生产不能使产量最大。可见，用既定成本 CD 生产产量 Q_2，既是可能的又是最经济的。

在图 4-7 和图 4-8 中，等产量线与等成本线的切点 E 称作生产者均衡点，是生产者成本最小或产量最大的组合点。在生产者均衡点上，生产者实现了利润最大化。

要素投入的最优组合是等产量线与等成本线的切点，这就要求等产量线的切线的斜率等于等成本线的斜率。由于等产量线的斜率是两种生产要素的边际技术替代率，等成本线的斜率是两种生产要素的价格之比，因此，生产者均衡的条件可以表示为：

$$MRTS = \frac{P_L}{P_K}$$

由于生产要素的边际替代率还等于生产要素的边际产量之比，因此，生产者均衡的条件也可以表示为：

$$\frac{MP_L}{MP_K} = \frac{P_L}{P_K} \quad 或 \quad \frac{MP_L}{P_L} = \frac{MP_K}{P_K}$$

这便是生产者均衡或者说投入最优组合的条件。如果用文字来表达，生产者均衡的条件是：投入要素的边际产量之比，等于它们的价格之比。或者说，企业购买投入要素的每一单位货币所带来的边际产量都相等。即如果 $\frac{MP_L}{P_L} > \frac{MP_L}{P_K}$，则每增加 1 元的劳动投入所增加的产量要大于每增加 1 元资本投入所增加的产量，生产者就会趋于用更多的劳动来代替资本，直至 $\frac{MP_L}{P_L} = \frac{MP_K}{P_K}$ 为止，反之亦然。这一条件可以推广到采用多种生产要素进行生产的场合。

三、生产要素的最优组合（生产者均衡）

在技术系数可以变动，即两种生产要素的组合比例可以变动的情况下，这两种生产要素按什么比例配合最好呢？这就是生产要素的最优组合所研究的问题。

(一)生产要素的最优组合与消费者均衡的关系

消费者均衡是研究消费者如何把既定的收入分配于两种产品的购买与消费上,以实现效用最大化。生产要素的最优组合是研究生产者如何把既定的成本分配于两种生产要素的购买与生产上,以实现利润最大化。两者所使用的分析方法基本相同,即边际分析法与等产量分析法。

(二)生产要素最优组合的边际分析

与消费者均衡分析相似,生产要素最优组合的原则是:在货币成本与生产要素价格既定的条件下,应该使所购买的各种生产要素的边际产量与价格的比例相等,即要使每一单位货币成本无论购买何种生产要素都能得到相等的边际产量。

假定生产者用一定的货币成本 M 所购买的生产要素是资本 K 和劳动 L,两种生产要素的价格分别为 P_K 和 P_L,购买数量分别为 Q_K 和 Q_L,两种生产要素所带来的边际产量分别为 MP_K 和 MP_L,每一单位货币成本的边际产量为 MP_M。那么,生产者利润最大化的均衡条件可以表示为:

$$P_K \cdot Q_K + P_L \cdot Q_L = M$$
$$MP_K/P_K = MP_L/P_L = MP_M$$

前一个公式表示限制条件。说明生产者拥有的货币量是既定的,购买两种生产要素的支出既不能超出这一货币量,也不能小于这一货币量。超出这一货币量的购买是无法实现的,而小于这一货币量的购买也达不到既定资源时的产量最大化。

后一个公式表示生产要素最优组合的条件。每一单位货币成本无论是购买资本 K,还是购买劳动 L,所得到的边际产量都相等。

将等产量线与等成本线结合在一张图上,那么,等成本线必定与无数条等产量线中的一条切于一点。在这个切点上就实现了生产要素的最优组合。在图4—9中,三条等产量线,产量大小的顺序为 $Q_1 < Q_0 < Q_2$。等成本线 AB 与等产量线 Q_0 相切于 E,这时实现了生产要素的最优组合。这就是说,在货币成本与生产要素价格既定的条件下,OL_1 的劳动与 OK_1 的资本结合,可以实现利润的最大化,即既定产量下成本最小或既定成本下产量最大。

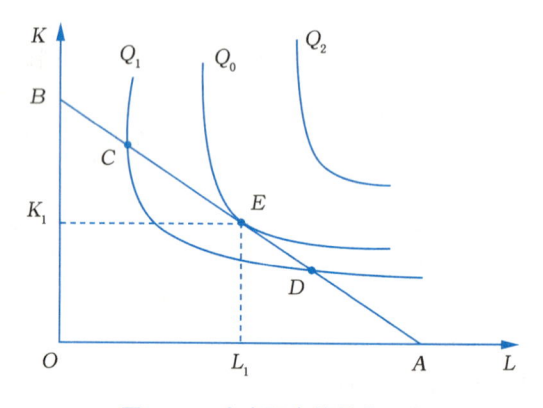

图4—9 生产要素的最优组合

为什么只有等产量线与等成本线的切点才是最佳组合呢?从图4—9中可以看出,只有在 E 点上所表示的劳动与资本的组合才能达到在货币成本和生产要素价格既定条件下的产量最大。离原点远的等产量线 Q_2 所代表的产量水平大于等产量线 Q_0,但等成本线 AB 同它既不相交又不相切,这说明达到 Q_2 产量水平的劳动与资本的数量组合在货币成本与生产要素价格既定的条件下是无法实现的。而离原点近的等产量线 Q_1,虽然等成本线 AB 同它有两个交点 C 和 D,说明在 C

点和 D 点上所购买的劳动与资本的数量组合也是货币成本与生产要素价格既定的条件下的最大组合,但 $Q_1<Q_0$,因此 C 点和 D 点时的劳动与资本的数量组合并不能达到利润最大化。此外,在等产量线 Q_0 上,除 E 点之外的其他各点也在 AB 线之外,即所要求的劳动与资本的数量组合在货币成本与生产要素价格既定的条件下也是无法实现的。

(三)生产扩张线

生产扩张线是指在生产要素价格和其他条件不变的情况下,随着企业成本的增加,等成本线向右上方平行移动,不同的等成本线与不同的等产量线相切,形成不同的生产要素的最佳组合点,将这些点连接在一起所形成的轨迹。生产扩张线表示在生产要素价格、技术和其他条件不变的情况下,当生产过程的投入(成本)增加时,企业必然会沿着生产要素的最优组合来扩大其生产;当生产者沿着这条线扩大生产时,可以始终实现生产要素的最佳组合,从而使生产规模沿着最有利的方向扩大。生产扩张线如图4-10所示。

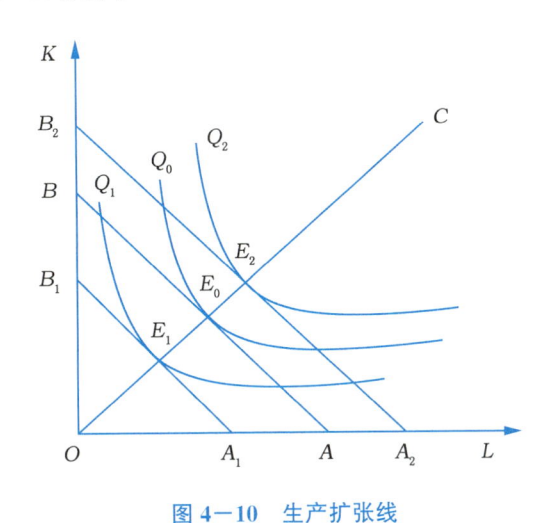

图4-10 生产扩张线

同步思考

生产扩张线是不是企业生产的最优曲线?

答:是。生产者沿着这条线扩大生产时,可以始终实现生产要素的最适组合,从而使生产规模沿着最有利的方向扩大。

四、柯布—道格拉斯生产函数

柯布—道格拉斯生产函数最初是美国数学家柯布(C. W. Cobb)和经济学家保罗·道格拉斯(Paul H. Douglas)共同探讨投入与产出的关系时提出的,是在生产函数的一般形式上作出的改进,引入了技术资源这一因素。柯布—道格拉斯生产函数表达形式为:

$$Q=A\times L^\alpha \times K^\beta$$

式中,Q 是产量,L、K 是劳动投入量和资本投入量,A、α、β 是参数,$A>0$,$0<\alpha,\beta<1$。

α 和 β 的经济含义如下:

(1)$\alpha+\beta>1$,规模报酬递增,就是产量增加的比例大于生产要素的投入增加的比例;

(2)$\alpha+\beta<1$,规模报酬递减,就是产量增加的比例小于生产要素的投入增加的比例;

(3) $\alpha+\beta=1$,规模报酬不变,就是产量增加的比例等于生产要素的投入增加的比例。

五、规模报酬

(一)规模报酬的含义

规模报酬(Returns to Scale)又称规模收益,是指在其他条件不变的情况下,企业内部各种生产要素按相同比例变化时所带来的产量变化。规模报酬分析的是企业的生产规模变化与所引起的产量变化之间的关系。企业只有在长期内才能变动全部生产要素,进而变动生产规模,因此企业的规模报酬分析属于长期生产理论问题。

在微观经济学中,将长期中企业的规模变化定义为所有生产要素的同比例变化。企业的规模报酬变化可以分规模报酬递增、规模报酬不变和规模报酬递减三种情况。现在举例加以说明:

假设某大型啤酒公司月产 5 万吨啤酒,耗用资本为 50 个单位,耗用劳动为 50 个单位。现在扩大了生产规模,使用 100 个单位的资本和 100 个单位的劳动(生产规模扩大一倍),由此所带来的收益变化可能有如下三种情形:

(1)产量大于 10 吨,产量增加的比例大于生产要素增加的比例,这称作规模报酬递增。
(2)产量等于 10 吨,产量增加的比例等于生产要素增加的比例,这称作规模报酬不变。
(3)产量小于 10 吨,产量增加的比例小于生产要素增加的比例,这称作规模报酬递减。

随着生产规模的变化,企业的规模报酬也在发生变化。那么,使得规模报酬变化的原因是什么呢?在经济学上,将这个原因称作"规模经济"和"规模不经济"。前者是指由于产出水平的扩大或者生产规模的扩大而引起产品平均成本的降低;而如果产出水平的扩大或者生产规模的扩大引起产品平均成本升高,则将其称作"规模不经济"。

规模经济(Economies of Scale),是指由于产出水平的扩大,或者说生产规模的扩大而引起的产品平均成本的降低。理解这一含义时要注意以下三点:

第一,规模经济发生作用的条件是以技术不变为前提的。

第二,在生产中使用的两种可变投入要素是按同样的比例增加的,且不考虑技术系数变化的影响,以及由于生产组织规模的调整对产量的影响。

第三,两种生产要素增加所引起的产量或收益的变动情况,就如同边际收益递减规律发生作用一样,也有规模收益递增、规模收益不变、规模收益递减三个阶段。

规模收益的变动如图 4—11 所示。在图 4—11 中,Oa 曲线表示规模收益不变,Ob 曲线表示规模收益递增,Oc 曲线表示规模收益递减。

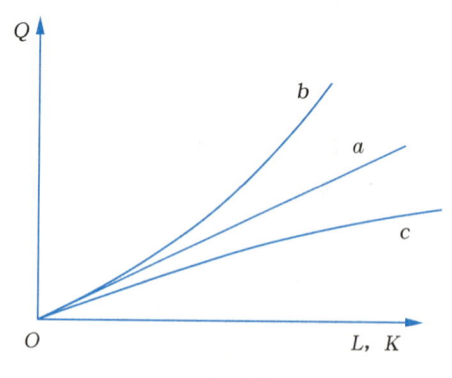

图 4—11 规模收益的变动

同步思考

如何理解"众人拾柴火焰高"与"三个和尚没水喝"?

分析:俗话说"人多力量大""众人拾柴火焰高",这些耳熟能详的口号总是能让人联想到冲天的干劲和建设热情。它说明一个道理:形成规模才能发挥强大的力量。从经济学上讲,这涉及一个组织的规模,用专业术语描述,就是"规模收益"问题。它是指在其他条件不变的情况下,企业内部各种生产要素按相同比例变化时所带来的产量变化。

"一根筷子容易折,一把筷子折不断"固然是事例,但"一个和尚挑水喝,两个和尚抬水喝,三个和尚没水喝"也是著名的故事。无数的事实早已证明,人多确实力量大,但未必一定会有更高的效率。

(二)影响规模经济变动的因素

1. 内在经济

内在经济是指一个企业在生产规模扩大时,由自身内部因素所引起的收益或产量的增加。引起内在经济的主要因素有:①生产规模扩大,可以购置和使用更加先进的机器设备;可以提高专业化程度,提高生产效率;可以实现资源的综合开发和利用,使生产要素效率得到充分发挥。②巨大的规模能使企业内部管理系统高度专门化,使各个部门的管理者容易成为某一方面专家,从而提高管理水平和工作效率。③在大规模生产中,可以对副产品进行综合利用,可以更加快速地开发生产出许多相关产品,实行多元化生产。④在大规模生产中,可以对生产要素进行综合、大批量采购,对产品进行大批量运输,从而降低购销成本。同时,由于大规模生产相对容易形成生产经营上的垄断,因此有利于获取生产经营上的优势,获得递增的规模收益。

2. 内在不经济

内在不经济是指一个企业由于本身生产规模过大而引起产量或收益的减少。引起内在不经济的原因主要有:①企业规模过大,会导致管理层次复杂、管理幅度过大,同时,庞大的管理机构可能会降低企业的管理效率。②生产经营规模庞大、产品多样化,可能会引起销售费用增加。③生产规模大,可能会使生产要素、制成品和在制品积压,导致生产成本增加。

3. 外在经济

外在经济是指由于整个行业生产规模的扩大,而给个别企业带来的产量与收益的增加。引起外在经济的原因主要有:①可以从整个行业的扩大中得到更加便利的交通辅助设施,可以获得各种市场信息。②能够在行业内部实行更好的专业化协作,提高生产效率。③可以得到更多的人才和熟练的技术工人。④可以更加方便地实现企业间的规模连锁经营和扩张经营。

4. 外在不经济

外在不经济是指由于整个行业生产规模扩大,而给个别企业带来的产量与收益的下降。引起外在不经济的原因主要有:①行业规模过大,可能会加剧企业之间的竞争,从而降低收益。②行业规模过大,企业之间互相争购原材料和劳动力,可能会导致生产要素价格上升、货币成本增加。③行业规模过大,会加重环境污染、交通拥挤等不利影响。

(三)适度规模

适度规模是指两种生产要素的增加使规模扩大的同时,也使产量或收益递增达到最大。当收益递增达到最大时,就不再增加生产要素,并使这一生产规模维持下去。

对不同行业的企业来说,适度规模的大小是不同的,并没有一个统一的标准。在确定适度规模时,应该考虑的因素主要有:①企业的技术特点和生产要素的密集程度。一般来说,像钢铁、汽车、造船之类的资本密集型企业,投资规模大、技术复杂,适宜采用大规模生产;而像纺织业、服务业之类的劳动密集型企业,就适宜采用小规模生产。②市场需求的影响。一般来说,生产市场需求量大、标准化程度高的产品的企业,适度规模就应该大;相反,生产市场需求小、标准化程度低的产品的企业,适度规模就应该小。③自然资源状况。比如矿山储藏量的大小、水力发电站水资源的丰裕程度等。

学思践悟　　　　供给侧结构性改革助力钢铁行业去产能

我国是一个钢铁生产大国,钢铁行业一直处于规模收益递增阶段,但前些年出现了产能过剩的问题。随着供给侧结构性改革的实施,我国钢铁行业去产能取得了实质性的进展。一方面,改革最直接的效果是帮助行业走出了亏损"泥沼",解决了困扰行业多年的产能过剩问题,提振了信心;另一方面,从更深层次来说,是帮助行业矫正了扭曲的要素配置,提高了供给质量,抑制了"劣币驱逐良币"的现象,奠定了转型升级、实现高质量发展的良好基础,抑制了钢铁行业向规模收益递减趋势转移。从市场行情来看,随着供给侧结构性改革的不断落实,钢铁行业的供需关系基本处于一个较为稳定的状态中。目前,市场环境明显改善,产能严重过剩矛盾有效缓解,优质产能得到发挥,企业效益明显好转。通过积极转型升级,钢铁企业逐步摒弃以量取胜的传统观念,转向追求高质量发展。

【悟有所得】任何一个行业,都应找到其适度规模所在,才能维持良好的经营秩序。对于钢铁行业在供给结构方面存在的问题,国家自2016年开始对钢铁行业开展供给侧结构性改革,在过去的几年中成效显著。目前我国通过正确预测钢铁工业的未来发展趋势,明确钢铁工业在未来社会中应发挥的作用,使钢铁工业在国民经济中的地位更加稳定。通过一段时间的政策实施,多家企业创下年度最优业绩。钢铁行业"去产能"已取得了丰硕成果,同时国家措施的有效性也得到了有力的证明。

2023年的政府工作报告提出,要把实施扩大内需战略同深化供给侧结构性改革有机结合起来。这是中共中央基于国内外发展环境变化提出的重大战略举措,对于今后一个时期加快构建新发展格局、推动高质量发展具有重要意义。我们应该正确认识经济发展规律,从马克思主义政治经济学理论出发,深刻理解这一系列战略部署的理论依据。

课堂讨论

如果生产规模扩大了10%,带来产量增加了8%,这属于哪种情况?
答:属于规模收益递减。

关键术语

生产要素　生产函数　等产量线　等成本线　总产量　平均产量　边际产量　边际报酬递减规律　规模经济

应知考核

一、单项选择题

1. 现代市场经济中最重要的企业形式是(　　)。
   A. 独资企业　　　　B. 合伙制企业　　　　C. 公司制企业　　　　D. 以上都可以
2. 对生产函数 $Q=f(L,K)$ 和成本方程 $M=P_L \cdot Q_L + P_K \cdot Q_K$ 来说,在最优生产组合点上,(　　)。

A. 等产量线和等成本线相切 B. $MRTS_{LK} = P_L/P_K$
C. $MP_L/P_L = MP_K/P_K$ D. 以上说法都对

3. 生产函数衡量了( )。
A. 投入品价格对企业产出水平的影响
B. 给定一定量的投入所得到的产出水平
C. 在每一价格水平上企业的最优产出水平
D. 以上都是

4. 经济学中短期和长期生产函数的划分取决于( )。
A. 时间长短 B. 可否调整产量
C. 可否调整产品价格 D. 可否调整生产规模

5. 根据等产量线与等成本线相结合分析,两种生产要素的最优组合是( )。
A. 等产量线与等成本线相交之点 B. 等产量线与等成本线相切之点
C. 离原点最远的等产量线上的任一点 D. 离原点最近的等产量线上的任一点

6. 边际报酬递减规律成立的前提条件是( )。
A. 生产技术既定
B. 按比例同时增加各种生产要素
C. 连续增加某种生产要素的同时保持其他生产要素不变
D. A 和 C

7. 等产量曲线上的各点代表了( )。
A. 为生产相同产量,投入要素的组合比例是固定不变的
B. 为生产相同产量,投入要素的价格是不变的
C. 生产相同产量的投入要素的各种组合比例
D. 为生产相同产量,成本支出是相同的

8. 当总产量达到最大值时,( )。
A. 边际产量大于零 B. 边际产量等于零
C. 边际产量小于零 D. 边际产量等于平均产量

9. 边际产量曲线与平均产量曲线的相交点是在( )。
A. 边际产量大于平均产量 B. 边际产量小于平均产量
C. 边际产量等于平均产量 D. 边际产量等于总产量

10. 在规模收益不变阶段,生产规模扩大了 10%,带来( )。
A. 产量增加 10% B. 产量减少 10%
C. 产量的增加大于 10% D. 产量的增加小于 10%

二、多项选择题

1. 以下各要素中属于经济学范畴的生产要素的有( )。
A. 劳动力 B. 土地 C. 企业家才能 D. 资本

2. 一般说企业家的才能通常是指企业家的( )。
A. 组织能力 B. 管理能力 C. 创新能力 D. 推销能力

3. 以下现象发生在生产的第二阶段的有( )。
A. 平均成本达到最大值 B. 平均成本开始下降
C. 平均成本一直小于边际成本 D. 平均成本大于边际成本

4. 关于边际产量与平均产量的关系,下列说法正确的有( )。
A. 边际产量与平均产量均是先上升后下降
B. 边际产量交于平均产量的最高点
C. 在相交点左侧,平均产量大于边际产量
D. 在相交点右侧,平均产量大于边际产量

5. 关于边际报酬递减,下列说法正确的有( )。
A. 边际报酬递减规律发生的前提条件是技术不变
B. 在产量递增阶段,可变生产要素的增加使产量或收益增加
C. 在边际产量递减阶段,增加的每一单位生产要素的边际产量是递减的
D. 在产量绝对减少阶段,生产要素的增加使总产量迅速减少

三、判断题

1. 生产函数指的是要素投入量与最大产出之间的一种函数关系,通常分为固定比例生产函数和可变比例生产函数两种类型。 ( )
2. 等产量线凸向原点是由边际技术替代率递减所决定的。 ( )
3. 边际报酬递减规律采用的是无差异曲线法。 ( )
4. 边际报酬递减规律是研究一种生产要素合理投入的出发点。 ( )
5. 只要总产量减少,边际产量一定是负数。 ( )

四、简答题

1. 简述什么是生产要素与生产函数。
2. 用图形来说明生产要素的最适组合。
3. 用图形说明总产量曲线、平均产量曲线和边际产量曲线的特征及其相互之间的关系。
4. 什么是规模经济?影响规模经济的因素有哪些?
5. 在确定适度规模时,应该考虑哪些因素?

五、计算题

1. 假设某企业品总产量函数为 $TP_L = 72L + 15L^2 - L^3$,求:
(1) 当 $L = 7$ 时,边际产量 MP_L 是多少?
(2) L 的投入量为多大时,边际产量 MP 开始递减?

2. 假设某企业的短期生产函数为 $Q = 35L + 8L^2 - L^3$。求:
(1) 该企业的平均产量函数和边际产量函数。
(2) 如果企业使用的生产要素的数量为 $L = 6$,是否处于短期生产的合理区间?为什么?

3. 某消费者收入为 3 000 元。一杯红酒 3 元,一袋奶酪 6 元。请画出该消费者的预算线。这条预算线的斜率是多少?

应会考核

■ 观念应用

试用边际报酬递减规律解释"一个和尚挑水吃,两个和尚抬水吃,三个和尚没水吃"的现象。

■ 技能应用

表4-3是一种可变生产要素的短期生产函数的产量表：

表4-3　　　　　　　　　　　　短期生产函数产量表

可变要素的数量	可变要素的总产量	可变要素的平均产量	可变要素的边际产量
1		2	
2			10
3	24		
4		12	
5	60		
6			6
7	70		
8			0
9	63		

请回答下列问题：

(1) 在表中填空。

(2) 指出该生产函数是否存在边际报酬递减。如果存在的话，是从第几单位的可变要素投入量开始的？

■ 案例分析

小李创业之路

2023年全国教育事业发展统计公报显示，各类高等教育在校学生总规模4 183万人。同时，随着我国经济的发展，家庭收入的提高，高校在校生的消费水平也不断提高，这意味着该消费市场孕育着巨大的商机。

嗅到了这一商机，临近毕业的在校大学生小李决定在学校图书馆一楼大厅开设一家咖啡店，专营各品类咖啡。开业前，他花了5万元进行店铺装修，花2万元购置了1台咖啡机、各种原材料，并雇用了两名咖啡师。营业初期虽然客流量较少，但由于咖啡师技术较好、选用的咖啡豆品质良好，顾客对出品的满意度较高，咖啡店的口碑逐渐建立了起来，生意也日益红火起来。但随之而来的是投诉增多。前来购买咖啡的同学们常常抱怨出品时间太长。为了解决这一问题，小李马上又购置了一台咖啡机，并新雇用了两名咖啡师。看着投诉的减少及营业额的增加，小李深受鼓舞。

眨眼间几年过去了，看着经营情况日渐平稳的咖啡店，小李做出了一个大胆的决定——开设自己的咖啡生产线！为此，花费数月，小李租了一栋厂房，建了3条专门用于咖啡生产的生产线，聘请了专业技术人才和生产工人。看着生产顺利步入正轨，甚至开始有了供不应求的迹象，小李别提多高兴了。为了满足市场需求，小李向银行贷款了30万元用于扩大生产规模。一个月后，新建的咖啡专用生产线正式投入使用，新雇用的生产工人也如期到岗。没想到，天有不测风云，由于竞品的创新与推广，新口味果蔬汁在消费者中快速流行起来。受此影响，消费者对咖啡的需求直线下降。

市场触觉灵敏的小李马上对校园咖啡店进行升级改造，投入一笔资金用于购买果蔬汁生产设备和原材料，聘请有果蔬汁制作经验的店长1名并对原有咖啡师进行果蔬汁调配培训。半个月不到，原来的咖啡店摇身一变打出了"内有各式新鲜果蔬汁提供"的广告。但是，这半个月间，小李看着刚扩大了生产规模的咖啡生产线犯了难——现有市场对咖啡的需求已近乎减半，厂房的租期还有5年,现有人才并不熟悉果蔬汁的生产,由产量降低带来的生产工人停工与生产线闲置……

问题:

1. 小李为经营咖啡店投入了哪些生产要素?这些生产要素与咖啡的产量间的关系如何表示?
2. 如何区分"短期"和"长期"?案例中,"短期"和"长期"是如何体现的?

▼ 项目实训

【实训任务】

通过本项目的实训,使学生理解生产理论的相关内容,并能够运用生产理论解决经济工作过程中存在的实际问题。

【实训情境】

1. 根据本项目内容,上网或通过书刊查找有关资料,进行自拟题目分析。
2. 全班分成若干小组,每组8~10人,实行组长负责制,完成综合实训项目。
3. 各组分别进行讨论答辩,组长做总结性发言,各组之间进行评价,最后由教师进行总结,并给出考核成绩。

【实训要求】

撰写《生产理论实训报告》。

《生产理论实训报告》		
项目实训班级:	项目小组:	项目组成员:
实训时间:　　年　　月　　日	实训地点:	实训成绩:
实训目的:		
实训步骤:		
实训结果:		
实训感言:		

项目五　回归生产理性——成本与收益理论

● **知识目标**

　　理解:成本的分类;收益分析。
　　熟知:短期成本和长期成本的含义及其内容。
　　掌握:短期成本和长期成本曲线;利润最大化原则。

● **技能目标**

　　明白成本在经济中的实际应用;能区分各类短期成本和长期成本的变动规律及其关系;能够在生活中运用成本和收益理论进行合理的决策选择。

● **素质目标**

　　能够正确领会和理解经济运行的逻辑关系与基本规律,对相关决策提供最优化解决方案,能够对成本和收益进行简单分析,具备初步分析问题的能力,树立正确的世界观、人生观和价值观,做到学思用贯通、知信行统一。

● **思政目标**

　　通过本项目的学习,树立科学的决策观,以实现社会效益最大化为目标,将所学的成本和收益知识有效地应用于改善社会中的贫富差距和加强社会经济稳定环境之中。作为大学生,我们要做先进知识的掌握者,做改革创新的生力军;培养创新意识,提高研究能力,致力于解决具有时代性、基础性的经济社会问题。

● **项目引例**

旅行社在旅游淡季如何经营

　　某旅行社在旅游淡季打出从天津到北京世界公园1日游38元(包括汽车和门票)的广告。很多人可能不相信,认为这是旅行社的促销噱头。该广告可信吗?真的会这么便宜吗?38元连世界公园的门票都不够。下面,我们从经济学的角度来分析,认为该广告可能是真的。因为旅行社在淡季游客不足,而旅行社的大客车、旅行社的工作人员这些生产要素是不变的,一个游客都没有,汽车的折旧费、工作人员的工资等固定费用也要支出。任何一个企业的生产经营都有长期与短期之分,从长期看,如果收益大于成本就可以生产。更何况就是38元,旅行社也还是有钱赚的,我们给它算一笔账:假定旅行社的大客车载客50人,每位游客38元,收入共计1 900元;高速公路费和汽油费假定为500元,门票价格每位游客10元共500元,可变成本共计1 000元,这样旅行社可以赚取900元。这900元可以用来弥补全部或部分固定成本的支出。如果不经营,那么所有的固定成本支出都需要旅行社自身来支付。因为在短期内旅行社即使不经营也要承担汽车的折旧费、工作人员的工资等固定成本的支出,所以只要每位乘客支付的费用等于平均可变成本就可以经营。另外,公园在淡季门票团体票会打折也是这个道理。

请问:什么是短期成本?什么是长期成本?结合引例分析什么是固定成本,什么是可变成本,什么是平均可变成本。旅行社在什么情况下可以继续经营?

● 引例导学

短期成本是指企业在短期内进行生产经营的开支,分为短期固定成本和可变成本。短期内使用的固定的生产要素(厂房、设备等)不能调整;短期内能够调整的是可变的生产要素(工资、原材料等)。在长期中,企业可以对所有的生产要素进行调整,因而所有生产要素都是可变投入,长期内没有不变成本和可变成本的区分。在短期内,企业为生产既定产量所需要的生产要素投入的费用就是该产量下的总成本,它由不变成本和可变成本两部分构成。不变成本又称固定成本,是指不随企业产量变动而变动的那部分成本,它对应着不变投入的费用;可变成本是指随着企业产量变动而变动的那部分成本,它对应着可变投入的费用。平均可变成本是指每单位产量所花费的可变成本。在案例中,旅行社的大客车、旅行社的工作人员这些不变的生产要素带来的汽车的折旧费、工作人员的工资都是旅行社的固定成本。高速公路费、汽油费和门票价格是旅行社的可变成本。按照案例中给出的数据,可变成本共计1 000元,参团旅客50人,可计算出平均可变成本为20元。

旅行社在短期内不经营也要承担固定成本的支出,因此只要收益能够弥补可变成本,就可以继续经营下去。

● 知识支撑

任务一 成本理论概述

一、成本的含义

成本(Cost)是指企业在生产活动中所使用的各种生产要素的价格。生产要素包括劳动、土地、资本和企业家才能,所以成本包括工资、地租、利息和企业家才能的报酬。

二、成本的分类

(一)会计成本

会计成本(Accounting Cost)是指企业在生产中按市场价格所购买的生产要素的货币支出。会计成本可以用货币来计量,且能够在会计账目上直接反映出来。会计成本是过去的支出,因此也称为历史成本;同时,这种成本在企业中是显而易见的,因此又称为显性成本。例如,企业雇用工人所支出的工资、向银行贷款所支付的利息、租用土地所支付的地租、购买原材料所支付的费用等。

(二)经济成本

经济成本(Economic Cost)是指企业在生产过程中所发生的显性成本与隐性成本之和。显性成本是指企业在生产要素市场上购买或租用所需要的生产要素的实际支出。隐性成本是指生产者自有的资金、土地、厂房、人力等生产要素被用于该企业生产过程而支付的总价格。隐性成本包括生产者所拥有的和所使用的资源的成本。

同步思考　　　　　　　　　　请你当法官

上小学的欣欣有一天在学校上体育课,由于体育老师不正确的操作,导致欣欣在模拟跑步姿势时不小心摔倒,导致右胳膊骨折。欣欣被父母送到医院治疗。由于没法上课,欣欣请假3个月。欣欣的父母都是企业员工,他们也请了3个月的假来照顾欣欣。欣欣的姥姥退休在家,每天给欣欣做好吃的。欣欣父母的同事都认为此次事故是由体育老师不正确的操作导致的。欣欣的父母也咨询了律师朋友,确定此次事故体育老师有着不可推卸的责任。于是,欣欣的父母向学校提出索赔。

思考讨论:如果你是法官,你认为学校应该赔偿多少钱?是如何计算的?

课堂讨论

企业雇用经营管理人员所付出的报酬是隐性成本还是显性成本?

答:是显性成本。因为企业雇用经营管理人员所付出的报酬可以在会计账目上直接反映出来。

(三)机会成本

机会成本(Opportunity Cost)是指当把一定资源用于生产某种经济物品时所放弃的其他用途所能产生的最大收益。也就是说,决策者在资源既定的条件下,为获得某种收入所放弃的其他机会的最高收入。

【提示】机会成本与会计成本的区别如下:①机会成本不是企业的实际支出;而会计成本是企业的实际支出。②机会成本在会计账目上反映不出来,又称为隐性成本;而会计成本能够在会计账目上反映出来,又称为显性成本。

【做中学5—1】　某人拥有10 000元的资金,可用于以下甲、乙、丙三种用途,所得收入及利润如表5—1所示。

表5—1　　　　　　　　　　甲、乙、丙用途所得的收入及利润　　　　　　　　　　单位:元

用途 项目	甲用途	乙用途	丙用途
预计各种用途可能获得的销售收入	12 000	16 000	19 000
预计各种用途可以得到的利润	2 000	6 000	9 000

在表5—1中,把资金用于甲用途,可以得到销售收入12 000元,那么会失去什么?

分析:①失去了10 000元的资金,把资源用于甲用途就失去了拥有10 000元资金的机会(机会成本为10 000元);②失去了用于乙、丙两种用途的机会,即失去了获得6 000元、9 000元利润的机会,这两个机会损失中最大的机会损失是9 000元,所以资金用于甲用途的第二个机会损失是9 000元(机会成本为9 000元)。

课堂讨论　　　　　　　　　　机会成本的理解

投资者王某考虑了股票和储蓄存款两种投资方式。他于2022年12月1日用1万元购进某只股票,经过一年多的操作,到2023年12月25日,投资股票的净收益为450元。如果当时将这1万元存入银行,一年期定期储蓄存款的年利率为3.3%,则利息净收益为330元。

分析:这330元就是王某投资股票而放弃储蓄存款的机会成本。到2023年12月25日,王某

投资股票获得的净收益为450元,若考虑机会成本,他的实际收益则是120元。

课程思政　　　　　转行的机会成本有多大

李佳今年28岁,从事客户服务工作5年多了。最近,李佳越来越觉得客户服务工作没有太大的发展前景。加上年龄逐渐增长,她对自己的职业发展方向产生了困惑。她想转行,但想到自己大学里学的是人力资源管理,若要转行还需要下一番功夫。

李佳先去做了市场调查,根据市场需求和实际情况,决定转行做律师:一来自己这么多年对法律感兴趣;二来法考相对而言节省时间与金钱。当然还有一点,就是律师年龄越大越值钱,不会为年龄发愁。

然而,真正面对转行时,李佳又犹豫了:"28岁才想转行晚不晚呢?"

【思政感悟】　我们先来帮李佳算一笔经济账。法律考试的金钱代价:辅导班6 000元+教材300元+考试费220元=6 520元。

若是刚刚转行成为律师,薪水肯定没有现在高,但从长远利益来看,超过现在的水平只是一个时间和转行成功与否的问题。

据调查,大多数白领的职业生涯呈现出这样的轨迹:工作1~4年担任基层职位,5~6年任经理,7~9年任高级经理/总监,10~12年任副总经理,13~20年任总经理,即30岁以上的白领普遍担任一定的管理职务。但是能够最终升至企业总监以上高级职务的概率只有10%,这时许多人感觉在企业内发展空间有限,缺乏工作动力。因此,28~33岁年龄阶段的、有一定事业基础的白领是对职业最敏感的人群,他们渴求事业有大的突破。这时候就面临着是换行业还是换岗位的艰难抉择。

【三省吾身】　对李佳而言,转行是可行的,她的个性是敢于接受挑战和压力的,又可以做自己感兴趣的事情。所以,转行是可行的。当然,转行前要先接触与此相关的行业,有这样一个过渡,可以更快地进入新的角色。

(四)显性成本与隐性成本

显性成本(Explicit costs)是指企业在生产要素市场上购买或租用所需要的生产要素的实际支出,即企业支付给企业以外的经济资源所有者的货币额,如支付的生产费用、工资费用、市场营销费用等。因而,它是有形的成本。例如,企业雇用了一定数量的工人,从银行取得了一定数量的贷款,并租用了一定数量的土地。为此,这个企业就需要向工人支付工资,向银行支付利息,向土地出租者支付地租,这些支出便构成了该企业的生产的显性成本。

隐性成本(Hidden costs)是企业本身自己所拥有的且被用于企业生产过程的那些生产要素的总价格。它是一种隐藏于企业总成本之中、游离于财务审计监督之外的成本。它是由于企业或员工的行为而有意或者无意造成的具有一定隐蔽性的将来成本和转移成本,是成本的将来时态和转嫁的成本形态的总和,如管理层决策失误带来的巨额成本增加、领导的权威失灵造成的上下不一致、信息和指令失真、效率低下等。相对于显性成本来说,这些成本隐蔽性大,难以避免,不易量化。例如,为了进行生产,一个企业除了雇用一定数量的工人,从银行取得一定数量的贷款和租用一定数量的土地之外(这些均属于显性成本支出),还动用了自己的资金和土地。

经济学家指出,既然借用了他人的资本需付利息,租用了他人的土地需付地租,聘用他人来管理企业需付薪金,那么,同样的道理,在这个例子中,当企业使用了自有生产要素时,也应该得到报酬。所不同的是,现在企业是自己向自己支付利息、地租和薪金。因此,这笔价值就应该计入成本之中。由于这笔成本支出不如显性成本那么明显,所以被称作隐性成本。

(五)短期成本与长期成本

在短期中,企业不能根据其所要达到的产量来调整其全部生产要素。其中,不能在短期内调整的生产要素的费用,如厂房和设备的折旧、管理人员的工资等,属于固定成本(Fixed Cost,FC)。固定成本不随产量的变动而变动。在短期内可以调整的生产要素的费用,如原料、燃料的支出,以及工人的工资等,属于可变成本(Variable Cost,VC)。可变成本随产量的变动而变动。

在长期中,企业可以根据其所要达到的产量来调整其全部生产要素,因此一切成本都是可变的,不存在固定成本和可变成本的区别。

由此可见,短期与长期的区别就在于生产规模是否发生变化。无论是短期还是长期,关于总可变成本、平均可变成本和边际成本关系的分析都是其中的基本组成部分,对于短期成本的分析,只要将其加上固定成本部分即可;对于长期成本的分析,其基本规律更是一致的,只要考虑到其同短期成本的关系,进一步加以具体化就可以。

(六)沉没成本

沉没成本(Sunk Cost)是一种历史成本,对现有决策而言是不可控成本,会在很大程度上影响人们的行为方式与决策。对企业来说,沉没成本是企业在以前经营活动中已经支付现金,而经营期间摊入成本费用的支出。因此,固定资产、无形资产、递延资产等均属于企业的沉没成本。从成本的形态看,沉没成本可以是固定成本,也可以是变动成本。企业在撤销某个部门或是停止某种产品生产时,沉没成本中通常既包括机器设备等固定成本,也包括原材料、零部件等变动成本。通常情况下,固定成本比变动成本更容易沉没。从数量角度看,沉没成本可以是整体成本,也可以是部分成本。例如,中途弃用的机器设备,如果能变卖出售获得部分价值,那么其账面价值不会全部沉没,只有变现价值低于账面价值的部分才是沉没成本。因此,沉没成本是一种会计成本。

三、经济利润

企业的所有显性成本和隐性成本之和构成总成本。企业的经济利润是指企业的总收益与总成本之间的差额,简称企业利润。企业所追求的最大利润,指的就是最大的经济利润。经济利润也被称为超额利润。在经济学中,我们还要区别正常利润和经济利润,正常利润通常是指企业对自己所提供的企业家才能的报酬支付。正常利润是企业生产成本的一部分,它是以隐性成本计入成本的。由于正常利润属于成本,因此,经济利润中不包含正常利润。又由于企业的经济利润等于总收益减去总成本,所以,当企业的经济利润为零时,企业仍然得到了全部的正常利润。

任务二 短期成本曲线

在短期内,由于生产要素不能全部根据生产规模变动进行调整,所以产品成本变动的特点是一部分费用可变、另一部分费用相对不变。在短期成本分析中,主要研究由于产量变动所引起的总成本、平均成本和可变成本的变动规律,以及由此决定的企业生产经营规模的确定等问题。

一、短期成本的构成

短期是指企业不能根据它所要求达到的产量来调整其全部生产要素的时期。短期成本包括短期总成本、短期平均成本和短期边际成本。

(一)短期总成本

短期总成本(Short-run Total Cost,STC)是指短期内生产一定量产品所需要的成本总和。短期总成本包括短期总可变成本和短期总固定成本,用公式表示为:

$$STC = STFC + STVC$$

上式中，STC 表示短期总成本，$STFC$ 表示短期总固定成本，$STVC$ 表示短期总可变成本。

(二) 短期平均成本

短期平均成本(Short-run Average Cost, SAC)是指短期内生产每一单位产品平均所需要的成本。短期平均成本是短期总成本除以产量，用公式表示为：

$$SAC = STC/Q$$

上式中，SAC 表示短期平均成本，Q 表示产量。

短期平均成本包括短期平均可变成本和短期平均固定成本。短期平均可变成本是短期可变成本除以产量，短期平均固定成本是短期固定成本除以产量，用公式表示为：

$$SAFC = STFC/Q$$
$$SAVC = STVC/Q$$
$$SAC = SAFC + SAVC$$

上式中，$SAFC$ 表示短期平均固定成本，$SAVC$ 表示短期平均可变成本。

(三) 短期边际成本

短期边际成本(Short-run Marginal Cost, SMC)是指企业每增加一单位产量所增加的总成本量，用公式表示为：

$$SMC = \Delta STC/\Delta Q$$

上式中，SMC 表示短期边际成本，ΔSTC 表示短期总成本的增量，ΔQ 表示产量的增量。

【注意】短期总成本、短期平均成本、短期边际成本是互相联系、密切相关的，其中短期边际成本的变动又是短期总成本和短期平均成本变动的决定性因素。

二、各类短期成本的变动规律及其关系

各类短期成本随产量增加而变动的规律及其关系，可以通过表 5-2 所列短期成本变动情况的数据表示出来。同时，根据表 5-2 可以绘制出各类短期成本的曲线图。

表 5-2　　　　　　　　　　　　短期成本变动情况表

产量 Q(1)	短期总固定成本 $STFC$(2)	短期总可变成本 $STVC$(3)	短期总成本 STC(4)=(2)+(3)	短期边际成本 SMC(5)	短期平均固定成本 $SAFC$(6)=(2)÷(1)	短期平均可变成本 $SAVC$(7)=(3)÷(1)	短期平均成本 SAC(8)=(6)+(7)
0	64	0	64	—	—	—	—
1	64	20	84	20	64	20	84
2	64	36	100	16	32	18	50
3	64	51	115	15	21.3	17	38.3
4	64	64	128	13	16	16	32
5	64	80	144	16	12.8	16	28.8
6	64	111	175	31	10.7	18.5	29.2
7	64	168	232	57	9.1	24	33.1
8	64	320	384	152	8	40	48

(一) 短期总固定成本、短期总可变成本和短期总成本

短期总固定成本曲线是一条平行于横轴的水平线，表明固定成本是一个既定的数量(表 5-2 中为 64)，它不随产量的增减而改变。短期总可变成本是产量的函数，短期总可变成本曲线是一条

向右上方倾斜的曲线。其变动规律是从原点出发,随着产量的增加,成本相应增加。也就是说,短期总可变成本随产量的增加,先以越来越慢的速度增加,而后转为以越来越快的速度增加。

短期总成本曲线是由短期总固定成本线与短期总可变成本曲线相加而成,其形状与短期总可变成本曲线一样,且在短期总可变成本曲线的正上方,只不过是短期总可变成本曲线向上平行移动一段相当于短期总固定成本大小的距离,即短期总固定成本曲线与短期总可变成本曲线在任一产量上的垂直距离等于短期总固定成本,但短期总固定成本曲线不影响短期总成本曲线的斜率。因此,短期总固定成本的大小与短期总成本曲线的形状无关,而只与短期总成本曲线的位置有关。短期总成本曲线也是产量的函数,短期总成本曲线的形状也取决于边际报酬递减规律。

$STFC$、$STVC$ 和 STC 线如图 5—1 所示,其中,横轴 OQ 表示产量,纵轴 OC 表示成本。

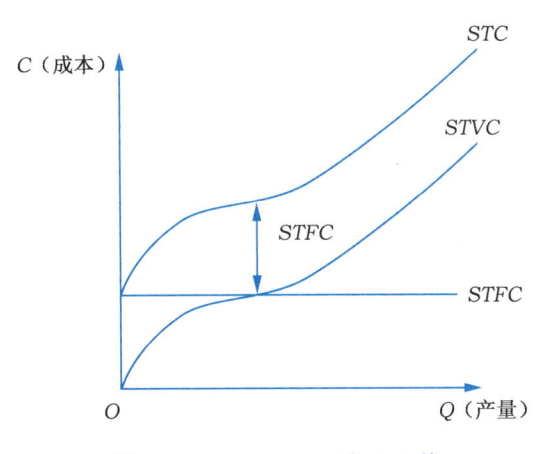

图 5—1　$STFC$、$STVC$ 和 STC 线

(二)短期平均固定成本、短期平均可变成本和短期平均成本

短期平均固定成本曲线是一条向右下方倾斜的曲线,开始比较陡,以后逐渐平缓,这表示随着产量的增加,短期平均固定成本一直在减少,但开始时减少的幅度大,以后减少的幅度越来越小。短期平均可变成本曲线和短期平均成本曲线均是"U"形曲线,表明随着产量的增加,短期平均可变成本和短期平均成本都是先下降而后上升。短期平均成本曲线在短期平均可变成本曲线的上方,开始时,短期平均成本曲线比短期平均可变成本曲线下降的幅度大,此后二者的变动规律相似。$SAFC$、$SAVC$ 和 SAC 曲线如图 5—2 所示。

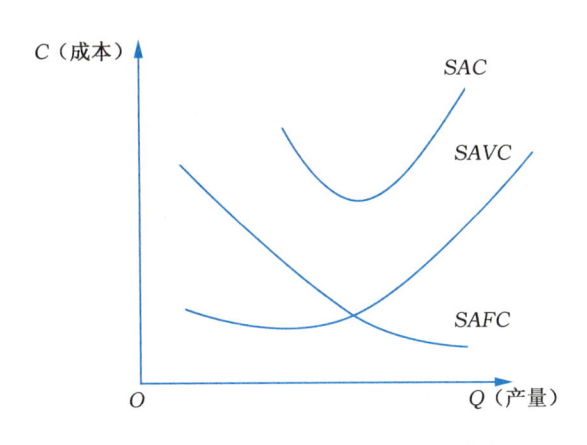

图 5—2　$SAFC$、$SAVC$ 和 SAC 曲线

(三)短期边际成本、短期平均成本和短期平均可变成本

短期边际成本曲线是一条先下降而后上升的"U"形曲线,开始时,边际成本随产量的增加而减少;当产量增加到一定程度时,边际成本就随产量的增加而增加。

1.短期边际成本和短期平均可变成本的关系

造成 SMC 曲线和 $SAVC$ 曲线呈"U"形的原因都是由于投入要素的边际成本的递减或递增,也就是边际报酬率的递增或递减,但两种成本的经济含义和几何含义不同。SMC 曲线反映的是 $STVC$ 曲线上某一点的斜率。而 $SAVC$ 曲线则是 $STVC$ 曲线上任一点与原点连线的斜率。SMC 曲线与 $SAVC$ 曲线相交于 $SAVC$ 曲线的最低点 A。由于短期边际成本对产量变化的反应要比短期平均可变成本灵敏得多,因此,不管是下降还是上升,SMC 曲线的变动都快于 $SAVC$ 曲线,SMC 曲线比 $SAVC$ 曲线更早到达最低点。在 A 点上,$SMC=SAVC$,即短期边际成本等于短期平均可变成本;在 A 点之左,$SAVC$ 在 SMC 之上,$SAVC$ 一直递减,$SAVC>SMC$,即短期边际成本小于短期平均可变成本;在 A 点之右,$SAVC$ 在 SMC 之下,$SAVC$ 一直递增,$SAVC<SMC$,即短期边际成本大于短期平均可变成本。A 点被称为停止营业点,即在这一点上,价格收入只能弥补短期平均可变成本,这时的损失是不生产也要支付短期平均固定成本。因此,如果低于 A 点,价格收入就不能弥补短期平均可变成本,生产者难以开工。相关内容如图 5-3 所示。

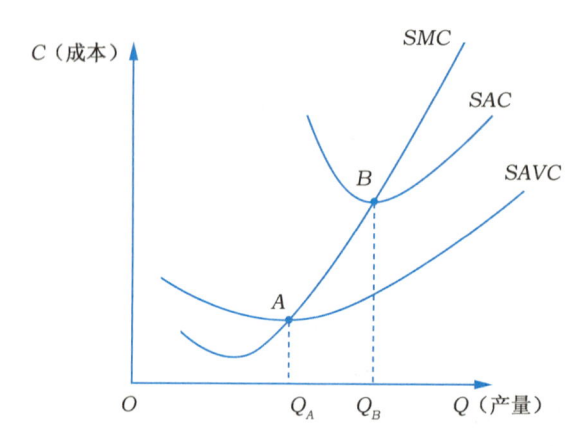

图 5-3 SMC、SAC 和 $SAVC$ 曲线

2.短期边际成本和短期平均成本的关系

短期边际成本和短期平均成本的关系与短期平均可变成本的关系相同。继续以图 5-3 为例来说明相关内容。SMC 曲线与 SAC 曲线相交于 SAC 曲线的最低点 B。在 B 点上,$SMC=SAC$,即短期边际成本等于短期平均成本;在 B 点之左,SAC 在 SMC 之上,SAC 一直递减,$SAC>SMC$,即短期平均成本大于短期边际成本;在 B 点之右,SAC 在 SMC 之下,SAC 一直递增,$SAC<SMC$,即短期平均成本小于短期边际成本。B 点被称为收支相抵点,这时的价格为短期平均成本,短期平均成本等于短期边际成本,生产者的成本(包括正常利润在内)与收益相等。

案例鉴赏 谨防被"沉没成本"所困

经济学中的沉没成本,指的是一种不良的经济行为已经发生,无论目前做出何种选择都无法收回成本,包括金钱、时间和精力。行为科学研究发现,决策者在考虑问题时,常常受到先期投入的影响,总是以上一次选择是正确的为前提,继而表现出持续投入的强烈倾向,以致陷入恶性循环而难以自拔,无形中陷入"沉没成本"陷阱。

三、短期成本曲线的特征

短期成本曲线之间的关系如图 5—4 所示。

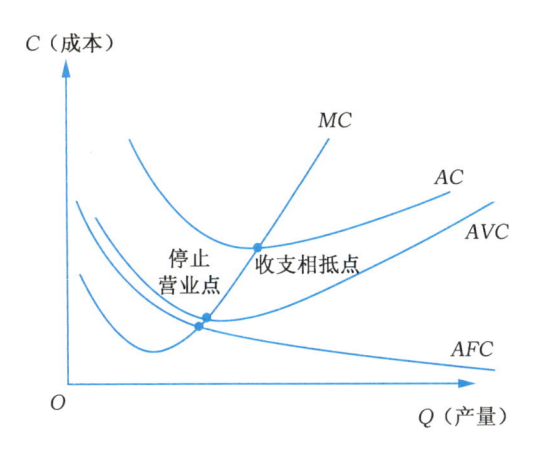

图 5—4　短期成本曲线

（一）曲线呈"U"形

边际成本(MC)与平均总成本(AC)、平均可变成本(AVC)三条曲线呈"U"形。这一特征是由边际成本递增规律确定的：随着可变投入的增加，边际成本在开始时递减；随着可变投入的继续增加，最终会不断上升。

案例鉴赏　　　　　　　　淡季的小型高尔夫球场

由于不同的季节收入变动很大，夏季度假区小型高尔夫球场必须决定什么时候营业和什么时候歇业。固定成本——购买土地和建球场的成本——又是无关的。只要在一年的这些时间，收入大于可变成本，小型高尔夫球场就可以开业经营。

同步思考　　　　　　　　鸡排店的经营成本

假设你经营一家鸡排店，如果每月炸 1 000 块鸡排，总成本为 10 000 元，其中 6 000 元为固定成本，4 000 元为可变成本，则每块鸡排的平均成本为 10 元，每块鸡排的平均固定成本为 6 元，平均可变成本为 4 元。

如果售价为每块 12 元，每块鸡排可赚 2 元。如果售价为每块 10 元，不赔不赚，你会继续经营吗？若每块售价降到 8 元。每卖一块排鸡要亏 2 元钱。你还会经营下去吗？每块为 5 元呢？

（二）边际成本和平均总成本、平均可变成本之间的关系

边际成本(MC)曲线先穿过平均可变成本(AVC)曲线的最低点，后穿过平均总成本(AC)曲线的最低点。

1. 边际成本(MC)与平均成本(AC)之间的关系

从图 5—4 中可以看出，U 形的 AC 曲线和 MC 曲线相交于 AC 曲线的最低点。相交前，MC 小于 AC，MC 曲线位于 AC 曲线的下方，AC 曲线必然会下降；相交后，MC 大于 AC，MC 曲线位于 AC 曲线的上方，AC 曲线必然会上升；在交点 MC 等于 AC。当 AC 等于 MC 时，AC 曲线既不上升，也不下降；且不管是上升还是下降，MC 的变动均快于 AC 的变动。

如果企业销售商品的单价或平均收益等于 MC 和 AC 相交点，那么，这个最低平均成本点便称

为收支相抵点(或称盈亏平衡点),因为在这一点正好平均收益等于平均成本,超过这点继续增加产量,平均收益小于平均成本,将导致亏损。

2. 边际成本(MC)与平均可变成本(AVC)之间的关系

U 形的 AVC 曲线和 MC 曲线相交于 AVC 曲线的最低点。相交前,MC 小于 AVC,AVC 下降,相交后 MC 大于 AVC,AVC 上升。在交点上,MC 等于 AVC,AVC 处于最低点。且不管是上升还是下降,MC 的变动均快于 AVC 的变动。

如果企业销售商品的单价或平均收益等于 MC 和 AVC 相交点,那么,AVC 最低点通常可称为停止营业点(见图 5-4)。因为在这一点正好平均收益等于平均可变成本,超过这点继续增加产量,平均收益小于平均可变成本,不仅收不回固定投入,而且连可变投入也不能完全收回,所以产量不能超过这点。

3. 短期平均成本(AC)与平均可变成本(AVC)的关系

AC 曲线始终位于 AVC 曲线的上方,AC 曲线的最低点高于 AVC 曲线的最低点。AC 大于 AVC 的部分就是 AFC。

课堂讨论

企业做决策时一定要清楚什么时候盈利,什么时候应该停止营业。

(1)AC 的最小值对应的产量是收支相抵点,也称为盈亏平衡点产量。当价格 P 小于 AC,企业则亏损。

(2)平均可变成本(AVC)的最小值对应的产出量是停止营业点,也称为关门点。当价格 P 小于 AVC,企业应该停止营业。

四、短期成本函数与短期生产函数

生产与成本是一个问题的两个方面,它们具有直接的对应关系。在技术水平和要素价格不变的条件下,一种变动投入的成本函数与生产函数之间的对应关系主要有以下方面:

(一)总成本(TC)、总可变成本(TVC)与总产量(TP)

由于 TC 与 TVC 都是总产量的函数。总产量 TP 先以递增的速度增加,然后以递减的速度增加;TC 和 TVC 先以递减的速度增加,后以递增的速度增加。

(二)平均成本(AC)、平均可变成本(AVC)与平均产量(AP)

平均成本、平均可变成本与平均产量之间具有反向变动关系。AP 先上升,到最高点后再下降,AC、AVC 则都先下降,到最低点后再上升。AP 达到最高点时,AVC 达到最低点。

(三)边际成本(MC)与边际产量(MP)

边际成本(MC)与边际产量(MP)间也具有反向变动关系。边际产量先上升,到达最高点,然后下降,相交于 AP 曲线最高点。边际成本先下降,到达最低点,然后上升,先后与平均可变成本及平均成本最低点相交。边际产量达到最高点时,边际成本达到最低点。

任务三　长期成本曲线

长期是指企业能根据它所要求达到的产量来调整其全部生产要素的时期。在长期内,企业可以根据产量的要求调整全部生产要素的投入量,甚至进入和退出一个行业。在长期内,所有的成本都是可变的。对企业的长期成本的分析包括长期总成本、长期平均成本和长期边际成本。

【提示】 为了区分短期成本和长期成本,从本任务开始,在短期成本、短期平均成本、短期边际成本的英文缩写前都加上"S",如短期总成本写成 STC 等;在长期成本的英文缩写前都加上"L",如长期总成本写成 LTC 等。

一、长期总成本

长期总成本(Long-run Total Cost,LTC)是指长期中生产一定量产品所需要的成本总和。长期总成本随产量的变动而变动,没有产量时就没有总成本。LTC 曲线是一条由原点出发向右上方倾斜的曲线,表示长期总成本随着产量的增加而增加,如图5-5所示。在开始生产时,要投入大量生产要素,当产量少时,这些生产要素无法得到充分利用,因此成本增加的比例大于产量增加的比例。当产量增加到一定程度后,生产要素开始得到充分利用,这时成本增加的比例小于产量增加的比例,这也是规模经济的效益。最后,由于规模收益递减,成本增加的比例又大于产量增加的比例。

【注意】 长期总成本曲线与短期总可变成本曲线的形状是一致的。不同的是,短期总可变成本曲线的形状是由可变投入要素的边际收益率先递增后递减决定的;而在长期,由于所有投入要素都是可变的,因此,这里对应的不是要素的边际收益率问题而是要素的规模报酬问题,长期总成本曲线的形状是由规模报酬先递增后递减决定的。

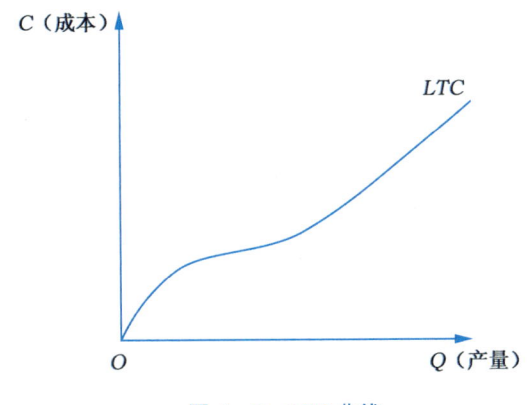

图5-5 LTC曲线

同步思考

零单位产出的短期总成本和长期总成本各为多少?为什么?

答:零单位产出的短期总成本为固定成本的投入。因为在短期内,不生产也要投入固定成本。零单位产出的长期总成本为零投入。因为在长期内,如果不生产,最节约的方法就是不进行任何投入。

二、长期平均成本

(一)长期平均成本的含义

长期平均成本(Long-run Average Cost,LAC)是指长期平均每一单位产品的成本。它等于长期总成本 LTC 与产量 Q 之商,用公式表示为:

$$LAC=LTC/Q$$

上式中,LAC 表示长期平均成本,LTC 表示长期总成本,Q 表示产量。

(二)长期平均成本曲线的特征

长期平均成本曲线表明当资本和劳动都可以变动时,可以达到的最低平均总成本与产量之间的关系。长期平均成本曲线随着产量的增加而变动,开始时呈递减趋势,达到最低点后转而递增,是一条先下降然后缓慢上升的"U"形曲线。LAC 曲线如图 5—6 所示。

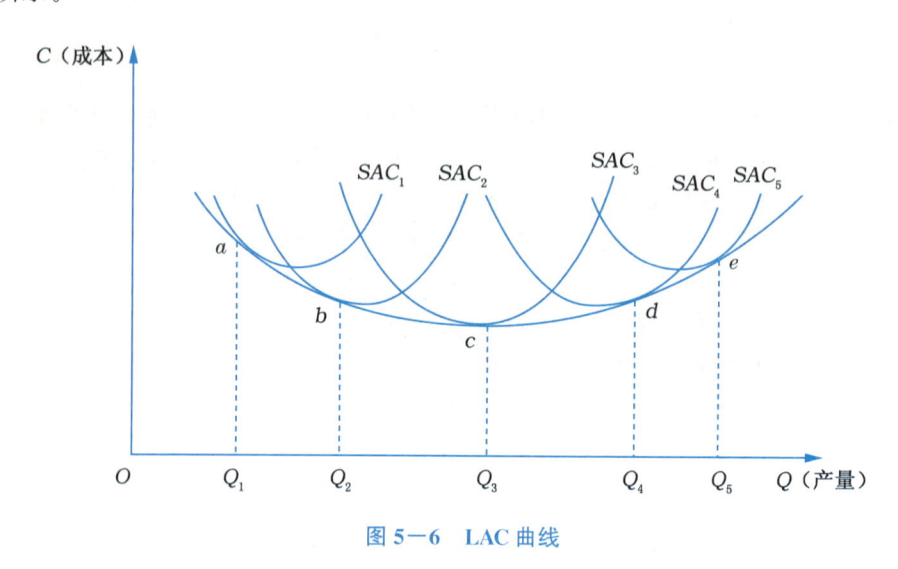

图 5—6 LAC 曲线

从图 5—6 可以看出,五条短期平均成本曲线分别表示不同生产规模下短期平均成本的变化情况,越是往右,代表生产规模越大,每条短期平均成本曲线与长期平均成本曲线相切,并且只有一个切点,从而形成一条包络曲线,这是为了降低成本而选择生产规模的结果。生产者要根据产量的大小来决定生产规模,其目标是使长期平均成本达到最低。

需要注意的是,长期平均成本曲线并不是与所有的短期平均成本曲线的最低点相切,而只与其中的一条短期平均成本曲线的最低点相切,即图 5—6 中的 c 点,它也是长期平均成本曲线的最低点。其他规模的短期平均成本曲线则是与长期平均成本曲线的较低点相切。在 c 点的左侧,长期平均成本曲线与短期平均成本曲线最低点的左侧相切,如 a 点和 b 点;在 c 点的右侧,长期平均成本曲线与短期平均成本曲线最低点的右侧相切,如 d 点和 e 点。所以,长期平均成本曲线是由无数条短期平均成本曲线集合而成的,从而表现为一条与无数条短期平均成本曲线相切的曲线。

在长期,生产者按这条曲线做出计划,确定生产规模,因此,这条长期平均成本曲线又称为计划曲线或包络曲线。

长期平均成本曲线与短期平均成本曲线的区别在于:长期平均成本曲线无论是在下降时还是在上升时都比较平坦,这说明在长期平均成本无论是减少还是增加都变动较慢。这是因为在长期,全部生产要素都可以随时调整,从规模收益递增到规模收益递减之间有一个较长的规模收益不变阶段;而在短期,规模收益不变阶段很短,甚至没有。

(三)不同行业的长期平均成本

以上对长期平均成本的讨论都假设生产要素的价格是不变的。如果考虑到生产要素价格的变动,则各行业长期平均成本变动的特点又有所不同。根据长期平均成本变动的情况,一般可以把不同的行业分为三种情况:成本不变、成本递增、成本递减。

1. 成本不变的行业

这种行业中,各企业的长期平均成本不受整个行业产量变化的影响,无论产量如何变化,长期平均成本是基本不变的。这一行业成本不变的原因主要有：①这一行业在经济中所占的比重很小，也就是说，与其他行业相比，它是非常微小的。这样，它所需要的生产要素在全部生产要素中所占的比例也很小，从而它的产量变化不会对生产要素的价格产生影响。因此，这一行业中各企业的长期平均成本也就不会由于这一行业产量的变动而变动了。②这一行业所使用的生产要素的种类与数量同其他行业呈反方向变动。这样，它的产量的变动也就不会引起生产要素价格的变动，从而能够保持长期平均成本不变。

2. 成本递增的行业

这种行业中，各个企业的长期平均成本会随着整个行业产量的增加而增加。这种行业在经济中属于普遍情况。这一行业成本递增的原因主要是，由于生产要素是有限的，因此整个行业产量的增加就会使生产要素价格上升，从而引起各企业的长期平均成本增加。这也就是前文所说的由于外部因素，一个行业规模的扩大给其中一个企业所带来的"外在不经济"。这种情况在以自然资源为主要生产要素的行业中更为突出，如农业、采矿业等行业。

3. 成本递减的行业

这种行业中，各个企业的长期平均成本会随着整个行业产量的增加而减少。这也就是之前所说的规模经济中的"外在经济"。这一行业成本递减的原因主要是外在经济的影响。例如，在同一地区建立若干个汽车制造厂，各企业就会由于在交通、辅助服务等方面的节约而产生成本递减。应该指出的是，这种成本递减的现象只是在一定时期内存在。在长期，外在经济必然会变为外在不经济。因此，一个行业内的成本递减无法长期维持下去。

启智润心　中国制造业行业前景：制造业转型升级步伐加快

制造业经历了机械化、电气化和信息化三个阶段，如今正迈向智能化发展的第四个阶段，即工业4.0。工业1.0到工业2.0实现了从依赖工人技艺的作坊式机械化生产到产品和生产标准化以及简单的刚性自动化。工业2.0到工业3.0实现了更复杂的自动化，通过先进的数控机床、机器人技术、工业控制系统实现敏捷的自动化，从而实现变批量柔性化制造。工业3.0到工业4.0实现了从单一的制造场景到多种混合型制造场景的转变，从基于经验的决策到基于证据的决策，从解决可见的问题到避免不可见的问题，从基于控制的机器学习到基于丰富数据的深度学习。

近年来，国家有关部门不断推行相关政策，促进我国制造业的发展，"十四五"规划更是将提高制造业创新能力、推进两化融合、主攻智能制造上升为国家战略。2023年发布的《数字中国建设整体布局规划》提出在农业、工业、金融、教育、医疗、交通、能源等重点领域，加快数字技术创新应用，引导数字化转型趋势。可以预见，在需求及政策双重利好的推动下，行业发展形势一片大好。

资料来源："制造业智能化是产业升级转型的必由之路"，《大决策投资》，2023年12月13日。

【明理善行】　当今世界正经历百年未有之大变局，新一代科技革命和产业变革深入发展，"新冠"疫情影响深远，逆全球化和单边保护主义抬头，俄乌冲突带来新的不确定性，全球制造业行业格局正加速调整和重构，制造业数字化转型已成为世界经济强国的关注焦点，各国纷纷推出重大政策措施加快制造业数字化转型。中共二十大报告强调："坚持把发展经济的着力点放在实体经济上，推进新型工业化，加快建设制造强国、质量强国、航天强国、交通强国、网络强国、数字中国。"制造业是立国之本、强国之基。制造业数字化转型是中国式现代化的重要内容，是产业高质量发展的必然趋势。

三、长期边际成本

长期边际成本（Long-run Marginal Cost，LMC）是指长期中增加每一单位产品所增加的成本。

用公式表示为：

$$LMC = \Delta LTC / \Delta Q$$

上式中，LMC 表示长期边际成本，ΔLTC 表示长期总成本的增量，ΔQ 代表产量的增量。

长期边际成本也是随产量的增加先减少而后增加的，因此，长期边际成本曲线也是一条先下降而后上升的"U"形曲线，但它比短期边际成本曲线要相对平坦一些。

长期边际成本与长期平均成本的关系和短期边际成本与短期平均成本的关系一样，即在长期平均成本下降时，长期边际成本小于长期平均成本（LMC<LAC）；在长期平均成本上升时，长期边际成本大于长期平均成本（LMC>LAC）；在长期平均成本的最低点，长期边际成本等于长期平均成本。LMC 曲线如图 5—7 所示。

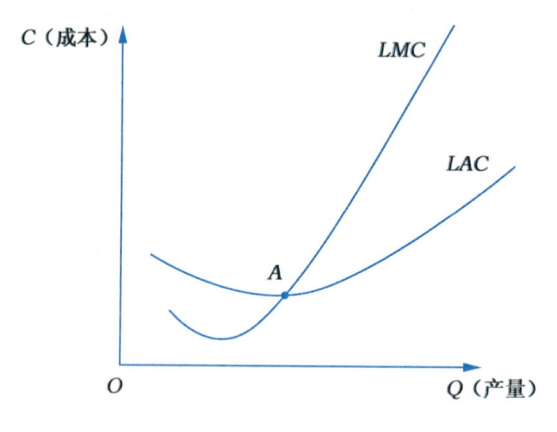

图 5—7　LMC 曲线

在图 5—7 中，LMC 曲线为长期边际成本曲线，其与长期平均成本曲线 LAC 相交于 LAC 的最低点 A。在 A 点，LMC=LAC，即长期边际成本等于长期平均成本。在 A 点之左，LAC 在 LMC 之上，LAC 一直递减，LAC>LMC，即长期平均成本大于长期边际成本；在 A 点之右，LAC 在 LMC 之下，LAC 一直递增，LAC<LMC，即长期平均成本小于长期边际成本。

课堂讨论

在长期生产过程中，企业员工积累的经验是否会引起长期平均成本下降？

答：会。这是由于学习效应引起的。由于学习效应而引致的单位产品劳动投入量的下降，必然促使产品长期平均成本的下降。

学思践悟　中国制造 2025 调研行——智能制造：品质保证、成本最优

"看，这款空调不仅可以进行自动人体冷热感检测，而且可以进行语音对话和手势控制，同时还支持手机远程遥控。"美的集团武汉制冷设备有限公司总经理杨浩自豪地给记者介绍美的 i＋智能王空调。这款智能空调是美的智能制造的成果之一。

"我们之所以选择智能制造，就是为了满足消费者'多、快、好、省'的新需求。"杨浩说。多，多选择，产品功能要更多地满足消费者需求；快，快响应，从制造到销售到服务须全面提速；好，好产品，保证全流程监控让产品品质更可靠；省，省成本，追求产品服务综合性价比更高。随着数字化浪潮全面兴起，越来越多的传统企业拥抱数字化转型。作为制造业的龙头企业，美的集团携手中国电信，基于先进的 5G＋工业互联网技术，打造业界领先的智能工厂，大幅提升生产效率，降低生产成

本,打造行业标杆,走出一条特色鲜明的数字化转型之路。

资料来源:李心萍:"中国制造 2025 调研行",《人民日报》,2016 年 11 月 20 日。

【悟有所得】 制造业是我国国民经济的主体,是立国之本、兴国之器、强国之基。打造具有国际竞争力的制造业,是我国提升综合国力、保障国家安全、建设世界强国的必由之路。"中国制造 2025"为我国制造业设计了顶层规划和路线图,通过努力实现中国制造向中国创造、中国速度向中国质量、中国产品向中国品牌三大转变,推动中国到 2025 年迈入制造强国行列。在这个过程中,企业通过智能生产优化成本是其中的关键一步。

任务四 收益理论分析

一、收益分析

(一)收益

企业收益(Revenue)是指企业出卖产品得到的全部货币收入,即价格与销售量的乘积。收益中既包括成本,又包括利润。

【注意】收益并不等于利润,收益不是出售产品所赚的钱,而是出售产品所得到的钱。在所得到的钱中,既有用于购买各种生产要素而支出的成本费用,也有除去成本费用后所余下的利润。

(二)收益的分类

1. 总收益

总收益(Total Revenue,TR)是指企业销售一定量产品所得到的货币收入总额或全部的销售收入。它等于产品单价(P)乘以销售数量(Q),用公式表示为:

$$TR = P \cdot Q$$

例如,如果奶牛场一升牛奶卖 6 元,出售 1 000 升,那么,它的总收益就是 6 000 元。

2. 平均收益

平均收益(Average Revenue,AR)是指企业销售每单位产品所得到的收入。它等于总收益除以总销售量,也就是单位产品的平均市场价格,用公式表示为:

$$AR = TR/Q = P \cdot Q/Q = P$$

3. 边际收益

边际收益(Marginal Revenue,MR)是指企业每增加一单位产品的销售所增加的收益。它等于总收益的增量(ΔTR)除以总销售量的增量(ΔQ),用公式表示为:

$$MR = \Delta TR/\Delta Q$$

收益是产量与价格的乘积。所以,如果不考虑价格的因素,收益就是产量。以 P 代表价格,则总收益(TR)与总产量(TP)、平均收益(AR)与平均产量(AP)、边际收益(MR)与边际产量(MP)之间的关系应该是:

$$TP \cdot P = TR$$
$$AP \cdot P = AR$$
$$MP \cdot P = MR$$

如果不考虑价格因素,则有:

$$TP = TR$$
$$AP = AR$$

$$MP=MR$$

由此可以看出,总收益、平均收益和边际收益的变动规律与曲线形状和项目四中所介绍的总产量、平均产量和边际产量的变动规律与曲线形状是相同的。

案例鉴赏　　　　流动人口个体成本收益分析

在个体成本收益分析框架下,通过建立流动人口流入地选择的成本收益分析模型,得到以下结论:

一是流动人口个体在流入地的净收入是进行流动人口流入地选择的重要因素之一,净收入的提高显著提高了流动人口选择"北上广"作为流入地的概率,现实的情况也是如此。另外,与实际收入囊中的现金收入相比,不同流入地的工资水平(也就是流动人口对收入的预期)对其选择流入地的影响更大,研究结果显示,城市平均工资提高1%,流动人口选择"北上广"地区的概率将提高上百倍。

二是"北上广"地区的高生活成本是抑制流动人口流入的因素,然而流动人口个体在流入地的总支出并没有抑制流动人口选择"北上广",食品支出对流动人口流入"北上广"的概率具有正向作用,房租支出具有负向作用。

三是流入地的产业结构也是影响流动人口流入的重要因素之一,第三产业与第二产业的产值比对流动人口选择"北上广"的概率具有显著的正向作用。

四是"北上广"地区与其他流入地相比较高的政府财政支出,提高了流动人口选择"北上广"作为流入地的概率。

二、成本、收益与利润

在前面,我们把成本分为显性成本和隐性成本。这样总成本包括的内容不同也就形成了不同的利润。经济学中的利润概念是指经济利润(Economic Profit),它等于收益减去经济成本的差额,而经济成本既包括显性成本也包括隐性成本。因此,经济学中的利润概念与会计利润也不一样,会计利润(Accounting Profit)仅指企业的总收益减去企业的显性成本。

由于会计师忽略了隐性成本,所以通常情况下会计利润是大于经济利润的。这种差别可以由图5-8表示出来。

图5-8　经济学家与会计师对利润的不同视角

从前面的介绍已经知道,隐性成本是指稀缺资源投入任一种用途中所能得到的正常收入,如果在某种用途上使用经济资源所得的收入抵不上这种资源正常的收入,该企业就会将这部分资源转向其他用途以获得更高的报酬。因此,将会计利润减去隐性成本,才是经济学中的利润概念,即经济利润。企业所追求的利润就是最大的经济利润。

经济利润可以为正、负或零。在经济学中经济利润对资源配置和重新配置具有重要意义。如果某一行业存在着正的经济利润,这意味着该行业内企业的总收益超过了全部的机会成本,所以经济利润也称作超额利润。当某一行业实现了超额利润,生产资源的所有者把资源从其他行业转入这个行业中是有利可图的。反之,如果一个行业的经济利润为负,生产资源将从该行业退出。经济利润是资源配置和重新配置的信号。正的经济利润是资源进入某一行业的信号;负的经济利润是资源从某一行业撤出的信号;经济利润为零时,企业没有进入某一行业的动机。

上述利润与成本之间的关系可以用下列公式表示:

$$会计利润 = 总收益 - 显性成本$$

$$经济利润 = 总收益 - 经济成本$$
$$= 总收益 - (显性成本 + 隐性成本)$$

可见,经济学家的总成本包括了显性成本和隐性成本,而会计师只衡量显性成本。因此,经济利润小于会计利润。

三、利润最大化原则

企业从事生产或出售商品的目的是赚取利润。如果总收益大于总成本,就会有剩余,这个剩余就是利润。需要注意的是,这里讲的利润是指超额利润,不包括正常利润,正常利润包括在总成本中。如果总收益等于总成本,企业不亏不赚,只获得正常利润;如果总收益小于总成本,企业便要发生亏损。

利润是生产活动中一个重要的价值含义,是指生产中获得的总收益与投入的总成本之间的差额。如果以 TR 表示总收益,TC 表示总成本,π 表示利润,则有:

$$\pi = TR - TC$$

企业不仅要求获取利润,而且要求获取最大利润。利润最大化原则就是产量的边际收益等于边际成本,即 $MR=MC$,边际收益是最后增加一单位销售量所增加的收益,边际成本是最后增加一单位产量所增加的成本。这一利润最大化条件适用于所有类型的市场结构。

为什么在边际收益等于边际成本时能实现利润最大化呢?

(1)如果边际收益大于边际成本,即 MR>MC,表明企业每多生产一单位产品所增加的收益大于生产这一单位产品所增加的成本。这时,对该企业来说,还有潜在的利润没有得到,企业可能会继续扩大产量,也可能有新企业进入该市场。也就是说,没有达到利润最大化。

(2)如果边际收益小于边际成本,即 MR<MC,表明企业每多生产一单位产品所增加的收益小于生产这一单位产品所增加的成本。这时,对于该企业来说,增加产量不仅不能增加利润,而且会发生亏损,更谈不上利润最大化了,因此企业必然要减少产量或退出市场。

(3)无论边际收益是大于还是小于边际成本,企业都要调整其产量,说明没有实现利润最大化。只有在边际收益等于边际成本时,企业才不会调整产量,表明企业已把该赚的利润都赚到,即实现了利润最大化。

同步思考

利润最大化原则是什么?

答:边际收益等于边际成本,即 MR=MC。

【学中做 5-1】　　利润在经济学家与会计师眼中是不同的

王先生在应用经济学硕士毕业后,回到家乡继承了家族企业——一家机械制造企业。在经营管理的过程中,王先生发现某型号的螺栓总是供货不及时,限制了企业的产能。于是王先生用自己的银行存款 300 万元收购了一个五金公司,以保证该型号螺栓的及时供应。王先生的会计师孙会计计算得出,五金公司一年的利润是30万元。而王先生依据自己的专业知识提出了不同的看法。下面,我们用经济学的理论分析王先生眼中的成本和利润。

王先生如果不支取这300万元收购五金公司,而是把钱存在银行里,在市场利息5%的情况下每年可以赚到15万元的存款利息。王先生为了拥有自己的工厂,每年放弃了15万元的利息收入。这15万元就是王先生开办企业的机会成本之一。

经济学家和会计师以不同的方法来看待成本。经济学家把王先生放弃的15万元也作为企业的成本,尽管这是一种隐性成本,因此一年的利润是15万元。但是会计师并不把这15万元作为成本表示,因为在会计的账面上并没有货币流出企业去进行支付,一年的利润是30万元。因此,利润在经济学家与会计师眼中是不同的。

讨论:在此案例中,王先生的会计利润和经济利润分别是多少?

分析:利润一般是指经济利润,也称超额利润,是指企业总收益和总成本的差额。一般来说,会计利润的表达式为"会计利润=总收益-会计成本",而经济利润的表达式为"经济利润=总收益-经济成本"或"经济利润=会计利润-机会成本"。这里的经济成本不仅包括会计成本(显性成本),而且包括机会成本(隐性成本)。此案例中,王先生用自己的银行存款开办工厂的机会成本是15万元,因此,会计利润是30万元,经济利润是15万元。

▼ 关键术语

会计成本　经济成本　显性成本　隐性成本　机会成本　短期成本　长期成本　经济利润　会计利润

▼ 应知考核

一、单项选择题

1. 某企业每年从企业的总收入中取出一部分作为自己所提供的生产要素的报酬。这部分资金被视为( )。

   A. 显性成本　　　B. 隐性成本　　　C. 经济利润　　　D. 会计成本

2. 当产量为9单位时,总成本是95元;当产量为10单位时,平均成本是10元,此时的边际成本等于( )。

   A. 1元　　　　　B. 10元　　　　　C. 0　　　　　　D. 5元

3. 下列项目中可称为可变成本的是( )。

   A. 管理人员的工资　　　　　　　　B. 生产工人的工资
   C. 厂房的折旧　　　　　　　　　　D. 机器设备的折旧

4. 短期边际成本曲线与短期平均成本曲线的相交点是( )。

   A. 平均成本曲线的最低点　　　　　B. 边际成本曲线的最低点
   C. 平均成本曲线下降阶段的任何一点　D. 边际成本曲线的最高点

5. 利润最大化的原则是( )。

   A. 边际成本小于边际收益　　　　　B. 边际成本等于边际收益
   C. 边际成本大于边际收益　　　　　D. 边际成本等于平均成本

6. 一般来说,经济成本与经济利润具有( )的关系。

A. 前者比会计成本大,后者比会计利润小　　B. 前者比会计成本小,后者比会计利润大
C. 两者比相应的会计成本和会计利润小　　D. 两者比相应的会计成本和会计利润大

7. 已知某企业生产的商品价格为10元,平均成本为11元,平均可变成本为8元,则该企业在短期内(　　)。

A. 停止生产且亏损　　　　　　　　B. 继续生产且有利润
C. 继续生产且亏损　　　　　　　　D. 停止生产且不亏损

8. 生产成本是由(　　)构成的。

A. 显性成本加固定成本　　　　　　B. 显性成本加可变成本
C. 固定成本加可变成本　　　　　　D. 固定成本加隐含成本

9. 经济学中的经济利润是指(　　)。

A. 总收益与显性成本之间的差额　　B. 正常利润
C. 总收益与隐性成本之间的差额　　D. 超额利润

10. 由企业购买或使用任何生产要素所发生的成本是指(　　)。

A. 显性成本　　　B. 隐性成本　　　C. 变动成本　　　D. 固定成本

二、多项选择题

1. 在下列表述中,关于机会成本的表述正确的有(　　)。

A. 机会成本是一种观念上的成本或损失
B. 机会成本是做出一种选择时所放弃的其他若干种可能选择中最好的一种
C. 机会成本在会计账目上反映不出来,又称为隐性成本
D. 运用机会成本要考虑被配置的资源有多种用途以及资源的用途不受限制

2. 下列各项属于短期可变成本的有(　　)。

A. 向银行贷款的利息　　　　　　　B. 购买原材料的支出
C. 支付给高层管理者的年薪　　　　D. 可以无偿解雇的工人的工资

3. 以一个月的时间为限,下面哪些投入可被归为固定投入成本?(　　)

A. "武大郎"烧饼店的大型烘烤炉
B. "麦当劳"连锁店服务员提供的劳动
C. 南京路上"华为"旗舰店支付的店面租金
D. "农夫山泉"公司用于生产果汁的鲜橙

4. 关于长期平均成本曲线表述正确的有(　　)。

A. 长期平均成本曲线是无数条短期平均成本曲线的包络线
B. 长期平均成本曲线的最低点上有 $LAC=LMC=SAC=SMC$
C. 长期平均成本曲线总是与很多短期平均成本曲线的最低点相切
D. 长期平均成本曲线是一条"U"形曲线

5. 下面关于短期成本曲线和长期成本曲线表述正确的有(　　)。

A. 短期总成本曲线和长期总成本曲线都是从原点出发的
B. 短期边际成本曲线与长期边际成本曲线相交于它们的最低点
C. 短期总成本曲线的形状受可变投入要素的边际收益率影响,而长期总成本曲线的形状受规模报酬的影响
D. 长期总成本曲线是无数条短期总成本曲线的包络线

三、判断题

1. 平均收益是指企业每增加一单位产品的销售所增加的收益。（　　）
2. 长期成本分为长期固定成本和长期可变成本。（　　）
3. 长期总成本随产量的变动而变动，没有产量时就没有总成本。（　　）
4. 不随产量变动而变动的成本称为平均成本。（　　）
5. 长期边际成本曲线呈"U"形的原因是边际效用递减规律。（　　）

四、简答题

1. 什么是短期总成本、短期平均成本和短期边际成本？
2. 短期边际成本与短期平均成本的关系是怎样的？
3. 利润最大化的原则是什么？为什么？
4. 简述机会成本与会计成本的区别。
5. 短期平均总成本、平均可变成本、边际成本之间存在什么关系？（画图说明）

五、计算题

1. 张先生辞去了他在一家餐饮公司的工作并开办了自己的餐饮店。辞职前，他的工资为50 000元/年。他的餐饮店开在自己的另一套房子里，这套房子以前出租的租金为24 000元/年。餐饮店第一年的支出如下：支付给自己的工资40 000元，租金0元，其他支出25 000元。
请计算张先生新办的餐饮店的会计成本和机会成本。

2. 已知某企业总成本函数为：$TC=0.2Q^2-12Q+200$；总收益函数为：$TR=20Q$。
试问生产多少件时利润最大？其利润为多少？

3. 已知某企业的需求函数为：$Q=6\,750-50P$，总成本函数为：$TC=12\,000+0.025Q^2$。
试求：
(1) 利润最大化时的产量和价格是什么？
(2) 最大利润是多少？

应会考核

■ 观念应用

1. 短期平均成本曲线与长期平均成本曲线都呈"U"形，这是什么原因造成的？如何利用短期平均成本曲线说明长期平均成本曲线的形成？

2. 李先生正考虑开一家五金店。他租仓库和买库存货物预计每年要花费50万元。此外，他要辞去每年5万元的兼职会计师工作。
(1) 给"机会成本"下个定义。
(2) 李先生经营一年五金店的机会成本是多少？如果李先生认为他一年可以卖出51万元的商品。他应该开这个店吗？解释原因。

■ 技能应用

某企业的短期成本变动情况如表5—3所示，请填写表5—3中的空缺部分。

表 5-3　　　　　　　　　　　　　　短期成本变动情况

产量	短期总固定成本	短期总可变成本	短期总成本	短期边际成本	短期平均固定成本	短期平均可变成本	短期平均总成本
0	3	0					
1	3	0.3					
2	3	0.8					
3	3	1.5					
4	3	2.4					
5	3	3.5					
6	3	4.8					
7	3	6.3					
8	3	8.0					
9	3	9.9					
10	3	12.0					

■ 案例分析

小王正在考虑从长沙到北京是坐飞机还是坐火车的问题。飞机票价 1 200 元，飞行时间为 2 个小时；普通直达火车票价为 350 元，需要 13 个小时。在下列情况下，小王最经济的旅行方式是什么？

1. 如果小王是一名企业家，他每小时的时间成本是 400 元。
2. 如果小王是一名学生，他每小时的时间成本是 40 元。

项目实训

【实训任务】

通过本项目的实训，使学生理解成本与收益理论的相关内容，并能够运用成本与收益理论解决现实生活中存在的问题。

【实训情境】

1. 根据本项目内容，上网或通过书刊查找有关机会成本的资料。
2. 在调研的基础上，结合自身实际情况，分析青年人接受教育的机会成本。
3. 全班分成两个组，实行组长负责制，完成综合实训项目。
4. 各组分别进行讨论答辩，组长做总结性发言，最后由教师进行总结，并给出考核成绩。

【实训要求】

撰写《青年人接受教育的机会成本实训报告》。

《青年人接受教育的机会成本实训报告》			
项目实训班级：	项目小组：		项目组成员：
实训时间： 年 月 日	实训地点：		实训成绩：
实训目的：			
实训步骤：			
实训结果：			
实训感言：			

项目六　寻找市场规律——市场均衡理论

● **知识目标**

理解：垄断竞争市场上的产品差别竞争；寡头市场的价格决定。
熟知：垄断市场上的短期均衡及长期均衡。
掌握：四种市场结构的含义以及完全竞争市场上的短期均衡与长期均衡。

● **技能目标**

能对四种市场结构进行比较；能合理应用博弈论；会应用价格歧视解决现实经济问题。

● **素质目标**

能够正确领会和理解经济运行的逻辑关系和基本规律，能够对四种市场理论进行简单分析，具备初步分析问题、解决问题的能力，树立正确的世界观、人生观和价值观，做到学思用贯通、知信行统一。

● **思政目标**

通过本项目的学习，结合经济学知识明白完全竞争市场的长短期均衡条件，培养对社会中经济原理的兴趣，遵守经济伦理和职业道德，履行职责。作为理性经济人，要想在经济社会中立足，必须具备起码的经济伦理和职业道德，才能有长远的发展。

● **项目引例**

中国的稀土

19世纪是煤炭世纪，20世纪是石油世纪，21世纪则是稀有金属世纪。稀土是17种稀有金属元素的总称，是现代科技中不可或缺的元素，被称为高科技产业的维生素。它在荧光磁性激光、光纤通信、贮氢能源、超导等材料领域有着不可替代的作用。稀土材料还被用于制造高科技武器的核心部件。一句话概括，从手机到新能源汽车、巡航导弹都离不开稀土。在国际资源市场中，有这么一句广为流传的话："中东有石油，中国有稀土。"中国是世界稀土第一大储备国与出口国，2020年中国稀土供应量在全球占比达到近90%，已成为对世界其他国家稀土的垄断供应者。目前，中国也是世界上唯一具有稀土全产业链的国家，对全球稀土产业链的某些环节有近乎绝对的主导权。除了稀土矿产资源的垄断性以外，中国还是全球稀土专利的第一大拥有国。截至2018年8月，中国的稀土专利已经超过了美国，达到2.3万个，而自2011年以来，中国在稀土开采、冶炼和使用方面的专利，已经达到了全世界其他国家的总和。另外，现在中国在稀土开采、冶炼和应用上的专利数量，还在高速递增中，形成了一个由中国专利构成的、强大的技术壁垒，西方国家想要突破稀土冶炼和开发的技术，将会遭受来自中国的全面技术封锁，这就是中国在稀土产业上的技术垄断性。

资料来源："关于稀土，中国的底气在这里"，《参考消息》，2019年5月30日。

请问：我国稀土属于哪种类型垄断？

● **引例导学**

我国的稀土垄断属于矿产资源垄断。中国在拥有世界上最大的稀土矿产储量的同时，掌握了稀土开采、冶炼和加工等环节的核心技术，并对稀土出口实行严格控制，使得其他国家难以获得稀土资源。这种垄断地位给中国企业在全球市场上制定高垄断价格以获得高额利润的机会，从而形成了强大的垄断地位。中国政府已经将稀土作为国家支持的重点矿产资源之一，并制定了强有力的政策措施保护和规范了国内稀土资源的开采与出口。这些原因促使中国在稀土产业上形成了强大的技术优势和垄断地位，其他国家难以在短时间内与中国竞争。通过案例深入了解中国国情，认清我国资源大国的地位，提升民族自豪感，增强制度自信，厚植家国情怀。

● **知识支撑**

任务一　完全竞争市场

一、完全竞争概述

完全竞争（Perfect Competition）又称纯粹竞争，是指一种竞争不受任何阻碍、干扰和控制的市场结构。"不受任何阻碍、干扰和控制"的含义是：不存在垄断现象、不受政府影响。实现完全竞争的条件包括以下方面：

（1）市场上有许多生产者与消费者。每个生产者与消费者的规模都很小，即任何一个市场主体所占的市场份额都很小，都无法通过自己的行为影响市场价格和市场的供求关系，因而每个主体都是既定市场价格的接受者，而不是决定者。

（2）市场上的产品是同质的，即不存在产品差别。产品差别是指同类产品在质量、包装、牌号或销售条件等方面的差别，如创维彩电与TCL彩电的差别，不是指不同种类产品之间的差别，如彩电与空调的差别。因此，企业不能凭借产品差别对市场实行垄断。

（3）各种资源都可以完全自由流动而不受任何限制。任何一个企业都可以按照自己的意愿自由地扩大或缩小生产规模，进入或退出某一完全竞争的行业。

（4）市场信息是畅通的。企业与消费者双方都可以获得完备的市场供求信息，双方不存在相互欺骗的现象。

具有上述条件的市场就称作完全竞争市场。很显然，在现实中很少存在这样的市场结构，比较符合条件的是农产品市场和没有大户操纵的证券市场。但是，分析完全竞争市场的企业行为具有重要的理论意义。

二、完全竞争市场上的供求和收益

(一)完全竞争市场上的供求

在完全竞争市场的条件下,对整个行业来说,需求曲线是一条向右下方倾斜的曲线,供给曲线是一条向右上方倾斜的曲线。整个行业的产品价格就由这种需求与供给决定,如图6-1(a)所示。但对个别企业来说,情况就不一样了。当市场价格确定之后,对个别企业而言,这一价格就是既定的,无论其如何增加产量,都不能影响市场价格。因此,市场对个别企业产品的需求曲线就表现为一条与横轴平行的水平线,如图6-1(b)所示。

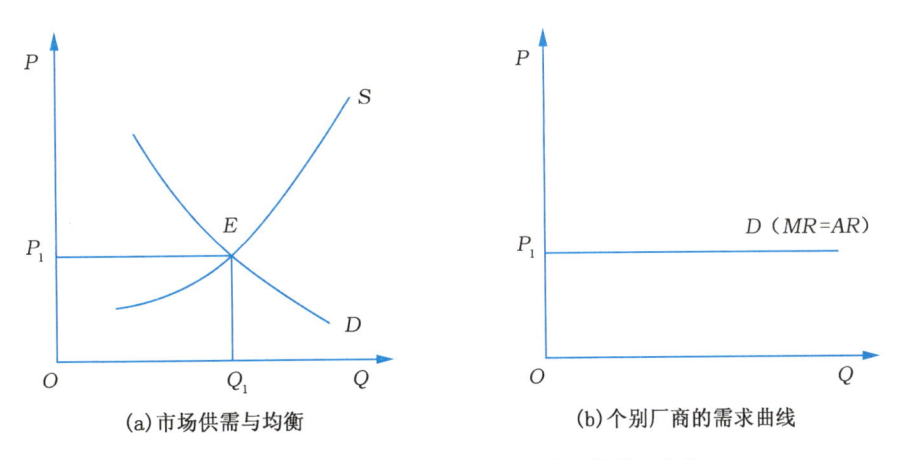

图6-1 市场价格的决定与个别企业的需求曲线

在图6-1(b)中,需求曲线的需求价格弹性系数为无限大,即在市场价格既定时,对个别企业产品的需求是无限的。在完全竞争市场上,个别企业的需求曲线(D)与平均收益曲线(AR)和边际收益曲线(MR)三条线重合在一起。

(二)完全竞争市场上的收益

在各种类型的市场上,平均收益与价格都是相等的,即$AR=P$,因为每单位产品的售价就是其平均收益。只有在完全竞争市场上,对个别企业来说,平均收益和边际收益都与价格相等,即$AR=P=MR$,因为只有在这种情况下,个别企业销售量的增加才不会影响价格。在完全竞争市场上,企业每增加一单位产品的销售,市场价格仍然不变,从而每增加一单位产品销售的边际收益(MR)也不会变,边际收益也等于价格。

学思践悟　　　推动有效市场和有为政府更好结合

"坚持和完善社会主义基本经济制度,充分发挥市场在资源配置中的决定性作用,更好发挥政府作用,推动有效市场和有为政府更好结合。"中共十九届五中全会对科学把握市场与政府关系这一重大的理论和实践命题进行了深刻总结,为当前和今后一个时期深化市场经济体制改革提出了明确目标和要求,对激发市场活力、制度活力和社会创造力,尽快形成市场作用和政府作用有机统一、相互补充、相互协调、相互促进的大格局具有重要的指导意义。

社会主义市场经济体制的建立,极大促进了生产力发展,推动我国成为世界二大经济体、第一大工业国、第一大货物贸易国、第一大外汇储备国……在"十三五"时期,我国经济总量和综合国力再上新台阶。与此同时,与新形势新要求比,我国市场体系还不健全、市场发育还不充分、政府和市场的关系还没有完全理顺,推动高质量发展仍存在不少体制机制障碍,尤其需要继续在社会主义基本制与市场经济的结合上下功夫。

市场配置资源是最有效率的形式。市场决定资源配置是市场经济的一般规律,市场经济本质上就是市场决定资源配置的经济。建立和完善"有效市场"就要尊重经济运行规律,最大限度减少"有形之手"对微观经济活动的干预,着力打破行业垄断、进入壁垒、地方保护,增强企业对市场需求变化的反应和调整能力,提高资源要素配置效率和竞争力,充分激发出市场蕴藏的活力。

"有效市场"需匹配"有为政府",两者相伴共生、缺一不可。宏观上,政府要以问题为导向,将供给侧结构性改革的创新突破作用和国内大市场的需求引领作用有机结合起来,尤其在科技创新、产权保护、要素市场化配置、宏观经济治理、治理体系建设等具有重要牵引作用的领域,要在顶层设计上更加系统完备,实现更高水平的市场供需均衡,抢占发展的制高点。微观上,要从管理者向服务者转变,大力营造优良营商环境,完善市场规则准则,推动构建高水平社会主义市场经济体制。"行之力则知愈进,知之深则行愈达。"在迈向全面建设社会主义现代化国家的新征程上,我们要切实按照十九届五中全会的精神内涵和战略部署,处理好市场与政府的关系。要在充分尊重市场规律的基础上,用改革激发市场活力,用政策引导市场预期,用规划明确投资方向,用法治规范市场行为,推动"有效的市场"与"有为的政府"更好结合、更出成效。

资料来源:"央视快评:推动有效市场和有为政府更好结合",央视新闻,2020年11月2日。

【悟有所得】 强调市场在资源配置中起决定性作用,并不是否定政府的作用,而是为了更好地发挥政府作用,妥善解决以往政府存在的"越位"和"缺位"、干预过多和监管不到位的问题。我们知道,虽然由市场配置资源的效率是最高的,必须让市场在资源配置中起决定性作用,但市场机制并不能自动调节宏观经济若干总量的平衡,同时在某些特殊领域(如公共物品领域)也不能起到自动调节供求平衡的作用。经济学把这种缺陷称为"市场失灵"。这就使得政府介入经济活动成为必要。一般来说,凡是市场管得了、管得好的,就要让市场管;凡是市场管不了、管不好的,就应当由政府管。当前,政府在减少微观经济干预的同时,必须加强市场管理、维护市场秩序,为各类市场主体创造统一开放、竞争有序的发展环境,同时增强公共服务职能。这也是发挥社会主义市场经济体制优势的内在要求。我们要认识我国市场经济体制改革的新动向,理解"看得见的手"与"看不见的手"的最新科学定位,读懂中国坚持社会主义市场经济方向的坚决态度,增强制度自信。

三、完全竞争市场上企业的短期均衡

当一个企业获得最大利润时,其既不会增加生产也不会减少生产,所以其处于均衡状态。前面已经证明,边际收益等于边际成本,即 $MR=MC$,是利润最大化的条件。短期均衡是指企业不能根据市场行情调整其生产规模,也不能改变某一行业的均衡。在完全竞争条件下,$MR=AR=P$,所以,完全竞争市场上企业的短期均衡即取得最大利润的必要条件是:边际成本(MC)=边际收益(MR)=平均收益(AR)=价格(P)。完全竞争市场上企业的短期均衡随着均衡价格的变化,可能会发生以下四种情况:

(一)供不应求状况下的短期均衡——企业获得超额利润

对个别企业来说,其需求曲线 D 是从行业市场价格(OP)引出来的一条平行线,该曲线也是平均收益曲线(AR)和边际收益曲线(MR)。SMC 为短期边际成本曲线,SAC 为短期平均成本曲线。

在产品供不应求的情况下,由于 D 曲线在短期平均成本曲线与短期边际成本曲线交点的上方,即市场价格大于个别企业的平均成本,因此该企业有利润存在。

企业为了实现利润最大化,就必须满足边际收益等于边际成本,即 $MR=MC$。边际收益曲线(MR)与边际成本曲线(MC)的交点 E 决定了企业利润最大化时的产量为 OQ^*。这时该企业的总

收益(TR)等于平均收益(AR)乘以产量(OQ^*),即图 6-2 中的 OQ^*EP^*;总成本(TC)等于平均成本(AC)乘以产量(OQ^*),即图中的 OQ^*FG。由于总收益(TR)>总成本(TC),因此该企业可获得的超额利润为图中的 $GFEP^*$($TR-TC$)。

由于超额利润的存在会吸引更多企业进入,其结果是整个行业的投资增加、生产规模扩大、产出增加,从而在整个行业出现供过于求的状况,导致市场价格下降,部分企业出现亏损。

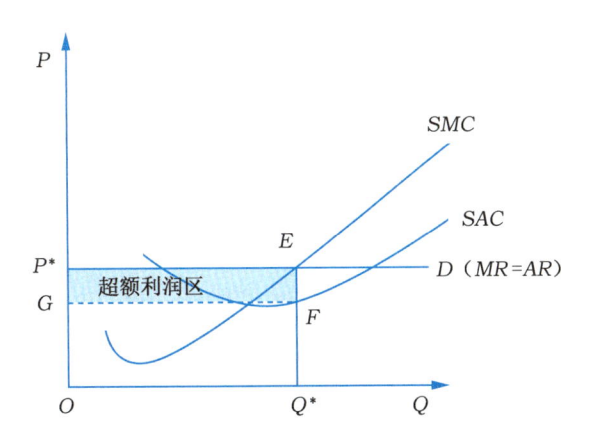

图 6-2 供不应求状况下的短期均衡

(二)供求平衡状况下的短期均衡——企业获得正常利润

在供求平衡的情况下,由于 D 曲线通过短期平均成本曲线与短期边际成本曲线的交点,即市场价格等于个别企业的平均成本,因此边际收益(MR)=边际成本(MC)=平均收益(AR)=平均成本(AC),此时企业的总收益(TR)等于平均收益(AR)乘以产量(OQ^*),总成本(TC)等于平均成本(AC)乘以产量(OQ^*)。所以,总收益(TR)等于总成本(TC)。此时,企业没有超额利润,可以获得正常利润,因为正常利润是总成本的一部分。这时现有企业都不愿意离开这个行业,也没有新的企业愿意加入这个行业,如图 6-3 所示。

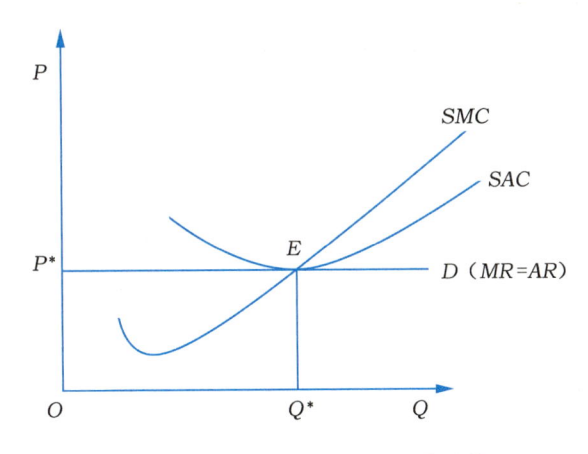

图 6-3 供求平衡状况下的短期均衡

(三)供过于求状况下的短期均衡——企业遭受亏损

在供过于求的情况下,由于 D 曲线在短期平均成本曲线与短期边际成本曲线交点的下方,即市场价格低于个别企业的平均成本,因此平均收益(AR)<平均成本(AC),该企业面临亏损。企业为了最大限度减少亏损,必须满足边际收益等于边际成本($MR=MC$)。边际收益曲线与边际成本

曲线的交点 E 决定了企业亏损最小化时的产量为 OQ^*。这时,该企业的总收益(TR)等于平均收益(AR)乘以产量(OQ^*),即图 6-4 中的 OQ^*EP^*;总成本(TC)等于平均成本(AC)乘以产量(OQ^*),即图中的 OQ^*FG。由于总收益(TR)<总成本(TC),因此该企业的亏损区为图中的 $GFEP^*$($TR-TC$)。

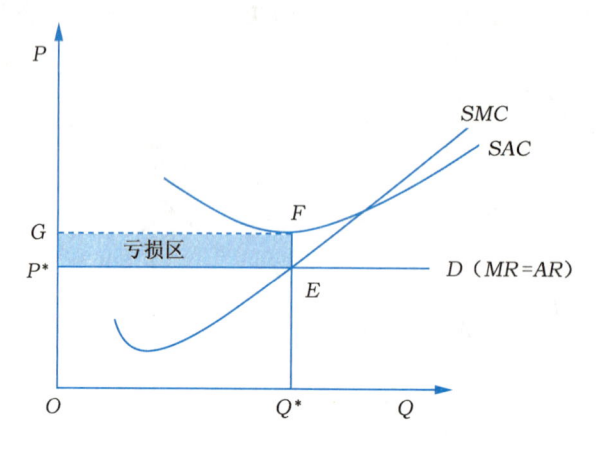

图 6-4 供过于求状况下的短期均衡

由于亏损的存在,因此部分亏损企业退出该行业,其结果是整个行业的投资减少、生产规模缩小、产出下降,从而在整个行业出现供求平衡甚至供不应求的状况,促使市场价格上升,最终出现行业盈利的状况。如此循环往复,最终会趋于市场的长期均衡。

(四)停止营业点

如果行业市场价格低于个别企业的平均成本,企业的平均收益不足以弥补平均成本的支出,该企业就面临着收支相抵的问题,至于是否要停止生产,还要看平均可变成本与行业市场价格之间的关系。

在图 6-5 中,SAC 为短期平均成本曲线,$SAVC$ 为短期平均可变成本曲线。短期平均成本曲线与短期平均可变成本曲线之间的距离就等于短期平均固定成本。从项目五的分析可知,短期成本曲线(SMC)分别相交于这两条平均成本曲线的最低点,如图 6-5 中 A 点和 B 点所示。当市场

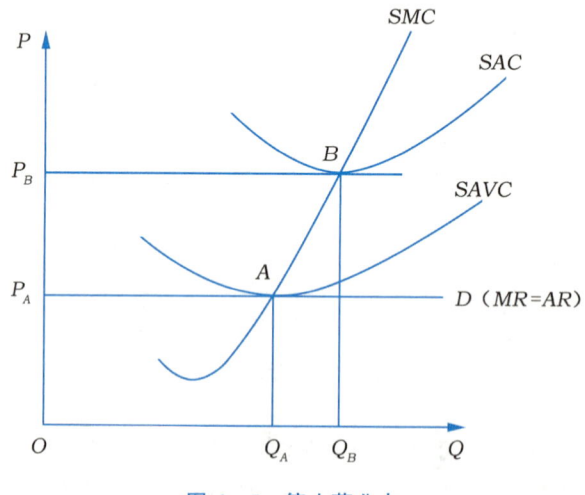

图 6-5 停止营业点

价格高于 OP_A 时,如 OP_B,则平均收益高于平均可变成本,但仍小于平均成本。这时,虽然亏损发生,但企业从事生产还是值得的,因为所得到的收益能弥补一部分固定成本,使得亏损额比不生产时小一些;假如企业停止生产,那么企业将负担全部的固定成本损失。当市场价格低于 OP_A 时,企业所得的收益连可变成本也不能补偿。这时,停止生产所受的亏损比从事生产时要小一些。当价格等于 OP_A 时,平均收益恰好等于平均可变成本,企业从事生产和不从事生产所受的亏损是一样的,其亏损额都等于固定成本。这时,企业处于营业的边际状态。因此,价格等于最低的平均可变成本这一点(图 6—5 中的 A 点)就称作停止营业点。

案例鉴赏　　销售经理决策的决策失误

某机床生产公司以 3 500 元/台的价格将其生产的某一型号机床出售给某电器集团公司。经过一段时期的试用后,电器集团公司提出订货 100 台,出价 2 900 元/台。机床生产公司销售部经理向生产管理部和财务部了解后,得知这种机床的平均成本为 3 150 元/台,认为售价低于平均成本,明显得不偿失。因此,销售部经理在谈判中采取了强硬态度,要求售价不得低于 3 250 元/台。最终,双方未能达成销售协议。事过半年后,机床生产公司的控股公司来进行财务核查,得到有关这种机床生产的几个成本数据,即平均成本为 3 150 元/台,其中平均固定成本为 1 520 元/台,平均可变成本为 1 630 元/台。在了解到前述的谈判内容后,认为机床生产公司做了明显失误的决策,最后机床生产公司负责人将销售部经理降职。

分析:在完全竞争市场中,只要产品价格高于可变成本,企业在短期内虽亏损,但会继续生产。由于没有接受这批订货,机床生产公司闲置了一部分生产能力。如果当初接受了这批订货,由于价格(P)小于平均成本(AC),因此损失了 25 000 元[(3 150－2 900)×100]。但由于价格(P)大于平均可变成本(AVC),因此该机床生产公司不仅可以收回全部可变成本,而且可以收回一部分固定成本,收回的固定成本为 127 000 元[(2 900－1 630)×100]。这就是说,机床生产公司销售部经理的决策失误使本可收回的成本化为泡影。

资料来源:李贺主编:《经济学基础》第 2 版,上海财经大学出版社 2021 年版,第 127 页。

四、完全竞争市场上企业的长期均衡

完全竞争市场上企业的长期均衡是指在完全竞争市场条件下,每个企业都可以根据市场价格来调整全部生产要素和生产,并可以自由进入或退出所属行业的均衡生产状态。这样,整个行业供给的变动就会影响市场价格,从而影响各个企业的均衡。

在完全竞争市场结构中,企业的长期均衡的实现过程是动态性质的。其作用过程如下:①当行业存在着超额利润时,新资本大量进入→行业规模扩大→供给增加→市场价格下降→$AR=MR=P$ 随之下降→超额利润逐渐消失。②当行业出现亏损时,部分资本退出→行业规模减小→供给减少→市场价格上升→$AR=MR=P$ 随之上升→亏损消除。③当行业既无超额利润,又无亏损时,整个行业的供求均衡,各个企业的产量也不再调整,于是就实现了长期均衡。完全竞争市场上企业的长期均衡如图 6—6 所示。

在图 6—6 中,完全竞争企业将长期均衡于 E 点。均衡价格为 OP^*,均衡产量为 OQ^*。企业的需求曲线 D 与四条成本曲线(SMC、LMC、SAC、LAC)相切(或相交)于 E 点。所以,完全竞争市场的长期均衡条件是:价格(P)=边际收益(MR)=短期边际成本曲线(SMC)=短期平均成本曲线(SAC)=长期边际成本曲线(LMC)=长期平均成本曲线(LAC)。

因此,在完全竞争市场上,企业在短期可能获得超额利润,也可能遭受亏损;但在长期,企业只

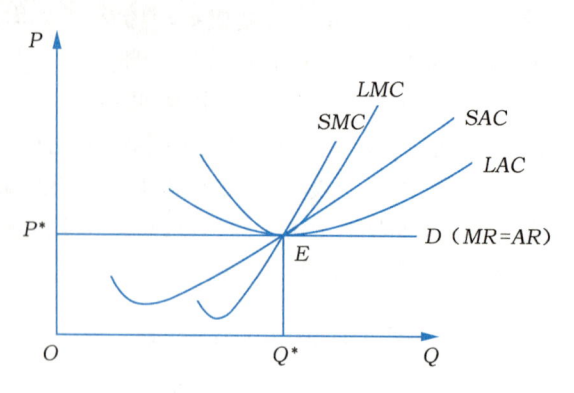

图 6—6　完全竞争市场上企业的长期均衡

能得到正常利润。短期均衡与长期均衡的区别在于：短期均衡不要求价格等于平均成本，但长期均衡要求价格等于平均成本。

理解完全竞争市场上企业的长期均衡时应注意以下几点：①长期均衡点就是项目五所说的收支相抵点，即总成本＝总收益($TC=TR$)；②企业尽管没有超额利润，但可获得作为生产要素之一的企业家才能获得的报酬——正常利润；③企业只要获得正常利润，就实现了利润最大化，即满足边际收益(MR)＝边际成本(MC)；④在长期均衡点上，由于长期边际成本曲线(LMC)＝边际收益(MR)＝长期平均成本曲线(LAC)＝平均收益(AR)＝价格(P)，因此平均成本最小，表明在完全竞争市场条件下的经济运行效率最高。

课堂讨论

当一个完全竞争企业的销售量翻一番时，其产品价格和总收益会发生怎样的变化？
答：其产品价格与原来相同，但总收益会翻一番。

同步思考

小张博士毕业后，开办了针对专升本考试的辅导班，前期办理许可证花费 10 000 元，聘用教师花费 20 000 元，教室租赁花费 10 000 元，每位学生资料费 50 元，参加补习班学生每人交学费 500 元。业务员招生提成 10%。

请问：需要招到多少学生才能做到损益平衡？试算损益平衡人数＋1 人、－1 人时辅导班的收益情况。

任务二　垄断市场

一、垄断市场概述

垄断市场是指整个行业中只有一个企业的市场组织。具体来说，垄断市场的条件主要有以下三点：①市场只有一个企业生产和销售商品；②该企业生产和销售的商品没有任何相近的替代品；③其他任何企业进入该行业都极为困难或不可能。在这样的市场中，排除了任何的竞争因素，独家垄断企业控制了整个行业的生产和市场的销售，因此，垄断企业可以控制和操纵市场价格。

形成垄断的原因主要有以下几个：

第一，独家企业控制了生产某种商品的全部资源或基本资源的供给。这种对生产资源的独占，排除了经济中的其他企业生产同种产品的可能性。

第二，独家企业拥有生产某种商品的专利权。这便使得独家企业可以在一定的时期内垄断该产品的生产。

第三，政府的特许。政府往往在某些行业实行垄断的政策，如铁路运输部门、烟草部门等，于是，独家企业就成为这些行业的垄断者。

第四，自然垄断。有些行业的生产具有这样的特点：一方面，企业生产的规模经济需要在一个很大的产量范围和相应的很多的资本和设备的生产运行水平上才能得到充分体现，以至于整个行业的产量只有由一个企业来生产时才有可能达到这样的生产规模。另一方面，只要发挥这一企业在这一生产规模上的生产能力，就可以满足整个市场对该种产品的需求。在这类产品的生产中，行业内总会有某个企业凭借雄厚的经济实力和其他优势，最先达到这一生产规模，从而垄断了整个行业的生产和销售。这就是自然垄断。

如同完全竞争市场一样，垄断市场的假设条件也很严格。在现实的经济生活中，垄断市场几乎是不存在的。在经济学中，由于完全竞争市场的经济效率被认为是最高的，从而完全竞争市场模型通常被用来作为判断其他类型市场的经济效率高低的标准，那么，垄断市场模型就是从经济效率最低的角度来提供这一标准的。

启智润心　　　　华为连续五年专利合作条约申请量位居全球第一

专利市场在某种程度上可以视为不完全竞争市场。专利是一种在法律上保护创新的产权，它允许创新者在一定时间内拥有独家使用权并排除他人。这种排他性使得市场竞争受到限制，创新者可以在独占的地位下收取高额的专利使用费，获得较高的经济利润。截至2022年12月31日，华为全球共持有有效授权专利超12万件，90%以上为发明专利。目前，华为是累计获得中国授权专利最多的企业，当前有效中国专利逾4.7万件，在美国累计共获得2万余件授权专利，在欧洲累计获得约1.5万件授权专利。华为连续五年专利合作条约（PCT）申请量全球第一。这些来之不易的数据背后，是华为对创新持续的投入和耐心。目前，华为已经连续5年位列PCT全球申请榜单第一名。作为科技企业的代表，华为在知识产权领域几十年的积累，对越来越多走向全球的中国企业来说，同样具有重大的示范和借鉴意义。

资料来源："'数读'华为创新与知识产权：为科技高峰攀登者构筑基石"，央广网，2022年6月9日。

【明理善行】　知识产权是指可通过法定方式对其实施法律保护的创造性或创新性工作或成果。知识产权包括专利、商标、版权、工业设计、商业秘密等。专利是其中一种形式，它是为了保护创造性的技术、发明和创新而设置的。专利权利人拥有对其发明或创新的专有权利，可通过专利文书有效地防止他人在市场上不经授权地制造、销售、使用、进口、出租自己的发明或创新产品。因此，专利是知识产权的一个重要组成部分，也是知识产权保护的最为重要和常用的方式之一。而知识产权是创新发展的源头和活水。不管是对企业还是对一个国家来说，用知识产权的数量和质量来衡量其科技创新能力，或许比财务数据更有现实意义。尤其在数字经济的背景下，知识产权日益成为核心要素，保护知识产权就是保护科技创新。案例中，华为对知识产权的态度折射出了华为面对创新的价值观——开放、自信、尊重成果，这是每一个攀登科技高峰的企业最需要的精神。通过案例了解我国民营企业创新发展的成绩，从而感悟中国企业家精神；同时，增强科学创新意识，提升民族自豪感，厚植家国情怀。

案例鉴赏　　　　　"良心油条"带来的附加值

刘洪安是某财经院校的大专毕业生，虽然学的是会计专业，但他却自谋职业卖起了早点。他的早点铺主要卖豆腐脑和油条。

最初，刘洪安与其他经营者一样，为了节省成本，头一天用过的油第二天接着用，如此循环，没觉得有什么不妥。一次上网时，他看到一则新闻说，食用油反复加温会产生大量有害物质，会对人体造成很大危害。他觉得很震惊。想着自己每天卖出去的油条居然会对他人的健康造成这么大的威胁，刘洪安有些良心不安。于是，他决定从2021年初改用一级大豆色拉油炸油条，而且每天一换，只用一次。刘洪安称，自此他卖上了"良心油条"。

为了让顾客吃得放心，他在铺子旁写上"己所不欲，勿施于人""安全用油，杜绝复炸"的白色醒目大标语，还用一张白纸写上了如何鉴别复炸油的方法，贴在了靠近油锅的窗口上。同时，他还在油锅旁放了一个"验油勺"，顾客如果不放心，可以随时拿起勺子检验。

这些措施果然吸引了不少顾客，大家不怕多出钱，就怕吃得不健康。虽然刘洪安每天的成本增加了，油条的价格也随之上涨了1元，但可喜的是，来吃早餐的人却不减反增，生意越来越好，别的铺子生意冷冷清清，而他这里却排起了长队。连当地媒体也被这家小吃铺吸引，纷纷前来采访报道。刘洪安一不小心成了新闻人物，并一跃成为网络红人，大家亲切地叫他"良心油条哥"，并当选了全国道德模范。

看来，只要讲良心、有信誉，即使不打一分钟广告，也会顾客盈门。因为良心就是最好的卖点。另外，扩展开来说，这种走差异化道路的经营策略，即使是在垄断竞争市场下，也会有自己的一片天地。

资料来源：李贺主编：《经济学基础》第2版，上海财经大学出版社2021年版，第129页。有删改。

二、垄断市场的需求曲线、收益曲线

（一）垄断市场的需求曲线

在完全垄断市场上，一家企业就是整个行业。因此，整个行业的需求曲线也就是一家企业的需求曲线。这时，需求曲线就是一条表明需求量与价格呈反方向变动的向右下方倾斜的曲线。作为市场上唯一的供给者，垄断企业可以制定任何其想要的价格，但向右下方倾斜的需求曲线又决定了它如果提高价格，其销售量必然会相应下降。

（二）垄断市场的收益曲线

在完全垄断市场上，每一单位产品的售价就是它的平均收益，也就是它的价格，即 $AR=P$。因此，平均收益曲线（AR）仍然与需求曲线（D）重合。

但是，在完全垄断市场上，当销售量增加时，产品的价格就会下降，从而边际收益减少，边际收益曲线就也不会与需求曲线重合了，而是位于需求曲线的下方。而且，随着产量的增加，边际收益曲线与需求曲线的距离越来越大，这表示边际收益比价格下降得更快，同时平均收益大于边际收益。总收益、平均收益、边际收益的关系可以用表6—1中的数据来说明。

表6—1　　　　　　　　总收益、平均收益、边际收益的关系

价格 P (1)	销售量 Q (2)	总收益 TR (3)=(1)×(2)	平均收益 AR (4)=(3)÷(2)	边际收益 MR (5)=Δ(3)÷Δ(2)
7	0	0	—	—

续表

价格 P (1)	销售量 Q (2)	总收益 TR (3)=(1)×(2)	平均收益 AR (4)=(3)÷(2)	边际收益 MR (5)=Δ(3)÷Δ(2)
6	1	6	6	6
5	2	10	5	4
4	3	12	4	2
3	4	12	3	0
2	5	10	2	−2
1	6	6	1	−4

垄断市场的需求曲线与收益曲线之间的关系可通过图6－7直观地表示出来。

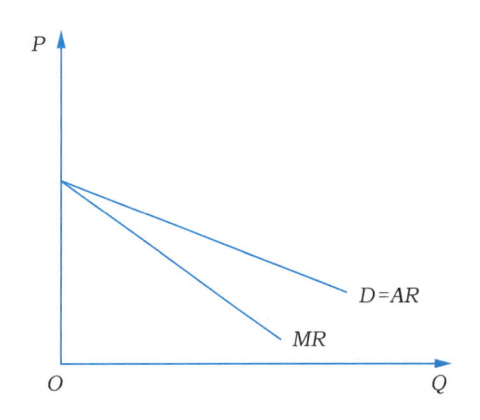

图6－7 垄断市场的需求曲线和收益曲线

在图6－7中，D是需求曲线，AR是平均收益曲线，MR是边际收益曲线。边际收益曲线（MR）在重合的需求曲线（D）与平均收益曲线（AR）的左下方。边际收益曲线（MR）、需求曲线（D）和平均收益曲线（AR）都向右下方倾斜。

三、垄断市场上企业的短期均衡及长期均衡

（一）垄断市场上企业的短期均衡

垄断企业虽然根据利润最大化原则来决定产出数量和价格，但要考虑短期市场的需求状况。也就是说，垄断企业也会面临供过于求或供不应求的情况。当出现供过于求时，就会出现亏损；当出现供不应求时，就会获得超额利润；当供求相等时，就会获得正常利润。在这里，对垄断企业短期均衡的分析，与对完全竞争企业短期均衡的分析基本是一样的。垄断企业不仅通过调整产量来实现利润最大化，而且通过调整价格来实现利润最大化。

案例鉴赏　　　　　卖菜钱不够付工人工资

某年4月18日，油菜价跌到每斤5分。菜农梁平说，每斤油菜必须卖到6毛钱，他才能保本。去年油菜的价格一直比较坚挺，能卖到每斤1.7元。但今年，油菜最高也只能卖到每斤0.15元。4月18日，油菜价更是跌到了每斤5分钱。

前不久，梁平请了12个工人收割一个大棚里的油菜，每个工人工作了9个多小时，人均工钱是

63元,中午请工人吃馒头花了20元,一共是780元,而整个大棚收割的6 000多斤油菜卖给田间收购者,只收到600多元钱,赔了近200元钱。

"越卖越亏。"梁平说,不如铲掉不卖。铲油菜,他最多支付100元人工钱。要是算上大棚租金、种子、化肥等成本,每斤油菜必须卖到0.6元,他才能保本。

资料来源:李贺主编:《经济学基础》第2版,上海财经大学出版社2021年版,第131页。

垄断企业虽然可以通过调整产量和价格来实现利润最大化,但在短期内,产量的调整会受到固定生产要素无法调整的限制。与完全竞争企业一样,垄断企业在短期内可能出现以下几种情况:

1. 供不应求状况下的短期均衡——企业获得超额利润

在供不应求的情况下,边际收益曲线与边际成本曲线的交点 E 决定了企业的产量为 OQ^*,从 Q^* 点引向上的垂线与需求曲线 D 相交于 H 点,从而决定了价格水平为 OP^*。这时该企业的总收益(TR)等于平均收益(AR)乘以产量(OQ^*),即图6-8中的 OQ^*HP^*;总成本(TC)等于平均成本(AC)乘以产量(OQ^*),即图6-8中的 OQ^*FG。由于总收益(TR)>总成本(TC),因此该企业可获得的超额利润为图6-8中的 $GFHP^*$($TR-TC$)。

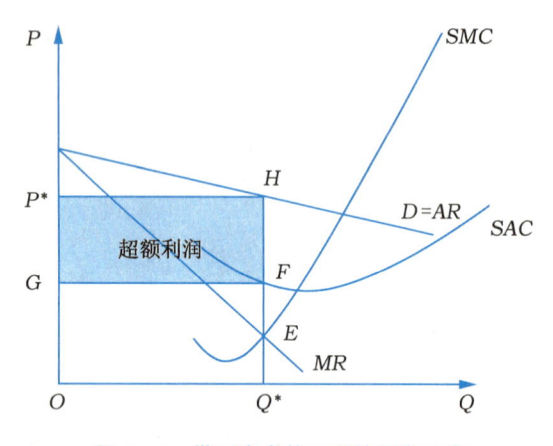

图6-8 供不应求状况下的短期均衡

2. 供求平衡状况下的短期均衡——企业获得正常利润

在供求平衡状况下,总收益与总成本相等,都为 OQ^*FP^*,所以收支相抵,只有正常利润,如图6-9所示。

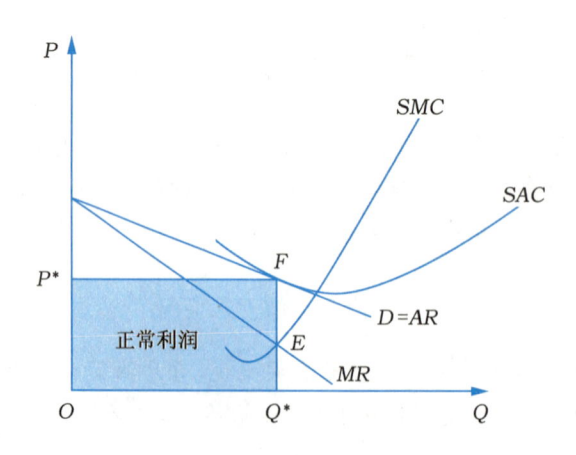

图6-9 供求平衡状况下的短期均衡

3. 供过于求状况下的短期均衡——企业遭受亏损

在供过于求的情况下，企业的总收益（TR）为 OQ^*HP^*，总成本（TC）为 OQ^*FG。由于总收益（TR）<总成本（TC），因此该企业的亏损区为图 6-10 中的 $GFHP^*$。平均可变成本曲线（AVC）与平均收益曲线（AR）相切于 H 点，可以维持产量 OQ^*，此时 H 点为停止营业点，因为如果价格再低，就无法生产了，如图 6-10 所示。

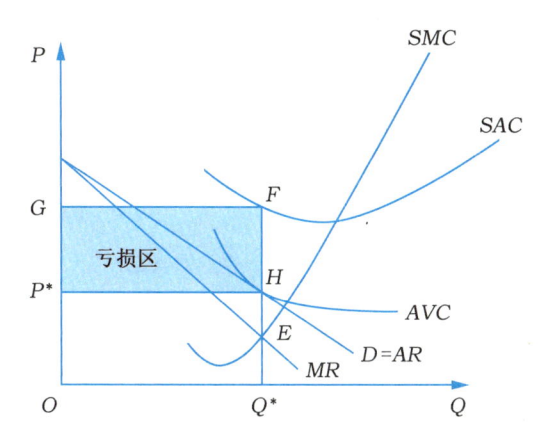

图 6-10 供过于求状况下的短期均衡

综上，垄断市场上企业的短期均衡条件是：$SMC=MR$，即短期边际成本＝边际收益。

案例鉴赏　　　　生意冷清的餐馆

你是否曾经走进一家餐馆吃午饭，发现里面几乎没人？为什么这种餐馆还要经营呢？

在做出是否经营的决策时，餐馆老板必须记住固定成本与可变成本的区别。餐馆的许多成本——租金、厨房设备、桌子、餐具等是固定的。在午餐时，停止营业并不能减少这些成本。换句话说，在短期这些成本是沉没的。当老板决定是否提供午餐时，只与可变成本——增加的食物价格和额外的服务员工资是相关的。只有在午餐时从顾客得到的收入少到不能弥补餐馆的可变成本时，老板才会在午餐时间停止营业。

（二）垄断市场上企业的长期均衡

垄断企业的长期均衡是指企业根据市场需求的变化，不断调整生产规模，在长期内实现利润最大化的均衡生产状态。在长期生产过程中，由于垄断市场上只有一家企业，因此垄断企业有能力，也有条件把价格和产量调整到对自己最有利的位置上，从而实现利润最大化。所以，垄断市场上企业的长期均衡条件是：边际收益曲线（MR）＝长期边际成本曲线（LMC）＝短期边际成本曲线（SMC）。

在图 6-11 中，短期边际成本曲线（SMC）、长期边际成本曲线（LMC）和边际收益曲线（MR）相交于 E 点，E 点确定的均衡产量为 OQ^*。此时，垄断企业可以在长期内获得最大利润，其垄断利润为 $GFHP^*$。

垄断企业在长期均衡中，如果要达到最优生产规模，不但要求边际收益曲线（MR）＝长期边际成本曲线（LMC）＝短期边际成本曲线（SMC），而且要求长期平均成本曲线（LAC）最低，这就要求均衡产量（OQ^*）位于长期平均成本曲线（LAC）最低点的左边。由于长期边际成本曲线（LMC）一定在长期平均成本曲线（LAC）的最低点与长期平均成本曲线（LAC）相交，所以当边际收益曲线（MR）＝长期边际成本曲线（LMC）＝短期边际成本曲线（SMC）时，垄断企业在长期均衡中达到最

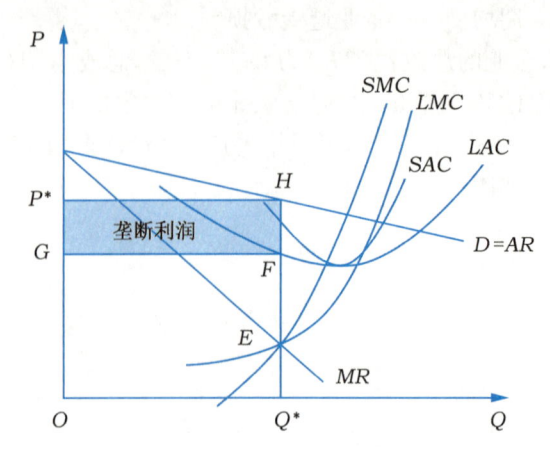

图 6-11 垄断市场上企业的长期均衡

优生产规模。如果边际收益（MR）与长期边际成本曲线（LMC）的交点位于长期平均成本曲线（LAC）最低点的左边，说明垄断企业处于长期均衡时的规模小于最优生产规模；如果边际收益（MR）与长期边际成本曲线（LMC）的交点位于长期平均成本曲线（LAC）最低点的右边，说明垄断企业处于长期均衡时的规模大于最优生产规模。

案例鉴赏　　　　　　　反垄断需要制度的保障

东风日产及其在广州地区的17家经销商最近在广东省发改委领到了一张总计超过1.4亿元的反垄断罚单。至此，加上奥迪、克莱斯勒、奔驰等车企及12家日本零部件企业被罚掉的10多亿元，一年来，中国汽车行业内相关企业领到的反垄断罚单总额超过了20亿元。

不管是从执法对象还是从执法部门来看，目前在汽车反垄断领域还缺少一条大家都能看得清、守得准的红线。到底红线在哪里，什么情况下可能触发红线，什么情况可以豁免，目前的规范的确并不清晰。而这条模糊的红线背后，其实反映的是我国汽车领域反垄断法律体系的不完善，现有的反垄断法律体系需要进一步界定清楚。

反垄断的最终目标是净化市场竞争秩序，降低垄断利润，从而增加消费者的福利，即产品价格的降低和服务质量的改善。如果主要依靠罚款的方式，虽然能对车企起到一定震慑作用，但能落到普通消费者头上的实惠有限。只有从单纯的执法走向法律的完善，通过制度化的方式抑制和打击垄断，才能让汽车市场更加有序高效，并通过价格的降低和服务的改善刺激消费者的购买能力，使汽车市场走出当前的相对低迷，重现繁荣。

资料来源：李贺主编：《经济学基础》第2版，上海财经大学出版社2021年版，第133—134页。

四、价格歧视

价格歧视（Price Discrimination）是指垄断企业为了获得最大利润，在同一时间内对同一种产品向不同的购买者收取不同的价格。常见的价格歧视主要是依据顾客或产品特点的不同，制定不同的价格。

（一）实行价格歧视的条件

一方面，市场的消费者具有不同的偏好，且这些不同的偏好可以被区分开来。这样企业才能对不同的消费者或者消费群体收取不同的价格。另一方面，不同的消费者群体或者不同的销售市场是相互隔离的,这样就排除了中间商有低价买进商品,转手又在高价处出售商品从中获利的情况。

(二)价格歧视的类型

1. 一级价格歧视

一级价格歧视(First Degree Price Discrimination)又称为完全价格歧视,是指企业对每一单位产品都按照消费者所愿意支付的最高价格出售。假设某地区只有一名牙医,并且他清楚每一位患者愿意付的最高价格,他将对每一位患者收取不同的价格,使他们刚好愿意治疗,这样患者们的全部消费者剩余都转移到了牙医那里。

2. 二级价格歧视

二级价格歧视(Second Degree Price Discrimination),是指对不同的消费数量段规定不同的销售价格。比如,电信公司对客户按其每月上网时间的不同,收取不同的价格,对于使用量小的客户,收取较高的价格;对于使用量大的客户,收取较低的价格。垄断卖方通过这种方式把买方的一部分消费者剩余据为己有。

3. 三级价格歧视

三级价格歧视(Third Degree Price Discrimination),是指垄断企业对同一产品在不同市场上(或对不同的消费群)收取不同的价格。三级价格歧视是最普遍的价格歧视。比如,有的旅游景点对外地游客和本地游客实行不同价格,对外地游客收取较高的价格,对本地游客收取较低的价格。

课堂讨论

为什么许多大学对贫困学生提供奖学金?

答:这种政策可以看作是一种价格歧视。通过收取高学费并有选择地提供奖学金,学校实际上是根据学生们对上大学的支付意愿来收取学费的,因此这种行为与实施价格歧视的垄断者的行为相似。

案例鉴赏　　景点向中国人收取的门票价格为什么比外国人低

100年来中国人的愿景之一就是在三峡建一座大坝。1919年,孙中山先生在《建国方略》中就提出修建三峡大坝的设想,提出改良宜昌以上长江段"以水闸堰其水使舟得溯流以行,而又可资其水力",用三峡的电力推动全国经济的发展。三峡工程于1994年开始动工,2003年6月水库开始正式蓄水发电,到2023年恰好20年。三峡水库蓄水位是175米,总蓄水量可高达393亿立方米,成为全世界最大的水力发电站和清洁能源生产基地。

如今的三峡大坝,不仅是一座巨大的水电站,而且是国家5A级景区"三峡大坝屈原故里旅游区"的一部分,这是一处对全体中国人免费,但外国人仍需购买10元门票的景区。此外,从宜昌市区通往三峡坝区,全长38千米的三峡专用高速公路,也是免费通行的,但需要在入口处凭身份证和行驶证办一张两天有效的通行证。

类似地,浙江绍兴于2014年5月启动"绍兴人免费游绍兴"项目,山东万平口景区从2016年6月起围海收费,收费方案为旺季票价60元,淡季票价40元,本地人免费。

案例中,景点对不同的人收取不同价格的门票,这是什么现象?请从经济学视角对收取不同价格门票的现象进行解释。

分析:案例中景点对中国人的门票价格远远低于外国人的门票价格,或者当地人门票价格远远低于外地人的门票价格,这是价格歧视,就是将相同成本的一种产品以不同的价格来出售。价格歧视的概念也可以扩大到产品并不完全相同的场合:如果这些不同产品的价格差异显著地不同于它们的成本差异,则也可以说存在价格歧视。价格歧视包括三种类型:一级价格歧视,也称完全价格歧视,按人定价,是指根据个人的需求及支付能力制定个性化的价格,尽可能多地从个人那里收取消费剩余。例如,金融产品的个性化定价,很多信用卡、保险、贷款等金融产品的价格都会根据个人的信用、收入、风险等特点进行个性化定价,因此不同的人在同一款产品上的价格可能会有所不同。二级价格歧视,按量定价,把全部产品分成若干"堆",对每"堆"产品按消费者的边际意愿支付来定价。例如,"批发价""买一送一""满200减30""两件八折"等。三级价格歧视是指企业根据不同的市场、不同的需求弹性制定不同的价格,以获得利润最大化。例如,案例中提及的景点实行的价格歧视就是三级价格歧视,这里的不同市场不仅是指不同的地理位置上的市场,而且是指由于消费者的偏好、收入和产品用途不同而形成的不同市场。外国人不远万里到中国旅游,到了旅游景点,不会因为门票价格比中国人高而不进去。此时,他们的消费价格弹性非常小,公园制定高价格就可以获得较高的利润。如果对中国人也制定高价格,就会挡住一部分消费者,公园就会因此减少收益。本地人比外地人票价更优惠也是同样的道理。

课程思政　　　完全垄断市场——不同乘车卡扣费数额也不同

你在乘坐公共汽车时会发现,在大连很多人在使用不同的乘车卡。大连公交卡除了有明珠卡,与全国其他地方差不多,还有学生卡和老年卡。其中,普通卡乘车9折,部分没有编号的线路和小公共汽车无折扣;学生卡4折,每年年检,过期就变为普通卡;老年卡免费。你还会发现不同的卡,扣费数额也不同。

资料来源:李贺主编:《经济学基础》第2版,上海财经大学出版社2021年版,第135页。

【思政感悟】　价格歧视是指在同一时间内对同一成本的产品向不同的购买者收取不同的价格,或对不同成本的产品向不同的购买者收取相同的价格。只有垄断者才有可能实行价格歧视或差别价格。

【三省吾身】　对不同收入者的歧视定价,根据不同的服务对象确定不同的票价。价格歧视原理告诉我们,针对不同的服务群体可以灵活地运用多种价格形式。歧视定价就是一种重要的定价方式。优惠券、差异化包装及数量折扣,均可以作为实行价格歧视的手段。现在很多银行实行的所谓金卡、银卡客户策略,实际上也是价格歧视的一种。我们在今后的工作中要灵活地运用价格歧视来进行定价。

任务三　垄断竞争市场

一、垄断竞争概述

垄断竞争是市场结构中介于完全竞争与垄断两个极端之间的一种中间情形。垄断竞争(Monopolistic Competition)是一种既有垄断又有竞争,既不是完全竞争又不是完全垄断的市场结构。垄断竞争市场的主要特征有以下方面:

(1)市场上有众多的消费者和企业,每个企业所占的市场份额较小。一个企业竞争策略的制定和实施不必考虑其他企业的反应,也就说,企业之间是彼此独立的。

(2)企业生产的产品存在着差别,即有很大的替代性,而这种差别的存在是垄断竞争形成的基本条件。企业之间的竞争不仅存在着价格竞争(完全竞争下的企业由于产品没有差别,因此企业之间的竞争只是价格竞争），而且存在着质量竞争、服务竞争等非价格竞争。

（3）企业面对的需求曲线是一条略微向下倾斜的曲线。需求曲线的倾斜程度与需求价格弹性有关，垄断竞争企业的需求价格弹性不再像完全竞争企业那样是无穷大的，这说明企业有了一定程度的价格制定权。因此，每个企业面对的需求曲线都是一条向右下方倾斜的曲线。

（4）企业进入或退出一个行业是自由的。由于企业的规模较小，所花费的资金较少，因此企业进入或退出一个行业比较容易。

在现实市场中，垄断竞争是一种普遍现象。最明显的垄断竞争市场有零售商店、饭店、轻工业品市场等。

案例鉴赏　　　　大型互联网企业合并

从相互"厮杀"到联手合并的戏码，在互联网行业又有新剧情上演。大众点评网与美团网联合发布声明，宣布共同成立一家新公司。作为被国内消费者熟悉、一直存在高频次竞争的两个对手，它们此次合并引发了广泛关注。联系到此前的一系列大型互联网企业合并事件，人们不禁要问：为何它们会从竞争走向联合？合并后是否会形成相关领域的垄断，抑制创新？是否会影响消费者的"红利"？

根据大众点评网和美团网的声明，新公司的重大决策将在联席CEO和董事会层面完成。两家公司在人员架构上保持不变，并将保留各自的品牌和业务独立运营，同时将加强优势互补和战略协同，推动行业升级。此前，滴滴与快的、赶集与58同城等互联网企业的合并事件曾引发广泛关注。业内人士称，互联网公司从竞争对手走向合并背后的原因趋同，那就是资本不允许它们在同样的业务线上重复开发。

业内人士认为，资本希望以最小的回报获得最高的收益，最终形成"一统天下"的格局，坐收渔翁之利。但这样的垄断格局会抑制竞争，而缺乏充分竞争会对消费者不利。虽然美团和大众点评占据了团购行业的领先位置，但与专车领域不同，团购与O2O业务从业者众多，形成垄断不是一件容易的事。就在美团和大众点评宣布合并的当天，另一位竞争对手——百度糯米启动巨额红包，宣布带给消费者更多优惠。

有专家认为，虽然两者合并暂时不会形成业务线完全垄断，但这样的竞争在未来依然会使资本产生合并的冲动，这种不断竞争"烧钱"，然后形成几家大的巨头，最后联合收获盈利的模式，几乎已成为大型互联网公司合并的固定模式。

"资本考虑的永远是盈利，我们可以看到它们在不断推动各类竞争公司合并，很容易在一定程度上形成垄断，这对创新发展不利。"在这种氛围下，小创业公司很容易被大公司收购吞并，然后就束之高阁。

资料来源：李贺主编：《经济学基础》第2版，上海财经大学出版社2021年版，第136—137页。

二、垄断竞争市场上企业的均衡

（一）垄断竞争市场上企业的短期均衡

在短期均衡的实现过程中，垄断竞争市场与垄断市场一样，也会出现超额利润、收支相抵、亏损三种情况。与垄断企业不同的是，垄断竞争企业面对的市场需求曲线的斜率较小。在考虑生产成本因素之后，垄断竞争企业会选择在边际成本（MC）与边际收益（MR）相等的条件下生产，即图6—12中的E点。E点所决定的产量为OQ^*，价格为OP^*。由于此时的短期平均成本为OG，因此垄断竞争企业是有利润的，其利润为$GFHP^*$。所以，垄断竞争市场上企业的短期均衡条件是：边际收益(MR)＝边际成本(MC)。

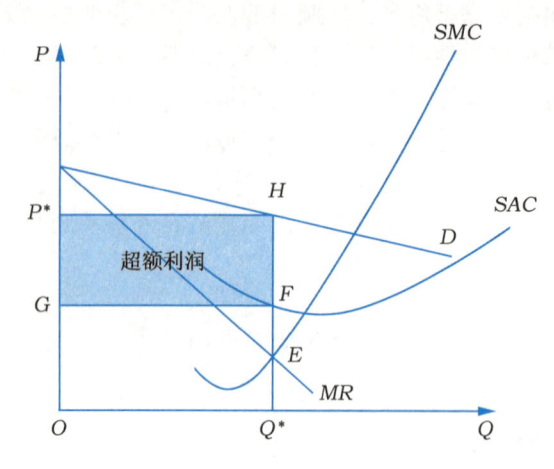

图6-12 垄断竞争市场上企业的短期均衡

垄断竞争企业在决定产量和价格时的方式与垄断企业完全相同。另外,垄断竞争企业也可能会有损失出现。在图6-12的产量OQ^*下,如果短期平均收益低于短期平均成本,垄断竞争企业就会亏损。但无论是盈利还是亏损,在短期内都不会吸引其他企业加入或使原有企业退出。长期的情形则不同,因为在垄断竞争市场下,每家企业的规模都不大,同时企业数目很多,企业进出市场非常自由。所以,当企业在短期内有利润存在时,就会吸引新的企业加入;当企业有亏损时,就会有企业退出。

(二)垄断竞争市场上企业的长期均衡

在长期内,企业可以任意变动一切生产要素的投入。如果某一行业出现超额利润或亏损,该行业就会通过新企业的进入或原有企业的退出,最终使超额利润或亏损消失,因此在达到长期均衡时,整个行业的超额利润为零。所以,垄断竞争与垄断不同(垄断长期拥有超额利润),而是与完全竞争一样,在长期内由于总收益等于总成本,企业只能获得正常利润,如图6-13所示。

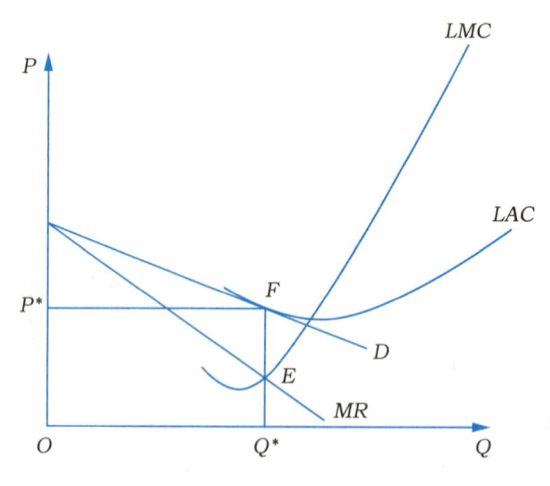

图6-13 垄断竞争市场上企业的长期均衡

在图6-13中,长期内,垄断竞争企业仍然会维持在边际收益(MR)＝边际成本(MC)的条件下生产,即图6-13中的E点。E点所决定的产量为OQ^*,价格为OP^*。在长期均衡时,平均收益等于平均成本,因此利润为零。此时,垄断竞争市场达到长期均衡。

【提示】垄断竞争市场上企业的长期均衡条件是:边际收益(MR)=边际成本(MC),价格(P)=平均收益(AR)=平均成本(AC)。

三、垄断竞争市场上企业的非价格竞争

在垄断竞争市场中,企业之间不仅存在着价格竞争,而且存在着非价格竞争。非价格竞争的例子表现在更好的服务、产品保证、免费送货、更吸引人的包装和广告等方面。非价格竞争的结果是垄断竞争企业在长期中获得的经济利润为零,企业只能获得正常利润。如果有一家创新的企业发现一种把它的需求曲线向右移动的方法,比如说提供更优质的产品或更吸引人的广告,那么在短期,它就可能获得利润。这意味着其他缺乏创新的企业的需求曲线将向左移动,这些企业损失的销售额转向了创新的竞争对手。

接下来,所有的企业都将效仿它们之中最成功者的做法。如果是产品更新使得某些企业取得了经济利润,那么所有企业都将提供产品更新;如果是广告起作用,那么所有企业都将卷入广告战。在长期,我们可以预测所有的垄断竞争企业都要开展广告宣传、重视售后服务以及采纳被行业中其他企业证明有盈利可能的任何措施。所有这些非价格竞争都要在企业广告、产品升级、员工培训等方面支付费用,而这些成本又必须包含在每个企业向上移动的平均成本曲线之中。

在短期内,企业可能盈利是因为有相对较少的竞争者,或是发现了吸引消费者的新方法。但在长期,盈利的企业会发现,由于新企业的进入,其成功的非价格竞争做法将被仿效,从而使它的需求曲线向左移动。最后,平均成本曲线与需求曲线相切,该企业仍将取得零经济利润。

课堂讨论

在垄断竞争市场上,企业在短期与长期是否可以获得经济利润?

答:企业在短期可以获得正的或负的经济利润;但在长期,自由进入和退出将使每个企业取得零经济利润。

同步思考　　　　　　　　广告最活跃的市场

在生活中,广告随处可见,最经常看到的是化妆品、家用电器、洗涤用品等轻工业产品的广告,而很少看到过石油、煤炭、钢铁的广告,更没有看到过自来水、电力的广告(不包括公益广告)。这是为什么?

请分析:为什么垄断竞争市场广告最活跃?

分析:打开电视映入眼帘的一般是轻工业产品广告。这个市场就是垄断竞争市场。这个市场存在的基本条件是产品有差别,如自行车,消费者的个人偏好不同,每一款自行车都可以自己的产品特色在一部分消费者中形成垄断地位。但这种垄断又是垄断不住的,因为不同品牌的自行车是可以互相替代的。这就形成一种垄断竞争的状态,这也正是为什么生产轻工业产品的企业不惜血本大做广告的目的。同时,在这个市场上各个商家的定价决策要充分考虑同类产品的价格,正确估计自己的产品在市场上的地位,定价过高会被同类产品替代,失去原有的市场份额。因此,垄断竞争市场通常是广告最活跃的市场之一,这是因为垄断竞争市场企业之间的竞争非常激烈,每家企业都在尝试用不同的方式来推广其产品和服务,以吸引消费者的关注和购买,从而获得更高的市场份额和更好的经济收益。

任务四 寡头垄断市场

一、寡头垄断概述

寡头垄断(Oligopoly)也称寡头垄断市场,是指少数几家企业控制整个市场的产品生产和销售的一种市场组织。其与垄断市场和垄断竞争市场不同。垄断市场只有一家企业,这家企业的供给和需求就是一个行业的供给和需求。垄断竞争市场则有较多的企业,每家企业只是行业中的一小部分。

一般来说,寡头垄断市场形成的原因主要有以下几个方面:①这一行业产品的生产经营是建立在规模经济基础上的,这是寡头垄断市场形成的基本条件;②这一行业产品的生产技术不容易为一般中小型企业所掌握和模仿;③寡头企业采取了种种排他性措施;④政府对寡头企业的扶植和支持。

寡头垄断市场主要有两种类型:①无差别寡头(纯粹寡头),即寡头企业生产的产品无差别,如冶金、石油等行业的寡头;②有差别寡头,即寡头企业生产的产品有差别,如飞机、香烟等行业的寡头。

寡头垄断市场的特征包括以下几点:

(1)寡头企业之间存在着相互依存性,关系密切。由于行业中只有少数几家大企业,因此它们的供给量均占有市场的较大份额,各个寡头企业之间容易达成某种形式的妥协。

(2)寡头企业的决策互相影响,其决策产生什么样的结果具有很大的不确定性。因为任何一个寡头企业在做出决策时,都必须考虑竞争对手可能会做出的反应。

(3)寡头企业的竞争手段是多种多样的,价格和产量一旦确定,就具有相对的稳定性。也就是说,各个寡头由于难以捉摸对手的行为,一般不会轻易变动已确定的价格与产量水平。

二、寡头垄断市场上的价格决定

寡头垄断市场上的价格决定也要区分存在或不存在勾结。在不存在勾结的情况下,价格决定的方法是价格领先制和成本加成法;在存在勾结的情况下,价格决定的方法则是卡特尔。

(一)价格领先制

价格领先制(价格领导制)是指一个行业的价格通常由某一寡头率先制定,其余寡头追随其后确定各自的价格。领价者往往既不是自封的,也不是共同推选的,而是自然形成的。这种自然形成的领价者或者说价格领袖,一般有以下三种情况:

1. 支配型价格领袖

领先确定价格的企业是本行业中最大的、最具有支配地位的企业。由于其在市场上占有份额最大,因此其对价格的决定举足轻重。支配型企业根据自己利润最大化的原则确定产品价格及其变动,其余规模较小的寡头就像完全竞争企业一样,是价格的接受者,需根据支配型企业的价格来确定自己的价格和产量。

2. "晴雨表"型价格领袖

这种企业在本行业中并不一定规模最大、成本最低、效率最高,但其在掌握市场行情变化或其他信息方面明显优于其他企业。这种企业的价格变动实际上是首先传递了某种市场信息,因此,其价格在该行业中具有"晴雨表"的作用,其他企业会参照这家企业的价格变动而调整自己的价格。

3. 效率型价格领袖

这种企业是本行业中成本最低、效率最高的企业。其对价格的确定也使其他企业不得不随之变动。高成本企业如果按自己利润最大化的原则确定价格,就会丧失销路,得不偿失。

(二)成本加成法

成本加成法是寡头垄断市场上最常用的定价方法。这种方法就是在核定成本的基础上,加上一个百分比或预期利润额来确定价格。这是按利润最大化原则事先确定利润目标的定价方法。成本加成法之所以能为市场接受,是因为垄断组织控制着生产和市场销售的最大份额。

(三)卡特尔

卡特尔(Cartel)是生产同类产品的企业在划分销售市场、规定商品产量、确定商品价格等方面签订协议而成立的同盟。通过建立卡特尔,几家寡头企业协调行动,共同确定价格,就有可能像垄断企业一样,使整个行业的利润达到最大。但由于卡特尔各成员之间的矛盾,有时达成的协议也很难兑现,还可能导致卡特尔解体。此外,各寡头还能通过暗中串通来确定价格。

【学中做 6—1】　　　　　　　　中国的通信市场

中国移动、中国电信和中国联通三家公司合称为我国通信市场的"三大运营商",它们占据着中国通信市场的绝大部分份额,形成了寡头垄断的局面。这三大运营商既拥有移动通信网络的基础设施,也掌握着大量的客户资源。此外,它们还能依照自身情况进行自由的定价。这使得其他通信企业的进入成本极高,难以与它们竞争。虽然近年来一些新兴的虚拟运营商也在一定程度上对市场的格局起到了调整作用,但仍难以改变整个市场的寡头格局。因此,通信市场在一定程度上存在寡头垄断的情况。尽管国家对通信市场有反垄断和维护公平竞争的政策,但寡头格局使得整个市场的竞争存在明显的局限性,从而影响消费者的福祉。

请问:什么是寡头?中国通信市场属于寡头市场结构吗?该市场有哪些特征?

分析:寡头是一种市场形态,通常用于描述只有少数几家企业或组织主宰某个市场的情况。这些企业或组织被称为寡头企业或寡头组织。在寡头市场中,这些寡头企业通常可以控制市场上的商品或服务价格,而消费者没有足够的替代选择,因为其他的供应商不够强大或者根本不存在。

中国通信市场的确是一个寡头市场,有以下的特征:①控制力集中:中国通信市场上的寡头企业主宰市场,如中国移动、中国联通和中国电信,这三家企业占据了市场份额的绝大部分,控制着市场。②市场份额固化:寡头企业在市场上的地位非常稳固,并不断拓展自己的优势市场,份额的固化也导致其他企业进入该市场的门槛很高。③产品同质化:在通信市场上,各大企业生产的产品种类相近,不好区分。因此,消费者在选择上没有足够的替代品和选择。④价格竞争受限:由于控制力的集中,寡头企业可以相互协商,限制彼此之间的价格竞争。因此,商品价格不会过低,也不会出现恶性竞争,而是相对稳定。

总之,中国的通信市场具有典型的寡头市场特征,市场保持着相对的稳定性。

三、古诺模型

古诺模型又称古诺双寡头模型(Cournot Duopoly Model),或双寡头模型(Duopoly Model)。古诺模型是早期的寡头模型。它是由法国经济学家古诺于 1838 年提出的。古诺模型是纳什均衡应用的最早版本,通常被作为寡头理论分析的出发点。古诺模型的结论可以很容易地推广到三个或三个以上的寡头企业的情况中。

古诺模型的假设前提是两个出售矿泉水的生产成本为零的寡头企业的情况。古诺模型的假定如下:市场上只有 A、B 两个企业生产和销售相同的产品,它们的生产成本为零;它们共同面临的市场的需求曲线是线性的,A、B 两个企业都准确地了解市场的需求曲线;A、B 两个企业都是在已知对方产量的情况下,各自确定能够给自己带来最大利润的产量,即每一个企业都是消极地以自己的产量去适应对方已确定的产量。

四、博弈论的运用

博弈论(Game Theory)是研究人们在各种策略的情况下如何行事的方法。这里的"策略"是指每个人在决定采取什么行动时,必须考虑其他人对这种行动会做出什么反应的状况。由于寡头垄断市场上企业的数量很少,因此每家企业都必须按策略行事。每个企业都知道,自己的利润不仅取决于自己生产多少,而且取决于其他企业生产多少。在做出生产决策时,寡头市场上的每个企业都必须考虑自己的决策会如何影响其他企业的生产决策。

"囚徒困境"是博弈论中最经典的例子之一,讲的是 A、B 两名嫌疑人作案后被警察抓住,隔离审讯,警方的政策是"坦白从宽,抗拒从严"。如果两人都坦白,则各判 8 年;如果一人坦白,另一人不坦白,坦白的放出去,不坦白的判 10 年;如果都不坦白,则因证据不足,各判 1 年。由此可以推想,如果甲、乙之间互不合作,他们很快就会发现,无论对方是选择坦白还是选择抗拒,自己总是选择坦白最有利。如果对方坦白,则自己坦白要比抗拒少判 2 年徒刑;如果对方抗拒,则自己坦白便可无罪释放。显然,两个囚徒最终都会"聪明"地选择坦白。"囚徒困境"反映了个人理性追求利益最大化的自利行为将导致集体非理性的矛盾,如表 6—2 所示。

表 6—2　　　　　　　　　　　　　　囚徒困境

类别		嫌疑人 B	
		坦白	抗拒
嫌疑人 A	坦白	−8,−8	0,−10
	抗拒	−10,0	−1,−1

寡头在力图达到垄断结果时的博弈也类似于囚徒困境。垄断结果对于寡头们来说是共同理性,但每个寡头都有违背协议的激励。正如利己主义使嫌疑人坦白一样,利己主义也使寡头难以维持低产量、高价格和垄断利润的合作结果。

【做中学 6—1】　　　　　　　　　　智猪博弈

在博弈论中,"智猪博弈"是一个著名的纳什均衡的例子。假设猪圈里有一头大猪、一头小猪。猪圈的一头有猪食槽,另一头安装着控制猪食应的按钮,按一下按钮会有 10 个单位的猪食进槽,但是谁按按钮就会首先付出 2 单位的成本,若大猪先到槽边,大小猪吃到食物的收益比是 9∶1;同时到槽边收益比是 7∶3;小猪先到槽边,收益比是 6∶4。那么,在两头猪都有智慧的前下,最终结果是小猪选择等待。

实际上小猪选择等待,让大猪去按控制按钮,而自己选择"坐船"(或称为搭便车)的原因很简单:在大猪选择行动的前提下,小猪也行动的话,小猪可得到 1 个单位的纯收益(吃到 3 个单位食品的同时也耗费 2 个单位的成本,以下纯收益计算相同),而小猪等待的话,则可以获得 4 个单位的纯收益,等待优于行动;在大猪选择等待的前提下,小猪如果行动的话,小猪的收入将不抵成本,纯收益为 −1 单位,如果小猪也选择等待的话,那么小猪的收益为零,成本也为零,总之,等待还是要优于行动。综合来看,无论大猪是选择行动还是选择等待,小猪的选择都将是等待,即等待是小猪的占优策略。

在小企业经营中,学会如何"搭便车"是一个精明的职业经理人最为基本的素质。在某些时候,如果能够注意等待,让大企业首先开发市场,是一种明智的选择。这时候有所不为才能有所为。

请问:智猪博弈带给你哪些启示?

分析：智猪博弈是博弈论中的一个重要概念，由美国著名数学家约翰·纳什于1950年提出。智猪博弈给我们的启示是，作为竞争中的弱者（弱小的猪）应该讲究竞争策略（选择等待），看准时机以逸待劳。因为企业竞争也是同样的道理：大企业是竞争中的强者（强壮的猪），小企业是竞争中的弱者（弱小的猪）。在残酷的企业竞争中，小企业要想生存，就得像智猪博弈中的弱小的猪一样，学会等待。这种"弱小的猪躺着、强壮的猪跑着"的现象在经济学上称作"搭便车"。与此相关的"搭便车理论"是由美国经济学家曼柯·奥尔逊提出的，其基本含义是像弱小的猪一样不付成本而坐享他人之利。典型例子便是所谓的"市场跟随者"，当某个大企业花了数额巨大的投资探索出某种商业模式后，很快就会有一些小的企业模仿跟进，像弱小的猪一样搭便车，既省去了前期研发投入，又享受了大公司开拓出来的成熟市场。在商业史上，这种强壮的猪栽树、弱小的猪乘凉的案例数不胜数，例如，IBM开发了个人计算机市场，却被苹果的图形化操作系统占据；网景炒热了浏览器，却被微软的捆绑战略盖过。而苹果和微软，现在也成了强壮的猪，它们开拓出了智能手机和应用系统市场，同样被无数弱小的"猪"跟随着。但是先驱者又不能不栽树，就像故事中的强壮的猪一样，踩按钮吃冷饭、不踩按钮就只能饿死了。另外，像苹果、微软这种后来居上的毕竟只是少数，绝大多数时候，虽然挡不住弱小的猪不劳而获，但强壮的猪依然是多劳多得的。在智猪博弈的影响下，强壮的猪要防止被弱小的猪多吃多占，尽可能地让自己多劳多得，唯一的办法就是占据先发优势，在弱小的猪还没来得及做出反应之前，就迅速占据市场的垄断地位。我们常说"后发优势"，这便是智猪博弈的强烈体现；而同时我们也常常说垄断地位"先发制人"，先发的目的就是让弱小的猪搭便车的收益降至最低。

案例鉴赏　　　　　　从"纳什均衡"看质量博弈

纳什均衡是博弈论中的一个重要术语，以约翰·纳什命名。纳什均衡是指在不存在外部强制执行的情况下，每个人是否有积极性自觉遵守协议，如果每个人都有积极性遵守协议，那么这个协议就构成了一个纳什均衡。纳什均衡对于人们理解社会制度，包括法律、政策和社会规范是非常重要的。纳什均衡是一个分析工具，它本身并不包含价值判断。所以，既存在好的纳什均衡，也存在不好的纳什均衡。

质量作为一项关乎每个人利益的事项，同样会在市场竞争和公共管理方面存在博弈，也会存在好的纳什均衡和不好的纳什均衡。尤其在不好的纳什均衡方面，突出的表现就是"行业潜规则"现象，即市场上有的企业不讲质量和诚信，依靠制假、售假或降低质量等行为牟利。这属于典型的不合作行为，最终将导致"劣币驱逐良币"，整个行业的质量水平无法提升。

行业潜规则的盛行，与博弈论中的经典案例——囚徒困境很类似。对一些在行业中追求高质量、讲究诚信的企业来说，当发现竞争对手在用偷工减料等方式来降低成本占领市场之后，它们就面临着囚徒困境——是继续坚持质量第一，还是为了占领市场使用潜规则。大多数企业博弈的结果是选择潜规则，最终就有了全行业潜规则的盛行。"对方使手段，我也要使，谁不使谁倒霉"，这就是一个不好的"纳什均衡"。为什么假冒伪劣产品会屡禁不止？为什么大家宁愿遵守行业潜规则而不讲究质量诚信？一个重要的原因自然是只考虑短期的利益，而不考虑长远的利益。要打破这样的囚徒困境，建立一个好的纳什均衡，就需要发挥质量管理和质量规则的作用，建立好的质量法律体系与制度。如果质量法律体系或制度本身就是一个纳什均衡的话，大家自然会去遵守它。

值得一提的是，在质量体系中，标准作为"规范"，对于构建纳什均衡至关重要。如果标准本身就能够形成纳什均衡的话，标准各方自然愿意遵守这样的规则，否则就有可能形成"上有政策、下有对策"，博弈的结果很容易演变成不好的纳什均衡。

无论是理解还是建立质量规范（包括法律、政策、制度等），纳什均衡都十分有益。毕竟，任何制度,只有构成一个纳什均衡,才能得到人们的自觉遵守。

资料来源:李贺主编:《经济学基础》第 2 版,上海财经大学出版社 2021 年版,第 141 页。

五、四种市场结构的比较

(一)四种市场结构的特点比较

四种市场结构的特点比较如表 6—3 所示。

表 6—3　　　　　　　　　　　　　四种市场结构的特点比较

市场结构 项目	完全竞争市场	垄断竞争市场	寡头垄断市场	垄断市场
产量	最大	中等	较小	最小
长期平均成本	最低	中等	较高	最高
市场价格	最低	中等	较高	最高
超额利润	零	零	有	有
经济运行效率	最高	中等	较低	最低
企业数目	非常多	许多	几个	一个
产品性质	无差别	有差别	标准或有差别	唯一
价格与产出决策	MR=MC	MR=MC	考虑到战略依存	MR=MC
进出市场情况	进出市场容易	进出市场容易	进入市场困难	几乎无法进入
举例说明	证券行业	餐饮业、服饰业	汽车行业、电子产品行业	公用事业、水电行业

(二)四种市场结构的优缺点比较

完全竞争市场的优点:①可以实现社会供给与需求的大体均衡;②通过完全竞争和资源的自由流动,生产要素能够得到比较有效的利用;③消费者在既定收入下能够得到较多的消费者剩余。缺点:①各个企业的平均成本最低并不一定就是最低的社会成本;②"产品没有差别"这一假设是不现实的。

垄断竞争市场的优点:①在平均成本上,垄断竞争市场的平均成本高于完全竞争市场,低于垄断市场;②在价格上,垄断竞争市场的价格水平高于完全竞争市场,低于垄断市场;③在产量上,垄断竞争市场的产量水平高于垄断市场,低于完全竞争市场;④垄断竞争有利于刺激企业进行创新。缺点:在垄断竞争条件下,企业的销售成本会增加,从而使总成本和平均成本增加。

寡头垄断市场的优点:①可以实现规模经济,降低成本,提高经济效益;②可以促进科技的进步。缺点:寡头之间往往达成价格协议,共同抬高价格,从而使消费者利益和整个社会的经济福利受损。

垄断市场的优点:垄断企业的经济实力雄厚,可以促进技术的进步,尤其是政府对某些公用事业的垄断,并不是为了垄断利润。缺点:①在垄断市场上,垄断企业可以通过高价销售获得超额利润,但销量较少,会使资源无法得到充分利用;②垄断企业完全左右市场价格,使消费者剩余减少;③垄断利润是垄断企业对整个社会的剥削,会引起社会居民收入分配不公。

同步思考

列举现实中"囚徒困境"的实例。

答：两个国家的军备竞赛；当两个企业用广告来吸引相同的顾客时，这两个企业面临与囚徒困境类似的问题；在公共资源的占有方面也存在着囚徒困境问题。

关键术语

完全竞争　完全垄断　价格歧视　垄断竞争　寡头垄断　价格领先制　成本加成法

应知考核

一、单项选择题

1. 下面不属于价格歧视的是(　　)。
   A. 超级市场里，顾客出示会员卡或积分券，就能享受优惠
   B. 提前半年通过旅行社预定的机票价格，与即买即走的机票价格相比，可以相差好几倍
   C. 餐厅规定如果客人是最近一个星期曾经光顾过的，就可以打八折
   D. 日本汽车比德国汽车便宜

2. 在某一产量水平上，企业的平均成本达到了最小值，则(　　)。
   A. 企业的经济利润为零　　　　　B. 企业获得了最小利润
   C. 企业获得了最大利润　　　　　D. 边际成本等于平均成本

3. 寡头垄断市场上最常用的定价方法是(　　)。
   A. 成本加成法　　　　　　　　　B. 卡特尔
   C. 价格领先制　　　　　　　　　D. 博弈论

4. 寡头垄断市场形成的最基本的条件是(　　)。
   A. 对资源或技术的控制　　　　　B. 产品差别的存在
   C. 某些行业规模经济的要求　　　D. 企业数量很多

5. 企业之间关系最密切的市场是(　　)。
   A. 完全竞争市场　　B. 寡头垄断市场　　C. 垄断竞争市场　　D. 完全垄断市场

6. 在完全竞争市场上，平均收益与边际收益、市场价格之间的关系是(　　)。
   A. 平均收益大于边际收益、市场价格　　B. 平均收益等于边际收益、市场价格
   C. 平均收益小于边际收益、市场价格　　D. 无法衡量

7. 如果消费者剩余最小，企业采取的是(　　)。
   A. 一级价格歧视　　B. 二级价格歧视　　C. 三级价格歧视　　D. 无差别价格

8. 最需要进行广告宣传的市场结构是(　　)。
   A. 完全竞争市场　　B. 完全垄断市场　　C. 寡头垄断市场　　D. 垄断竞争市场

9. 形成垄断竞争的最基本条件是(　　)。
   A. 产品有差别　　　　　　　　　B. 企业利用国家赋予的某种权力
   C. 企业的数量相当多　　　　　　D. 完全信息

10. 产品差别是指(　　)。
    A. 海信牌彩电与小米牌彩电的差别　　B. 彩电与收音机的差别

C. 河南小麦和河北小麦的差别　　　　D. 汽车与石油的差别

二、多项选择题

1. 在完全竞争市场上,企业处于长期均衡时(　　)。
A. $P=MR=SMC$　　　　　　　　B. $MR=SAC=LMC$
C. $LMC=LAC$　　　　　　　　　D. $AR=MR=P$

2. 在完全竞争条件下,与平均收益曲线重合的有(　　)。
A. 价格曲线　　　B. 需求曲线　　　C. 边际收益曲线　　　D. 总收益曲线

3. 在短期内,完全垄断企业(　　)。
A. 有可能获得正常利润　　　　　　B. 有可能发生亏损
C. 永远获得超额利润　　　　　　　D. 永远处于亏损状态

4. 寡头垄断市场的特征包括(　　)。
A. 寡头企业之间存在着相互依存性　　B. 寡头企业的决策互相影响
C. 寡头企业的竞争手段是多种多样的　　D. 市场上有许多生产者和消费者

5. 垄断竞争市场的特征包括(　　)。
A. 市场上有很多生产者和消费者　　　B. 行业中企业生产的产品是有差别的
C. 行业中企业生产的产品是无差别的　　D. 企业进入或退出一个市场是自由的

三、判断题

1. 完全竞争企业面对的需求曲线由市场价格所决定,故其完全缺乏弹性。(　　)
2. 垄断就是一家企业控制了某种产品的市场结果。(　　)
3. 如果一个企业的平均销售收入低于平均成本,则该企业应当停产。(　　)
4. 一个垄断企业可以随心所欲地制定价格,以取得最大利润。(　　)
5. 完全竞争市场上的短期均衡要求价格等于平均成本。(　　)

四、简答题

1. 实现完全竞争的条件是什么?
2. 如何理解寡头垄断市场上的价格决定?
3. 简述比较四种市场结构的异同。
4. 用图形解释完全竞争市场上企业的短期均衡。
5. 简述完全竞争市场上企业的短期均衡和长期均衡。

应会考核

■ 观念应用

电商行业为什么会发生价格战?从长远看,这种价格战对社会是有利的还是不利的?政府是否应该限制?为什么?

■ 技能应用

某企业的产量、总成本与总收益之间的关系如表6—4所示。根据表6—4,计算每种产量时的利润、边际收益,以及企业达到利润最大化时的产量。

表6-4　　　　　　　　　　某企业的产量、总成本与总收益之间的关系

产量(件)	0	1	2	3	4	5	6	7
总成本(元)	8	9	10	11	13	19	27	37
总收益(元)	0	8	16	24	32	40	48	56

■ 案例分析

老张家的那口井还真是个"宝贝",传说乾隆皇帝下江南时,喝过井里的水,喝完之后赞不绝口。这井水清凉甘甜,据说老张用这口井发家致富了。

老张是个头脑灵活的人,改革开放后,就用家里这口井的水在公路边摆了个水摊。那时候骑车的人多,尤其是夏天,许多人喜欢到老张的水摊上喝上一杯。对四里八乡的人,老张真是童叟无欺,一分钱一杯,价格公道;可是对路过的外乡人,老张就没那么"客气"了。那年夏天,气温近40摄氏度,两个看起来是城里大学生模样的人走进了水摊。老张一看,这两个人八成是骑车出来旅游的,一看就是随身带的水喝光了,渴了一段时间了。于是,当两人问起水多少钱时,老张毫不犹豫地说:"一毛钱一杯。"大学生大呼太贵,但由于实在太渴,经过讨价还价,最后以每杯水8分钱成交。一杯水显然不解渴,大学生提出每人再买一杯,讨价还价的结果是每杯7分钱成交。大学生要每人再买第三杯时,老张开始坚持每杯仍是7分钱,但大学生说:"第三杯还卖这个价的话,我们就不买了,继续上路,有已经喝下的两杯水垫底,我们骑上一会,到前面的镇上肯定能买到水。"在大学生的"威胁"下,老张最后以每杯4分钱的价格出售了第三杯水。与平时卖的水比起来,这次卖出的三杯水都很贵,但两位大学生却心满意足地离开了。

后来,市场上出现了一种瓶装水,叫矿泉水,老张喝过这种水,觉得还没有自家井里的水好喝,但看起来用瓶子把水装起来卖是一个不错的主意。于是,老张和家人商量,开了一个小水厂,将家中井里的水装到瓶子里卖。老张家的水,一是价格便宜,二是开了这么多年的水摊,好多人喜欢喝老张家的水了。还别说,这水卖得真不错,四里八乡买水的人真不少。为了扩大销路,老张决定,对水按量进行定价,10瓶以上算批发,价格是零售价的60%。这样一来,附近村子的小商店也到老张这里买水去卖,水的销量一下子提高了。

再后来,村里开发旅游了,就是将村后那座山作为一个旅游景点,往来的游客还真不少。见景点游人多,老张和村委会商量,买下了旅游区商品水的独家经营权,出售自家的井水。在水的定价上,老张可真是动足了脑筋。在景区,游客的休息点一共是三个,山脚下一个,半山腰一个,山顶一个。老张认为,在这三个休息点上,水的价格不能一样。山脚下的水应该最便宜,因为这时游客们还不是很渴,水运到山脚下也比较省力,还有就是有些游客带了水,在这里并不想买水。半山腰上的水要贵一些,这主要是考虑游客到这里已经比较渴了,买水的需求比较大,另外就是水运到这里比较费力,要从山下搬上来。山顶的水是最贵的,除了搬运成本较高外,还有就是游客对水的需求也最大,如果游客没有在半山腰买水的话,到这里已经是嗓子冒烟了,就是带了水的人到这里也该把水喝得差不多了,由不得他不买。

问题:

1.案例中,老张卖水的三个阶段分别体现了价格差别的哪级差别?

2.三级价格差别是针对不同市场制定的,在价格弹性较小的市场和价格弹性较大的市场,老张是如何利用价格差别来实现利润最大化的呢?

3.在经营过程中,老张算不算垄断经营?

项目实训

【实训任务】

通过本项目的实训,学生能够分析市场的类型,实地调查所在地区的市场类型,并写出调研报告。

【实训情境】

1. 根据本项目内容,上网或通过书刊查找有关资料,针对所在地区市场,选取不同的市场类型进行调研。

2. 全班分成若干个小组,每组8~10人,实行组长负责制,完成综合实训项目。

3. 各组分别设计调研内容、进行实地调查、写出调研报告,组长做总结性发言,各组之间进行评价,最后由教师做总结性点评,并给出考核成绩。

【实训要求】

撰写《所在地区市场类型调研报告》。

《所在地区市场类型调研报告》		
项目实训班级:	项目小组:	项目组成员:
实训时间:　年　月　日	实训地点:	实训成绩:
实训目的:		
实训步骤:		
实训结果:		
实训感言:		

项目七　知晓社会分配——分配理论

- **知识目标**

  理解：生产要素的含义；生产要素的工具和需求。
  熟知：洛伦兹曲线和基尼系数；劳动的需求和供给。
  掌握：生产要素之间的联系；利润理论；收入分配差距的衡量和调节。

- **技能目标**

  能够具备对完全竞争情况下生产要素市场需求理论、劳动市场工资决定理论、劳动价格决定理论的应用能力，并明白洛伦兹曲线和基尼系数的含义。

- **素质目标**

  能够正确领会和理解经济运行的逻辑关系与基本规律，能够对分配理论进行简单分析，具备初步分析问题、解决问题的能力，树立正确的世界观、人生观和价值观，做到学思用贯通、知信行统一。

- **思政目标**

  通过本项目的学习，培养学生的大局观，增强学生对我国分配制度的自信；培养良好的道德品质，树立服务人民、服务社会的理念。明白当代大学生肩上的责任和使命，要有坚韧不拔地投身于变革现实、实现价值目标而拼搏的精神，以此来驱动自我人格的塑造。

- **项目引例**

劳动力成本的上升：凡客远走东南亚

凡客诚品曾经是中国最大的电商服装品牌之一。作为大众时尚品牌，凡客诚品的价格定得很低，29元、69元、99元的价格吸引了大量用户，但也挤压了利润空间，给它带来很大的经营压力，甚至处于亏损状态。为缓解成本压力，2009年凡客诚品将部分订单转移至劳动力成本相对较低的孟加拉国，这也是国内服装类电商首次试水海外代工。

请问：竞争性企业的要素使用原则是什么？

● 引例导学

下面,从要素需求的角度来分析凡客诚品的出走。竞争企业对生产要素需求的原则是,将生产要素的使用量确定在确保边际产品价值与要素价格相等即 $VMP=W$ 的水平上。本例中,凡客诚品作为劳动力市场的买方,只是众多买方中的一员,没有形成垄断的力量,劳动力市场可以视为竞争性的市场,因而凡客诚品对劳动力的需求曲线与边际产品价值曲线重合。由此,我们得到了一条向右下方倾斜的劳动力需求曲线,企业对劳动力的最优需求量随着工资的上升而下降。

● 知识支撑

任务一 生产要素

分配理论所探讨的是生产要素所有者取得收入的过程。由于生产要素所有者取得的收入取决于生产要素的价格,因此,收入分配理论实际上是在讨论生产要素的价格决定。

一、生产要素概述

生产要素(Factors of Production)是指进行社会生产经营活动时所需要的各种社会资源,它是维系国民经济运行及市场主体生产经营过程中所必须具备的基本因素。生产要素是经济学中的一个基本范畴。现代西方经济学认为,生产要素包括劳动、土地、资本、企业家才能四种。企业在决定生产什么、生产多少、如何生产的时候,生产要素报酬是非常重要的制约因素。企业购买土地使用权来建厂房,要支付地租;使用借贷资金去购买机器、设备、原材料以及使用电力能源,要支付利息;雇用劳动者、管理者,要支付工资或薪金等。生产者为获得生产要素进行现实的生产活动,必须向要素所有者支付报酬,这对企业来说,形成其生产经营的成本;对要素所有者来说,则形成收入。这种关于劳动、土地和资本如何取得报酬的理论被称为新古典分配理论。

在要素市场上,一种要素的报酬取决于供给与需求,一种要素的需求取决于其边际生产率。在均衡时,每种要素都赚到了其边际产量值,但两者也有所区别。两者在需求者与供给者之间换位。

在产品市场上,需求者是家庭,供给者是企业;在要素市场上,需求者是企业,供给者是家庭。换句话说,家庭在产品市场上以需求者出现,在要素市场上以供给者出现;企业在产品市场上以供给者出现,在要素市场上以需求者出现。另一个重要的方面,就是生产要素的需求是衍生需求(或派生需求)。也就是说,企业的生产要素需求是从它向另一市场供给的产品的决策衍生出来的。产品市场的需求,是家庭对各种消费品的直接需求,目的是通过消费达到效用最大化,而要素市场上的需求,则是企业由追求利润最大化的目标所派生出来的需求。企业购买生产要素不是为了自己的直接需要,而是为了生产和出售产品以获得收益。

生产要素市场的价格与产品价格一样,也取决于供求关系,因此生产要素分配理论实际上是前面理论的延伸。但是,生产要素市场的价格决定具有特殊性,在产品市场中,消费者支付价格,就购买了产品本身。但在要素市场中,一般来说,要素的价格并非是指它本身的价格,而是指它在生产中所提供的某种形式服务的价格。

在现代生产中,生产总是各种要素相结合的过程,几乎没有一个企业可以只用一种要素来进行生产,生产通常是多种生产要素共同作用的结果。即企业同时需要劳动、资本、土地和企业家才能,企业对生产要素的需求是一种联合需求。一种要素的供给变动会影响其他要素市场。

二、生产要素需求

(一)生产要素需求的性质

1. 派生需求

派生的需求(Derived Demand)也称衍生需求,是由于对产品的需求而引起了对生产要素的需求。企业之所以需要生产要素,是为了用它生产出各种产品,实现利润最大化。

2. 联合需求

联合需求(Joint Demand)也称相互依存的需求,任何生产行为所需要的都不是一种生产要素,而是多种生产要素,这样各种生产要素之间就是互补的。如果只增加一种生产要素而不增加另一种,就会出现边际报酬递减现象。而且,在一定的范围内,各种生产要素也可以互相代替。生产要素相互之间的这种关系说明它们的需求之间是相关的。

(二)影响生产要素需求的因素

1. 市场对产品的需求及产品价格

市场对产品的需求及产品价格会影响产品的生产与企业的利润,从而影响生产要素的需求。一般而言,市场对某种产品的需求越大,该产品的价格越高,则对生产这种产品所用的各种生产要素的需求也就越大。

2. 生产技术状况

生产的技术决定了对某种生产要素需求的大小。如果技术是资本密集型的,则对资本的需求大;如果技术是劳动密集型的,则对劳动的需求大。

3. 生产要素的价格

各种生产要素之间有一定程度的替代性,如何进行替代在一定范围内取决于各种生产要素本身的价格。企业一般要用价格低的生产要素替代价格高的生产要素,从而生产要素的价格本身对其需求有重要的影响。

(三)完全竞争企业的生产要素需求

在完全竞争市场上,要想实现利润最大化,企业必须使购买最后一单位生产要素所支出的边际成本与其所带来的边际收益相等,即边际收益等于边际成本,又等于生产要素价格。

在完全竞争市场上,对一家企业来说,要素价格是不变的。由此可见,企业对生产要素的需求取决于生产要素的边际收益。企业对生产要素的需求取决于该要素的边际生产力。边际生产力(Marginal Productivity)是指在其他条件不变的情况下,每增加一个单位生产要素的投入所增加的产量。以实物来表示生产要素的边际生产力,称为边际物质产品(MPP);以收益来表示生产要素的边际生产力,称为边际收益产品(MRP)。在图7-1中,横轴OQ表示生产要素需求量,纵轴OP表示生产要素价格,MRP曲线表示生产要素的边际收益曲线,也就是生产要素的需求曲线。

由于边际报酬递减规律的存在,因此生产要素的边际收益曲线是一条向右下方倾斜的曲线,这条曲线也就是生产要素的需求曲线,如图7-1所示。

(四)不完全竞争企业的生产要素需求

在不完全竞争(即垄断竞争、完全垄断、寡头垄断)市场上,对一个企业来说价格是可变的。因此,边际收益不等于价格。边际收益取决于生产要素的边际生产力与价格水平。因此,生产要素的需求曲线仍然是一条向右下方倾斜的线。

三、生产要素供给

生产要素的供给是指在不同的报酬下,生产要素市场上所提供的要素数量。生产要素的供给

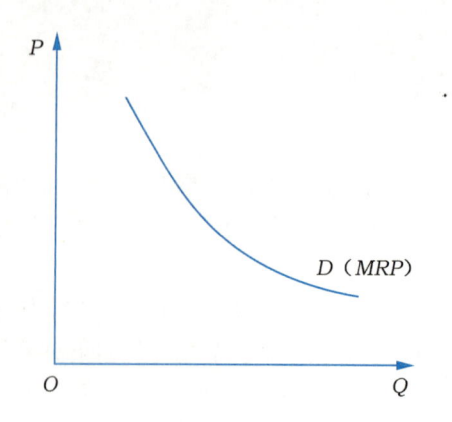

图 7-1 生产要素的需求曲线

价格是指生产要素所有者对提供一定数量生产要素所愿意接受的最低价格。一般来说,如果某种生产要素的价格提高,这种生产要素的供给就会增多;如果某种生产要素的价格降低,这种生产要素的供给就会减少。生产要素的供给数量与价格呈同方向变化。所以,生产要素的供给曲线表现为一条向右上方倾斜的曲线,如图 7-2 所示。

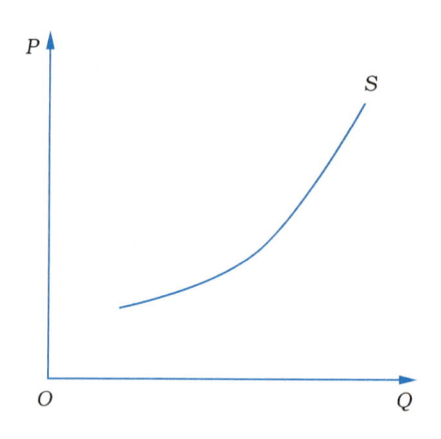

图 7-2 生产要素的供给曲线

在图 7-2 中,横轴 OQ 表示生产要素供给量,纵轴 OP 表示生产要素价格,S 表示生产要素的供给曲线。完全竞争市场的特点为:要素的需求者和供给者人数众多,单个卖者和买者的要素供给量和需求量变化不影响要素价格。所以,在完全竞争市场上,生产要素的供给曲线是一条与横轴平行的直线;在不完全竞争市场上,生产要素的供给曲线是一条向右上方倾斜的曲线。

社会上有各种各样的生产要素,不同种类的生产要素各有自己的特点。一般来说,可以把生产要素分为以下三类:

(1)自然资源,主要是指土地。在经济分析中,假定这类资源的供给是固定的。

(2)资本。资本是利用其他资源生产出来的,也是与其他产品一样的产品。一个行业的产品往往是另一行业的生产要素。因此,这种生产要素的供给与一般产品的供给一样,与价格同方向变动,供给曲线向右上方倾斜。

(3)劳动。劳动的供给量先是随着价格的增加而增加,之后则随着价格的增加而转变为不变或者减少。

四、生产要素价格的均衡

生产要素的价格是由生产要素的供给和需求共同决定的。但由于企业对要素的需求取决于人们对产品的需求,而商品的供求与要素的供求之间存在着如上所说的相互依存和相互制约的关系,因此对要素需求的分析要比对商品需求的分析复杂一些。在对生产要素的供给和需求进行分析时,还必须区分各种不同情况。

(一)在完全竞争市场条件下

在完全竞争市场条件下,生产要素的供给曲线与需求曲线相交于 E 点,相对应的均衡价格为 OP_e,均衡数量为 OQ_e,如图 7－3 所示。

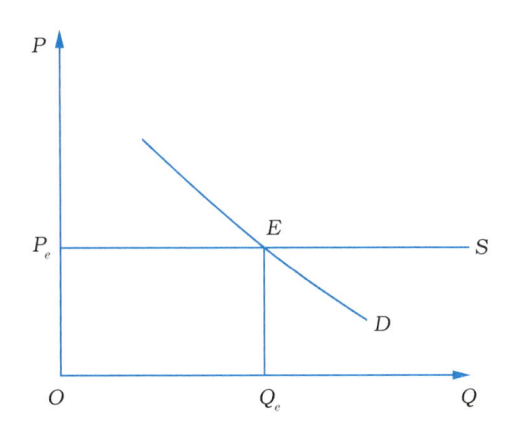

图 7－3　完全竞争市场上的企业均衡

(二)在不完全竞争市场条件下

在不完全竞争市场条件下,生产要素的供给曲线与需求曲线相交于 E 点,相对应的均衡价格为 OP_e,均衡数量为 OQ_e,如图 7－4 所示。

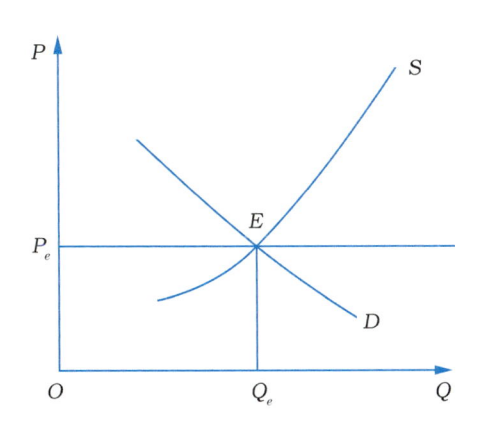

图 7－4　不完全竞争市场上的企业均衡

任务二　劳动供需曲线

对大多数人来说,收入主要由人们从事哪一类工作来决定。经济学从劳动市场的需求与供给来说明工资的决定。这里以完全竞争的劳动市场为例,说明工资的决定机制。完全竞争的劳动市场是指无论是劳动的买方还是劳动的卖方都不存在对劳动的垄断的情况。在完全竞争的劳动市场上,工资是由劳动的需求和供给共同决定的。

一、劳动的需求

(一)生产函数与劳动的边际产量

为了做出雇用决策,企业必须考虑工人数量是如何影响产量的。表7—1用数字说明了该企业的生产函数。

表7—1　　　　　　　　　　竞争企业如何决定雇用的工人数量

劳动 (工人数量)	每小时产量 (件)	劳动的边际产量 (件)	单价等于3元的时候 边际收益(元)	单价等于5元的时候 边际收益(元)
0	0			
1	9	9	27	45
2	17	8	24	40
3	24	7	21	35
4	30	6	18	30
5	35	5	15	25
6	39	4	12	20
7	42	3	9	15
8	44	2	6	10

在讨论企业生产决策时,可以用生产函数来描述生产中使用的投入量与产量之间的关系。根据表7—1可以绘制出该企业的生产函数,如图7—5所示。横轴是工人数量,纵轴是产量。

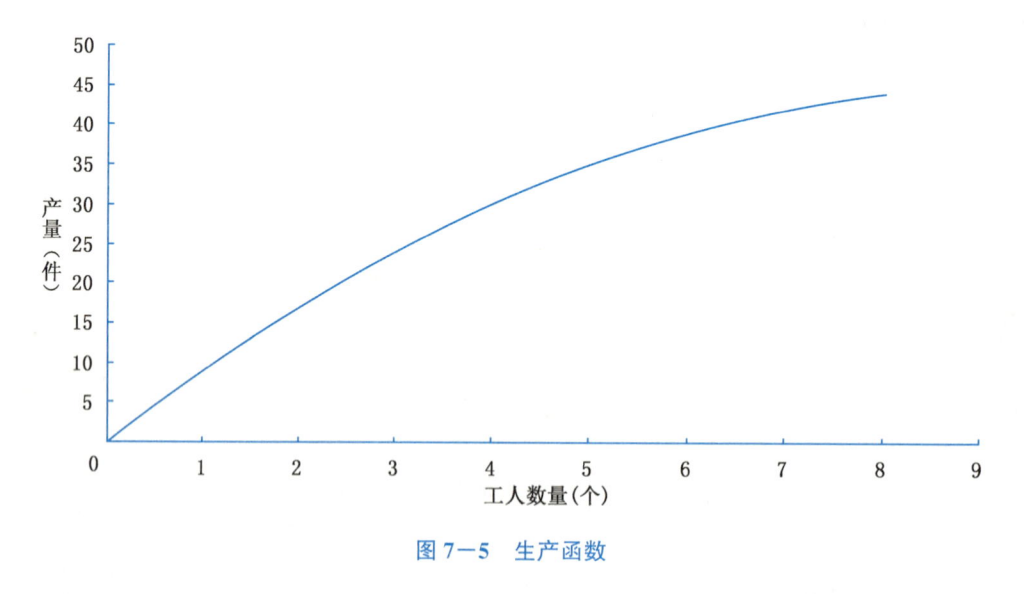

图7—5　生产函数

表7—1第三纵栏给出了劳动的边际产量,即增加一个单位的劳动引起的产量的增加量。把工人从1个增加到2个的时候,每小时产量从9件增加到17件,因此,第二个工人的边际产量是8件。

一般情况下，假定资本设备数量不变，随着劳动投入量的增加，劳动的边际收益产品是递减的。这是因为劳动使用量增加以后，由于设备总量不变，每单位劳动所使用的设备量逐渐减少，劳动生产率受到影响，生产过程表现出边际产量递减。在该企业中，随着工人数量增多，增加的工人不得不等待专用工具，另外，还可能产生互相之间的冲突等。因此，随着雇用的工人越来越多，每个增加的工人对产量的贡献越来越小。因此，图7－5中的生产函数随着工人数量的增加变得越来越平坦。

（二）边际收益和劳动需求

企业在决定要不要雇用工人、雇用多少工人时，不是为了解决工人的就业问题或生活问题，而是为了生产利润。因此，企业考虑的是增加雇用一个工人所创造的收益是不是大于付给该工人的工资。由于利润等于总收益减去总成本，因此，增加一个工人的利润是工人对收益的贡献减去其工资。这种情况用经济学语言来说就是：企业需要多少劳动，是由劳动的边际收益和边际要素成本的对比决定的。企业为了使利润最大，一定会把劳动量使用到劳动的边际收益等于劳动的边际成本为止。

所谓劳动的边际收益，是指增加1个单位劳动所增加的收益；所谓劳动的边际成本，是指增加1单位劳动所增加的成本即工资，确切来说就是工资率。

通过表7－1和图7－5，当上述企业产品单价等于3元时，在第三个工人雇用中，企业增加1个单位劳动时间的边际产量是7件产品，则劳动的边际收益为21元，这时候只要工人工资小于21元，使用这单位劳动对企业来说是划算的，企业会考虑雇用；如果高于21元，对企业来说是不划算的，企业就不会雇用了。假设现行工人的工资是19元/小时，企业就会雇用3个工人，因为前三个工人的边际收益都高于19元的工资，因此，每个人都增加了利润，但是第4个工人的边际收益是18元，因此雇用了第4个人就减少了利润。假设现在工人的工资是13元/小时，企业就会雇用5个工人，雇用第6个工人就会使其利润降低。

当产品单价等于5元时，在第三个工人雇用中，企业增加1个单位劳动时间的边际产量是7件产品，则劳动的边际收益等于35元，假定该企业增加这单位劳动支付的工资在35元以下，使用这单位劳动对企业来说是划算的，企业会考虑雇用。假定工资在35元以上，对企业来说就是不划算的，就不会雇用了。假设现在工人的工资是19元/小时，企业就会雇用6个工人，因为前6个工人的边际收益都高于19元的工资，因此，每个人都增加了利润，但是第7个工人的边际收益是15元，因此雇用了第7个人就减少了利润。假设现在工人的工资是13元/小时，企业就会雇用7个工人，雇用第8个工人就会使其利润降低。

在其他条件不变的情况下，工资率越低，劳动的需求会越大。也可以这样理解：在其他条件不变时，工资率越低，即产品中劳动成本越低，企业生产每单位产品得到的利润就越多，因此，就想多生产，从而会多使用劳动量。这就是说，劳动的需求量会随工资率下降而增加。

图7－6描述了边际收益情况。该图中还有一条市场工资水平线。为了使利润最大化，企业雇用的工人数要达到这两条线的相交点。低于这个雇用水平，边际收益大于工资，因此再雇用一个工人时会增加利润；高于这个雇用水平，边际收益低于工资，雇用该工人是无利可图的。因此，以利润最大化为目标的完全竞争条件下的企业雇用的工人数要达到使劳动的边际收益等于工资的那一点。

（三）劳动需求曲线移动

对一个完全竞争条件下的追求利润最大化的企业来说，边际收益曲线也是其劳动需求曲线。那么，在什么情况下劳动需求曲线会产生移动呢？

1. 产品价格因素

从上例中可以看出，产品价格会直接影响到边际收益（边际收益＝边际产量×单价），当产品价

图 7-6 劳动边际收益

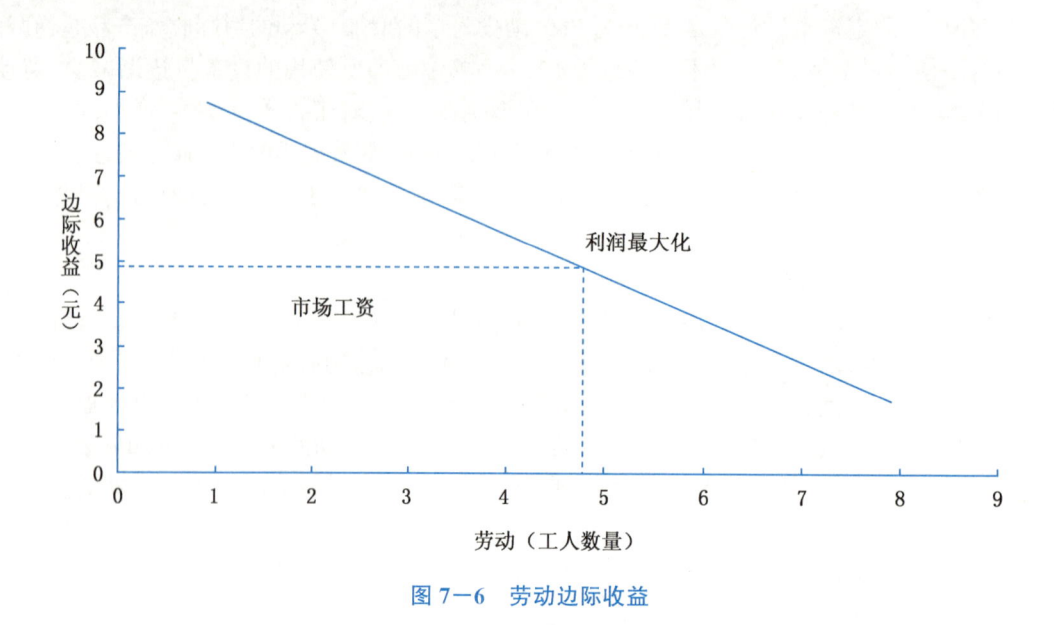

格发生变动时,边际收益变动,劳动需求曲线也会移动。例如,某工艺品的价格上升增加了每个工人的边际收益,从而增加了工人的劳动需求;相反,产品价格下降,也减少了劳动需求。

2. 技术变革

一般情况下,技术进步可以增加劳动的边际产量,增加边际收益,从而增加劳动需求,使劳动需求曲线向右移动。但是也会出现技术变革减少劳动需求的情况,例如由于机器的发明及其广泛应用,这些机器可以通过不熟练的工人来操作并以低得多的成本生产产品,减少了对劳动的需求。

3. 其他生产要素的供给

一种生产要素的可获得量会影响其他生产要素的边际产量。例如,在某工艺品的企业中,由于场地的减少将减少工人的边际产量,从而减少对工人的需求。

劳动需求曲线如图 7-7 所示。

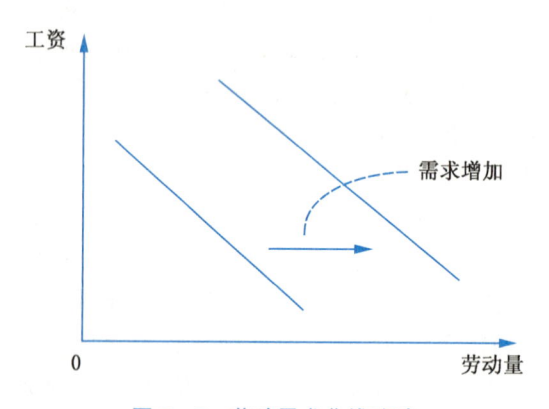

图 7-7 劳动需求曲线移动

课堂讨论

"春节过后,洗车工 70 元一天都招不到人。"据一家汽车美容店的胡经理介绍,洗车行一般开出的待遇是包吃包住,1 100 元底薪加提成,一个洗车工人一个月能拿到 1 700 元。

胡经理说,顾客过年用车多,初六营业以后门口大量车辆排队等候洗车。由于人手紧缺,他们不得已提高了洗车工工资,从平时的每天30元提高到60~80元。"就算涨了工资,还是没人愿意来。"

火星镇一位洗车行王经理说,洗车是没有多少技术含量的活儿,在这一行做的多是年龄偏大的男性,而且本地人少,所以人员临时性和流动性较大。洗车属于劳动密集型行业,劳动强度很大,不是每个人都愿意干的。

在一家洗车行,记者遇到一位洗车工小熊。来自邵阳的他今年22岁。"问了很多人,他们说洗车工人工资偏低,普遍每个月在1 700元左右,但管吃管住,所以先做下了。"小熊说,他有几个老乡就是因为觉得洗车辛苦、工资低,回乡就业了。

"洗车这一行工资太低了,我希望尽快学一些经验练成熟手,多赚些钱。"小熊的话代表了很多人的心声。记者随后与一位回老家的洗车工小吴取得联系,他之前在长沙洗了两年车。小吴表示洗车既辛苦又赚不到钱。"我现在在家里帮着爸妈做点小生意,一个月同样可以赚2 000多元,何必来长沙洗车呢!"

春节过后,洗车店老板为什么增加了洗车工的工资?增加了工资为什么还是招不到洗车工?洗车工的工资是由什么来决定的?

资料来源:李贺主编《经济学基础》第2版,上海财经大学出版社2021年版,第154—155页。

学思践悟　　　　　　　　　**让孩子们去劳动**

李富春(1900—1975),杰出的无产阶级革命家,忠诚的马克思主义者,党和国家的卓越领导人,我国社会主义经济建设的奠基者和组织者之一。曾任黄埔军校武汉分校政治教官,在北伐战争期间任北伐军第二军副党代表兼政治部主任期间,为第二军的政治工作付出了大量心血,把这支旧军队改造成为北伐军中屡建战功的革命军队。抗日战争和解放战争时期,李富春同志曾先后在陕甘宁边区和东北解放区负责财经工作,发挥了重要作用。中华人民共和国成立后,李富春同志全身心地投入国家建设的伟大事业中。他协助周恩来、陈云同志领导经济工作,为推进社会主义经济建设、实现国家工业化做出了卓越贡献。

1975年1月9日,李富春与世长辞。弥留之际,他和夫人蔡畅商量,把他们的全部积蓄作为特别党费上交中央。秘书问他:"是否给子孙留一点?"李富春坚决地说:"不要!让孩子们自己去劳动。"这让我们看到了一名共产党人把一生奉献给党和人民的磊落胸怀和不变初心。

资料来源:李勇:"13万元的党费",《百年潮》,2015年第7期。

在新时代新征程上,我们应如何学习李富春同志等老一辈无产阶级革命先辈们,做好社会主义经济的建设者?

【悟有所得】　李富春同志等老一辈无产阶级革命先辈们用毕生的艰苦奋斗为我们树立了自立自强的榜样。新时代新征程上,我们要学习弘扬李富春同志等老一辈革命家的革命精神和崇高风范,保持高尚道德情操。

二、劳动的供给

(一)劳动供给决定因素

劳动的供给来源于劳动者,劳动者既是劳动的提供者也是商品的消费者。劳动者提供劳动是需要支付成本的。这种成本有两类:一类是实际成本,即维护劳动者及其家庭生活必需的生活资料的费用,以及培养、教育劳动者的费用;另一类是心理成本,劳动者提供劳动是以牺牲闲暇时间为代价的,劳动会给劳动者心理带来负效应。劳动者需要取得收入(在完全竞争市场条件下,劳动的边际收益等于工资率),劳动者提供劳动时,也会按照边际收益等于边际成本的原则决定劳动供给量。

劳动的边际成本,是增加一单位的劳动时间给劳动者带来的负效用,这种负效用随着劳动时间的增加逐渐递增,这主要是因为劳动者的剩余闲暇时间越少,闲暇资源越稀缺,从而牺牲单位闲暇时间所带来的负效用就越大。另外,工作时间越长、越劳累,负效用就越高。

(二)工作与休闲的权衡取舍

从单个劳动者看,劳动的供给有一个生理的极限。一天 24 小时,总要分为两部分:劳动时间和休闲时间。劳动者在劳动时间从事生产活动,在休闲时间吃饭、休息、娱乐和社交。这两类时间此消彼长,劳动时间多了,休闲时间就少了;反之,劳动时间短,则休闲时间多了。劳动者不可能选择休闲时间为零,因为休闲实质上是劳动者维持自身再生产的条件,对劳动者来说也是必需的。但是,劳动者可以选择一天只劳动 8 小时或者加班加点劳动 12 小时。

劳动者愿意提供的劳动小时数,取决于多种因素。身体状况、家庭其他成员的收入、家庭负担等,都会影响劳动者的劳动供给决策。撇开众多的因素不说,只看劳动供给量与工资率的关系,一般来说,工资率上升时,劳动供给量会增加;反之,工资率下降,劳动供给量减少,劳动的供给曲线会呈现向上倾斜的状态。那么,是不是在任何情况下,涨工资都能刺激劳动者加班加点增加劳动时间呢?仔细观察现实经济生活,我们会发现未必如此。在好多场合,随着工资率的上升,劳动力供给反而减少。也就是说,劳动力供给曲线也可能是向左弯曲的,如图 7-8 所示。如何解释这种经济现象呢?

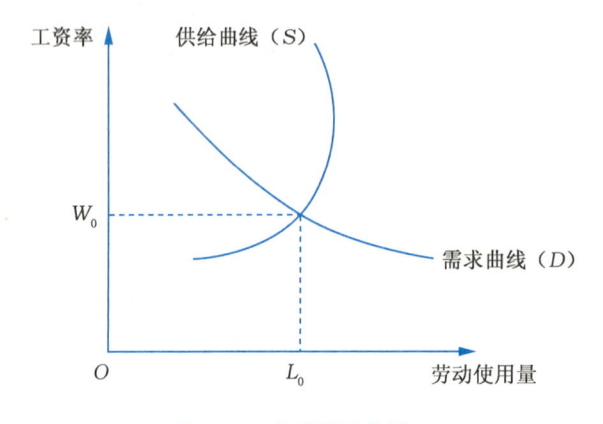

图 7-8 劳动供给曲线

为什么人们对更高工资的反应既可能是增加工作时间也可能是减少工作时间呢?可以从高工资的收入效应与替代效应得到答案。经济学家认为,工资率的提高,劳动供给会同时产生两种效应:替代效应和收入效应。替代效应是指工资率提高后,少劳动多休闲所受的损失会增加,促使人们更看重劳动,因而选择增加劳动来替代休闲。收入效应是指工资率提高,人们收入高了,有条件购买更多的商品,其中包括休闲时间,进行消费享受,从而会选择少劳动多休闲。

由于收入效应和替代效应的作用,一般认为,随着工资的上升,起初人们会增加工作时间;但工资继续上升到一定水平后,人们反而会减少工作时间,因此,劳动的供给曲线是一条先向右上方倾斜,后又向左弯曲的曲线,如图 7-8 所示。

同步思考   向后弯曲的劳动供给曲线

公司职员小杨面临两难决策。当每小时工资为 40 元时，他每天要工作 9 小时；当每小时工资上升为 60 元时，他决定每天减少工作 2 个小时，将更多的时间用于休息和陪伴家人上。如何解释小杨对工资上升的表现呢？

作为追求效用最大化的消费者，小杨要把自己一天 24 小时在工作与休闲之间进行分配以获得最大效用。如果每小时工资为 40 元，他一天工作 24 小时，则他每天可获得 960 元，但没有休闲时间；相反，如果他把一天时间全部用来休闲，那么他就没有任何收入。如果他每天工作 9 小时，那么他可以享受 15 小时的休闲和获得 360 元的收入。

从理论上来说，工资增加引致小杨是增加还是减少工作时间并没有明确的预期。如果对小杨来说，替代效应大于收入效应，他就增加工作；如果收入效应大于替代效应，他就减少工作。显然，当工资从 40 元上升到 60 元时，对小杨来说是收入效应超过了替代效应，因此小杨将工作时间从每天 9 小时减为每天 7 小时。

资料来源：李贺主编：《经济学基础》第 2 版，上海财经大学出版社 2021 年版，第 156 页。

在现实的企业管理中，当员工的工资水平不高时，提高工资水平、发放加班费和奖金可以起到激励员工加班加点增加劳动量的作用；但是当员工的收入达到相当高的水平之后，单纯依靠增加工资等物质刺激手段难以产生激励效应，必须辅之以表彰先进、实行轮休制度等精神奖励手段，就是适应了劳动供给的这种规律性。

（三）劳动供给曲线移动

只要人们改变他们在某一既定工资时想工作的量，劳动供给曲线就会发生移动，如图 7-9 所示。现在我们来考虑可能会引起这种移动的一些因素。

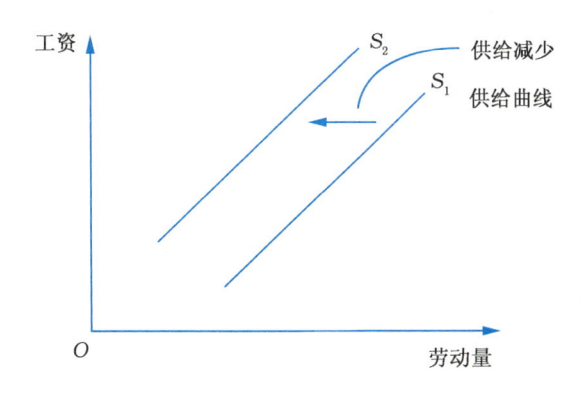

图 7-9 劳动供给曲线移动

1. 嗜好变动

由于嗜好变动引起的新生代农民工进城，增加了城市劳动供给。农民工是我国在特殊的历史时期出现的一个特殊的社会群体，农民工群体数量越来越多，对其解释就是嗜好或对工作的态度的改变。尤其是"90 后""00 后"新生代农民工，他们与老一辈农民工相比，在学历、思想和职业诉求上都发生了相当大的变化，他们从小就上学，上完学以后就进城打工，相对来讲，对农业、农村、土地等不是那么熟悉。另外，他们渴望进入、融入城市社会。

> **案例鉴赏**   "技工荒"的出现
>
> 技工荒正成为制约我国工业区发展的软"瓶颈"。在近期的工资改革中，国内众多企业大幅上调技术工人工资比重，上海、山东、广东、浙江等地不断传出高级技工月薪七八千元、年薪甚至十几万元的新闻。不少地方还正酝酿出台向一线高级技工倾斜的工资政策，有的地方政府甚至在公开的工资指导价位中，将汽车修理工等技术工人的最高年薪定在相当于或高于博士的水平。在令许多面临求职困境的高校毕业生羡慕的高工资的情形下，我国各行业依然有超过八成企业处于技工尤其是高级技工"断档"状态。
>
> 曾经，进工厂成为"社会主义国家的最先进阶级"，是很多人的梦想。现在，对办公室白领的推崇，让城镇居民普遍认为上大学是子女最好的人生出路，热衷于让孩子从幼儿园起就上补习班，进名园、入名校，而对重视实践能力的技术教育不屑一顾，甚至直接将其归入"没文化、没出息"的被迫选择。
>
> 资料来源：李贺主编：《经济学基础》第2版，上海财经大学出版社2021年版，第157页。

2. 可供选择的机会改变

在任何一个劳动市场上，劳动的供给取决于其他劳动市场上可以得到的机会。如果某一行业工资收入大幅度提高，其他行业的工人倾向于选择该职业，从而引起其他行业劳动供给的减少。

3. 劳动者数量的变化

劳动的供给来源于劳动者，劳动者数量的变化必然带来劳动供给曲线的变化。工人从一个地区向另一个地区，或从一个国家向另一个国家的流动是劳动供给移动的另一个重要来源，前面分析的农民工进城等都属于这一类来源。

三、劳动市场的均衡工资的决定

在劳动市场上，所有企业对劳动需求的加总构成整个劳动市场的需求，所有工人劳动供给的加总构成整个劳动市场的供给。劳动的需求和供给两方面的力量共同决定劳动的市场价格。劳动需求曲线和劳动供给曲线的交点为劳动市场的均衡点，该点对应的工资即为均衡工资，是劳动的均衡价格，对应的劳动量为实际就业量。如图7—10所示。

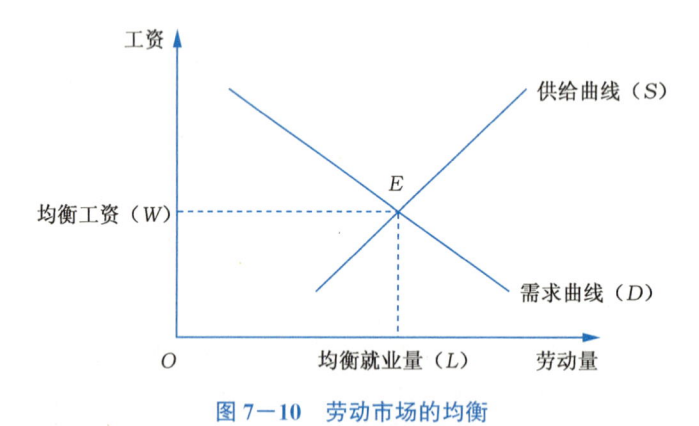

图7—10 劳动市场的均衡

劳动市场均衡理论告诉我们：当某种劳动供不应求时，市场出现工资上升的压力，促使工资水平的提高，劳动量的需求量因此调整，劳动供求趋于均衡；当某种劳动供过于求，则出现相反的变动态势。从长期看，改变劳动供求状况的因素，都可能改变劳动的均衡价格即均衡工资。

我们先看劳动供给变动引起均衡工资变动的情况。假定劳动的需求不变,即需求曲线不变,劳动供给曲线向左移动,即劳动供给减少,如图 7-11 所示,供给曲线从 S_1 移动到 S_2,均衡工资从 W_1 上升到 W_2,劳动量(就业量)则从 L_1 减少到 L_2。

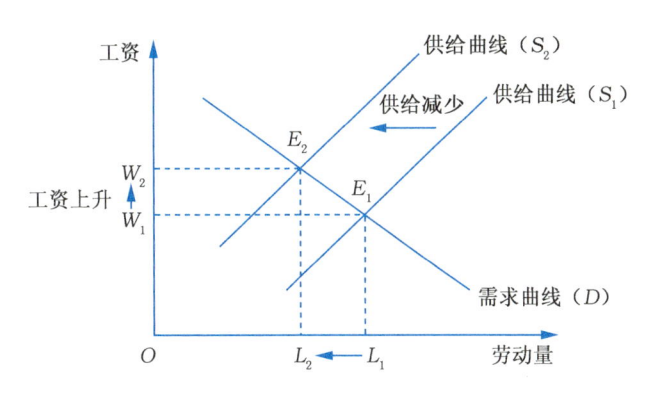

图 7-11 劳动供给曲线移动

我们再来看劳动需求变动引起均衡工资变动的情况。假如随着城市居民收入的增加,对家政服务需求增加,即使供给不变,均衡工资也会上升。如图 7-12 所示,当劳动需求曲线从 D_1 向 D_2 移动时,均衡工资从 W_1 上升到 W_2,均衡劳动量(就业量)从 L_1 增加到 L_2。

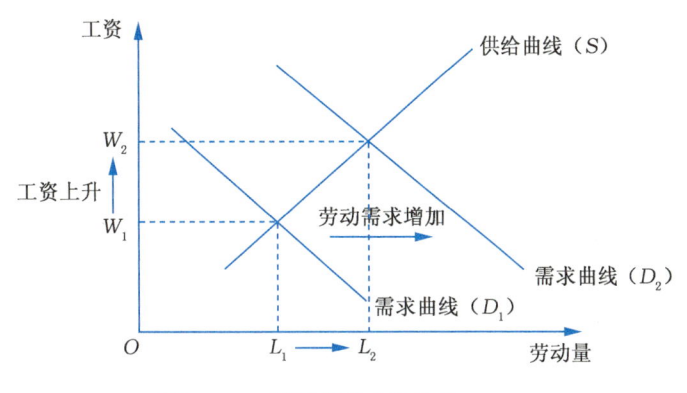

图 7-12 劳动需求曲线移动

【做中学 7-1】 某劳动市场的供求曲线分别为 $D_L=4\,000-50W$,$S_L=50W$。请问:均衡工资为多少?

解:均衡时,$D_L=S_L$,即 $4\,000-50W=50W$,解得均衡工资 $W=40$。

四、劳动市场工资的差异

劳动报酬是劳动者利益的体现,工资率是由劳动的供给和需求决定的,但在实际生活中,行业之间、个人之间广泛存在着工资差异,其原因是多方面的。

同步思考　　中国"大学生殡葬师"成紧俏人才

乌鲁木齐市殡仪馆里,有 10 名为逝者守灵、敬灵的专业殡葬礼仪师,有 9 名是应届大学毕业生。据了解,大学毕业生之前是看不上殡葬行业的,但这样的情况其后就逐渐改变了。为什么大学毕业生会选择殡葬行业?某专家解释说,理由很简单:收入高,并且工作很稳定。他认为,当前的就业压力和学生就业观念的改变,加上市场的需求,促使了殡葬专业火爆。统计数据显示,全国已有

8所院校开设殡葬专业。殡葬专业毕业的学生,初入殡葬相关单位,收入超过4 000元,转正后,工资最低也在7 000元以上,还不含各种奖金和津贴等。

据新华社报道,随着人口老龄化加速,殡葬行业职工队伍不断扩大。不少民政类高校和中等专业学校率先开设了"现代殡仪技术与管理"专业,招生和就业十分火爆。然而,进入殡葬行业的年轻人在收入稳定的同时,也遭遇了生活中的很多不便。

资料来源:李贺主编:《经济学基础》第2版,上海财经大学出版社2021年版,第159页。

思考:为什么殡葬师的工资高于其他工种?

(一)补偿性工资差别

补偿性工资差别也称作非货币利益差别。当一个工人决定是否接受某一个工作时,工资仅仅是其考虑的众多工作特性之一。上述殡葬师工作,工作强度不一定多大,但是要承受着世俗观念的压力。小到个人的一言一行,大到婚姻大事都可能受到制约和影响。别的行业,提倡微笑服务,而这里的工作人员,必须要严肃,并且有很多禁用语,如"欢迎光临""欢迎再来"等。不同职业在安全、辛苦、环境和声誉等方面的不同,对劳动者产生的心理成本不同,或者说给劳动者带来的非货币利益不同。在市场经济条件下,劳动市场的供求规律的作用,将必然给那些大家不愿意从事的工作以较高的报酬。

(二)人力资本

人力资本是一种特殊类型的生产资本,它是劳动者为了提高其对雇主的价值而接受的教育和培训,是劳动者积累的有用的和有生产力的知识。毫不奇怪,具有较多人力资本的工人平均收入高于人力资本较少的工人。从供给和需求的角度,可以很容易说明为什么教育提高了工资。企业愿意提供更高的工资,是因为受教育程度高的工人有着较高的边际生产率。经济学可以用同样的理由解释为什么一个名模可以签署数百万元的合同,远高于一般模特的报酬。名模的薪水一部分是劳动的报酬,一部分是稀缺才能的报酬,还有一部分则是人力资本的利息。

(三)能力、努力和机遇

对从事各种职业的人们来说,天赋都是重要的。由于先天遗传和后天培养,人们在体力与脑力上的特征都不一样。这些个人特征决定了生产能力,因此在他们工资收入的决定中起着重要作用。与能力密切相关的是努力,对于那些工作勤奋的人,生产能力更强和工资更高就不会令人奇怪了。另外,在工资决定中,机遇也在起作用。虽然现在还无法精确衡量能力和机遇在决定工资过程中的重要程度到底有多大,但是有一点可以肯定,它们起着非常重要的作用。

案例鉴赏　　　　　迈克尔·菲尔普斯

15个奥运冠军得主、罕见的游泳奇才迈克尔·菲尔普斯(Michael Phelps),已经被一些人视为运动历史上最伟大的全能运动员。在北京奥运会上,他破纪录地独揽8枚金牌而震惊世界。菲尔普斯在奥运会上前无古人的成绩也吸引了一批科学家对他进行研究。菲尔普斯的确"不正常",他身高1.93米,臂展却达到惊人的2.08米。最新一份的研究报告显示,菲尔普斯比赛后肌肉分泌的乳酸只是其他游泳选手的2/3,还有一双大手和48码的大脚;他一天进食的能量是一般男性的六倍,他吃的食物包括比萨、通心面、三明治和巧克力烤薄饼等高热量食物。仅仅这些显然还不够,菲尔普斯把他的天赋和精力全部投入了游泳池,自从14岁起每天都游16千米,甚至在圣诞节那天也是如此。

资料来源:李贺主编:《经济学基础》第2版,上海财经大学出版社2021年版,第160页。

(四)劳动市场中的非竞争性

劳动市场中的非竞争性也是导致工资水平差异的原因之一。在现实经济生活中,劳动市场往往是不完全竞争的。"非竞争性"意味着劳动力市场被分割,新的劳动者难以进入该行业,使某些地区、某些行业形成了一些非竞争性群体,从而产生工资水平的差异。我国现阶段也存在类似的现象。比如,我国由于电力、烟草等行业垄断的存在,造成这些行业的工资水平明显高于一般行业的工资水平。

启智润心　　广电总局:"十四五"时期将规范演员片酬

国家广电总局发布《"十四五"中国电视剧发展规划》。按照规划,"十四五"时期将规范包括演员片酬在内的收入分配秩序,推广使用标准化、制度化、制式统一的片酬等劳务合同。在规范电视剧市场秩序方面,规划同时提出,促进电视剧市场公平竞争,坚决反对恶性竞争、不正当竞争和市场垄断行为,防止资本无序扩张,鼓励资本与产业良性互动。引导电视剧制作机构科学合理安排制作成本结构,加强成本管理和收入核算。规划指出,将持续优化市场环境,健全事前、事中、事后全链条全流程监管机制,严肃处理有偷逃税、"阴阳合同"、"天价片酬"等违法违规行为的演员和相关机构,禁止违法失德艺人通过电视剧发声出镜。规范电视剧行业经纪人、经纪公司等市场主体管理。此外,规划提出,发挥电视剧行业组织作用,对从业行为进行行业规范,对违法违规从业人员实施行业惩戒。健全导演、编剧、制片人、演员、经纪人等电视剧领域从业人员常态化培训机制,加强思想政治引领,明确红线底线,推动从业人员自觉践行社会主义核心价值观,坚守高尚职业道德,引领良好社会风尚。

资料来源:王鹏:"广电总局:'十四五'时期将规范演员片酬",新华网,2022年2月10日。

【明理善行】　习近平总书记强调,当代中国,江山壮丽,人民豪迈,前程远大。时代为我国文艺繁荣发展提供了前所未有的广阔舞台。推动社会主义文艺繁荣发展、建设社会主义文化强国,广大文艺工作者义不容辞、重任在肩、大有作为。广大文艺工作者要增强文化自觉、坚定文化自信,以强烈的历史主动精神,积极投身社会主义文化强国建设,坚持为人民服务、为社会主义服务方向,坚持百花齐放、百家争鸣方针,坚持创造性转化、创新性发展,聚焦举旗帜、聚民心、育新人、兴文化、展形象的使命任务,在培根铸魂上展现新担当,在守正创新上实现新作为,在明德修身上焕发新风貌,用自强不息、厚德载物的文化创造,展示中国文艺新气象,铸就中华文化新辉煌,为实现第二个百年奋斗目标、实现中华民族伟大复兴的中国梦提供强大的价值引导力、文化凝聚力、精神推动力。

文艺工作者要坚持正确导向,勇于做时代风气的先觉者、先行者。要讲格调,做有深厚家国情怀的文艺工作者;讲品位,做有高尚道德情操的文艺工作者;讲责任,做有强烈社会担当的文艺工作者。要健全组织,推动全省各级文联组织高质量开展职业道德和行风建设;要加强组织领导,尽快成立本地区、本协会文艺工作者职业道德和行风建设委员会;要发挥文艺评论的作用,针对文艺界存在的突出问题,展开及时、深度、有效的批评,倡导正确的创作方向、审美风向、价值取向。

任务三　资本利润理论

一、资本与利息

劳动收入是一个容易理解的含义,但资本收入含义就不那么明显了。实际上,企业通常从其自己所拥有的资本中赚得收入。资本的这些收入最终要支付给家庭。一些是以利息的形式支付给借钱的家庭,一些资本收入以红利的形式支付给家庭;另外,企业不一定将所有收入都支付出去,会留存一部分,这部分称作留存收益。无论是以何种形式支付给家庭,或是留在企业,资本的收入都是根据资本的边际效益来向资本付酬的。下面我们以利息为例,说明资本收入的形成机制。

利息是企业使用一定时期内资本的生产力所支付的代价,或者说是资本所有者让渡一定时期内资本使用权所获得的报酬。利息是由资本的供求关系决定的。

(一)资本的需求与供给

资本需求是指一定时期内企业在不同利率水平上所需要的资本总额。我们知道企业投资的目的在于获取利润,因此企业对资本的需求取决于其对新增投资的预期利润率或资本的边际生产力。假定市场利息率为5%,企业借入一单位资本的预期利润率高于5%,假定是7%,那么该企业借入一单位资本可获利2%,对企业来说追加投资是有利的。但是,如果该企业的预期利润率低于5%,投资收益小于投资成本,企业就宁可储蓄也不愿意投资。由此可见,假如预期利润既定,利息率高,对资本的需求量较少;利息率降低,对资本的需求量增加。需求曲线是从左上向右下倾斜的,如图7—13所示。

资本的供给是资本所有者在各个不同的利息率水平上愿意并且能够提供的资本数量。对资本的供给者来说,借出资本,让渡一定时期资本的使用权,是有损失和风险成本的。打个比方,有人年初时拥有100万元,按照当时房产市场价格,可以买单价1万元的公寓房100平方米。到年底时,同样的房子价格上涨到每平方米1.2万元,买100平方米公寓,需要120万元。可见,人们推迟购买,不仅损失消费商品带来的满足,而且要承担价格波动的风险。利息是对资本供给者抑制或推迟眼前消费的一种补偿,利息率越高,补偿越多,人们愿意提供的资本也就越多。因此,一般来说,资本的供给与利息率同方向变化,资本的供给曲线是向右上方倾斜的,如图7—13所示。

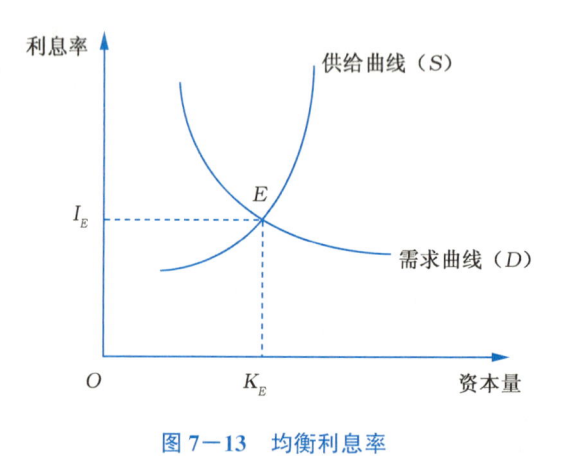

图7—13 均衡利息率

在图7—13中,横轴代表资本量,纵轴代表利息率。与前面分析的生产要素价格决定一样,资本的价格——利息率也是由供求关系平衡所决定的。资本需求曲线与供给曲线的交点E为均衡点,该点所对应的利息率I_E为均衡利息率。在均衡利息率水平上,资本的需求量与供给量相等,市场达到均衡。

案例鉴赏　　海外热钱或已瞄准一线城市房地产市场将影响调控

在发达经济体相继实行量化宽松的政策以后,全球的热钱也开始重新流向包括中国在内的新兴市场国家。尤其是在近期人民币不断升值的背景下,热钱更是加速涌入国内,而目标则指向了一线城市的房地产市场。由于日本目前的利率为零,而且人民币升值预期强烈,因此这些日本企业在拿到贷款后,将这些资金转入中国境内,在赚取利率差的同时可从人民币升值中获益。

而据记者了解,日本企业从去年开始便已经大举进入中国的房地产市场。商务部网站上的一则消息显示,日本三菱商事将在大连与中国企业金地集团合作,开发公寓住宅和商业楼盘,希望进军中国房地产市场并扩展其在中国的房地产业务。

据了解,三菱商事计划在大连投资额约 660 亿日元,开发约 3 500 套住宅和约 34 000 平方米的商业设施。另外,该公司通过房地产投资子公司向在大连当地的项目公司出资约 50 亿日元,股权比例 40%,并计划派遣 1 名非常驻董事和 1 名常驻人员。三菱商事此次投资是看准了大连市住房需求不断增长的趋势,面向中等收入人群和有换购市中心房屋意向的人群,提供低层住宅以及较宽敞的居住空间的设计。

同日,日本住友商事表示,公司将通过下属的住友商事香港有限公司与江苏友谊合升房地产开发有限公司共同成立苏州双友置地有限公司,参与苏州市住宅的开发。住友商事将在苏州市工业园区投资约 70 亿日元,开发 5 栋公寓楼和商业楼盘 1 栋。

此外,三井不动产此前曾表示,公司准备从现在起在包括北京在内的多个城市开建购物中心。

对此,业内专家表示,随着日本超量化宽松政策的执行,未来可能会有更多的日本企业参与到中国的房地产市场中来。

资料来源:李贺主编:《经济学基础》第 2 版,上海财经大学出版社 2021 年版,第 161—162 页。

请问:什么是热钱?热钱形成机制是怎样的?在上述新闻报道中,热钱进入中国市场会有什么影响效果?

(二)差别利率

均衡利率的出现,并不意味着所有现实的利率都处在一个相同的水平上。它只是代表着资本市场平均的利率水平或资本回报率,代表市场上任何一笔投资的机会成本,代表不同行业利率的一个趋同点。这种趋势是通过资金的自由流动实现的。比如,在某个时期投资建造一家炼钢厂的收益比用同样投资建造一个发电厂得到更多的收益,资本就会投向炼钢厂。钢材供应的增加将会使市场钢材价格下降,从而使投资炼钢厂的投资回报降低。同样,发电厂由于投资减少将增加投资电厂的回报。经过一段时间后,投资者会把资本从炼钢生产中拿出来,转而投向电力生产,直到两个行业的投资回报相等为止。

在现实经济生活中,不仅各行各业的贷款,而且同一行业中的每一笔贷款,利率都可能出现差异。形成利率差异的原因很多,归根到底取决于风险。具体而言,取决于债务人信用度和贷款期限。债务人信用级别越高,违约的可能性越小,风险越小,利息率可以低一些;相反,债务人信用级别越低,违约的可能性越大,风险越大,利息率应该高一些,因为风险需要补偿。

一般来说,长期贷款利率比短期贷款利率要高一些,因为贷款的期限越长,债务人偿债能力变化的可能性也越大,风险也就越大。购房贷款利率因还贷年限的长短而异,30 年还贷的利率远高于 10 年还贷的利率,就是这个道理。

二、土地与地租

土地及自然资源在生产中被使用,它的拥有者必然要求获得回报。地租是对土地作为生产要素提供服务的报酬,是企业在一定时期内利用土地所支付的代价。地租是由土地市场的需求和供给决定的。

(一)均衡地租

土地的需求取决于土地边际生产力。我们知道,随着社会对土地需求量的增加,人们只能使用越来越贫瘠的土地,因而土地的边际生产力递减,即每增加 1 单位土地使用所增加的收益是递减的。地租越高,对土地的需求越小;地租越低,对土地的需求越大,土地的需求曲线,与其他生产要素的需求曲线一样,呈现为一条向右下方倾斜的曲线,如图 7－14 所示。

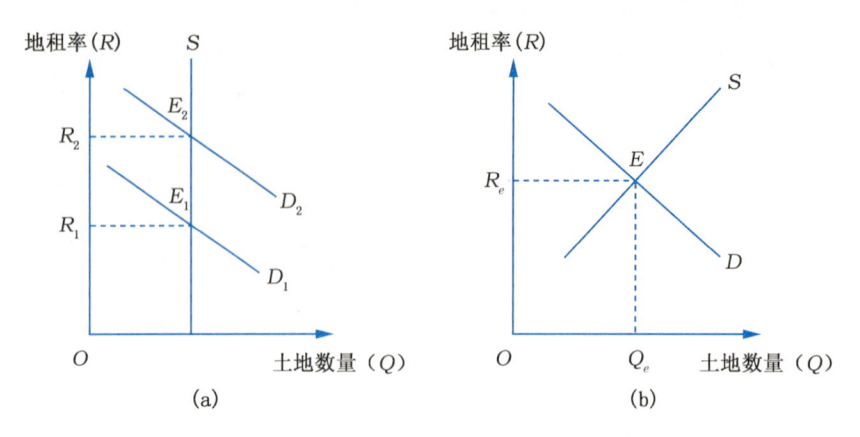

图 7－14 地租的决定

一个国家或一个地区,在一定时期内利用的土地总是一个有限的量,这是因为土地不能移动、不可再生。这样,土地的供给曲线是一条与横轴垂直的直线,即无论地租率怎样变动,土地供给是个固定的量,如图 7－14(a)所示。

在图 7－14(a)中,横轴代表土地数量,纵轴代表地租率即单位土地的租金。S 曲线为土地供给曲线,D 曲线为土地需求曲线。土地需求曲线 D_1 与供给曲线相交于 E_1,决定地租率为 R_1。如果社会对土地的需求增加,需求曲线从 D_1 移动至 D_2,则地租率上升至 R_2。由此可见,土地供给固定时,地租的高低取决于对土地的需求,与需求同方向变化。所以,一个国家或地区,随着经济发展、人口增加,对土地的需求增加,地价和房价会有增长的趋势。

从一个行业或一个企业的角度看土地的供给,则供给量是可变的,会随着地租率的变化而变化。比如,农田用来生产蔬菜的收益高于生产粮食时,原本种植粮食的土地会转用于生产蔬菜;当土地用来建造住宅产生较高的收益、获得较高的地租时,用以种植的土地会逐步转用于房产开发。图 7－14(b)表示一个行业或一个地区的土地供求曲线,土地的供给曲线不是横轴的垂直线,而是向右上方倾斜,即土地供给随着地租率的上涨而增加,随着地租率的下降而减少。土地供给曲线与需求曲线相交,均衡地租率为 R_e。

【学中做 7－1】

"劣等土地上永远不会有地租",这一说法对吗?

答:该说法不对。根据经济学理论,地租产生的根本原因在于土地的稀少,供给不能增加;如果给定了不变的土地供给,则地租产生的直接原因就是对土地的需求曲线的右移。土地需求曲线右移是因为土地的边际生产力提高或土地产品(如粮食)的需求增加从而产品价格(粮价)提高。如果假定技术不变,则地租就由土地产品价格的上升而产生,且随着产品价格的上涨而不断上涨。因此,即使是劣等土地,也会产生地租。

(二)级差地租

企业租用不同等级的土地,向土地所有者支付的地租是不同的,经济学把这种由于土地贫瘠程度和地理位置不同引起的地租称为级差地租。下面让我们来看级差地租是怎样形成的。

一般来说,对土地的使用,会根据土地上产品的需求情况,从优至劣依次进行。最先使用的是相对优等的土地,随着经济发展和人口增加,对土地上生产的产品的需求增加,如果供给不变,产品价格就会上升。价格上升驱动产品生产企业租用劣等土地,以增加产品供给。在这种情况下,租用优等地的企业由于成本消耗低于劣等地产品的平均成本,能够获得超额收益。这一超额收益由于土地经营者争相租用优等地最终会落到土地所有者手中,形成级差地租。

在市场经济条件下,即使使用劣等地也要支付一定的代价,否则土地所有者宁可让土地闲置。这种使用任何一种等级的土地都要支付的地租,经济学称为绝对地租。级差地租是使用高等级土地而支付的高于绝对地租的地租,随着新的土地的开发和利用,级差地租有逐步上升的趋势。

课堂讨论

某年第二季度北京王府井商圈依然以每平方米每月人民币 2 300 元的租金水平领跑北京零售市场。西单商圈则以每平方米每月人民币 1 800 元的租金位居第二。相比之下,中关村商圈的优质零售物业租金仍然维持在每平方米每月人民币 775 元的低位。

试分析上述租金差异的原因。

(三)准地租和经济地租

由以上分析可知,地租是供给完全缺乏弹性时土地的使用价格。在现实经济中,有些生产要素也具有类似于土地的供给曲线,如厂房、大型设备等。这些资源固定性强、不易转产,其供给曲线在一定时期内是垂直的,即无论租金如何变动供给总是不变的。经济学称这类资源的租金为准租金。

在长期内一切生产要素都是可流动的,某些行业为了留住一些重要的资源,支付的报酬必须超过它们转移到其他行业所能获得的最大报酬,这个超过的部分,称为经济地租(或经济租金)。体育明星、歌星和名模的收入之所以远高于一般的体育运动员、音乐教师和模特,其实就是支付了经济租金。由于经济租金是生产要素提供者所得到的超过其愿意接受的收入部分,因此又称作生产者剩余。

三、生产要素之间的联系

生产要素的价格取决于该要素的边际收益,其边际产量又取决于可以得到的那种要素的量。生产要素的供给与需求决定了生产要素的价格。但是,一个企业并不是使用单一一种生产要素,多数情况下,生产要素是以一种组合方式在一起使用的,这就使得每种要素的生产率都取决于生产过程中使用的其他要素的可获得量。结果,任何一种生产要素的供给发生变化都会改变所有要素的收益。任何一种要素收入的变动,都可以通过分析某个事件对该要素边际效益的影响来确定。

案例鉴赏　　　　　　　黑死病经济学

14世纪的欧洲,鼠疫的流行在短短几年内夺去了大约1/3人口的生命。这场鼠疫被称为"黑死病"。由于相当数量的农民死于黑死病,领主们如果不想让自己的土地荒废,只有两个选择:花高价钱雇用劳力,或者把土地出租给邻村或城镇里幸存下来的农民。租土地的农民们成了领主土地上的佃农。随着疾病和死亡进一步消耗着劳动力资源,佃农们不得不招募人手来帮助工作,这些人来自没有土地的流民和城镇中幸存下来的人。城镇中劳动力的减少使得那些仅存的劳动人口在谈判桌上占据了优势,他们的工资也相应提高。除非农场主配置额外的资本,如耕牛和种子,否则农民们不愿意接受租赁合同。在城镇里,工具和机器取代了人力。同时,规模经济被用在远洋运输事业上,但这就需要更先进的造船工艺和导航技术,经济更加多元化,资本更为集约地利用,技术创新更为重要,财富也得到重新分配。

这一时期,工资翻了将近一番,而租金减少了50%甚至更多。黑死病给农民带来了经济繁荣,而减少了有土地人士的收入。

资料来源:李贺主编:《经济学基础》第2版,上海财经大学出版社2021年版,第164页。

分析:由于边际产量递减在相反方向起作用,人口减少增加了劳动的边际产量,所以工资水平得到了提高。由于土地和劳动共同作用于生产,人口供给减少也影响另一主要生产要素——土地市场。可用于耕种土地的人口少了,增加一单位土地所生产的额外产量少了,即土地的边际产量减少了,土地的租金也会相应降低。这就是经济学上所谓的生产要素的替换:由于生产要素相对价格变化而维持产出不变时,引起的生产要素间的相互替代——廉价的土地和资本代替了昂贵的劳动力。

四、利润理论

在经济学上,一般把利润分为正常利润和超额利润。这两种利润的性质与来源都不相同。

(一)正常利润

正常利润是企业家才能的价格,也是企业家才能这种生产要素所得到的收入。它包含在成本之中,其性质与工资类似,也是由企业家才能的需求与供给决定的。不同的是,由于企业家需求和供给的特殊性(边际生产力大和培养成本高),因此正常利润的数额远远高于一般劳动所得的工资。

因为正常利润包含在经济学分析的成本之中,所以收支相抵就是获得了正常利润。在完全竞争市场中,利润最大化就是获得正常利润。超过正常利润以后的超额利润在完全竞争市场中并不存在。

(二)超额利润

超额利润是指超过正常利润的那部分利润,又称为纯粹利润或经济利润。根据来源和性质的不同,超额利润具体可分为以下几种情况:

1. 垄断与超额利润

由垄断而产生的超额利润称为垄断利润。垄断可以分为卖方垄断和买方垄断。①卖方垄断是指对某种产品出售权的垄断。垄断者可以抬高商品卖价,通过损害消费者的利益而获得超额利润。例如,一家企业享有某种产品的专利权或声誉卓著的商标,因此它能够赚得超过正常利润的垄断利润。②买方垄断是指对某种产品或生产要素购买权的垄断。垄断者可以压低收购价格,通过损害生产者或生产要素供给者的利益而获得超额利润。垄断产生的超额利润是不合理的,是市场竞争不完全的结果。

2. 创新与超额利润

创新是指企业家对生产要素实行新的组合。创新主要涉及五个方面:①提供新产品;②发明新技术和新工艺;③开辟新市场;④控制原材料的新来源;⑤建立新的组织形式。创新是社会进步的动力,能够提高生产效率、促进经济增长。因此,由创新获得的超额利润是合理的,是对创新者的鼓励和补偿。

3. 风险与超额利润

超额利润也可以看作是企业进行冒险所承担风险的一种报酬。风险是指企业决策所面临的亏损的可能性。决策大多是面向未来的,而未来是不确定的,因此企业决策总是存在着风险。一家企业可以从未曾预料到的事件中获得意外的利润,也可能会蒙受意外的损失。其中,意外的利润像其他超过正常利润的企业利润一样,可以列入超额利润的范畴。因此,由于承担风险而产生的超额利润也是合理的,从事具有风险的生产就应该以利润的形式得到补偿。

总之,利润是经济社会进步的动力。它能够激励企业家努力工作,有利于节约资源,也有利于资源的合理配置。

任务四　收入分配理论

一、收入分配差距的衡量

(一)贫困率和贫困线

常用的收入分配的判断标准是贫困率。贫困率是家庭收入低于贫困线绝对水平的人口百分比。贫困线是指国家为救济社会成员因自然、社会、经济、生理和心理等原因收入减少或中断难以维持基本生活而制定的社会救济标准。根据这一标准给予经济或实物方面的救济使其能维持基本生活的制度即贫困线救济制度。贫困线根据价格水平的变动进行调整。各个国家的贫困线并非一致,基本上是根据本国的实际生活水平制定的。

国际贫困线标准(International Poverty Line Standard)实际上是一种收入比例法。经济合作与发展组织在1976年组织了对其成员国的一次大规模调查后提出了一个贫困线标准,即以一个国家(或地区)社会中位收入或平均收入的50%作为这个国家(或地区)的贫困线,这就是后来被广泛运用的国际贫困线标准。世界银行在1990年采用了370美元作为衡量各国贫困状况的国际通用标准,该标准后来被简化成"1天1美元"的贫困线标准,被各界熟知并广泛接受。世界银行2022年宣布,全球贫困线将由1.90美元上调至2.15美元。

(二)洛伦兹曲线和基尼系数

美国著名统计学家 M. A. 洛伦兹提出一种表示一个国家一定时期收入分配差距的方法:将一国总人口按收入由低到高的累计百分比分成若干组,再统计各组得到的收入在总收入中的累计百分比,在坐标系中标明这些数据,横轴代表人口百分比,纵轴代表收入百分比,然后找出这两个累计百分比的对应关系的点并连接起来,可以得到一条表示该国收入分配差距的曲线。该曲线被称为洛伦兹曲线(Lorenz Curve)。洛伦兹曲线是用来衡量社会收入分配(或财产分配)平均程度的曲线。如果把整个社会人口按收入的多少从低到高平均分为5档,每档人口均占全部人口的20%,然后看每20%的人口的收入占总收入多少,即可比较出社会收入的差别。表7—2为收入分配不平均的举例。

表7—2　　　　　　　　　　　　　收入分配资料

人口累计	收入累计
0%	0%
20%	3%
40%	8%
60%	29%
80%	49%
100%	100%

在图7—15中,纵轴 OI 表示收入累计百分比,横轴 OP 表示人口累计百分比,连接两对角线的直线 OY 是绝对平均曲线,因为该线上的任何一点到纵坐标和横坐标的距离都是相等的,对角线上的任何一点都表示:总人口中每一定百分比的人口所拥有的收入在总收入中也占相同的百分比。如果社会收入是按这种情况分配的,那就说明社会收入分配是绝对平均的。

图7—15中,OPY 线是绝对不平均曲线。这条线表示:社会的全部收入都被一人所占有,其余

人的收入都是0。图中介于上述两个极端之间的曲线则是实际收入分配线，即洛伦茨曲线。在这条曲线上，除了起点(O点)与终点(Y点)以外，任何一点到坐标两轴间的距离都是不相等的。每点都表明：占总人口的一定百分比的人口拥有的收入在总收入中所占的百分比。

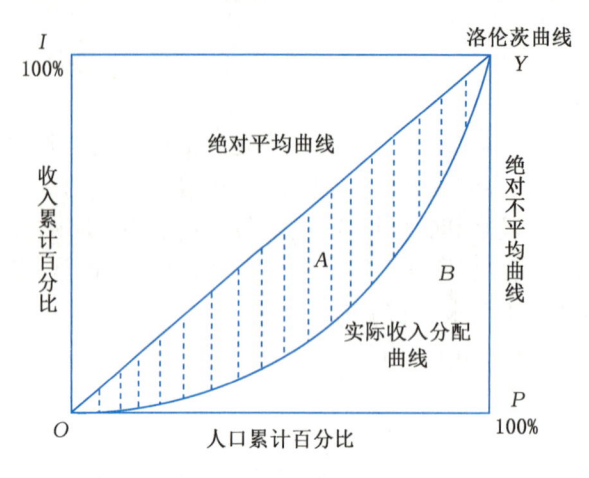

图 7－15　洛伦兹曲线

从洛伦兹曲线的形状可看出：实际收入分配线越靠近对角线，则表示社会收入分配越接近平均；反之，实际收入分配线越远离对角线，则表示社会收入分配越不平均。根据洛伦兹曲线图，20世纪意大利经济学家基尼(G. Gini)于1912年提出了判断收入分配平均程度的指标，这个指标被称为"基尼系数"(Gini Coefficient)，也称为洛伦兹系数。

在图 7－15 中，A 表示实际收入分配曲线与绝对平均曲线之间的面积；B 表示实际收入分配曲线与绝对不平均曲线之间的面积，则基尼系数 G 可以表示为：

$$基尼系数(G)=\frac{A}{A+B}$$

【提示】洛伦兹曲线与45°线之间的面积 A 称作"不平等面积"，A 的面积越大，表明收入分配差距越大，越不平等。当收入达到完全不平等时，洛伦兹曲线成为一条折线 OPY。这条折线与45°线之间的面积 $A+B$ 就是完全不平等面积。不平等面积 A 与完全不平等面积之比，称为基尼系数。

基尼系数是现在国际上比较通行的用来衡量一国居民贫富差距的标准。显然，基尼系数不会大于1，也不会小于0，而是 $0 \leq G \leq 1$。$G=0$ 时，表示国民收入完全平等分配。$G=1$ 时，则表示国民收入完全不平等分配。有数据表明，北欧福利型国家的基尼系数较小，某些发展中国家的基尼系数较大。

如果 $A=0$，基尼系数$=0$，则表示收入绝对平均；如果 $B=0$，基尼系数$=1$，则表示收入绝对不平均。可见，事实上基尼系数在 0 和 1 之间。基尼系数数值越小，则越接近于收入平均；基尼系数数值越大，则收入越不平均。基尼系数被西方经济学家普遍认为是一种反映收入分配平等程度的方法，也被现代国际组织(如联合国)作为衡量各国收入分配的一个尺度。按国际上通用的标准，基尼系数小于 0.2 表示绝对平均，0.2～0.3 表示比较平均，0.3～0.4 表示基本合理，0.4～0.5 表示差距较大，0.5 以上表示收入差距悬殊。

(三)衡量收入分配差距时应注意的问题

1.实物转移支付

收入分配和贫困率的衡量是基于家庭的货币收入，但是，通过各种政府计划，穷人得到了许多非货币物品,例如低保补贴、经济适用房等。以物品和劳务的形式而不是以货币的形式给予穷人的转移支付称为实物转移支付。上述两种衡量方法并没有考虑实物转移支付造成的影响。因此,没有把实物转移支付考虑在内,就大大影响了上述的数值代表的结果。一般情况下,实物转移支付是针对穷人的,穷人实际的生活水平并非像用收入货币计算出的结果那样贫困。另外,可能还有一部分不是贫困阶层,也享受着上述实物转移支付,例如医院的高干病房补贴以及单位发放的福利等,都会影响到上述数据的真实性和代表性。

2. 经济生命周期

人们的收入并不是一成不变的,而是随着年龄的变化而不断变化的。刚刚毕业的大学生收入相对较低。随着年龄增长和经验增加,收入在不断增加。一般企业职工收入在45~50岁达到高峰,退休后收入又开始降低。这种规律的收入变动形式称为经济生命周期。比如,人们在年轻时候贷款,在中年赚钱高峰期时候存款,老年时候享用银行储蓄。

3. 暂时收入与持久收入

人一生的收入不仅因预期的生命周期而变动,而且因随机事件而变动。例如,地震使得许多企业损失严重,企业主收入大幅度降低。但是,企业主可以依靠国家援建政策进行低息或无息贷款,甚至享受国家补贴,恢复生产。在这个意义上,收入的暂时变动并不一定影响其生活水平。家庭生活水平取决于其持久收入,即正常的收入。为了衡量生活水平的不平等,持久收入的分配比年度收入的分配更适合作为参考指标。人们更多根据其持久收入来消费,因此持久收入分配比当期暂时收入分配更能体现平等程度。

案例鉴赏　　　　　　"高油价时代"的生活链

"我没有车。"或许你会这样说。对于汽油、柴油涨价甚至严重缺乏的消息,您可能因为自己没有车而漠不关心。不过,如果告诉你,因为油价上涨,我们的公共交通可能面临涨价,水价也可能会涨,大米也会受牵连,我们的旅游休闲、经济数字都会受影响。您还会觉得与己无关吗?石油被称为"黑色的金子""工业的血液"。事实上,除了上述提到的,石油对我们生活的影响要大得多。具体到我们的生活细节中,油价上涨对百姓来说,最明显的变化就是交通燃料和液化气价格不断攀升。而食品类、工业消费品类等的价格不会出现明显的上涨,实际工资会下降。我们每个月拿到的工资,在经济学上有一个专门的名词称作"名义工资",这剔除了通货膨胀对工资的影响。而实际上,衡量我们收入的应该是实际工资。也就是说,我们拿到的以货币计算的工资实际上可以买到多少的产品和服务。如果买到的产品和服务少了,那么实际上工资就是下降了。石油上涨对我们的影响是实际工资下降。

资料来源:李贺主编:《经济学基础》第2版,上海财经大学出版社2021年版,第168页。

分析:虽然我们的收入没有降低,但是由于汽油、柴油涨价,我们的实际生活水平在下降。虽然前面介绍的贫困线和基尼系数两种方法有助于我们了解社会收入分配不平等的程度,但是这些数据来源于家庭年收入,人们最终关心的不仅是收入,而且是他们维持良好生活水平的能力。因此,分析上述数据,还需要考虑货币收入之外的会影响生活水平的其他因素。

二、收入分配的调节

(一)收入分配调节的分配理念

收入再分配不仅是经济问题,而且是政治问题。对此,国外有三种分配理念(或称政治哲学)。

1. 功利主义

政治哲学中一个主要学派是功利主义哲学。功利主义的出发点是效用——人们从其所处环境中的得到的幸福或满足程度。其观点是政府的正确目标是使社会中每个人的效用总和最大化。根据边际效用递减理论,一个穷人1美元的额外收入给这个人所带来的额外效用大于富人1美元的额外收入带来的效用。换句话说,随着一个人收入的增加,从1美元收入中带来的额外福利是递减的。这样,把富人手中的1美元拿来分给穷人所带来的社会总效用是增加的。因此,总收入再分配增加了社会总效用。在这种观点支持下的政策就应该是富人多缴税,然后收入低的人得到转移支付。

2. 自由主义

此观点认为社会平等的衡量标准是应该脱离每个人所处的环境的客观评价,应该在所有人都处于相似状况下进行的公平协商或谈判的结果。持该观点的人士提出一个思想实验:设想在任何人出生之前,所有人都要一起开会设计这个社会的规则。用这种方法设计公共政策和制度,能够使我们在判断什么政策为公正的时候保持客观。他们认为,处于原始状态的人会特别关注处于收入分配底层的可能性(每个人不知道未来自己会是什么样,会按照最坏的结果设计)。因此,在设计公共政策时,目标应该是提高社会中状况最差的人的福利,此规则被称作最大最小准则。他们认为,应该把富人的收入转移给穷人,社会增进了最不幸者的福利。

3. 自由至上主义

上述两种观点都把社会总收入作为达到某种社会目标而能够自由地再分配的共享资源。与此相反,自由至上主义者认为,政府不应该为了实现任何一种收入分配而拿走一些人的收入并给予另一些人。他们认为,当收入是以不公正手段达到的时候,例如小偷偷东西,政府有权力也有义务解决这个问题;但当收入是以公正手段达到的时候,政府不应该拿走这些人的收入。自由至上主义者的结论是,机会平等比收入平等更重要。政府应该强调个人的权利,以确保每个人有同样的发挥自己才能并获得成功的机会。一旦建立了这些规则,政府就没有理由改变由此引起的收入分配。

(二)收入分配调节中公平与效率之间的矛盾

理论与实践告诉我们,公平与效率之间存在着互相矛盾、对立的关系。公平和效率虽然难以兼得,但还是要兼顾,兼顾不仅是必要的,而且是可能的。兼顾的基础是下面三点:

1. 在效率优先的原则下兼顾公平

从长期来看,经济社会应把保持和提高效率放在首位。这是因为效率是提高社会生产力、增加社会产品的条件,从而是推进公平的物质基础。在一个经济落后、产品匮乏的经济社会里,所谓公平是一句空话,没有意义。当然,效率优先不等于说可以让收入差距越来越大,而是应该在效率优先的原则下尽可能考虑公平的要求,把差距控制在一个适当的限度之内。

2. 公平和效率的重点地位可以转换

在经济社会某一发展阶段上,应当根据公平与效率关系中存在的矛盾的主要方面来确定解决问题的重点,协调两者关系。当效率受到影响时,应适当拉开收入差距;当公平问题严重时,要注意缩小收入差距。每一时期,应该有重点。而且不同时期的重点应当是可以转化的。社会正是在不断地追求公平与效率目标的交替过程中实现发展的。

3. 以较小的替代成本寻求公平与效率的结合点

公平与效率之间的替代需要付出代价。当我们拉开收入差距时,实际上牺牲了公平;当缩小收入差距、限制公共福利时,势必会影响效率。我们应当以尽可能小的不公平牺牲来换取尽可能高的效率,或者以尽可能小的效率损失换取尽可能大的公平。

> **学思践悟**　　　　碳达峰、碳中和的效率与公平

实现碳达峰、碳中和是以习近平同志为核心的中共中央统筹国内国际两个大局做出的重大战略决策,是着力解决资源环境约束突出问题、实现中华民族永续发展的必然选择,是构建人类命运共同体的庄严承诺。

碳达峰、碳中和必然涉及"效率与公平"这一经济学永恒的主题。"效率"是指从一个国家范围来看,如何从整体上在最短的时间内以最少的社会成本实现碳达峰、碳中和,即在花费最少时间的情况下,如何通过整个社会资源的最有效配置,使一国温室气体排放量达到历史最高值并从而由增转降,以及通过何种方式实现一国温室气体在整体上的"净零排放"。"公平"则是指在碳达峰、碳中和实现路径选择和相关权责制度安排等方面,不搞"一刀切",也不搞"平均主义""大锅饭",而是在追求"效率"的同时,要兼顾到不同地区和群体之间发展水平的差异,坚持共建、共有、共享,坚持权责相应。

请问:你是如何理解碳达峰、碳中和的效率与公平的?处理碳达峰、碳中和的效率与公平应注意哪些问题?

【悟有所得】 碳达峰、碳中和本身就蕴含着用更少的碳排放去实现更多、更快的发展,因碳达峰、碳中和必须坚持"效率"原则,通过完善管理、改进技术、增强合作等方式实现各种资源利用效能的最大化。只有坚持"效率"原则,才能真正做到有的放矢、事半功倍。碳达峰、碳中和中的公平问题,其本质就是在社会发展过程中正义观的选择问题。

在碳达峰、碳中和过程中,"效率"和"公平"这一两难选择的本质是对不同排放主体间"发展权"的平衡和维护。在碳达峰、碳中和的过程中,除要兼顾排放主体的效率与公平之外,还得兼顾地区之间的减排效率和发展公平,不仅要避免后发地区因为"碳减排指标"的约束而使发展受限,而且要避免先发地区因为碳约束而致使其产业过度"空心化"。

碳达峰、碳中和作为新时期中共中央的重大战略决策,将会对我国社会发展产生全面、重大和深远的影响。如何处理碳达峰、碳中和中的"效率"和"公平",将直接决定我国碳达峰、碳中和目标实现的深度和速度,同时也将影响着我国社会发展总目标的实现。

(三)收入再分配的标准和措施

1. 社会收入分配的标准

经济学家认为,收入分配有三种标准:第一个是贡献标准,即按生产要素的价格进行分配;第二个是需要标准,即按社会成员对生活必需品的需要来分配国民收入;第三个是平均标准,即按公平的准则来分配国民收入。

第一个标准有利于提高经济效率,但会引起社会的不公平;第二和第三个标准有利于社会公平,但有损于经济效率。于是引出经济学中永恒的矛盾:公平与效率问题。但在市场经济国家中,分配原则是效率优先的,收入不公问题主要通过经济政策来解决。

2. 社会收入分配政策

(1)实行税收调节政策。实行税收调节政策的目的是通过税收手段来缩小收入差距。实行税收调节政策的主要手段是征收个人所得税来调节社会成员收入分配的不公平状况。

(2)社会福利政策。社会福利政策的特点是通过给穷人补助来实现收入分配的公平化。西方国家社会福利政策的主要内容:第一,各种形式的社会保障与社会保险;第二,向贫困者提供就业机会与培训;第三,医疗保险和医疗援助;等等。

(3)增加教育费用支出。这一方面可以使低收入者获得赚取较高收入的能力,有助于缩小社会的收入差距,以利于公平的实现;另一方面可以使全社会受益,提高整个社会的劳动生产率,有利于

经济效率的提高。

（4）改善住房条件。主要措施：以低房租向穷人出租国家兴建的住宅；对私人出租的房屋实行房租限制；等等。这种政策的实施既可改善穷人的住房条件，也有利于实现收入分配公平化。

（5）最低工资标准。最低工资保障制度是我国的一项劳动和社会保障制度。最低工资标准是国家为了保护劳动者的基本生活，在劳动者提供正常劳动的情况下，强制规定用人单位必须支付给劳动者的最低工资报酬。最低工资标准每年会随着生活费用水平、职工平均工资水平、经济发展水平的变化而由当地政府进行调整。

课堂讨论　　调节收入分配，机会均等更重要

2017年政府工作报告中提出，"双创"是以创业、创新带动就业的有效方式……是促进机会公平和社会纵向流动的现实渠道。这句话虽然是直接针对"持续推进大众创业、万众创新"而言的，但同样对调节收入分配有积极意义。一个固化的社会，缺乏依靠自身努力实现纵向流动的正常渠道，将会形成经济社会可持续发展过程中难以逾越的"鸿沟"。大众创业、万众创新蓬勃发展，能够给勤劳致富的人提供难得的契机，使每个人都能大有可为、大有作为。

国务院3月1日对外公布《"十三五"推进基本公共服务均等化规划》，确定了公共教育、劳动就业创业、社会保险、医疗卫生、社会服务、住房保障、公共文化体育、残疾人服务八大领域的基本公共服务清单，每个清单均明确了服务对象、服务指导标准、支出责任、牵头负责单位等，确定了政府的兜底责任，其核心就是促进机会均等。将此规划与政府工作报告的有关内容结合起来，就更容易理解政府在调节收入分配中的角色，即着力健全促进机会均等的机制，对调节收入分配而言将具有事半功倍的效果。

资料来源：李贺主编：《经济学基础》第2版，上海财经大学出版社2021年版，第170页。

讨论：什么是机会均等？在收入分配上，公平和效率的内涵及其关系。

课程思政　　全球经济一体化与收入分配趋势

当前经济全球化成为一种不可阻挡的历史趋势。这给各国经济带来了重大的影响。从收入分配的角度看，在长期中，经济全球化会带动各国经济的发展，有利于各国收入和福利的增加。韩国、新加坡以及亚洲其他地区正是在全球经济一体化的过程中成长为新兴工业化国家，实现了由穷变富。但应该看到，全球经济一体化也会给各国收入分配带来不利影响，在一定时期内使各国之间和一国内不同阶层之间的收入差距拉大。

【思政感悟】　从全球情况来看，在经济一体化过程中，一方面是一些原来落后的国家经济得到迅速发展，它们与发达国家之间的收入差距缩小了。另一方面，一些世界上较为落后的国家的经济发展和收入水平与发达国家的差距更大了。这是马太效应在全世界范围内发生作用的结果。经济全球化引起各国之间收入差距拉大的效果，正是一些人反对全球化的重要原因之一。

就一国内部而言，经济全球一体化也有扩大收入差距的作用。全球化对一国经济各部门之间的影响是不一样的。一些部门在全球化过程中发展迅速，从而这些部门的人的收入迅速提高。比如，出口部门或为出口服务的部门就是这种情况。另一些部门则受到进口的打击，处于衰落状态，这些部门的人的收入会减少。这就加剧了国内收入差距。

【三省吾身】　经济发展使高收入者收入迅速增加，但低收入者收入没有增加，收入差距显然扩大了。这种收入差距的扩大与全球经济一体化相关。全球化过程中各国之间和一国内收入分配差距拉大是一个值得注意的现象，只有妥当地解决这一问题才能使经济全球化给人类带来更大的福利。

关键术语

生产要素　要素价格　要素需求　要素供给　要素的边际收益　边际要素成本
洛伦兹曲线　基尼系数　贫困线

应知考核

一、单项选择题

1. 在完全竞争市场上,企业生产要素的边际收益取决于(　　)。
   A. 该要素的边际生产力　　　　　　B. 该要素的平均收益
   C. 该要素的价格水平　　　　　　　D. 该要素的平均产量

2. 随着工资水平的提高,(　　)。
   A. 劳动的供给量会一直增加
   B. 劳动的供给量先增加,但工资提高到一定水平后,劳动的供给不仅不会增加而且会减少
   C. 劳动的供给量增加到一定程度后就不会增加也不会减少了
   D. 劳动的供给量变化无定数

3. 使地租不断上升的原因是(　　)。
   A. 土地的供给与需求共同增加　　　B. 土地的供给不断减少,而需求不变
   C. 土地的需求日益增加,而供给不变　D. 土地的供给与需求共同减少

4. 土地的供给曲线是一条(　　)。
   A. 向右上方倾斜的线　　　　　　　B. 与数量轴平行的线
   C. 与数量轴垂直的线　　　　　　　D. 向右下方倾斜的线

5. 衡量一国居民贫富差距的标准是(　　)。
   A. 贫困率　　　B. 贫困线　　　C. 基尼系数　　　D. 洛伦曲线

6. 企业对生产要素的需求是一种(　　)。
   A. 派生需求　　B. 联合需求　　C. 最终需求　　D. 直接需求

7. 工资率上升引起的替代效应是指(　　)。
   A. 工作同样长的时间可以得到更多的收入
   B. 工作较短的时间也可以得到相同的收入
   C. 工人宁愿工作更长的时间,用收入带来的效用代替休闲的效用
   D. 以上都对

8. 劳动的供给增加将(　　)。
   A. 增加劳动的边际产量值,并提高工资　B. 减少劳动的边际产量值,并减少工资
   C. 增加劳动的边际产量值,并减少工资　D. 减少劳动的边际产量值,并增加工资

9. 提出政府的正确目标是使社会中每个人的效用综合最大化的观点是(　　)。
   A. 功利主义　　B. 自由主义　　C. 自由至上主义　　D. A 和 B

10. 不属于收入分配标准的是(　　)。
    A. 贡献标准　　B. 需要标准　　C. 平均标准　　D. 绝对标准

二、多项选择题

1. 下列属于准租金的有（　　）。
   A. 厂房　　　　　　B. 大型设备　　　　C. 体育明星的收入　　D. 名模的收入
2. 劳动市场工资的差异因素有（　　）。
   A. 补偿性工资差别　　　　　　　　　B. 人力资本
   C. 能力、努力和机遇　　　　　　　　D. 劳动市场中的非竞争性
3. 收入分配差距衡量时应注意的问题有（　　）。
   A. 实物转移支付　　B. 经济生命周期　　C. 暂时收入　　　　D. 持久收入
4. 在社会收入分配政策上可以采取（　　）措施。
   A. 实行税收调节政策　　　　　　　　B. 社会福利政策
   C. 增加教育费用支出　　　　　　　　D. 改善住房条件和最低工资标准
5. 利润是企业家的报酬，利润的种类有（　　）。
   A. 正常利润　　　　B. 平均利润　　　　C. 超额利润　　　　D. 绝对利润

三、判断题

1. 企业需要多少劳动是由劳动的边际收益和边际要素成本的对比决定的。（　　）
2. 联合需求也称为相互依存的需求。（　　）
3. 生产的技术决定了对某种生产要素需求的大小。（　　）
4. 超额利润是对企业家才能这种特殊生产要素的报酬。（　　）
5. A、B 两国的基尼系数分别为 0.3 和 0.4，说明 A 国的收入分配要比 B 国平等。（　　）

四、简答题

1. 为什么一般情况下工作经验多的工人得到的工资高于同等教育水平、工作经验少的工人？
2. 三种生产要素之间的关系是什么样的？举例说明一种生产要素的供求关系变动对其他生产要素价格的影响。
3. 影响生产要素需求的因素是什么？
4. 简述劳动市场工资的差异。
5. 什么是洛伦兹曲线和基尼系数？

五、计算题

假设某一特定劳动服务的市场是完全竞争的，劳动的供求函数为：$L_s = 800W$，这里 L_s 为劳动供给的小时数，劳动的需求函数为 $L_d = 24\,000 - 1\,600W$。

试计算：当劳动的供求达到均衡时，均衡的工资（W）和均衡劳动小时各是多少？

应会考核

■ 观念应用

中共二十大报告指出："共同富裕是中国特色社会主义的本质要求，也是一个长期的历史过程。"在向第二个百年奋斗目标迈进的新征程上，共同富裕是目标与路径的有机统一。一方面，二十大将共同富裕作为现代化的重要战略目标之一，要求到 2035 年，全体人民共同富裕取得更为明显的实质性进展。另一方面，适应我国社会主要矛盾的变化，必须走高质量发展、扎实推动共同富裕、

坚决防止两极分化的发展道路,把共同富裕作为现代化建设的出发点和着力点。你对共同富裕是如何理解的?

■ 技能应用

用图形来解释地租的决定水平,并分析繁华地段的商店、餐馆价格比较高的原因。

■ 案例分析

旧金山湾区:土地供给、地租与都市发展的经济学

旧金山湾区,一个充满活力的都市区域,位于美国加利福尼亚州的西海岸,历史、文化和经济发展交织成一个引人注目的故事。然而,近年来,由于土地供给与需求的不平衡,地租与房地产价格的显著上涨成为这个地区的焦点。

湾区的地理环境独特。北部的红木森林、东部的山脉以及旧金山湾本身,使得土地供给受到了严格的自然限制。与此同时,自20世纪末以来,科技行业的快速发展把湾区变成了全球科技的中心。大型科技公司,如Apple、Google和Facebook等,都选择在此建立总部,吸引着全球的顶尖人才前来。

随着时间的推移,需求的增加与供给的固定性造成了明显的不平衡。在这种情况下,地租开始飙升。地租,作为土地所有者因出租或使用土地而获得的收益,反映了土地的价值。在湾区,高地价使得地租达到了前所未有的高度,对于没有土地或只拥有有限土地的居民来说,这意味着生活成本的显著提高。

除了自然因素,政府政策也在加剧这一不平衡。例如,为了保护环境和维护地区的文化遗产,地方政府制定了许多严格的土地使用和建筑规定。这进一步限制了新的建筑项目和房地产开发,导致供给更加固定。

这种供需不平衡和地租上涨的现象也带来了社会和经济的挑战。许多年轻人和新移民发现自己难以负担高昂的生活成本。一些本地居民也被迫搬离他们生活多年的社区。与此同时,企业面临着为员工提供住房补贴的压力,以确保他们可以在这个高成本地区继续工作。

为应对这些挑战,不少提案和解决方案开始浮出水面,包括鼓励更高密度的建筑、修订土地使用政策,或者建设更多的公共交通设施来缓解中心地区的压力。然而,如何平衡经济增长与可持续发展、如何确保所有居民的住房权益,依然是一个复杂且亟待解决的问题。

问题:

1. 为什么旧金山湾区的固定土地供给会导致地租上涨?
2. 政府的哪些政策可能进一步加剧了土地供需失衡和地租上涨? 它们是如何起作用的?

▼ 项目实训

【实训任务】

通过本项目的实训,学生能够理解收入分配理论的相关内容,能够运用收入分配理论解决现实中存在的实际问题。

【实训情境】

1. 根据本项目内容,上网或通过报刊查找有关资料,分析目前我国的公平与效率问题或自拟题目分析。

2. 全班分成若干小组,每组8~10人,实行组长负责制,完成综合实训项目。

3. 各组分别进行讨论答辩,组长做总结性发言,各组之间进行评价,最后由教师做总结性点评,并给出考核成绩。

【实训要求】

撰写《收入分配理论实训报告》。

《收入分配理论实训报告》		
项目实训班级：	项目小组：	项目组成员：
实训时间：　年　月　日	实训地点：	实训成绩：
实训目的：		
实训步骤：		
实训结果：		
实训感言：		

项目八　调节市场行为——市场失灵与政府干预理论

● **知识目标**

　　理解：导致政府干预失效的因素。
　　熟知：政府干预的理由及方式。
　　掌握：公共物品、外部性的含义和种类。

● **技能目标**

　　能解释垄断、信息不对称所引起的市场失灵；针对外部性问题，能够提出初步的解决方案；会运用逆向选择和道德风险说明现实的经济问题。

● **素质目标**

　　能够正确领会和理解经济运行的逻辑关系与基本规律，践行社会主义核心价值观，增强对市场经济体系的认识和把握能力，能够对市场失灵与政府干预进行简单分析，具备初步分析问题、解决问题的能力，树立正确的世界观、人生观和价值观，做到学思用贯通、知信行统一。

● **思政目标**

　　通过本项目的学习，了解我国社会主义市场经济建设，引发对社会主义市场经济体制下经济学理论的运用和意义的思考，用中共的创新理论成果指导专业知识学习，使学生在专业知识学习过程中提高自身的思想政治素养。

● **项目引例**

当火车驶过农田的时候

　　20世纪初的一天，列车在绿草如茵的英格兰大地上飞驰。车上坐着英国经济学家庇古。他边欣赏风光，边对同伴说：列车在田间经过，机车喷出的火花（当时是蒸汽机车）飞到麦穗上，给农民造成了损失，但铁路公司并不用向农民赔偿。这正是市场经济的无能为力之处，被称为"市场失灵"。

　　70年后，1971年，美国经济学家斯蒂格勒和阿尔钦同游日本。他们在高速列车（这时已是电气机车）上想起了庇古当年的感慨，就问列车员，铁路附近的农田是否受到列车的损害而减产。列车员说，恰恰相反，飞速驶过的列车把吃稻谷的飞鸟吓走了，农民反而增收。当然，铁路公司也不能向农民收"赶鸟费"。这同样是市场经济无能为力的,也被称为"市场失灵"。

资料来源:李贺主编:《经济学基础》第2版,上海财经大学出版社2021年版,第180页。

请问:什么是市场失灵?为什么会产生市场失灵?

● 引例导学

市场失灵是在某些领域,完全竞争的市场价格机制不能有效地发挥作用,从而导致资源无法得到最有效的配置,这种情况被称为市场失灵。同样一件事情在不同的时代与地点,其结果不同,两代经济学家的感慨也不同。但从经济学的角度看,火车通过农田无论结果如何,其实说明了同一件事:不管外部经济或不经济,从社会的角度看都会导致资源配置的错误,即造成市场失灵。一般认为,导致市场失灵的原因包括垄断、外部性、公共物品和不完全信息等因素。

市场机制并不能自动实现资源的最优配置,我国的社会主义市场经济体制是社会主义条件下的市场经济体制,有别于西方资本主导的市场经济体制,要发挥社会主义制度的优越性,发挥政府的积极作用,管好市场管不了或管不好的事情。

● 知识支撑

任务一 市场失灵原因

一、市场失灵的含义

市场失灵(Market Failure)是指由于市场价格机制在某些领域、场合不能或不能完全有效地发挥作用而导致社会资源无法得到最有效配置的情况。导致市场失灵的原因是多方面的,包括垄断、外部性、公共物品和信息不对称等。

二、垄断

(一)垄断的含义及形成原因

垄断一般是指对市场的直接控制或操纵。存在垄断的情况下,市场机制不能完全发挥作用。产生垄断的原因主要包括边际成本降低、专利造成垄断、财政补贴或特许经营造成垄断。

1. 边际成本降低

关于市场垄断的形成,一个很重要的原因是因为边际成本降低,就是说用户越多、产量越大,成本越低。电网就有这样的特点:建好了一个电网,增加的用户越多,平均成本越低。我们知道,一个生产企业的边际成本即每增加一单位产品企业要支付的成本,这个成本的高低会直接决定企业的收益。当电网或者电信公司的网络搭建好以后,它的成本并不会因为多一个客户或多一张 SIM 卡就增加很多。而随着规模效应发挥作用,企业的成本直到最后几乎接近于零。这样现有的企业就形成了垄断,新企业进入就变得十分困难。

2. 专利造成垄断

技术专利也可能造成垄断。我们知道,目前很多产品(如汽车、手机、电脑等)的核心技术申请了专利。专利一方面保证了技术开发者的利益,另一方面在客观上也造成了拥有这些专利的企业在从事生产、销售活动中的独有性,从而其他企业或新进入者无法从事相关生产活动,造成了垄断。

3. 财政补贴或特许经营造成垄断

政府的财政补贴或特许经营也会造成垄断。比如在我国,开矿需要取得政府主管部门的特许;

还有烟草等领域都存在不同程度的特许经营。这些特许制度从积极意义上来说,是为了规范企业的经营行为,然而在客观上由于特许总是掌握在少数企业的手中,势必会导致这些企业在取得特许之后,就有别人不具备的优势,从而导致垄断。

(二)垄断的表现形式

(1)滥用市场优势地位限制竞争。例如,中石油、中石化等企业在某种程度上具有对其产品的定价权,并且限制其他相关企业的进入。

(2)经营者与经营者之间以垄断协议限制竞争。寡头垄断行业的寡头之间通常会成立战略联盟,对产品价格等达成协议,从而使消费者无从选择。

(3)行政垄断限制竞争。行政垄断的例子,比如说政府特许经营、政府补贴等方式,造成了一些企业在经营中成本低于其他新进入的企业,从而达到垄断的目的。

(三)垄断所造成的危害

1. 垄断造成市场效率低下

在垄断市场条件下,垄断企业为实现自身利益最大化,也会像竞争企业一样努力将生产定在边际收益等于边际成本的点上,但与竞争企业不同的是,垄断市场的价格不是等于而是大于边际收益。因此,垄断企业最终会选择在价格大于边际成本的点上组织生产。垄断企业不需要被动地接受市场价格、降低成本,而可以在既定的成本水平之上加上垄断利润形成垄断价格。所以,垄断市场的价格比竞争市场高,产量比竞争市场低。

一方面,垄断导致企业丧失了降低成本、提高效率的动力;另一方面,抬高的垄断定价成为市场价格,扭曲了正常的成本价格关系,对市场资源配置产生误导,造成了一种供不应求的假象,导致更多的资源流向该行业。

案例鉴赏　　　　　垄断药品与非专利药品

药品市场具有垄断市场和竞争市场的结构。当一个企业开发一种新药时,专利法规使企业垄断了这种药品的销售,但在药品专利过期后,任何公司都可以生产并销售这种药品。这时,市场就从垄断市场变为竞争市场。

在药品专利过期后,其他公司迅速进入并开始销售所谓的非专利药品。这种药品的化学成分与之前垄断者的产品相同,而且其他公司的非专利药品的价格大大低于垄断者之前的价格。

然而,专利到期并没有使垄断者失去全部的市场。一些消费者仍然忠于有品牌的药品,这也许是因为他们担心新的非专利药品的成分与品牌药品的成分不一样。因此,以前的垄断者可以继续采取至少比新竞争者略高一点的价格。

2. 垄断造成社会福利损失

垄断对社会福利造成的损失主要表现为使消费者剩余大大减少。消费者剩余是指消费者愿意为某种商品或服务支付的最高价格与其实际支付的价格之差。垄断造成社会福利损失如图 8−1 所示。

在图 8−1 中,Q 代表产量,P 代表价格,D 是需求曲线,MR 是边际收益曲线。在完全竞争条件下,在均衡价格 P_e 的价格水平线以上、需求曲线 D 以下的部分,即 HBP_e 部分就是消费者剩余。在垄断条件下,在垄断价格 P_m 的价格水平线以上、需求曲线 D 以下的部分,即 HAP_m 部分就是消费者剩余。显然,前者大于后者,两者之差是梯形 AP_mP_eB 部分。其中矩形 ACP_eP_m 部分为垄断利润,而 ABC 部分就是社会福利损失,即垄断产量限制对社会福利造成的损失。

3. 垄断造成寻租

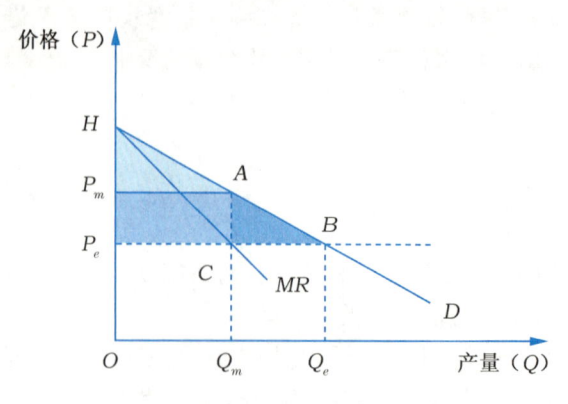

图 8—1　垄断造成社会福利损失

寻租(Rent Seeking)通常是指那些通过公共权力参与市场经济,从而牟取非法收益的非生产性活动。在垄断市场条件下,垄断企业为获取垄断利润,就必须保持其垄断地位,为此而付出的花费和开支就是寻租成本。例如,向政府游说或贿赂立法者、采取合法手段规避政府的管制,以及进行反垄断调查等发生的费用都属于寻租成本。由于寻租成本未用于生产性经营活动,因此会造成社会资源的浪费和社会福利水平的降低。

课堂讨论

如何度量垄断造成的社会福利损失?
答:垄断造成的社会福利损失可以用消费者剩余的减少来度量。

(四)政府对垄断的管制

当市场机制本身无法消除和避免垄断的时候,政府一般会通过以下三种方式来解决市场失灵。

(1)价格管制。制定行业最高限价或者规定最低保护价。

(2)出台反垄断相关法律和政策。一般是由国家制定一系列法律规定来反对垄断,如对犯法者由法院提出警告、罚款、改组公司直至判刑,或者强行进行行业重组。例如,美国将微软公司强行一分为二;中国将中国邮电分解为中国电信、中国联通、中国移动等。这些事例体现了政府在防止过度垄断方面所做的调控工作。

(3)鼓励竞争。对于一些完全垄断的行业,政府也积极鼓励新加入者来共同经营。例如,我国的航空公司等也都从完全垄断走向寡头垄断了。

三、外部性

(一)外部性的含义及种类

外部性是指在实际经济活动中,生产者或消费者对其他生产者或消费者带来的非市场性影响。换句话说,外部性是一个经济单位的行为对另一经济单位的福利所产生的效果,而这种效果并没有从货币关系或市场贸易中反映出来。

到目前为止,我们讨论的经济理论,特别是其中的"看不见的手"的原理要依赖于一个隐含的假定:单个消费者或生产者的经济行为对社会上其他人的福利没有影响,即不存在外部性。但是,在实际经济中,这个假定往往并不能够成立,即实际经济中存在外部性。

外部性主要有两种类型,分别是外部经济和外部不经济。

动漫视频

经济外部性

1. 外部经济

外部经济又称正外部性，是指某个人生产者或消费者的某项经济活动能给其他人带来收益，而其他人却不必进行付费的情况。此时，这个人从其活动中得到的私人利益就小于该活动所带来的社会利益。例如，私人花园的美景给路人带来美的享受，但路人不用付费，可以说，私人花园的主人就给路人带来了外部经济效应。

(1)生产的外部经济，是指一个生产者所采取的行为给社会中其他成员带来了利益，而该生产者自己却不能从中得到补偿。例如，一个企业对其所雇用的工人进行培训，而这些工人可能会跳槽到其他企业去工作，该企业并不能从其他企业索回培训费用或得到其他形式的补偿。因此，该企业从培训工人中得到的私人利益就小于该活动的社会利益。

(2)消费的外部经济，是指一个消费者所采取的行为给社会中其他成员带来了利益，而该生产者自己却不能从中得到补偿。例如，当某个人对自己的房屋和草坪进行保养时，他的邻居也从中得到了好处。再如，一个人对自己的孩子进行教育，将其培养成更值得信赖的公民，这显然也使其邻居甚至整个社会都得到了好处。

2. 外部不经济

外部不经济又称负外部经济，是指某个人(生产者或消费者)的一项经济活动给其他人造成损失，而其他人却不能得到补偿的情况。此时，这个人为其活动所付出的私人成本就小于该活动所造成的社会成本。例如，某户居民的音响声音开得太大，影响了周围居民的休息，可以说，该居民给周围居民带来的就是外部不经济效应。

(1)生产的外部不经济，是指一个生产者采取的行动使社会中的其他成员付出了代价却未给社会其他成员以补偿。例如，一个企业可能因为排放污水而污染了河流，或者因为排放烟尘而污染了空气，这种行为使附近的居民和整个社会都遭到了损失。

(2)消费的外部不经济，是指一个消费者采取的行动使社会中的其他成员付出了代价却未给社会其他成员以补偿。与生产者造成污染的情况类似，消费者也可能造成污染而损害他人利益。例如，吸烟者的行为危害了被动吸二手烟者的身体健康，但并未为此而支付任何东西。此外，在公共场所随意丢弃果皮、瓜子壳等也可能带来外部不经济效应。

上述各种外部性可以说是无处不在、无时不在。尽管就每一个单个生产者或消费者来说，他造成的外部经济或外部不经济对整个社会也许微不足道，但是所有这些消费者和生产者加总起来，所造成的外部经济或不经济的总的效果将是巨大的。

同步思考

有人说："我真搞不明白，一些经济学家老是说一些污染是有效的。我的意思是，污染肯定是不好的，我们不需要任何的污染，即污染的最好情况是零污染。"请你对此进行评析。

【做中学8—1】　　　　　　谁为被动听歌买单

在我们乘坐长途汽车或火车时，经常会遇到有人把手机调到很高的音量听歌的情况。听歌的人在享受音乐的时候，会对他人产生两大影响：一是制造了噪声，影响他人休息；二是手机长时间使用，产生的辐射会影响他人的身体健康。他本人对自己的行为却无须承担任何的责任。

结合案例分析什么是外部性？

分析：外部性是马歇尔于1890年在《经济学原理》一书中首先提出来的概念，最先系统论述外部性理论的则是福利经济学创始人庇古。不同的经济学家对外部性给出了不同的定义，其中可以归结为两类：一类是从外部性的产生主体角度来定义，如萨缪尔森和诺德豪斯(1985)指出："外部性是指那些生产或消费对其他团体强征了不可补偿的成本或给予了无须补偿的收益的情形"。另一类是从外部性的接受主体来定义,如兰德尔(1989)认为,外部性是用来表示"当一个行动的某些效益或成本不在决策者的考虑范围内的时候所产生的一些低效率现象;也就是某些效益被给予,或某些成本被强加给没有参加这一决策的人"。

上述两种不同的定义,虽然考察的角度不同,但在本质上是一致的,即外部性是某个经济主体对另一个经济主体产生一种外部影响,而这种外部影响是通过非价格机制传递的,即不能通过市场价格进行买卖。

(二)外部性对资源配置的影响

为什么外部影响会导致资源配置的失灵?一般而言,在存在外部经济的条件下,私人活动的水平常常要低于社会所要求的最低水平;而在存在外部不经济的情况下,私人活动的水平常常要高于社会所要求的最优水平。各种形式的外部影响的存在造成了一个严重后果:完全竞争条件下的资源配置将偏离帕累托最优状态。换句话说,即使假定整个经济仍然是完全竞争的,但由于存在着外部影响,整个经济的资源配置也不可能达到帕累托最优状态。"看不见的手"在外部影响面前失去了作用。

(三)外部性导致市场失灵

在完全竞争的市场中,当存在只增加社会福利而不增加个人收益的正外部性时,企业和个人的产量可能会低于社会最优产量;当存在只增加社会成本而不增加个人成本的负外部性时,企业和个人的产量可能会超过社会最优产量。因此,外部性的存在,使私人的边际成本或边际收益与社会的边际成本或边际收益发生背离。所以,个人在做出决策时,为了实现个人利益最大化,往往会忽略其行为带给他人或其他企业的效益或成本,从而使竞争的结果变得没有效率,资源的配置达不到最优水平,最终导致整个社会福利水平下降。

(四)政府治理外部性的政策

1. 征税和发放津贴

国家应该对造成外部不经济的企业征税,其数额应该等于该企业给社会其他成员造成的损失,从而使该企业的私人成本恰好等于社会成本。例如,在生产者污染环境的情况下,政府向污染者征税,其税额等于治理污染所需要的费用。反之,对造成外部经济的企业,国家则可以采取发放津贴的办法,使得企业的私人利益与社会利益相等。无论是何种情况,只要政府采取措施使得私人成本和私人利益与相应的社会成本和社会利益相等,则资源配置便可达到帕累托最优状态。

2. 企业合并

例如,一个企业的生产影响到另外一个企业,如果影响是正的(外部经济),则第一个企业的生产就会低于社会最优水平;反之,如果影响是负的(外部不经济),则第一个企业的生产就会超过社会最优水平。如果把这两个企业合并为一个企业,则此时的外部影响就"消失"了,即被"内部化"了。合并后的单个企业为了自己的利益将使自己的生产确定在其边际成本等于边际收益的水平上。由于此时不存在外部影响,故合并企业的成本与收益就等于社会的成本与收益,于是资源配置达到帕累托最优状态。

3. 规定财产权

在许多情况下,外部影响之所以导致资源配置失当,是由于财产权不明确。如果财产权是完全确定并得到充分保障的,则有些外部影响就可能不会发生。例如,某条河流的上游污染者使下游用水者受到损害,如果给予下游用水者以使用一定质量水源的财产权,则上游的污染者将因为把下游水质降到特定质量之下而受罚。在这种情况下,上游污染者便会同下游用水者协商,将这种权利从他们那里买过来,然后让河流受到一定程度的污染。同时,遭到损害的下游用水者也会使用其出售污染权而得到的收入来治理河水。总之,由于污染者为其不好的外部影响支付了代价,故其私人成本与社会成本之间不存在差别。

(五) 科斯定理

科斯定理是指只要财产权是明确的,并且其交易成本为零或者很小,则无论在开始时将财产权赋予谁,市场均衡的最终结果都是有效率的。

下面我们举一个具体的例子来说明科斯定理:假设有一个工厂,其烟囱冒出的烟尘使得居住于工厂附近的5户居民所晾晒的衣服受到污染,由此造成的损失为每户75元,从而5户的损失总额为375元(5×75)。再假设存在着两种治理污染的办法:一是在工厂的烟囱上安装一个除尘器,其费用为150元;二是给每户居民提供一台烘干机,使他们不需要到外面去晒衣服,烘干机的费用为每户50元,5户的成本总和是250元。显而易见,在这两种解决办法中,第一种的成本低,因而代表着最有效率的解决方案。

按照科斯定理的含义,在上面的例子中,不论是给予工厂以烟囱冒烟的权利,还是给予5户居民以晒衣服不受烟尘污染的权利(即财产权的分配),只要工厂与5户居民协商时其协商费用(即交易成本)为零或者很小,那么,市场机制(即自由进行交易)总是可以得到最有效率的结果(即采用安装除尘器的办法)。

为什么会如此呢?按照科斯等经济学家的解释,如果把排放烟尘的财产所有权给予工厂,那么,5户居民便会联合起来,共同给工厂的烟囱义务安装一架除尘器,即工厂有权排放烟尘,因为除尘器的费用只有150元,远远低于5台烘干机的费用250元,更低于未装除尘器时晾晒衣服所受到的烟尘之害(375元)。另外,如果把晒衣服不受烟尘之害的财产权给予5户居民,那么,工厂便会自动地给自己安装除尘器,因为在居民具有不受污染之害的财产权的条件下,工厂就有责任解决污染问题,而在两种解决污染的办法中,安装除尘器的费用较低。因此,科斯定理宣称,只要交易成本为零或者很小,则不论财产权归谁,自由的市场机制总会找到最有效率的办法,从而达到帕累托最优状态。

当然,科斯定理的结论只有在交易成本为零或者很小的情况下才能得到。如果不是这样,结果就会不同。例如,假设在工厂具有排放烟尘的财产权的条件下,如果5户居民联合起来共同行动的费用很大,例如为125元,那么,为了共同行动给工厂安装除尘器,它们的总支出就是275(125+150)。在这种情况下,5户居民便会各自去购买一台烘干机,因为这样做的结果总共只需要花费250元。然而,这不是一个最有效率的结果。

学思践悟　　　　　**绿交所助力低碳转型:解决负外部性难题**

所谓排碳负外部性,是指排碳企业和用户没有为排出的碳付出应有成本,对社会有负的外部性。经济学家易纲表示,排碳多的单位是以自己的低成本实现盈利,但对整个社会和公众造成了负的外部性。

中金公司首席经济学家彭文生解释:"传统金融机构主要依靠市场力量分配信贷资源,但是由于外部性,很难有效地将资源分配到绿色产业。"易纲指出,未来,绿交所就是要逐步把负外部性内部化,使碳定价逐步接近其社会成本,谁排碳谁承担成本。所谓碳定价,就是给碳排放制定一个价格(即碳价),把企业技术改造、绿色金融社会消费等隐性的减排成本"放在台面上",用碳价表现出来。而绿交所这样的碳市场,可通过市场机制实现供给和需求的匹配,实现均衡的价格。

中金研究结果表明,碳价信号越显著,对低碳技术创新的诱导作用就越强,越能激发企业开发和采用低碳技术的意愿,进而更好推动实现"双碳"目标。

"可以通过补贴、罚款等措施将外部性内部化,但这些措施也面临着谁来执行、仲裁等道德风险问题。根据'科斯定理',对公共物品的供给界定产权,通过市场机制让产权进行有效的交易定价,让那些提供产品的企业和市场主体通过价格机制得到补贴实现利益,已经在大量实践中被证明是有效的,可以实现最优的帕累托配置。"中国人民银行金融研究所所长周诚君表示。

资料来源:马梅若:"绿交所助力低碳转型:绸缪负外部性难题 稳步降低绿色溢价",《金融时报》,2023年2月6日。

【悟有所得】 坚持以加强中共政治建设为统领,增强"四个意识"、坚定"四个自信"、做到"两个维护",深入学习贯彻习近平新时代中国特色社会主义思想,把推动绿色低碳发展作为一项重大政治任务。

习近平总书记指出:"杀鸡取卵、竭泽而渔的发展方式走到了尽头,顺应自然、保护生态的绿色发展昭示着未来。"推动绿色低碳发展是国际潮流所向、大势所趋,绿色经济已经成为全球产业竞争制高点。加快发展方式绿色转型,就是要尽快彻底改变过去那种以牺牲生态环境为代价换取一时一地经济增长的做法,推动形成绿色低碳的生产方式和生活方式,从根本上缓解经济发展与资源环境约束的矛盾。

中共二十大报告指出:"推动经济社会发展绿色化、低碳化是实现高质量发展的关键环节。"要健全资源环境要素市场化配置体系。市场化配置是引导各类资源要素向绿色低碳发展集聚的有效方式。要深入推进资源要素市场化改革,完善自然资源有偿使用制度。加快自然资源统一确权登记,建立健全用水权、排污权、碳排放权初始分配制度。健全水流产权制度,加快推进水流产权确权登记,完善水资源有偿使用制度。推进水权市场化交易,培育和发展水权交易市场。全面实行排污许可制,加快建设全国用能权、碳排放权交易市场。完善碳定价机制,加强碳排放权交易用能权交易、电力交易衔接协调。

同步思考   **公共牧地的悲剧**

设想有一个小镇,该镇的人从事许多经济活动,其中最重要的一种活动是养羊。镇上的许多家庭有自己的羊群,并依靠出售用来做衣服的羊毛来养家。

所有居民的羊在镇上的草地上吃草,这块地被称为公共牧地。这块牧地不归任何一个家庭所有,而是归镇上的居民集体所有,允许所有的居民在草地上放羊。只要草地足够好,每个家庭都可以得到他们想要的优质牧草,每个家庭都是幸福的。

随着小镇的繁荣,镇上的人口在增加,镇上的羊也在增加。由于牧地的面积是固定的,因此牧地开始失去了自我养护的能力。而且,在牧地上放牧的羊越来越多,牧地也变得寸草不生。没有草了,养羊就不可能了,羊毛也就没有了,许多家庭失去了生活的来源。

资料来源:李贺主编:《经济学基础》第2版,上海财经大学出版社2021年版,第181页。

分析:这个悲剧的产生是因为负外部性。当一个家庭的羊群在公共牧地上吃草时,它降低了其他家庭可以得到的牧草质量。由于人们决定自己养多少羊时并不考虑这种负的外部性,结果是羊的数量过多,就产生了公共牧地的悲剧。

【学中做8—1】   **解决两个企业争端的办法**

在一条河的上游和下游各有一个企业,上游企业排出的工业废水经过下游企业,造成下游企业的河水污染。为此,两个企业经常争吵,上游与下游企业各自都强调自己的理由。怎样使上游企业可以排污,下游企业河水不被污染呢?对此,经济学家科斯(R. Coase)提出两个办法解决这个问题。

请问:科斯定理的含义是什么?按照科斯理论如何解决上述外部性问题?

分析:科斯定理认为如果交易费用为零或较低,不管产权初始如何界定(谁拥有合法的产权),当事人之间的谈判都会带来有效的结果,即市场机制会自动达到帕累托最优。按照科斯理论有两个办法解决这个问题,一是两个企业要明确产权,二是两个企业可以合并。明确产权后,上游企业有往河里排污的权利,下游企业有河水不被污染的权利。上下游企业进行谈判,上游企业若要排污就给予下游企业一定的赔偿,上游企业会在花钱治污与赔偿之间进行选择。总之,只要产权界定清晰并可转让,那么市场交易和谈判就可以解决负外部性问题,私人边际成本与社会边际成本就会趋于一致。

除此明确产权的办法外,还有使有害的外部性内部化的办法。按照科斯定理通过产权调整使有害的外部性内部化,将这两个企业合并成一家,这样必然减少上游对下游的污染。因为是一个企业,有着共同的利益得失,上游企业对下游企业污染会减少到最小限度,即上游生产的边际效益等于下游生产的边际成本。

四、公共物品

(一)私人物品的含义

在讨论公共物品之前,我们先讨论私人物品的含义。在经济学中,我们讨论的物品是指私人物品,如我们用的衣服、鞋子等。私人物品是指数量随任何人对其消费的增加而减少的物品。私人物品在消费上具有两个特点:一是竞争性,二是排他性。竞争性是指一个人使用一种物品,需要支付一定的成本,而且将减少其他人对该物品使用的特性。排他性是指一种物品具有的可以阻止其他人使用该物品的特性。前面的内容提到的市场机制只有在具备上述两个特点的私人物品的场合才真正起作用,才有效率。

(二)公共物品的含义

在经济学中还存在着一些不满足竞争性或排他性特点的商品。公共物品(Public Goods),是指私人不愿意或无能力生产而由政府提供的具有非排他性或非竞争性的物品。一国的国防、警务、公共卫生等都属于公共物品。一种物品要成为公共物品,必须具备以下特性:

1. 非排他性

非排他性是指无论是否付费,任何人都无法排除他人对该产品的消费。之所以会出现"不支付便消费"的状况,是因为要么技术上不允许,要么由于收费的成本太大而放弃收费。

2. 非竞争性

非竞争性是指任何人对某一物品的消费,都不会给他人对该产品的消费造成影响,即人们无法排斥他人对同一物品的共同享用,也不会由于自己的加入而减少他人对该公共物品享用的质量与数量。

3. 不可分割性

不可分割性是指公共物品的供给与消费不是面向哪一部分人或利益集团,而是面向所有人;公共物品也不能分成细小的部分,只能作为一个整体被大家享用。

(三)公共物品的种类

根据公共物品所具有的非排他性和非竞争性的程度不同,公共物品可以分成纯公共物品和准公共物品两类。

1. 纯公共物品

纯公共物品(Pure Public Goods)是指同时具有非排他性和非竞争性的物品,如国防、外交、天气预报等。纯公共物品必须以不拥挤为前提,否则随着消费者数量的增加,就会影响他人的消费,从而影响公共物品的性质。例如,在节假日,免费的露天广场往往由于拥挤而具有了竞争性。

2. 准公共物品

准公共物品(Quasi Public Goods)是指具有不完全排他性和竞争性的物品。其分为两类:一类是俱乐部物品，即具有非竞争性和排他性的物品，如有线电视、社区绿化等；另一类是公共资源，即具有非排他性和竞争性的物品，如公海中的鱼类资源、拥挤的免费道路等。

由此，我们可将物品的分类用表 8-1 来表示。

表 8-1　　　　　　　　　　　　　物品的分类

性　质	非排他性	排他性
竞争性	公共资源	私人物品
非竞争性	纯公共物品	俱乐部物品

同步思考

张某住在市区的某单位宿舍楼，经常抱怨有陌生人敲门，或推销物品，或发广告，不安全性相当高。后来，他对未预约的敲门声高度警觉，邻里关系也受到了影响。终于，有人倡议，在楼道统一安装对讲防盗门，以有效解决推销人员的干扰。于是，有热心人士对各家各户进行了调查，征求意见，并要求每户填写愿意支付的费用，准备筹资安装防盗门。结果发现各户愿意支付的费用总额不足以购买最便宜的防盗门。后来，这位热心人士又提出一种方案，按照安装防盗门的预算，各户平摊收费，在让各住户确认的时候，发现有几户表示不愿意出资安装防盗门，并历数不装防盗门的各种好处。于是，张某所住的宿舍楼最终没有装上防盗门。

资料来源：李贺主编：《经济学基础》第 2 版，上海财经大学出版社 2021 年版，第 183 页。

请联系实际情况，运用所学理论对此进行分析。

（四）公共物品的特性导致市场失灵

1. 公共物品的非排他性导致市场失灵

非排他性使得任何购买公共物品的人都不能独自占有该物品所能提供的全部效用或收益，都不能阻止他人无偿地享用该物品。因此，尽管公共物品的社会潜在收益大于其给单个购买者带来的收益，但潜在的购买者在做出支付决策时并不会将他人的潜在收益考虑在内，公共物品的提供者就要独自承担提供该物品的全部成本。这样一来，任何人都想无偿地享用他人提供的公共物品，继而出现了"搭便车"行为。"搭便车者"的增多，就会使得公共物品的提供者减少或几乎没有，最终导致资源配置效率低下，造成市场失灵。

所谓搭便车，是指某些社会成员只愿意享用公共物品消费带来的效用，而不愿意为公共物品的生产付出代价，总是希望别的社会成员为公共物品的生产付出成本。如果所有的社会成员都作如此打算，都希望别人来承担公共物品的生产成本，就没有一个私人生产者愿意提供公共物品，即使这种公共物品带来的收益远远大于生产成本。价格机制无法给公共物品的生产者带来刺激作用，价格机制在公共物品的供给上失灵了。

搭便车问题的存在，使得公共物品在私人经营的情况下，收费成为不可能。比如看焰火表演时，多一个人观看，并不会使焰火的成本有任何增加，也就是说，边际成本为零。我们知道，在市场交换的条件下，一种商品或服务的价格，不是取决于它的平均成本，而是取决于它的边际成本。按照边际成本的等价原则，看焰火的每个人根本不该付费，免费消费成为必然。在这种情况下，没有人愿意向市场免费提供商品。因此，国防等各类公共物品不能通过市场供给。

案例鉴赏　　　　　　　　　"搭便车者"一词的由来

"搭便车者"一词的英文是 Free Rider，它来源于美国西部城市道奇城的一个故事。当时，美国西部很多地方是牧场,大多数人以放牧为生。在牧场露天圈养的大量马匹对一部分人产生了诱惑,于是出现了以偷盗马匹为业的盗马贼。为避免自己的马匹被盗,牧场主就联合组织了一支护马队伍,每个牧场主都必须派人参加护马队伍并支付一定的费用。但是,不久就有一部分牧场主退出了护马队。因为他们发现,即使自己不参加,只要护马队存在,他们就可以免费享受别的牧场主给他们带来的好处。这种个别退出的人就成了"Free Rider"。后来,几乎所有人都想通过自己退出护马队伍来占集体的便宜。于是,护马队解散了,盗马贼又猖獗了起来。后来,人们把这种为得到某种收益但避开为此支付成本的行为称为"搭便车",这样的人称为"搭便车者"。

资料来源:李贺主编:《经济学基础》第2版,上海财经大学出版社2021年版,第183页。

【做中学8—2】　　　　　　经济侦探:三面钟塔之谜

在没有出现廉价手表以前,大部分人没有自己的手表。许多城镇通过在其中心建造钟塔来为市民报时。这些钟塔的建造都是通过自愿捐赠来筹集资金的。美国东北部的一个城镇建了一个四面钟塔,却只在它的三面安上了钟。对许多人来说,这看起来十分费解:既然建了一个钟塔,为什么不在四面都安上钟呢?

请分析:结合案例分析什么是搭便车?为什么不在钟塔四面都安上钟?搭便车行为会带来哪些影响?如何解决搭便车的问题?

分析:所谓的搭便车,是指即使不付费也能享受到有关利益的行为。此案例中,一位有钱的守财奴拒绝为修钟塔而捐款,因此城镇的官员决定不在钟塔面向他家的那一侧安置钟表,以此来惩罚他。换句话说,这个有钱人试图搭便车但没有成功。然而,在城镇这一侧的其他市民也跟着吃了亏。搭便车问题往往导致市场失灵,使市场无法达到理想的效率。搭便车行为是一种对集体活动具有极大破坏性的行为。它带来的不仅是经济上的个体损失,而且会导致集体效率下降,甚至集体瓦解。

减少搭便车行为,在制度上需要关注三个方面:①建立公平机制,实行多劳多得;②加强监管,奖励褒奖多劳者,公开谴责搭便车者;③思想引导,让个人的行为导向集体贡献最大化。

2.公共物品的非竞争性导致市场失灵

公共物品的非竞争性使得任何一个消费者消费一单位商品的成本为零。也就是说,没有任何消费者要为他所消费的公共物品去与其他任何人竞争,那么他就会尽量少支付给生产者以换取消费公共物品的权利。如果每个消费者都这样行事,那么消费者们支付的数量就将不足以弥补公共物品的生产成本。这样,任何私人部门都不愿意或不能充分提供公共物品。最终,市场机制在公共物品的提供上不能较好地发挥作用,导致市场失灵。

课堂讨论

由政府提供的物品一定是公共物品吗?

答:不一定。判断某一物品是否属于公共物品,要看它是否具备公共物品的特性,即非排他性、非竞争性和不可分割性。政府提供的物品,如养老金、失业保险等,并不是公共物品。

同步思考　　　　　　鄱阳湖水域的捕鱼活动

鄱阳湖是我国最大的淡水湖,该水域盛产鲢鱼、鲫鱼等淡水鱼,被誉为"鱼米之乡"。但长期的滥捕使鄱阳湖水域的鱼类数量自20世纪80年代初期开始明显减少。一些渔民为了能捕到鱼,使用的渔网的网眼越来越小,从而使小鱼也难逃厄运。有的渔民甚至在水中使用电网,将鱼电击而死后让其浮出水面,这使得大片水域里的幼小鱼苗也无法生存。虽然渔民都知道这是竭泽而渔,但也清楚"今天我不这样,明天别人还是会这样",还不如今天抢到一点捕鱼利益。政府有关部门也查禁过捕鱼电网和小网眼渔网,但水域之大使得查禁成本太高,查禁效果微弱。公共水域的渔业管理看来还是任重道远。

资料来源:李贺主编:《经济学基础》第2版,上海财经大学出版社2021年版,第184页。

请问:如何解决公共资源的管理问题?

启智润心 中国在"一带一路"建设中提供的全球公共物品

"一带一路"建设肩负着重大的历史使命,并将在以下四个方面增加全球公共物品供给:第一,产生国际合作新理念和新模式。中国的改革开放是当今世界最具影响力的制度创新之一。"一带一路"建设作为21世纪中国全方位对外开放的重大举措,实际上是中国在国际社会推动包容性发展理念的一大实践,并正在以经济走廊理论、经济带理论、21世纪的国际合作理论等创新经济发展理论、区域合作理论、全球化理论,丰富人类发展的知识宝库,将给21世纪的国际合作带来共商、共建、共享和包容发展新理念和新模式。第二,高效的设施互联互通。"一带一路"建设将重点落在基础设施建设和各国基础设施的互联互通上,中国运用自己发达的基础设施产能、技术优势,以及高储蓄的资金优势,动员国际社会资源,推动沿线国家增加基础设施供给,打通沿线国家开展国际贸易的各种道路、设施阻塞,提升整个区域的经济合作水平,为沿线国家未来的经济稳定增长夯实基础。第三,提供新的国际货币。"一带一路"建设是推动亚洲区域经济合作的长期举措,中国将大力提供金融支持,包括资金、技术援助、支付清算体系等。主要发生在亚洲区域内的贸易和资本流动,特别是发生在中国企业与其他国家之间的交易,使用人民币清算结算具有便捷、安全、成本节约、规避汇率风险等优势。第四,建立新型国际金融组织。中国一直在努力推动国际金融体系改革,以期建立更加公正合理的国际金融秩序。中国倡导建立金砖国家开发银行,筹建亚洲基础设施投资银行,设立丝绸之路基金,用务实的态度、新的治理规则和标准,更多关注发展中国家的发展和金融需求,用实际行动参与全球金融治理,推动国际货币体系改革,增加国际金融领域的全球公共物品供给。

资料来源:涂永红、张文春:"中国在'一带一路'建设中提供的全球公共物品",《理论视野》,2015年第6期。

请问:为什么中国要提供全球公共物品?

【明理善行】 气候变化、生态环境破坏、传染病传播、贸易保护、经济金融危机等全球问题,都会直接威胁中国经济发展和社会稳定。同时,受自然生态脆弱、对全球经济依赖性增强、抗击各类风险能力还不强等"先天"和"后天"因素的制约,全球问题对中国的破坏性远大于对发达国家的破坏性,因此,中国是世界上最需要全球公共物品的国家之一。与此同时,中国坚持走中国特色社会主义道路,在政府的强有力组织和领导下,经济总量持续多年快速增长,成为世界最大贸易国、最大外汇储备国和第二大经济体,中国对全球事务的影响早已"今非昔比"。作为崛起的新兴市场国家和发展中国家的代表,中国能够在全球经济治理机制中发挥更大作用、体现更大影响,提供全球公共物品就是一条现实途径。

中国不仅提出了"一带一路"倡议,而且不断推进高质量发展的合作实践,从而形成了一种以合作共赢为目标取向的国际公共产品。中国总是以一种负责任的态度来促进世界经济发展和世界的和平稳定,"一带一路"倡议使中国与世界产生了良性互动,这种良性互动开创了当代国际关系的新时代。

五、信息不对称

（一）信息不对称的含义及原因

1. 信息不对称的含义

信息不对称（Asymmetric Information）是指市场交易的各方所拥有的信息不对等，买卖双方所掌握的商品或服务的价格、质量等信息不相同，即一方比另一方占有较多的相关信息，处于信息优势地位，而另一方则处于信息劣势地位。例如，商品的卖方要比买方掌握更多的关于产品质量和数量等方面的信息。

2. 信息不对称的原因

信息不对称的产生是多种因素造成的。首先，获取信息需要成本。其次，由于人们认识能力的局限性和差异性使其不可能掌握全部的信息。最后，充分占有信息的一方会为了自身利益而对另一方隐瞒信息。

（二）逆向选择

逆向选择（Adverse Selection）是指市场的一方不能察知市场另一方的商品的类型或质量时，市场中大量的劣货会排挤好货并最终占领市场的过程。在这种情况下，买者要承担商品质量低的风险。在信息不对称时，买者对所购买的物品的"选择"可能是"逆向的"。

逆向选择经典的例子是二手车市场。在该市场上，既有质量较好的二手车，也有质量很差的二手车，但只有卖者掌握车的质量信息，而买者对车况缺乏了解。因此，在该市场上，双方的信息是不对称的。买方担心自己买回去的不仅是"旧品"，而且是"次品"。买方由于无法识别商品质量的优劣，此时的出价会介于质量较好的二手车价格与质量很差的二手车价格之间。这样一来，质量较好的二手车，质量高于价格，车主会不愿进入或退出此市场；而质量很差的二手车，价格高于质量，车主愿意进入或留在此市场，最终导致该市场上的车都是质量较差的二手车。优质品价格被低估而退出市场交易，结果只有劣质品成交，这就进入一个恶性循环，甚至可能导致整个二手车交易的萎靡。

另一个例子出现在保险市场上。例如，购买医疗保险的人比保险公司更了解自己的健康问题。由于有较多隐蔽性健康问题的人比其他人更可能购买医疗保险，因此，医疗保险的价格反映的是病人的成本而不是普通人的成本。结果，高价格可能会阻止正常、健康的人购买医疗保险。

（三）道德风险

道德风险（Moral Hazard）是指人们享有自己行为的收益，而将成本转嫁给别人，从而造成他人损失的可能性。也就是说，从事经济活动的人在最大限度地增加自身效用的同时，会做出不利于他人的行动。

比如，对有车族来说，他们在购买保险之前，都会十分在意自己汽车的安全问题，他们会采取非常严密的防盗措施。如果保险公司表示愿意为他们的汽车投保，但赔偿额较低时，他们依然会比较注意做好防盗措施，因为一旦汽车丢失，他们要承担大部分损失；当赔偿额较高时，他们可能会较少地关注汽车安全问题，因为此时大部分损失要由保险公司承担；当保险公司赔偿全部时，他们可能不会再关心汽车的安全问题，也不再采取相应的防范措施，因为如果汽车失盗，他们将得到全额赔付，自己几乎没有损失，而采取安全措施除了会给他们带来费用损失之外，几乎没有任何收益。

再比如，投保了火险的房东可能很少买灭火器，因为房东要承担买灭火器的费用，而保险公司却因此得到了许多利益。保险公司并没有关于房东谨慎程度的完全信息，道德风险问题不可避免。

经济生活中的信息不对称，使逆向选择和道德风险问题普遍存在。一方面造成了交易市场的严重萎缩，另一方面导致社会资源的极大浪费，影响了资源的配置效率。

同步思考　　　　　美的空调的包装承诺

美的中央空调公开承诺：凡是从 2020 年 1 月 1 日起购买的多联式美的家用中央空调和家用空气能热水器，10 年包修。据了解，目前在空调和热水器行业，对于售后服务，多数品牌还只是停留在保修的层面。相比之下，"包修"要比"保修"的承诺严苛很多，能对消费者承诺长期包修的品牌，寥寥无几。这其实是企业的一种信号显示。它敢于承诺更长的包修期，有效地发送了高质量产品的信号。

结合案例分析如何解决逆向选择问题。

分析：解决逆向选择问题的办法很多，比如像案例中所示进行信息显示。所谓信息显示，是指为了解决逆向选择问题，信息优势方通过某种方式向信息劣势方发出市场信息，以表明自己的物品或自身属于优良或较好等级的行为。

对于空调质量如何，空调的卖者与买者是处于信息不对称状态，卖方处于信息优势，买方处于信息劣势。空调质量高的卖者，可以通过向客户提供质量保证书、保修、包修退回等办法，使买者相信其产品是高质量的。如果你是卖家，你可以告诉买者你卖的是质量高的，如果买者不信，你可以负担全部或者大部分费用找专家检验空调；或者与买者达成一份具有法律效力的合同，规定如果空调质量差则包赔一切损失等。这样一来，买空调的人很容易就可以借此判断出空调质量的高低，因为只有质量高的卖者才敢承担费用请人检测，空调质量差的卖者是不敢这样做的。另外，政府管理部门可以在信息方面进行干预和调控，如设立空调检测的权威鉴定部门，增加市场的"透明度"，保证消费者和生产者能够得到充分和正确的市场信息等。可见，提供更好的保修包修承诺的此类行动，目的不仅在于消费者能从中直接得到实在的好处，而且在于这种行动使消费者相信这些商品会是较好的商品，或这些企业是值得与之交易的较好的企业。

案例鉴赏　　　　　委托人给代理人戴的"金手铐"

在采用现代企业制度的公司里，有的大股东并不直接经营公司，而是聘请总经理直接进行经营，这就出现了企业委托代理信息不对称的道德风险问题，经营者比所有者更了解公司的实际经营状况。为了避免经营者损害所有者的利益，就需要设计出一种公平合理的、能使委托人和代理人实现双赢的制度。

1996 年诺贝尔奖获得者英国剑桥大学的詹姆斯·莫里斯教授和美国哥伦比亚大学的威廉姆·维克里教授，共同设计出了一个对代理人进行有效激励的机制，使代理人能够在符合委托人利益的前提下行事，能够在追求个人利益最大化的同时，实现委托人利益的最大化。其中，股权激励是国际上通行的一种好办法，特别是国外迅速发展起来的股票期权，它被喻为是"金手铐"。所谓"金"，是指其对代理人来说确实有巨大的吸引力。美国 IBM 公司的总裁由于工作努力并取得成功，挽救了濒临倒闭的公司，从而获得了公司 6 000 万美元的股票期权。

资料来源：李贺主编：《经济学基础》第 2 版，上海财经大学出版社 2021 年版，第 185 页。

课程思政　　　　　邻人献玉——信息不对称

从前，魏国有一对邻居，其中一家不识玉，而另一家则是识玉的，因此就发生了下面这样的故事。

农耕时节到了，有一天不识玉的农夫赶耕牛来到自家的田里，开始耕地。突然听到"嘎吱"一声，他不知道怎么回事。于是，他喝住耕牛，停下活，来到犁旁边，刨开土层一看，原来是犁铧碰到了一块"石头"。农夫将"石头"捡起来，抹去表面的泥土，发现这"石头"竟有一尺多宽而且有光泽。从来没有见过这样的"石头",也不知是何物,农夫感到奇怪。

农夫抱着这块"石头"找到了邻居,请邻居帮忙辨认,看看究竟是什么。邻人不愧是识玉的,一眼就看出这"石头"是美玉,但他不想说出实情,于是便想欺骗农夫。他说:"这'石头'是鬼怪变成的不祥之物,迟早会给你带来麻烦的,趁早扔掉吧。"农夫一听这话,有些犹豫。觉得如此好看的"石头",扔了挺可惜的,农夫最后将信将疑地把"石头"抱回家。回到家里,家人看到如此美丽的"石头",都认为这明明是很好的一块"石头"啊,怎么会是鬼怪变成的呢。就这样,农夫决定留着"石头",放在家中。

夜幕降临,"石头"开始发光。随着夜越来越黑,"石头"的光也越来越显眼,最后把整个屋子都照亮了。农夫全家人都不知道是怎么回事,第二天清早就去问邻居。邻人故弄玄虚地说:"昨天不是告诉你这块'石头'是鬼怪变的嘛,肯定是它在作祟。"农夫吓坏了,立刻扔掉"石头"。过了几天,识玉的邻人捡回了这块"石头"。

不久,邻人就抱着这块玉石去奉献给魏国国王。魏王召来工匠,让其评估玉石的价值。工匠一见玉石,为之一震,立刻向魏王说道:"恭喜大王,贺喜大王!"魏王说:"何喜之有?"工匠继续说:"这是一件价值连城的稀世珍宝啊!"魏王继续问道:"看看值多少钱。"工匠说:"这是没有办法用金钱去衡量的啊!"魏王听后,立刻就赏给邻人许多金银财宝。

资料来源:李贺主编:《经济学基础》第2版,上海财经大学出版社2021年版,第185—186页。

【思政感悟】 我们从经济学的角度来想想两个问题:第一,邻人凭什么能够"骗取"农夫手中的玉石;第二,工匠为何就认定这块玉石价值连城。其实,邻人就是利用了农夫对玉石的信息不对称而轻而易举地获得了玉石。与农夫相反的是,邻人和工匠对玉石是信息对称的,从而带来了两种完全不同的结果。

【三省吾身】 所谓信息不对称,是指在日常的经济活动中,人们无法拥有其他人拥有的一切信息,从而造成一些人知道而另外一些人不知道的情况。

俗话说"买的不如卖的精",卖家掌握的信息比买家多,造成买家与卖家之间的信息不对称。卖家在允诺给买家各种优惠时,卖家心里清楚是不是真的优惠了。因此,在学习了"信息不对称"以后,大家在平时买东西时,特别是购买大件物品时,要做到货比三家,多收集信息,尽量减少信息的不对称,从而减少不必要的损失。

任务二　政府干预方法

市场失灵产生以后,私人部门已无法很好地解决资源的配置问题,此时往往需要政府部门的介入,即采取政府干预的手段来提高资源配置效率。

一、政府干预的理由

(一)社会收入分配不公问题的存在

现实生活中,由于人们在家庭出身、生活习惯、教育机会,以及拥有生产资源数量等方面的差异,往往会出现收入不均、贫富悬殊等问题。这些问题的出现,一方面不利于社会的安定和经济的发展;另一方面,市场自身无法解决,必须靠政府出面才能实现社会公平。

(二)恶性竞争和垄断的存在

适度的竞争有利于市场的发展,但竞争一旦发展成恶性竞争或形成垄断,则会降低经济效率,导致整个社会资源的浪费和社会福利的减少。政府可以通过制定反不正当竞争法和反垄断法等法律规章来规范经济主体的行为,鼓励竞争的发展。

(三)信息不对称现象的存在

市场机制不能解决所有的信息不对称和信息不完全问题,而政府可以通过增加市场透明度等方法对信息进行管理和调控,使交易参与者得到较为充分和正确的信息。

(四)负外部性导致的环境污染等问题的存在

环境污染问题越来越成为阻碍经济发展的一大社会问题。国家可以通过制定环境保护法规等政策来维持一个良好的生态环境,以最大限度地降低社会成本、增加社会收益。

(五)公共产品供给问题的存在

公共产品的性质使私人部门不能或无法全部提供,而政府可以在这方面发挥较大的作用。

二、政府干预的方式

(一)针对公共物品原因导致的市场失灵

针对公共物品原因导致的市场失灵,政府干预主要是决定是否提供公共物品以及提供多少公共物品。此时,往往采用成本效益分析法。首先,估算提供某一公共物品的成本和获得的收益;其次,将两者加以比较;最后,根据结果确定该公共物品是否值得提供。如果有几个可供选择的公共物品,则分别比较各自的成本与收益,最后选择提供社会净收益较大的公共物品。

具体来说,政府往往通过以下方式提供公共物品:①由政府直接经营企业并生产公共物品;②政府与私人部门签订合同,共同提供公共物品;③政府以授权、许可的形式委托私人部门提供公共物品;④政府对私人部门提供补贴,鼓励其提供公共物品。

(二)针对外部性原因导致的市场失灵

针对外部性原因导致的市场失灵,政府干预的方式主要有以下几种(前面已有提及,为方便叙述,再次介绍):

1. 税收与补贴

政府对产生负外部性的企业征税,其数额应该等于该企业给社会其他成员造成的损失,从而使其私人成本等于社会成本。例如,在产生污染的情况下,政府向污染企业收税,其税额应等于治理污染所需要的费用。同时,政府对产生正外部性的企业进行补贴,使其私人收益等于社会收益。无论何种情况,只要是政府采取措施使得私人成本和私人利益与相应的社会成本和社会利益相等,则资源配置就可以达到最优。

2. 实行"内部化"政策

一个企业对另一个企业可能产生正外部性或负外部性,但当政府将两个企业进行合并,在合并后的企业内部核算成本与收益时,就消除了外部性影响,使其"内部化"了。

3. 界定产权

在多数情况下,外部影响之所以导致资源配置失灵,是由于财产权不明确。如果财产权是完全确定的并得到充分保障,则有些外部影响就可能不会发生。例如,河流上游的污染者使下游用水者受到损害。如果给予下游用水者以使用一定质量水源的财产权,则上游的污染者将会因为把下游的水降低到特定质量之下而受罚,而罚金就可以用来治理受到污染的河水;或者上游污染者可以把这种权利从下游用水者那里买过来,下游用水者出售权利的收入就可以用来治理河水。总之,由于污染者为其不好的外部影响支付了代价,使其私人成本与社会成本相等。

这种界定"产权"的政策,可以看成是一般化的科斯定理。科斯认为,只要解决了财产权的界定和交易费用过高的问题,则无论将财产权赋予谁,都完全可以通过市场交易解决外部性问题。

案例鉴赏　　　　　　　　　为什么黄牛没有绝种？

历史上,许多动物遭到灭绝的威胁。即使现在,像大象这种动物也面临着这样的境况,偷猎者为了得到象牙而进行疯狂捕杀。但并不是所有有价值的动物都面临这种威胁。例如,黄牛作为人们的一种有价值的食物来源,却没有人担心它会由于人们对牛肉的大量需求而绝种。

为什么象牙的商业价值威胁到大象,而牛肉的商业价值却成了黄牛的护身符呢？这就涉及产权的界定问题。因为野生大象没有确定的产权,而黄牛属于私人所有。任何人都可以捕杀大象获取经济利益,而且捕杀的越多,获取的经济利益就越大。黄牛生活在私人所有的牧场上,每个农场主都会尽最大努力来维持自己牧场上的牛群,因为他们能从这种努力中得到收益。

政府试图用两种方法解决大象的问题。例如,肯尼亚、坦桑尼亚、乌干达等非洲国家把捕杀大象并出售象牙作为一种违法行为,但由于法律实施难度较大,收效甚微,因此大象数量仍在继续减少。而同在非洲,纳米比亚和津巴布韦等国家则允许捕杀大象,但只能捕杀自己土地上作为自己财产的大象,结果大象数量开始增加了。由于私有产权和利润动机在起作用,非洲大象或许会像黄牛一样摆脱灭顶之灾。

资料来源:李贺主编:《经济学基础》第2版,上海财经大学出版社2021年版,第188页。

(三)针对垄断原因导致的市场失灵

1. 制定反垄断法

例如,美国在1890—1950年间曾先后制定并颁布实施了许多法律。这些法律可以起到削弱或分解垄断企业、防止垄断产生的作用。《中华人民共和国反垄断法》自2008年8月1日起开始施行,这标志着我国在反垄断领域进入了有法可依的阶段,并于2020年1月2日发布了《中华人民共和国反垄断法》修订草案（公开征求意见稿）。

2. 公共管制

政府对垄断的管制主要是政府对垄断价格进行管制并进而影响到价格。价格管制就是使管制之下的垄断企业制定的价格等于边际成本。这样可以将垄断造成的社会福利损失减少到最低限度,以实现资源的优化配置。

(四)针对信息不对称原因导致的市场失灵

1. 解决逆向选择问题的方式

具体包括:一是政府规定企业对自己出售的产品提供质量保证;二是政府引导企业对自己出售的产品提供不同的产品保修年限;三是政府鼓励企业树立品牌,通过"声誉"来分辨优质产品与劣质产品;四是政府鼓励企业通过广告等宣传方式来区分优质产品与劣质产品;五是政府鼓励企业实现产品标准化。

2. 解决道德风险问题的方式

对于保险方面的道德风险问题,可以通过保险单的免赔责任和免赔条款来防范。对于雇员的道德风险问题,可以通过预付保证金、订立合同、实行绩效工资等来防范。

同步思考

政府提供公共物品与生产公共物品相同吗？

答:不同。前者是指政府通过预算安排或政策安排等某种适当方式将公共物品委托给私人企业进行生产;后者是指政府建立企业直接生产公共物品。

三、导致政府干预失效的因素

政府干预也有失效的时候,我们称之为政府失灵。导致政府干预失效主要有以下几个因素:

1. 政府的偏好

政府同个体一样,也有自己的偏好和利益目标。当下级政府的目标与上级政府的政策出现矛盾时,下级政府有时会做出与上级政府的政策相悖的选择,从而导致政府失灵。同时,政府在制定政策时,其偏好也起着重要作用,稍有不慎,出现失误也会导致政府失灵。

2. 官员的素质

通常在特定领域,官员的素质较经济学家、科学家要低。因此,他们在制定和执行政策时会存在不当之处;同时,有些官员把公共权力当作私人权力来满足个人偏好,出现权钱交易、权权交易的现象,人们对政府不信任,致使政府干预失效。

3. 利益集团的寻租行为

当政府制定政策时,利益集团的游说活动、个体的寻租活动都会使政府的决策偏离社会最优选择,制定的政策往往只代表利益集团的利益而不是全社会的利益。当政府执行政策时,寻租活动会使政策的执行效率或执行过程偏离政策本身。

4. 信息不对称

当信息不对称现象普遍存在时,政府不可能全面把握遇到的问题,这会使其制定的政策存在偏差,出现政府失灵。同时,信息不对称会影响政府对其各部门和代理人的监督,并会引起政策在传递过程中的耗散,导致政策在执行阶段出现政府失灵。

5. 政府干预的成本与收益

由于意识形态等方面的影响,很难对政府干预的作用进行实证的评价。

6. 法令、政策的刚性

政府实行干预的法令、规章等都具有刚性,不能根据经济的具体情况变化及时进行调整,导致政府对经济干预的盲目性。

课堂讨论

你认为要达到帕累托最优,即实现资源的最优配置,是应让市场机制自发起作用还是采取政府干预的形式?

答:采取任何一种形式都无法实现帕累托最优状态。因为在经济生活中,市场失灵与政府失灵同时存在,两者在某一时间、某一领域都可能无法发挥或不可充分发挥调节资源配置的作用。只有两者相互作用、相互配合、相互补充,才有可能最终实现资源配置的最高效率。

关键术语

市场失灵　垄断　外部性　科斯定理　私人物品　公共物品　信息不对称

应知考核

一、单项选择题

1. 市场失灵是指(　　)。

A. 在私人部门和公共部门之间资源配置不均
B. 不能产生任何有效成果的市场过程
C. 市场价格机制不能发挥作用导致资源无法有效配置
D. 收入分配不平等

2. 某一经济活动存在外部不经济是指该活动的(　　)。
　A. 私人成本小于社会成本　　　　　B. 私人成本大于社会成本
　C. 私人利益小于社会利益　　　　　D. 私人利益等于社会利益

3. 为了使负外部性内在化,适当的公共政策的对策将是(　　)。
　A. 禁止所有引起负外部性的物品的生产　B. 政府控制引起外部性的物品的生产
　C. 补贴这种物品　　　　　　　　　D. 对这种物品征税

4. 为了使正外部性内在化,适当的公共政策的对策将是(　　)。
　A. 禁止引起外部性的物品的生产　　B. 政府生产物品直至增加单位的价值为零
　C. 补贴这些物品　　　　　　　　　D. 对物品征税

5. 如果一个人消费一种物品减少了其他人对该物品的使用,可以说这种物品是(　　)。
　A. 公有资源　　　　　　　　　　　B. 由自然垄断生产的物品
　C. 竞争性的　　　　　　　　　　　D. 排他性的

6. 私人市场难以提供公共物品是由于(　　)。
　A. 公共物品不具有排他性　　　　　B. 公共物品不具有竞争性
　C. 消费者可以"搭便车"　　　　　　D. 以上三种情况都是

7. 上游工厂污染了下游居民的饮水,按照科斯定理,(　　)问题就可解决。
　A. 不管产权是否明确,只要交易成本为零　B. 只要产权明确,且交易成本为零
　C. 只要产权明确,不管交易成本有多大　D. 不论产权是否明确,交易成本是否为零

8. 解决外部不经济可采取(　　)。
　A. 通过征税的办法　　　　　　　　B. 通过规定财产权的方法
　C. 通过将外部性内在化的方法　　　D. 以上各项都可行

9. 在下列产品或劳务中,市场失灵问题最不显著的是(　　)。
　A. 国防　　　　　　　　　　　　　B. 教育
　C. 电视节目　　　　　　　　　　　D. 饮料

10. "搭便车"现象源于(　　)问题。
　A. 公共物品　　　　　　　　　　　B. 私人物品
　C. 社会福利　　　　　　　　　　　D. 不完全信息

二、多项选择题

1. 形成市场失灵的主要原因有(　　)。
　A. 垄断　　　　　　　　　　　　　B. 信息不对称
　C. 供求关系　　　　　　　　　　　D. 外部性

2. 私人物品的基本特征有(　　)。
　A. 竞争性　　　　　　　　　　　　B. 非竞争性
　C. 排他性　　　　　　　　　　　　D. 非排他性

3. 经济学上的外部性是指(　　)。
　A. 私人成本高于社会成本　　　　　B. 私人成本低于社会成本

C. 私人利益低于社会利益　　　　　　D. 私人利益高于社会利益

4. 经济学上的外部性可以分为(　　)。
A. 生产的外部经济　　　　　　　　　B. 生产的外部不经济
C. 消费的外部经济　　　　　　　　　D. 消费的外部不经济

5. 解决外部性的对策有(　　)。
A. 征税　　　　　　　　　　　　　　B. 补贴
C. 企业合并　　　　　　　　　　　　D. 规定财产权

三、判断题

1. 私人生产的物品不具备消费的非排他性和非竞争性。　　　　　　　　　(　　)
2. 私人物品非排他性和非竞争性，会引起"搭便车"问题。　　　　　　　　(　　)
3. 公共物品实际上就是公用的物品。　　　　　　　　　　　　　　　　　(　　)
4. 公共物品会引起"搭便车"问题。　　　　　　　　　　　　　　　　　　(　　)
5. 汽车的尾气排放是负外部性。　　　　　　　　　　　　　　　　　　　(　　)

四、简答题

1. 导致市场失灵的因素主要有哪些？
2. 为什么信息不对称会导致市场失灵？
3. 当出现外部性导致市场失灵时，政府干预的方式有哪些？
4. 在全球"新冠"疫情形势严峻之时，中国始终坚定秉持疫苗全球公共产品的"第一属性"。中国向世界提供新冠疫苗和原液超 7 亿剂，向近 100 个国家提供疫苗援助，向 50 多个国家出口疫苗，成为世界上对外提供疫苗最多的国家。中国疫苗在国际社会取得良好声誉，安全性、有效性得到广泛认可。请问：新冠疫情具有何种外部性？新冠疫苗属于什么物品？
5. "搭便车"行为产生的原因及后果是什么？

五、计算题

上游化工企业排放的废水给下游渔民造成了 15 000 元的损失。如果双方谈判的成本是每方各承担 5 000 元，界定产权对该问题的解决是否有效？如果成本是每方各承担 20 000 元呢？

应会考核

■ 观念应用

某幢旧式楼房，屡次发生失窃事件。每次发生失窃后，住户们都希望装上一扇单元防盗门。向单位房管部门反映，房管部门说住在楼里的已经不完全是本单位的人，费用不能由单位出，并且这些住房已经出售给私人，装防盗门应当由住户自己出钱。于是，该居民楼一直处于一种"无政府状态"，没有一个机构出面负责解决防盗门的安装问题。

请问：案例中居民单元防盗门属于公共物品吗？该单元防盗门可以选择哪些方式提供？

■ 技能应用

在二手车市场上，无论所卖的车质量如何，卖家总比买家精明。如果买家不能区分车的质量的话，不管车的质量是好是坏，他们都会付同样的钱——这会使销售质量好的车成为一种毫无吸引力的交易。比起保养良好的旧车来说，质量差的车可能更好卖。假如你去买某种型号的汽车，市场上正好有两辆你想买的汽车,外观差不多但价位不同,一辆价位在30万元,另一辆价位在10万元,那你愿意付多少钱买这辆车?你可能说20万元,因为平均价值是20万元,30万元的车主因为自己的车质量高不会20万元卖给你,而10万元的车主则很愿意卖给你。这样来看,好东西不一定先卖出去。这就是次品充斥市场、质量好的商品被驱除出市场的逆向选择。

请问:什么是逆向选择?结合案例分析逆向选择是如何产生的。

■ 案例分析

免费公园为何拍照却收费

周末,小王和未婚妻到某免费公园拍婚纱照,没想到却遭遇了不愉快的事情。当时,在公园入口处有工作人员拦截,并索要50元的入门费。小王为不影响拍照心情,付了50元后进园。可更让小王纳闷的是,50元换来的却是一张票价2元的公园门票。"本是免费入园,拍照却要收费,这究竟是什么费用?"拿着这样一张门票,小王怎么想都想不明白,但因拍照要紧就没多说什么。进入公园后,小王看到路边的花开得非常漂亮,于是采了几朵用作拍照道具,被公园管理人员发现后,硬是要让他交罚款。小王觉得公园本来就是公共场所,不该收入门费,摘几朵花也不该交什么罚款,于是和管理人员起了争执,拍照计划也被搞得一团糟。

小王一气之下向当地部门反映了公园的"敲诈行为",工作人员则给出了这样的解释:该公园是免费公园,但由于入园拍摄婚纱照的人太多,对园内植被造成了严重的损坏,也曾禁止影楼入园拍摄。后来很多影楼主动联系公园,协商是否能交费后入园。就这样,从当年6月底起,该公园入园拍摄婚纱照需付50元,用于园内植被的养护。而对于小王摘花被罚款的事,工作人员称公园设施需要大家共同爱护,公园有硬性规定要求对破坏公物者进行相应的处罚,以警示游客对公共物品的保护。

问题:

1. 公共物品一定要免费提供吗?
2. 如果完全免费提供会带来什么问题?
3. 本案例给你带来什么启示?

▼ 项目实训

【实训任务】

通过本项目的实训,使学生能够正确认知政府干预的力度,并应用所学知识分析政府应采取哪些合理干预才能根治、减少或杜绝经济发展的负外部性。

【实训情境】

1. 根据本项目内容,上网或通过书刊查找有关资料,调研学校或家庭附近的污染企业、居民和相关机构,了解产生污染的原因及当前采取的治理措施。询问治理污染的措施于何时开始,是企业主动治理还是迫于外界压力?目前对污染的治理是否达到要求?抑或尚未采取治理措施,为什么?

2. 运用所学知识分析怎样更好地减少或根除污染。

3. 全班分成若干小组,每组8~10人,实行组长负责制,完成综合实训项目。

4. 各组进行分组讨论答辩,组长总结性发言,各组之间评价,教师做最后总结性评价,给出考核成绩。

【实训要求】

撰写《如何治理污染的调研报告》。

《如何治理污染的调研报告》		
项目实训班级：	项目小组：	项目组成员：
实训时间：　　年　　月　　日	实训地点：	实训成绩：
实训目的：		
实训步骤：		
实训结果：		
实训感言：		

模块三

宏观经济

项目九　开启宏观经济——国民收入核算与决定理论

● **知识目标**

　　理解：国内生产总值的含义及核算方法；简单国民收入决定理论。
　　熟知：乘数理论；总需求和总供给变动对均衡国民收入和价格的影响。
　　掌握：支出法、收入法和部门法核算 GDP；IS-LM 模型；投资乘数；政府购买乘数。

● **技能目标**

　　能通过网络等手段获取我国国民收入的相关数据；能对获取的我国国民收入的相关数据进行简单的分析。

● **素质目标**

　　能够正确领会和理解经济运行的逻辑关系和基本规律，树立正确的经济发展观，认识到自身在经济社会发展中的责任和使命，增强对国家经济的关注和责任感，能够对国民收入核算进行简单分析，具备初步分析问题、解决问题的能力，树立正确的世界观、人生观和价值观，做到学思用贯通、知信行统一。

● **思政目标**

　　通过本项目的学习，坚定中国特色社会主义制度自信和道路自信，培养经济思维和决策能力，运用所学知识分析经济现象，评估经济发展趋势，为个人和社会的发展提供参考和依据。

● **项目引例**

"节俭的美德"是放之四海而皆准的吗？

　　一群蜜蜂为了追求豪华的生活，大肆挥霍，结果这个蜂群很快兴旺发达起来。而后来，由于这群蜜蜂改变了习惯，放弃了奢侈的生活，崇尚节俭，结果却导致了整个蜜蜂社会的衰败。
　　这个故事说的是"节俭的逻辑"，在经济学上称作"节俭悖论"。众所周知，节俭是一种美德，既然是美德，为什么还会产生悖论呢？让我们从国民收入决定的理论中寻找答案吧！

● 引例导学

宏观经济学以整个国民经济活动作为考察对象,研究的是整个国家的经济运行情况,如物价或通货膨胀问题、就业或失业问题、经济增长与经济周期问题。其核心理论是国民收入决定理论。要想从总体上把握整个国民经济活动,就必须要有一套计量总产出或总收入的方法,这套方法就是通常所说的国民收入核算体系。

● 知识支撑

任务一　国民收入核算

一、国内生产总值的含义

国内生产总值(Gross Domestic Product,GDP),是指一国或一个地区在一定时期内运用生产要素所生产的全部最终产品(商品和服务)的市场价值。理解 GDP 应该注意以下几个方面的内容。

(1)GDP 是一个市场价值的含义,用货币来衡量。其计算公式为:

$$市场价值 = 单位价格 \times 产量$$

(2)GDP 只测定最终产品(包括商品和服务)的价值,而不计算中间产品价值。最终产品是指最后使用者购买的全部商品和服务;中间产品是指用于再出售而供生产别种产品用的产品和劳务。在实际经济中,某些产品既可以作为最终产品,也可以作为中间产品。例如,煤炭在用作燃料发电时是中间产品,而用作人们生活中的燃料时是最终产品。为了解决这个问题,在实际计算中采用增值法,即只计算在各生产阶段上所增加的价值。

案例鉴赏

一件上衣从生产到消费者最终使用要经过 5 个阶段,即种棉—纺纱—织布—制衣—销售。最终产品价值的核算如图 9—1 所示。

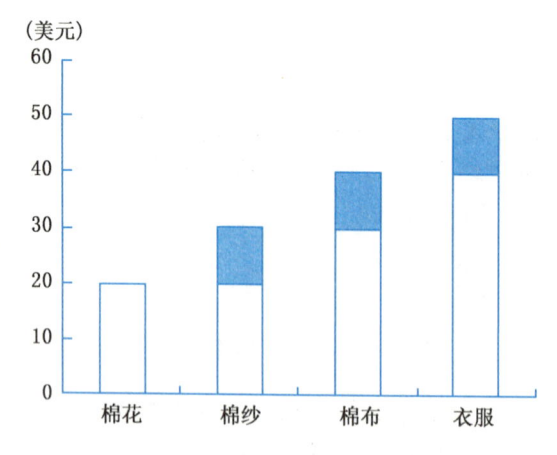

图 9—1　最终产品价值的核算

$$最终产品价值 = 各个环节增加值总和$$

在此例中,上衣作为最终产品,其价值采用增值法计算为 50 美元(20+10+10+10),如果不区分最终产品和中间产品,则会得到 140 美元的总价值,其中含重复计算 90 个单位的产品价值。可见,用增值法可以避免重复计算的问题。

(3)GDP 一般以 1 年为统计核算期限。也就是说,某年的 GDP 不能包括以前年度生产出来的商品和服务,只能是当年生产出来的商品和服务。按此规则,出售以前年度生产的存货所得收入就不能计入当年的 GDP。

(4)GDP 是一个地域含义,是指一个国家境内所创造的全部最终产品的市场价值,而不管境内的生产要素是不是本国的,它主要侧重衡量一国本土所具备的生产能力。

(5)GDP 只衡量市场活动所产生的价值。而那种用于自己消费的自给性商品和服务,因为不用于市场交换,因而没有价格,所以不能计入 GDP。例如,家政公司的家政工作人员给别人打扫房屋时获得的收入要计入 GDP,而家庭主妇清扫自家房屋时却没有收入,也无法反映到 GDP 中去。

案例鉴赏　　　　　　　　　"绿色"GDP

传统的 GDP 衡量不排除污染成本和可再生资源的损耗,也不对耗尽了不可再生的矿产资源"收费"。一些评论家认为,采用传统的 GDP 衡量,会高估经济福利。美国政府曾采取一些试验性措施来纠正这些因素的影响。此项研究的第一阶段就发现了令人惊讶的现象。

统计学家估价了 1958—1991 年美国年矿产资源存量,目的是测算消费量。尽管美国经济在这 33 年中使用了大量的矿产资源,但他们发现被证实的资源供给几乎没有下降。这是怎么回事?

当然,从纯粹物理学角度这是不可能的。美国 1991 年的地下矿藏储量当然比 1958 年的少,然而同一时期里,新的矿产资源不断被发现,新技术的应用使得某些原先难以得到的或不经济的矿产资源变得可供利用。因此,被证实的资源供给在 33 年中并没有下降,对矿产资源消耗的调整对官方的 GDP 数据没有产生任何影响。

资料来源:李贺主编:《经济学基础》第 2 版,上海财经大学出版社 2021 年版,第 197 页。

【学中做 9—1】　　　　　　　数字政府与 GDP

数字政府通常是指建立在互联网上、以数据为主体的虚拟政府,是一种新型政府运行模式,以新一代信息技术为支撑,以"业务数据化、数据业务化"为着力点,通过数据驱动重塑政务信息化管理架构、业务架构和组织架构,形成"数据决策、数据服务、数据创新"的现代化治理模式。

数字政府既是互联网+政务深度发展的结果,也是大数据时代政府自觉转型升级的必然,其核心目的是以人为本,实施路径是共创共享共建共赢的生态体系。各地积极制订"数字政府"整体规划,以提升民生服务为重点,以体制机制创新为保障,强力推动"数字政府"建设,以公众需求为导向提升服务水平,不断优化营商环境,增强发展动力,为推进我国政府治理体系的创新提供了有力支撑和保障。

我国政务服务线上化速度明显加快,网民线上办事使用率显著提升,政务服务向智能化、精细化发展并向县域下沉。首先,大数据、人工智能技术与政务服务不断整合,服务不断走向智能化、精准化和科学化,重构政务服务体验;其次,服务内容不断细化,支付宝、微信开通政务服务入口并逐步完善服务内容,从车主服务、政务办事到医疗、交通出行、充值缴费等方面全方位覆盖用户生活;最后,县域政务办事移动化速度加快,包括天气、市场监管、司法、公安等领域在内的县级微博、公众号、头条号等发展迅速。

"十四五"数字政府建设规划发展目标是,到 2025 年,基本建成一体化数字政府,数字基础支撑能力大幅度提升,政府治理能力和治理水平显著提升,营商环境大幅改善,力争数字政府建设主要指标达到世界先进水平;政府智慧治理能力加快升级,运用大数据全面推动市场监管、生态治理、社会治理等重点专题领域慧治创新,形成"用数据服务、用数据监管、用数据治理、用数据创新"的政府治理模式,全面提升政府治理水平。

到2035年,建成以数据要素驱动的现代化数字政府,数字化驱动政府深化改革成效凸显,建成营商环境最优、企业和群众获得感最强的国家之一。

资料来源:陈辰:"明确发展目标 开创数字政府建设新局面",中国商报网,2022年7月7日。

请问:数字政府对我国GDP会产生哪些影响?

分析:数字政府对我国GDP会产生多方面的影响,具体包括:推动数字经济发展,提高经济增长率和GDP总量;降低政府行政成本和人力资源成本,释放经济效益;加强政府部门与企业之间的信息流和资金流,推动市场的发展和创新;提高城市服务和治理水平,增强城市的软实力;促进可持续发展和资源配置的优化,推动经济高质量发展。

信息技术创新日新月异,以数字化、网络化、智能化为特征的信息化浪潮蓬勃兴起。信息化代表新的生产力和新的发展方向,已经成为引领创新和驱动转型的先导力量。围绕贯彻落实"五位一体"总体布局和"四个全面"战略布局、释放信息化发展的巨大潜能和数字红利,以信息化驱动现代化为主线,新时代数字政府改革是践行新发展理念,破解发展难题,增强发展动力、发展优势,造福社会、造福人民的战略举措和必然选择。

二、国内生产总值的核算方法

在国民经济核算体系中,计算国内生产总值的方法主要有支出法、收入法和部门法。

图9—2是宏观经济行为的环形图,可以看出,人们支出货币来购买最终产品,他们每年花费的货币总流量就是一种对国内生产总值的衡量。环形图下部衡量的是产出成本的年流量,企业以工资、租金、利息、股息和企业留利形式支付,构成居民的收入流。用这两种思路计算所衡量出的GDP必定是相等的。支出法、收入法就是建立在该思路上的衡量方法。

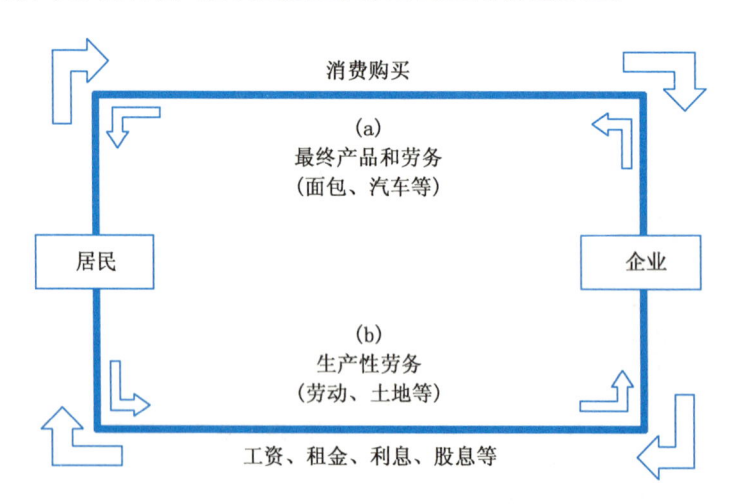

图9—2 宏观经济行为的环形图

(一)支出法

支出法(Expenditure Approach)又称最终产品法,是通过核算在一定时期内整个社会购买最终产品的总支出(即最终产品的总卖价)来计量GDP。该方法从产品的使用出发,把一年内购买各项最终产品的支出加总,计算出该年内生产出的最终产品的市场价值。即把购买各种最终产品所支出的货币加在一起,得出社会最终产品的流动量的货币价值的总和。

1. 消费支出(C)

消费(Consumption)是居民个人用于物品和劳务的支出。"物品"包括家庭用于汽车与家电等耐用品，以及食品和衣服等非耐用品的支出。"劳务"包括理发、医疗和教育这类无形的东西。居民购买住房或建房用材料所花支出不应计入消费，计入消费的只是代表住房服务的房租支出。

2. 投资支出(I)

投资(Investment)是指国内的企业在一年内建造厂房、购买设备的支出以及库存的增加，包括固定资产投资和企业存货投资等。固定资产投资是新厂房、新设备、新商业用房等的增加。企业存货投资是指企业掌握的存货价值的增加或减少。

3. 政府购买(G)

政府(Government)的财政支出包括政府购买支出和政府转移支付。政府购买是指各级政府购买产品与服务的支出，如政府花钱修建公路、提供国防、开办学校等。这部分政府支出计入GDP。但是，当政府向一个老人支付社会保障津贴时，这种政府支出称为转移支付，不能计入GDP，因为它并不用于交换现期生产的物品与劳务。

4. 净出口(NX)

净出口(Net Export)等于外国人购买国内生产的物品(出口)减去国内购买的外国物品(进口)。当出口总值与进口总值相等时，称为贸易平衡；当出口总值大于进口总值时，称为贸易顺差；当进口总值大于出口总值时，称为贸易逆差。

如果用 C 表示消费支出，I 表示投资支出，G 表示政府购买支出，NX 表示净出口，GDP 用 Y 表示，则：

$$GDP(Y) = C + I + G + NX$$

(二)收入法

收入法(Income Approach)又称要素支付法，或称要素收入法，是通过计算一定时期内整个社会所有的生产要素获得的收入来核算国内生产总值。严格来说，最终产品市场价值除了生产要素收入构成的成本外，还有间接税、折旧和企业未分配利润等内容。其计算公式为：

$$GDP = 工资 + 利息 + 租金 + 非公司业主收入 + 公司税前利润 + 企业转移支付 + 企业间接税 + 资本折旧$$

1. 工资、利息和租金等生产要素的报酬

工资包括所有工作的酬金、津贴和福利费，也包括工资收入者必须缴纳的所得税和社会保险费。利息是指企业所提供的货币资金获得的利息收入，如银行存款利息、企业债券利息等，但政府公债利息和消费信贷利息不包括在内。租金包括出租土地、房屋等获得的收入，以及专利、版权等收入。

2. 非公司业主收入

非公司业主收入包括医生、律师、农民和小店铺主的收入。他们使用自有资金并且自我雇用，其工资、利息、利润和租金等经常混在一起作为非公司业主收入。

3. 公司税前利润

公司税前利润是指公司销售收入扣除工资、利息、租金后的剩余，包括企业所得税、社会保险费、股东红利和企业未分配利润等。

4. 企业转移支付和企业间接税

这些虽然不是生产要素创造的收入，但要通过产品价格转嫁给购买者，应该视为成本。企业转移支付包括对非营利组织的社会慈善捐款和消费者呆账；企业间接税包括货物税或销售税、周转税等。

5. 资本折旧

资本折旧是指在经济活动核算期内损耗的固定资本价值。这些虽不是要素收入,但包括在总投资中,应该计入 GDP。

(三)部门法

部门法是按提供物质产品与劳务的各个部门的产值来计算国内生产总值。这种计算方法反映了国内生产总值的来源,所以又称生产法。

这里所指的部门是指产业部门。国民经济产业部门可以按三次产业分类。第一产业,主要是农业,按照自然物品为对象进行分类。第二产业,主要是工业和建筑业,按照加工物品为对象进行分类。第三产业,主要是服务业,按照自然人和法人对象进行分类。

部门法(生产法)下 GDP 的计算公式为:

GDP=总产出－中间投入=第一产业增加值＋第二产业增加值＋第三产业增加值

在用这种方法计算时,各物质生产部门要把所使用的中间产品的产值扣除,仅计算本部门的增值;商业和服务等部门也按增值法计算;卫生、教育和行政等无法计算增值的部门,则按该部门职工的工资收入来计算,以工资代表他们所提供的劳务的价值。

支出法、收入法和部门法从不同的角度来衡量和计算国内生产总值,在实际中,由于统计误差和相关数据可获得性的差异,这三种方法所得出的结果往往并不一致。国民经济核算体系以支出法为基本方法,即以支出法所计算出的 GDP 为标准,如果按收入法和部门法计算的结果与此不一致,就要进行误差调整,使之达到一致。

三、国内生产总值的意义和局限性

(一)国内生产总值的意义

GDP 说起来宏大而抽象,但它却有非常现实的应用价值。比如,我们通过支出法可以看到政府拉动经济增长有"三驾马车":一是刺激总消费,二是加大总投资,三是鼓励出口。因此,做大一国的经济总量,增强一国的总体经济实力,政府会在"三驾马车"上做文章。这对我们理解政府的经济政策很有帮助。

(二)国内生产总值的局限性

GDP 只是对我们社会生产的物品与劳务的总价值的测量,它还远远不是人们福利的完全测度。例如,它没有反映分配是否公平,也没有说明环境污染到了什么程度。然而,作为人们一般物质福利测度而言,GDP 还是一个有用的指标。

学思践悟   推动经济高质量发展,不能再走先污染后治理的老路

2013 年 9 月,习近平总书记在参加河北省委常委班子专题民主生活会时指出,河北结构失调,污染严重,群众意见大,要过结构调整的坎,爬转型升级的坡。河北省生产总值即便滑到第七、第八了,但在绿色发展方面搞上去了,在治理大气污染、解决雾霾方面做出贡献了,那就可以挂红花、当英雄!"全国 10 个污染最严重的城市,河北占了 7 个。再不下决心调整结构,就无法向历史和人民交代。"习近平总书记严肃指出。

GDP"紧箍咒"就此解除。近年来,钢铁、煤炭、水泥产能巨大的河北,咬紧牙关,爬坡过坎,强力推进大气污染防治,在经济"体格"变大的同时,环境"气质"提升。

以往,我国一些地方经济发展方式粗放,在资源环境方面付出了沉重代价,积累了大量生态问题。"小康全面不全面,生态环境质量很关键。"要提供更多优质生态产品以满足人民日益增长的对优美生态环境的需要。中共十八大以来,习近平总书记多次表示,不再简单以国内生产总值增长率论英雄,而是强调以提高经济增长质量和效益为立足点。

"我们在生态环境方面欠账太多了,如果不从现在起就把这项工作紧紧抓起来,将来会付出更大的代价。"2012年12月,习近平同志担任总书记后首次赴外地考察时,就告诫全党、全社会。

近年来,在外部环境复杂严峻、经济面临下行压力的形势下,我国推进生态优先绿色发展的决心依然坚定不移。

习近平总书记强调:"要保持加强生态文明建设的战略定力。保护生态环境和发展经济从根本上讲是有机统一、相辅相成的。不能因为经济发展遇到一点困难,就开始动铺摊子、上项目、以牺牲环境换取经济增长的念头,甚至想方设法突破生态保护红线","推动经济高质量发展,决不能再走先污染后治理的老路。只要坚持生态优先、绿色发展,锲而不舍,久久为功,就一定能把绿水青山变成金山银山"。既要金山银山,又要绿水青山,我国经济增长与污染物排放正逐步"脱钩"。"近年来,我国实施污染防治攻坚战等一系列重大举措,污染防治取得了显著成效,空气、地表水环境质量已经显著改善。按照'环境库兹涅茨曲线'的分析框架,对比发达国家环境改善历程,我国从总体上已经跨越了'环境拐点',环境质量稳中向好。"国务院发展研究中心资源与环境政策研究所环境政策研究室主任陈健鹏说,"我国正处在经济增长和环境保护'再平衡'的重要阶段,也是生态环境保护和经济发展迈向有机统一的新阶段。"

资料来源:陈婧:"'十四五'时期须加快完善现代环境监管体系",《中国经济时报》,2020年8月27日。

【悟有所得】 习近平总书记在中共二十大报告中深刻阐释人与自然和谐共生是中国式现代化的中国特色之一,对推动绿色发展、促进人与自然和谐共生单列专章做出战略部署,进一步丰富和发展了习近平生态文明思想,为新时代、新征程生态文明建设提供了根本遵循。国有企业是中国特色社会主义的重要物质基础和政治基础,是实现高质量发展、推动生态文明建设、促进人与自然和谐共生的重要力量。国务院国资委和中央企业始终把保护生态环境、推动绿色发展作为重要使命责任,深入学习贯彻习近平生态文明思想,坚定贯彻新发展理念,协同推进降碳、减污、扩绿、增长,以企业高质量发展全方位助力经济社会绿色发展和美丽中国建设,全力为全面建设社会主义现代化国家作贡献。

习近平总书记强调:"新时代新阶段的发展必须贯彻新发展理念,必须是高质量发展","必须把发展质量问题摆在更为突出的位置,着力提升发展质量和效益"。

高质量发展是推动实现可持续发展的必然要求。高投入、高消耗、高排放粗放型增长,必定因能源、资源、环境等约束条件日趋紧张而不可持续。习近平总书记指出:"粗放型经济发展方式曾经在我国发挥了很大作用,大兵团作战加快了我国经济发展步伐,但现在再按照过去那种粗放型发展方式来做,不仅国内条件不支持,国际条件也不支持,是不可持续的,不抓紧转变,总有一天会走进死胡同。"高质量发展不简单以国内生产总值增长率论英雄,而以提高经济增长质量和效益为立足点,在质量变革、效率变革、动力变革的基础上建设现代化经济体系,必将促进我国资源节约型、环境友好型社会建设,走出一条生产发展、生活富裕、生态良好的文明发展道路。

任务二 国民收入总量

一、国民收入核算中的五个基本总量及其相互关系

在国民收入核算体系中,除了国内生产总值以外,还有国民生产总值、国内生产净值、国民生产净值、国民收入(狭义)、个人收入和个人可支配收入等相关指标。这些指标和国内生产总值一起统

称为国民收入。

(1)国民生产总值(Gross National Product,GNP),是指一个国家或地区在一定时期内,本国国民拥有的全部生产要素所生产的全部最终产品(商品和服务)的市场价值。

(2)国内生产净值(Net Domestic Product,NDP),是指一国国境以内在一年内创造出来的净增加值。而GDP是一个国家一年内全部最终产品的市场价值,最终产品的价值既包括当年新增加的产值,也包括生产过程的资本消耗,即折旧的价值。

(3)国民生产净值(Net National Product,NNP)与国内生产净值一样,是指一国国民在一年内创造出来的净增加值,是国民生产总值扣除折旧后的价值。

(4)国民收入(National Income,NI)(这里的国民收入是指狭义的国民收入),是指一国生产要素在一定时期内提供服务所获得的报酬的总和,即工资、利息、租金和利润的总和。从国民生产净值中扣除企业间接税和企业转移支付,加上政府补助金就得到这一狭义的国民收入。企业间接税和企业转移支付是列入产品价格的,但并不代表生产要素创造的价值或者收入,因此计算狭义的国民收入时必须扣除。相反,政府给企业的补助金不列入产品的价格,但成为生产要素收入,因此应当加上。

(5)个人收入(Personal Income,PI),是指个人实际得到的收入。国民收入不是个人收入,一方面,国民收入中有三个主要项目不会成为个人收入,即企业未分配利润、企业所得税和社会保险费;另一方面,政府转移支付(包括公债利息)虽然不属于国民收入(生产要素报酬),但会成为个人收入。因此,从国民收入中减去企业未分配利润、企业所得税和社会保险税,加上政府转移支付,就得到个人收入。

个人可支配收入(PDI)是指缴纳了个人所得税以后留下的可以为个人所支配的收入,即人们可以用来消费或储蓄的收入。

国民收入总量指标的关系可以用以下等式表示:

$$GNP=GDP-外国人在本国的收入+本国人在外国的收入$$

$$NDP=GDP-折旧$$

$$NI=NDP-企业间接税-企业转移支付+政府补助金$$

$$PI=NI-企业所得税-企业未分配利润-社会保险金+政府转移支付$$

$$PDI=PI-个人所得税$$

课堂讨论

为什么要核算 GDP 以外的其他经济总量?

答:GDP 指标有其自身的核算角度和目标,不能全面、精确地反映和衡量一国经济发展总体水平与国民生活水平,所以需要核算 GNP 等其他指标加以补充。

二、实际国内生产总值与名义国内生产总值

名义 GDP 是用生产商品和服务的那个时期的价格计算出来的 GDP,而实际 GDP(Real GDP)是用基年的价格计算出来的价值。例如,某国的 GDP 有两种核算方法:一种是用 2020 年的价格乘以 2020 年生产的全部最终产品的数量,这样得到的是当年的名义国内生产总值;另一种是用 2010 年的价格(假设基年为 2010 年)乘以 2020 年生产的全部最终产品的数量,这样得到的是当年的实际国内生产总值。

假设某国只生产两种产品:方便面和夹克。以 2010 年为基年,现在需要核算 2020 年的名义

GDP 和实际 GDP，2010 年和 2020 年最终产品的数量和价格如表 9—1 所示。

表 9—1　　　　　　　　　　　　名义 GDP 与实际 GDP

	2010 年名义 GDP	2020 年名义 GDP	2020 年实际 GDP
方便面	15 万单位×1 美元=15 万美元	20 万单位×1.5 美元=30 万美元	20 万单位×1 美元=20 万美元
夹克	5 万单位×40 美元=200 万美元	6 万单位×50 美元=300 万美元	6 万单位×40 美元=240 万美元
合计	215 万美元	330 万美元	260 万美元

从表 9—2 中可以看出，从 2010 年到 2020 年，GDP 名义上从 215 万美元增加到了 330 万美元，但实际只增长到 260 万美元，即扣除物价上涨因素，GDP 只增长了 20.9%[(260−215)÷215×100%]，而名义上却增长了 53.5%[(330−215)÷215×100%]。

通过比较 2020 年名义 GDP 和实际 GDP，可以得到当年与基期年份相比价格变动的程度为 126.9%[(330÷260)×100%]，说明从 2010 年到 2020 年该国平均价格水平上升了 26.9%，其中，126.9% 称为 GDP 折算指数。可见，GDP 折算指数是名义的 GDP 和实际的 GDP 的比率。名义国内生产总值、实际国内生产总值和折算指数三者的关系是：

$$实际 GDP = 名义 GDP \div GDP 折算指数$$

三、国内生产总值与国民生产总值

国内生产总值与国民生产总值的区别在于两者统计的对象有所区别。

GDP 是按照国土原则，以地理上的国境为统计标准，是指一年内在本国领土所生产的最终产品的市场价值总和。其人口包括居住在本国的本国公民和居住在本国的外国公民，不包括居住在外国的本国居民。

GNP 是按照国民原则，以本国公民为统计标准，是指一年内本国常住居民所生产的最终产品的市场价值的总和。本国居民包括居住在本国的本国公民和暂居外国的本国公民，不包括居住在本国的外国公民。例如，中国海尔在美国工厂的利润，应作为美国 GDP 一部分，但应被统计为中国的 GNP。

对任何一个对外开放的国家来说，都可以核算出 GDP 和 GNP，而且在大多数情况下，这两个数值并不相等，两者的关系是：

$$GNP = GDP + 本国居民来自国外的要素收入 − 本国支付给外国居民的要素收入$$

随着国际经济联系的加强，强调身份区别的 GNP 的相对重要性下降，重视地域范围的 GDP 的相对重要性上升，从而使 GDP 成为一项越来越重要的总产出指标。

四、国内生产总值与经济福利

GDP 作为国民收入核算体系中最重要、最核心的指标，代表了一国国民在一定时期内可以消费的商品和服务的数量，能从总体上代表一国国民的经济福利水平，但 GDP 也并非衡量经济福利的完美指标。其原因主要有以下几个方面：

（一）国内生产总值不能完全反映一国的真实产出

GDP 的统计数据是依据市场交换获得的，因此至少有两个方面的产出得不到反映：一是非市场性经济活动，如自给性产品和家务劳动；二是地下经济活动，包括赌博、走私、贩毒和黑市交易等非法活动，以及通过现金交易，避开政府税务系统，免缴增值税、所得税等逃税行为。可见，一国国民的总经济福利水平有可能比 GDP 要高。

(二)国内生产总值不能完全反映一国居民的真实生活水平

GDP所衡量的实质上是一个国家的产出水平。一方面,产出并不等于消费,有些产品生产出来后却销售不出去,不能提高人们的生活水平;另一方面,休闲、良好的工作条件是人们生活水平的一个重要组成部分,而国内生产总值却不能反映这方面的状况。

(三)国内生产总值不能反映经济增长的代价及经济增长的效率和效益

例如,有些国家的经济增长带来了巨大的环境污染和生态破坏,在这种情况下,尽管GDP增长了,人们的实际生活水平却不一定会提高。

(四)国内生产总值指标无法反映一国的商品和服务的分配情况

如果A国与B国的国内生产总值总量相同,但A国的收入分配比较均等,而B国的收入差距悬殊,显然这两国国民的生活水平是不尽相同的。

【提示】GDP并不能与一国国民的经济福利水平完全画等号。尽管存在着诸多不足,GDP还是被作为衡量一国经济总体发展水平和经济福利水平的总量指标。

案例鉴赏　　　　季节性周期和季节性调整

由于实际GDP和其他收入衡量指标反映了经济运行状况,所以经济学家注重研究这些变量在不同季节的波动。经过研究,他们发现这样一个事实:所有这些收入衡量指标都表现出一种有规律的季节变动。例如,多年来美国经济中产出的增加在每年第四季度达到顶点,然后在下一年的第一季度下降,这些有规律的季节性变动是相当大的,从第四季度到第一季度,实际GDP平均下降8%。

实际GDP遵循一种季节性周期变化规律并不奇怪。在这些变动中,有一些是由于我们生产能力的变动,如在寒冷的冬天,建造房屋要比其他季节困难。此外,人们具有季节性嗜好,如他们喜欢在冬天休假、在圣诞节采购商品等。

当经济学家研究实际GDP和其他经济变量的波动时,他们通常想消除由于可预期的季节性变动所引起的那部分波动。你会发现,报刊上刊登的大部分经济统计数字进行了季节性调整。准确的统计程序十分复杂,但本质上包括减去收入中可以根据季节变动而预期到的那部分收入变动。因此,当你观察到实际GDP或任何其他数字系列上升或下降时,你必须注意在解释时要排除季节性周期的影响。

资料来源:李贺主编:《经济学基础》第2版,上海财经大学出版社2021年版,第202页。

启智润心　　国民经济回升向好,高质量发展扎实推进,主要预期目标圆满实现

自改革开放以来,中国经济飞速发展,成就令世人瞩目。国家统计局公布:2023年全年国内生产总值(GDP)1 260 582亿元,按不变价格计算,比2022年增长5.2%。分季度看,一季度国内生产总值同比增长4.5%,二季度增长6.3%,三季度增长4.9%,四季度增长5.2%,呈现前低、中高、后稳的态势,向好趋势进一步巩固。按照可比价计算,2023年我国经济增量超过6万亿元,相当于一个中等国家一年的经济总量。这意味着我国经济实力、科技实力、综合国力又跃上一个新的大台阶,对于全面建成小康社会,开启全面建设社会主义现代化国家新征程,具有十分重要的标志性意义。

2023年,面对复杂严峻的国际环境和艰巨繁重的国内改革发展稳定任务,在以习近平同志为核心的党中央坚强领导下,各地区各部门坚持稳中求进工作总基调,完整、准确、全面贯彻新发展理念,国民经济回升向好,高质量发展扎实推进,主要预期目标圆满实现。

资料来源:方彬楠、程靓:"2023年中国经济成绩单",《北京商报》,2024年1月17日。

【明理善行】 应对经济发展进入新阶段后的新挑战,就要在科学地认识经济发展历史规律、把握经济发展新阶段基本特征的基础上,在实践中有效应对这一系列历史性挑战。必须树立新发展理念,引导发展方式根本转变,理念是行动的先导,发展理念是战略性、纲领性、引领性的。必须建设现代化经济体系,为贯彻新发展理念提供实现机制。必须构建新发展格局,实现建设现代化经济体系的战略目标。

任务三　国民经济运行

一、两部门国民经济流程模型

两部门经济是指一个经济体系中只存在企业与居民两个主体的经济。居民出卖劳动,到企业去做工,挣来钱去购买企业生产的产品;企业生产出产品,把产品卖出去,收回钱来继续生产。一国的宏观经济要想平衡,其条件是:居民挣的钱全花了,企业生产的产品全卖了,这样宏观经济就能够正常运行了。

宏观经济平衡的最重要条件是:

$$储蓄(S)=投资(I)$$

在两部门经济中,总需求分为居民的消费需求和企业的投资需求。即:总需求=消费+投资。如果以 AD 代表总需求,以 C 代表消费,以 I 代表投资,则可以把上式写为:

$$AD=C+I$$

总供给是全部产品与劳务供给的总和,产品与劳务是由各种生产要素生产出来的,所以,总供给是各种生产要素供给的总和:总供给=消费+储蓄。如果以 AS 代表总供给,以 C 代表消费,以 S 代表储蓄,则可以把上式写为:

$$AS=C+S$$

总需求与总供给的恒等式就是:$C+I=C+S$,如果两边同时消去 C,则可以写为:

$$I=S$$

在凯恩斯的宏观经济模型中,两个部门经济要想正常运行,平衡的条件是储蓄一定要等于投资。如图9—3所示。

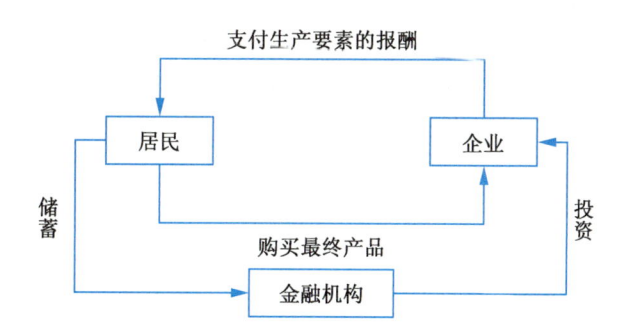

图9—3　两部门国民经济流程模型

二、三部门国民经济流程模型

三部门经济是由居民、企业与政府组成的经济社会。政府在经济中的作用,主要通过政府支出与税收表现出来。政府支出分为对产品和劳务的购买与转移支付两部分：政府购买是指政府为了满足政府活动的需要而进行的对产品的购买；政府转移支付是不以换取产品为目的的支出，如各种补助金、救济金等。当拿到收入时，有的人要缴个人所得税，企业有了收入要缴企业所得税和企业增值税等。当大家把这些钱缴给政府，政府有了收入后，就要支付出去。这样，整个宏观经济才可能正常运转。如果政府的财政收入不等于财政支出的话，就会出现财政赤字，或者出现财政盈余。三部门国民经济流程模型如图9—4所示。

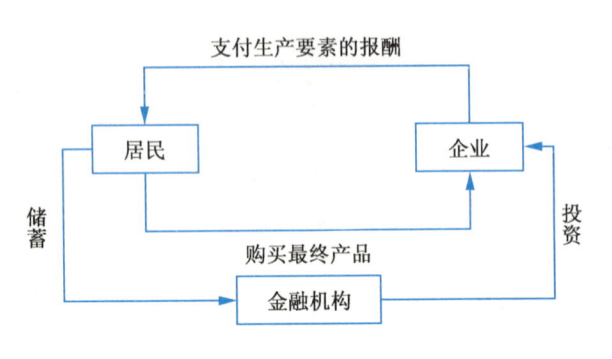

图 9—4 三部门国民经济流程模型

三部门经济中总需求与总供给的恒等式是：$AD=AS$，即：

$$I+C=S+T$$

式中，I 表示投资，C 表示消费，S 表示储蓄，T 表示投资。

三、四部门国民经济流程模型

经济要素配置和供求关系不仅在一个封闭的国家内部进行，而且涉及与国外的生产要素和产品的交换。四部门国民经济是指由企业、居民、政府和国外这四种经济单位所组成的经济社会。在这种经济系统中，一方面，国外部门作为供给者向国内三部门提供产品，就是进口；另一方面，国外部门作为需求者购买国内产品，就是出口。当国外部门加入进来时，宏观经济平衡的条件是：出口等于进口。

如果出口大于进口，就会出现贸易顺差。出口多，进口少，赚到的钱就多了，外汇就会流进来，这表现为贸易顺差。就像在中美贸易中，我国是贸易顺差。如果一国的进口大于出口，出口少，进口多，就会表现为贸易逆差，就像在中美贸易中的美国。无论是贸易顺差，还是贸易逆差，都是宏观经济不平衡的表现。这时，经济循环流程模型如图9—5所示。

四部门经济中总需求与总供给的恒等式是：

$$I+C+X=S+T+M$$

式中，X 表示出口，M 表示进口，其他同上。

在国民收入核算中，这种恒等式是一种事后的恒等关系，即在一年的生产与消费之后，从国民收入核算表中所反映出来的恒等关系。这种恒等关系，也是国民收入决定理论的出发点。但在一年的生产活动过程中，总需求与总供给并不总是相等的。有时总需求大于总供给，也有时总供给大于总需求。

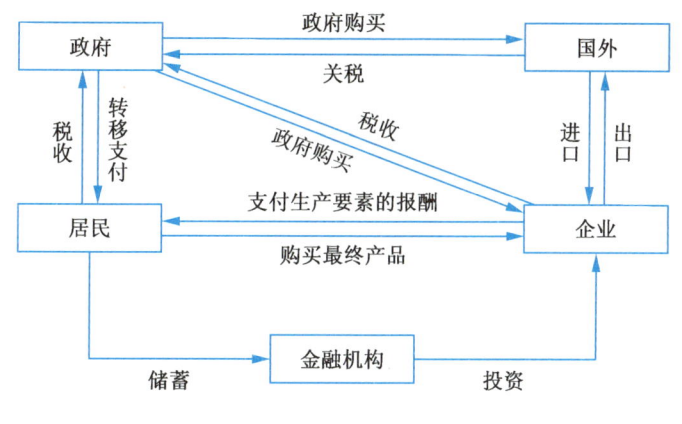

图 9－5　四部门国民经济流程模型

任务四　简单国民收入决定

一、简单的国民收入决定模型

(一)总需求决定均衡的国民收入水平

总需求表示在一定的收入水平、价格水平等条件下,居民、企业、政府和国外想要购买的本国生产的物品和劳务的总和。所以,它由消费需求、投资需求、政府部门需求和出口四部分构成。总需求中任何一部分的增加都会使国民收入增加。

当不考虑总供给这一因素时,均衡的国民收入水平就是由总需求水平所决定的。我们可用图9－6来说明这一原理。

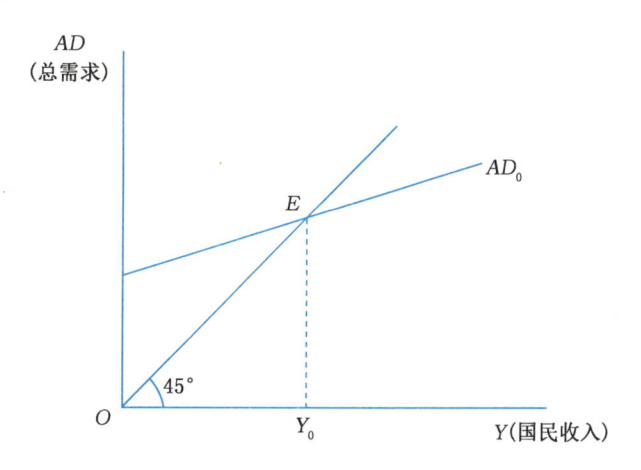

图 9－6　总需求与国民收入决定

在图 9－6 中,横轴 OY 代表国民收入,纵轴 AD 代表总需求,45°线表示总需求等于总供给。AD_0 代表总需求水平,当 AD_0 与 45°线相交于 E 时,决定了均衡的国民收入水平为 Y_0。这就说明了均衡的国民收入水平是由总需求水平所决定的。

同时,总需求的变动必然引起均衡的国民收入水平的变动。总需求水平的高低,决定了均衡的国民收入的大小。所以,总需求的变动会引起均衡的国民收入同方向变动,即总需求增加,均衡的国民收入增加；总需求减少，均衡的国民收入减少。我们可以用图9-7来说明这一点。

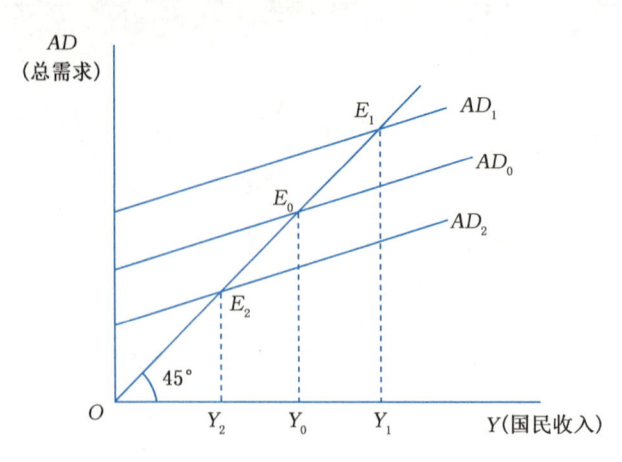

图9-7 总需求与国民收入水平的变动

在图9-7中，总需求曲线向上方移动，即从 AD_0 移动到 AD_1，表示总需求增加；总需求曲线向下方移动，即从 AD_0 移动到 AD_2，表示总需求减少。当总需求为 AD_0 时，决定了国民收入为 Y_0。当总需求为 AD_1 时，决定了国民收入为 Y_1。$Y_1 > Y_0$，这说明由于总需求水平由 AD_0 增加到 AD_1，而使均衡的国民收入水平由 Y_0 增加到 Y_1。当总需求为 AD_2 时，决定了国民收入为 Y_2。$Y_2 < Y_0$，这说明由于总需求水平由 AD_0 减少到 AD_2，而使均衡的国民收入水平由 Y_0 减少到 Y_2。可以看出，总需求中任何一部分的增加都会使国民收入增加。

由于消费和投资是总需求的两个主要组成部分，所以下面着重介绍决定消费和投资的因素。

(二)消费函数与储蓄函数

1. 消费函数（Consumption Function）

在日常生活中，影响家庭消费的因素很多，经济学家凯恩斯认为，这些因素中最有决定意义的是家庭收入。在现实生活中，对消费品的需求并不是固定不变的，而是随收入的增加而增加的：高收入家庭比低收入家庭消费得更多，高收入国家一般具有更高的消费水平。消费与收入之间的依存关系以消费函数表示。如果以 C 代表消费，Y 代表收入，则消费函数就是：

$$C = f(Y)$$

如果两者是线性的，其公式为：

$$C = a + bY$$

式中，C 为消费，Y 为可支配收入，a 为自发消费，b 为边际消费倾向，bY 为收入引致的消费。

消费与收入之间的关系可以用边际消费倾向来说明。边际消费倾向（Marginal Propensity to Consume，MPC）是指增加的消费在增加的收入中所占的比例。如果以 MPC 代表边际消费倾向，以 ΔC 代表增加的消费，以 ΔY 代表增加的收入，则是：

$$MPC = \frac{\Delta C}{\Delta Y}$$

【做中学9-1】 2023—2024年，某国消费支出增加了2 770亿美元，可支配收入增加了2 850亿美元，其边际消费倾向就等于：

$$MPC = \frac{\Delta C}{\Delta Y} = \frac{2\ 770}{2\ 850} = 0.97$$

边际消费倾向递减规律：随着收入的增加，消费也会增加，但是消费增加的幅度越来越小于收入增加的幅度。

2.储蓄函数(Saving Function)

储蓄函数是储蓄与收入之间的依存关系。在其他条件不变的情况下,储蓄随收入的变动呈同方向变动,即收入增加,储蓄增加;收入减少,储蓄减少。如果以 S 代表储蓄,则储蓄函数就是：

$$S=f(Y)$$

如果两者是线性的,则储蓄函数公式为：

$$S=Y-C=Y-(\alpha+\beta y)=-\alpha+(1-\beta)y$$

式中,$-\alpha$ 为负储蓄;$(1-\beta)$ 为边际储蓄倾向(也即 MPS),表示收入的引致储蓄。

储蓄与收入之间的关系,可以用边际储蓄倾向来说明。边际储蓄倾向(Marginal Propensity to Save,MPS)是指增加的储蓄在增加的收入中所占的比例,以 MPS 表示边际储蓄倾向,以 ΔS 代表增加的储蓄,则是：

$$MPS=\frac{\Delta S}{\Delta Y}$$

3.消费函数与储蓄函数的关系

全部增加的收入分为增加的消费与增加的储蓄,所以：

$$MPC+MPS=1$$

根据以上性质,消费函数和储蓄函数中只要有一个确定,另一个随之确立:当消费函数已知时,就可求得储蓄函数;当储蓄函数已知时,就可求得消费函数。

简单的国民收入决定理论表明:决定国民收入大小的力量是总需求。总需求增加,则国民收入水平提高;总需求减少,则国民收入水平下降。因此,要使国民收入增加,就必须增加总需求,也就是要增加消费、投资、政府支出和出口;相反,如果要使国民收入减少,则要减少消费、投资、政府支出和出口。

(三)投资与利率

1.投资的影响因素

企业投资目的在于盈利,因而在考虑风险的条件下,决定企业是否投资的因素取决于投资收益与筹资成本的比较。投资的收益由预期利润率决定,筹资的成本由市场的利息率决定。如果购买一项资本品的预期利润率大于使用资本的利息率,企业进行投资是有利可图的,投资是可行的;反之,企业就不会进行投资。因此,投资取决于预期利润率是否大于市场利息率。

【做中学9-2】假如一个企业现在有可供选择的4个投资项目,项目 A 的投资量是100万美元,预期利润率是10%。项目 B 的投资量是50万美元,预期利润率是8%。项目 C 的投资量是150万美元,预期利润率是6%。项目 D 的投资量是80万美元,预期利润率是4%。显然,如果市场利率是10%,只有 A 项目值得投资;如果市场利率为8%,则 A 和 B 都值得投资;如果市场利率降低到4%或者4%以下,则 D 也值得投资。可见,对这个企业来说,利率越低,投资总额或投资需求量越大。

2.投资函数

在决定投资的因素中,利率是首要因素。利率上升时,企业投资的成本就增加,投资需求量就会减少;利率下降时,投资成本降低,投资需求就会增加。这种利息率与投资之间的反方向变动的关系就是投资函数。如果投资用 I 表示,利率用 r 表示,投资函数可表达为：

$$I=f(r)$$

在几何图形中,投资需求与利率之间的关系可用图9-8表示。投资曲线描绘出在每一利率上企业愿意进行的投资总量,它是向右下方倾斜的曲线。高利率引起低投资支出。由于投资(I)是总支出（C+I+G+NX）的一部分，因此，当利率升高时，总支出下降。

如果由于某种原因，比如投资者对资本收益的预期增加引致资本的边际效率增加，那么，在同一利率下投资量会增加，表现为投资曲线向右上方移动，如在图 9-8 中，I_1 移动到 I_2；反之，投资曲线向左下方移动。

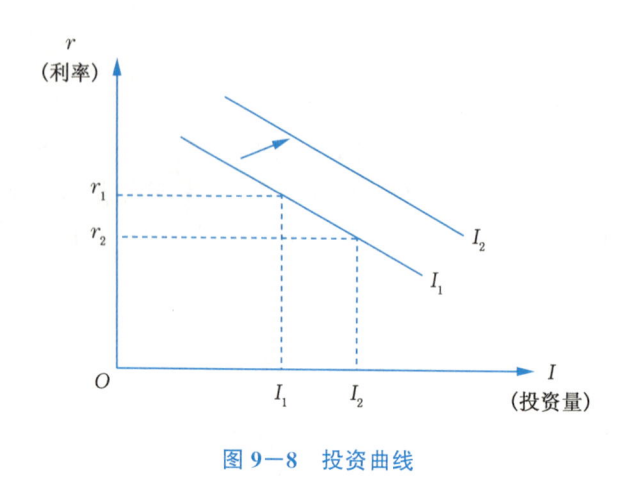

图 9-8　投资曲线

一般来说，为分析的简便，投资函数以线性形式表示，即：

$$I=I_0-d\cdot r$$

式中，I_0 称为自主投资，不随利率的变化而变化；$(-d\cdot r)$ 则是由利率的变动引起的投资的变动，称为引致投资。线性投资函数在几何图形上表现为一条向右下方倾斜的直线。因为本任务是在利率一定的条件下讨论投资对国民收入的影响作用，所以这里的投资只有自主投资，即 $I=I_0$，这样可以使分析更加简便。

二、乘数理论

（一）乘数含义及计算

在宏观经济体系中，各种经济变量是相互制约、相互影响的，一个变量的变化必然引起其他相关变量的连锁反应。例如，如果某人增加一笔消费支出，这笔支出会形成另一个人的收入；如果另一个人再将其支出出去，又会形成第三个人的收入；第三个人再将其支出出去，又会形成第四个人的收入……如此下去，由某一人引发的消费支出链条就可以无限地持续下去，社会总消费需求也会无限地扩张下去。这种由某一变量初始的微小变动所引致的另一变量（国民收入）的最终巨大变动就是乘数原理。而国民收入增加量与引起这种增加量的总需求增加量之间的比率就是乘数。

以消费乘数为例。假设有位李先生，车窗玻璃不知被谁砸了。无奈之下，花 100 元换了新的。假定社会边际消费倾向为 0.8，那么，修车行经理得到 100 元收入，花 80 元买了衣服，用 20 元进行储蓄。服装店老板也与修车行经理一样，拿收入的 80% 买了食品。食品店从得到的 64 元中，再拿出 80% 去买面粉……这种收支不停地进行下去，可以算出李先生买玻璃支出的 100 元，竟给其他人带来了 500 元的收入。

也就是说，国民收入的增加量，是消费支出的 5 倍。若用数学方法计算，其过程如下：

$$\begin{aligned}\Delta Y &= 100+100\times 0.8+100\times 0.8\times 0.8+\cdots+100\times 0.8^{n-1}\\&=100\times(1+0.8+0.8^2+\cdots+0.8^{n-1})\\&=100\times\left(\frac{1}{1-0.8}\right)\end{aligned}$$

$$=500(元)$$

尽管这是一个假设的例子,但同样的情况每天都在真实世界中发生。例如,一个新小区交付使用之后,会对家电、家具等行业产生乘数效应。通过消费乘数的作用,产品供给更加丰富,经济总量成倍增长。

由此可见,新增加 100 元消费最终可以增加 500 元的产出。因此,消费乘数 $=\frac{500}{100}=5$。若以 K 代表乘数,以 MPC 代表边际消费倾向,则乘数的公式是:

$$K=\frac{1}{1-MPC}$$

乘数的大小取决于边际消费倾向。边际消费倾向越高,乘数就越大;边际消费倾向越低,乘数就越小。这是因为边际消费倾向越大,收入中就有更多的部分用于消费,从而使总需求和国民收入增加得更多。

(二)几种常见的乘数

1. 投资乘数

如果投资增加,必然提高有效需求,引起产出水平的增加,而且产出水平增加是投资增加的倍数,这个倍数就称作投资乘数。如果以 ΔY 代表增加的收入量,以 ΔI 代表增加的投资量,以 K 代表乘数,则有:

$$K_I=\frac{\Delta Y}{\Delta I}=\frac{1}{1-MPC}$$

2. 政府购买支出乘数

政府购买支出乘数是指政府支出的增加,如果用于消费则推动消费乘数增长,如果用于投资则启动投资乘数,结果都会使国民产出成倍增长。如果以 ΔG 代表政府购买支出的增加量,t 代表边际税率,则有:

$$K_G=\frac{\Delta Y}{\Delta G}=\frac{1}{1-MPC(1-t)}$$

3. 税收乘数

政府税收是对公共收入的扣除,居民会因此而减少可支配收入。居民可支配收入的减少,在边际消费倾向不变的条件下,支出会随之减少。而支出减少会发生乘数作用,使国民产出成倍地减少;反之,降低税收也会发生相反的过程而使国民产出成倍增长。所以,单纯税收的增减而引起的国民产出变动额是反向运动的。如果以 ΔT 代表政府税收的增加量,则有:

$$K_t=\frac{\Delta Y}{\Delta T}=\frac{-MPC}{1-MPC}$$

课程思政   **蜜蜂的寓言**

从 1929 年开始,资本主义世界爆发了空前的大危机。3 000 多万人失业,1/3 的工厂停产,整个经济倒退回了"一战"前的水平。经济处于极度混乱之中,传统的经济学无法解释更无法解决这一问题,理论界纷纷进行探讨。这时,英国经济学家凯恩斯从一则古老的寓言中得到了启示。这则寓言说:从前有一群蜜蜂,它们在一个蜂王的领导下过着挥霍、奢侈的生活,整个蜂群兴旺发达,百业昌盛。后来,老蜂王去世了,换了一个新蜂王。它们改变了原有的生活习惯,开始崇尚节俭,结果社会凋敝,经济衰落,最后被对手打败而逃散。凯恩斯在这则寓言的启示下,提出国民收入决定理论,从而建立了宏观经济学。

资料来源:李贺主编:《经济学基础》第 2 版,上海财经大学出版社 2021 年版,第 209—210 页。

【思政感悟】 凯恩斯从这则寓言中悟出了需求的重要性。他看到蜂群的兴旺发达,正是由于它们的挥霍、奢侈,创造了足够的需求。当它们变得节俭以后,由于有效需求不足,导致经济衰落。

【三省吾身】 凯恩斯的国民收入理论主要是由以下几方面构成的:①宏观经济理论分析的主要对象是国民收入决定。国民收入大小取决于经济中的总需求。总需求由消费需求和投资需求构成,所以,国民收入取决于消费和投资。②消费由消费倾向和收入决定。③消费倾向是比较稳定的。因而,国民收入的波动主要来自投资的变动。④投资由利率和资本边际效率决定,与利率呈反方向变动关系,与资本边际效率呈同方向变动关系。⑤利率取决于流动偏好与货币数量。⑥资本边际效率由预期收益和资本资产的供给价格或者说重置成本决定。根据国民收入决定理论,形成资本主义经济萧条的根源是由于消费需求和投资需求所构成的总需求不足以实现充分就业。

任务五　IS—LM 曲线

一、货币需求与货币供给

(一)货币需求

货币需求是指人们愿意以货币形式保存财富的数量。按照凯恩斯主义的说法,人们需要货币出于以下三个动机:

1. 交易动机

交易动机是指企业和个人需要货币是为了进行正常的交易活动。就个人或家庭而言,一般是定期取得收入,经常需要支出。为购买日常所需的生活资料,他们经常要保持一定数量的货币。

2. 预防动机

预防动机是指人们为了应付不可预见的事件所要进行的支付的动机。人们需要持有一定数量的货币以防万一。可见,预防需求的产生是由于人们对未来收入和支出的不确定性。这部分货币需求也与收入成正比。

出于交易动机和预防动机的货币需求对利率不太敏感,因为这两种用途所保留的货币在生活和生产中是不可缺少的,机会成本再大也要保持。

3. 投机动机

投机动机是指由于市场利率的不确定,人们为了避免资产损失或增加资本收益,需要及时调整资产结构,因而形成的货币需求。凯恩斯认为,用于投机目的的货币需求对利率极为敏感。利率升高,人们将不愿意持有货币而情愿将货币转换为其他形式的财产(如债券、股票等)。现实生活中,债券未来的市场价格是随利率的变化呈反方向运动的,所以预期未来利率下降、债券价格上涨的人就会抛出货币购进债券,以备日后债券价格上涨时用高价抛出,此时,货币的投机需求减少;则货币的投机需求增加。

【提示】货币的投机需求与收入关系不大,它受利率的影响最大,且二者呈反向变化,即利率越高,投机的货币需求越少;反之,利率越低,投机的货币需求越多。

如果用横轴表示货币的需求量,用纵横表示利率,那么货币的需求曲线(MD)向右下方倾斜,表明货币需求量随利率下降而增加,如图 9—9 所示。

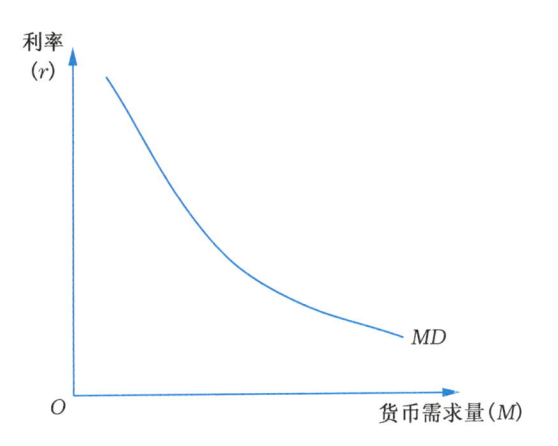

图 9—9 　货币需求曲线

同步思考　　　　　　货币的需求动机

晓明和小欣是一对感情不错的情侣,今年同时从一所名牌大学毕业。晓明进了省城某机关,每个月可以拿 5 500 元左右工资。小欣进了一家国际贸易公司,做外贸工作,工资和奖金加在一起,每个月大概有 8 000 元。看来这对情侣的前途一片光明。不过,前几天,他们为了将来存钱的问题发生了矛盾。

晓明认为现在他们大学刚毕业,虽然单位都不错,工资也可以,但将来用钱的地方很多,所以现在除了留下平常必要的开销以及预防发生意外事件的钱以外,剩下的钱要定期存入银行,这样可以获得稳定的利息收入,又没有损失的风险。小欣大概是受在外企工作环境的影响,认为自己挣钱了,考虑那么多做什么,何况银行利率低。她认为发工资后,先要买几件大牌服饰,再美美地吃上几顿,最后留下一部分钱炒股。大学时看着别人炒股,她一直很羡慕,现在也要试试。但晓明认为现在股市行情不稳定,最好不要炒股,如果一定要炒,也只能投入很少的钱。

资料来源:李贺主编:《经济学基础》第 2 版,上海财经大学出版社 2021 年版,第 211 页。

试问:

1. 根据上面两个人的争论,谈一谈他们有哪些货币需求动机。
2. 分析上述三种动机引致的货币需求的决定因素,并给出货币的总需求函数。

分析:

1. 人们的货币需求主要是出于以下三种不同的动机:

(1)交易动机是指人们为了应对日常交易而在手边留有货币的动机。

(2)预防动机又称谨慎动机,是指人们为了防止意外情况发生而在手边留有货币的动机。

(3)投机动机是指人们为了把握有利的生息资产而在手边留有一定数量货币的愿望。

2.(1)交易性货币需求取决于收入水平以及惯例和商业制度,而惯例和商业制度在短期内一般可假定为固定不变,所以货币需求量主要取决于收入。收入越高,交易数量越大;交易数量越大,所交换的商品和劳务的价格越高,从而交易性货币需求越大。

(2)个人对货币的预防需求主要取决于其对意外事件的看法,但从全社会来看,这一货币需求量大体上也与收入成正比,是收入的函数。

(3)人们对货币的投机需求取决于市场利息率,这一需求与利息率呈反方向变化。

(二)货币供给

货币供给是指一定时期内一国银行系统向经济中投入、创造、扩张(或收缩)货币的行为,是银行系统向经济中注入货币的过程。货币供给量由中央银行供给基础货币,商业银行创造存款货币构成。

货币的供给只能由国家货币当局"生产",供给的数量取决于国家货币管理当局的货币政策,供给的目的不是为了营利,因此货币的供给影响利率,但不受利率影响。决定货币供给量的是中央银行的货币发行量和存款准备金率等。如果用横轴表示货币的供给量,用纵轴表示利率时,货币的供给曲线 MS 是一条垂直线,如图 9—10 所示。

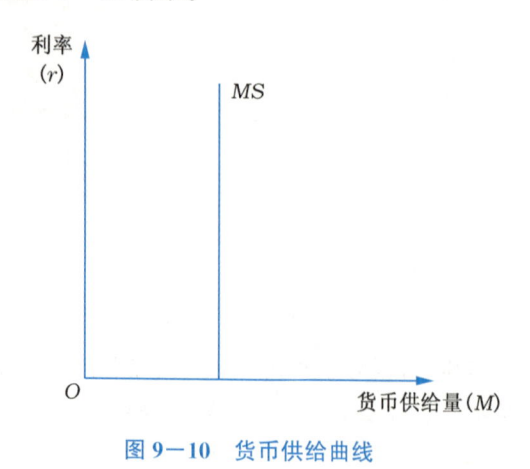

图 9—10 货币供给曲线

二、均衡利率的决定

(一)均衡利率的含义

均衡利率是指货币供给与需求平衡时的利率。货币需求曲线与货币供给曲线的交点决定了均衡利率水平。图 9—11 中的 E 点就是货币市场的均衡点,该点对应的利率水平 r_e 就是货币市场的均衡利率水平,即由货币市场决定的市场利率。如果初始的利率大于 r_e,如图中的 r' 水平,那么需求就会小于供给,出现需求缺口,市场资金找不到出路就会压低利率,使利率向 r_e 水平靠拢。反过来,如果初始利率低于 r_e 就会出现货币的供给缺口,供不应求会推动利率上升,也向 r_e 水平靠近。

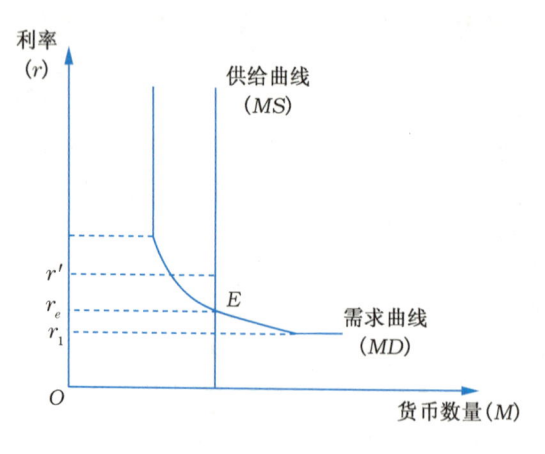

图 9—11 货币市场均衡

很明显,货币市场的均衡有可能因为货币供给的变动被打破,而货币的供给是由国家的货币当局或者政府控制的。当政府增加货币供给时,供给曲线 MS 向右边移动,如果需求不变,那么利率就会降低;反过来,如果政府减少货币供给而需求不变,那么利率就会上升。

例如,在图 9-12 中,货币供给的增加使得货币供给从 QM_1 右移到 QM_2 水平,在这种情形下,均衡利率将下降。若货币供给不变,货币需求增加,利率将上升,如图 9-13 所示。

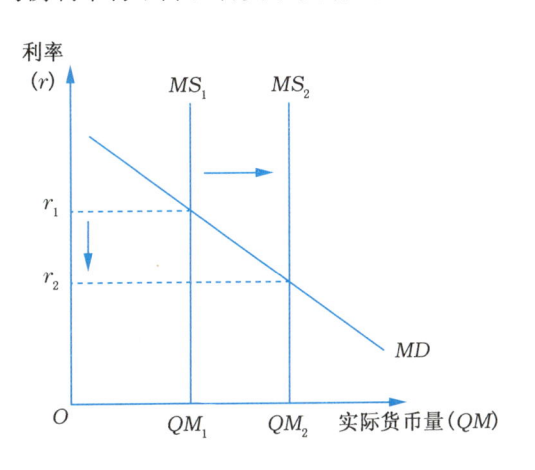

图 9-12　货币供给增加,利率下降

图 9-13　货币需求增加,利率上升

(二)利率传导机制

利率传导机制的起点是货币供给量的增加,货币供给(M)增加引起利率(r)下降,利率下降会鼓励投资(I)增加,而投资增加对总需求产生乘数效应;反之亦然,央行减少货币供给能够迫使利率上升,引起投资支出下降,并通过乘数机制拉动总需求下滑。这是凯恩斯模型中货币政策运行的概要。由于这个因果链相当长,图 9-14 可以将其表述得更清楚。

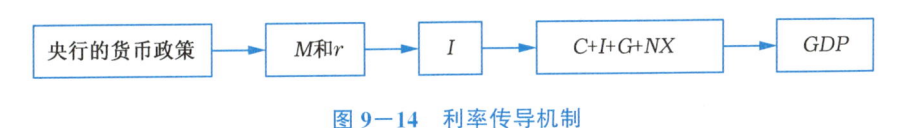

图 9-14　利率传导机制

三、IS—LM 模型

IS—LM 是说明物品市场与货币市场同时达到均衡时国民收入与利息率决定的模型。在这里,I 是指投资,S 是指储蓄,L 是指货币需求,M 是指货币供给。这一模型在理论上是对总需求分析的全面高度概括,在政策上可以用来解释财政政策与货币政策,因此,它被称为整个宏观经济学的核心。

(一)IS 曲线

IS 曲线是产品市场达到均衡的条件下,即 $I=S$ 时,利率与国民收入之间存在着反方向变动关系的曲线。IS 曲线如图 9-15 所示,横轴代表国民收入,纵轴代表利率。由于投资与利率负相关,利率降低将使得投资增加,投资的增加最终促使国民收入增加,所以,IS 曲线是一条向右下方倾斜的曲线。

图 9-15 IS 曲线

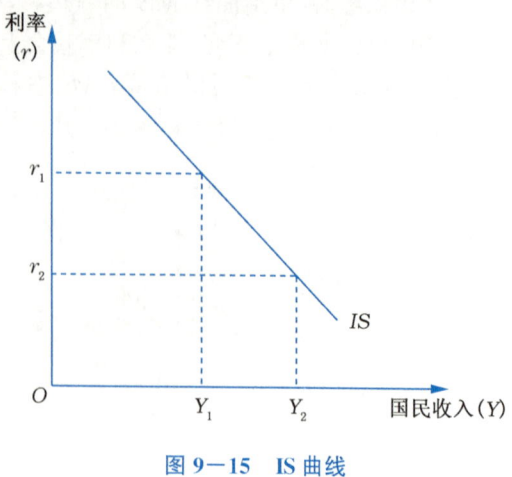

(二) IS 曲线的移动

影响 IS 曲线移动的主要因素有以下几个方面：

1. 投资需求变动

如果其他条件不变，而投资者对投资前景乐观，自发性投资水平上升，则在每一利率水平上，投资需求就会增加，IS 曲线相应右移。在每一利率水平上国民收入相应增加，增加的幅度为投资需求增加额乘以投资乘数。

2. 政府支出及税收的变动

如果其他条件不变，而政府实行扩张性财政政策，增加政府支出或减免税额，其作用都类似于增加投资或刺激消费，因此 IS 曲线右移，从而促使均衡收入由 Y_0 增加到 Y_1；反之，如果政府实行紧缩性财政政策，减少政府支出或增加税额，其作用都类似于减少投资或是消费水平下降，因此 IS 曲线将左移，从而导致均衡收入由 Y_0 减少到 Y_2，其移动的水平距离分别为政府支出和税额的变动量乘以支出乘数。IS 曲线的移动情况如图 9-16 所示。

3. 净出口额变动

在其他条件不变时，如果净出口增加，其作用相当于增加了自发性支出，因此 IS 曲线右移（见图 9-16），从而促使均衡收入由 Y_0 增加到 Y_1；反之，如果净出口减少，则 IS 曲线左移，从而导致均衡收入由 Y_0 减少到 Y_2。其移动的距离为净出口额的变动量乘以相应的出口乘数。

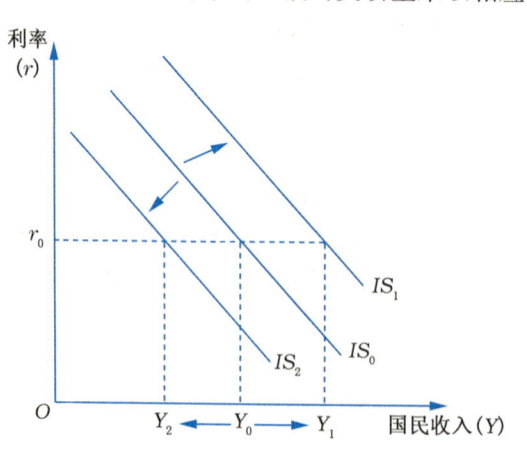

图 9-16 IS 曲线的移动

四、货币市场均衡与 LM 曲线

(一) LM 曲线

LM 曲线是描述货币市场达到均衡时,即货币需求(L)＝货币供给(M)时,国民收入与利息率之间存在着同方向变动关系的曲线。

以纵轴代表利率,以横轴代表国民收入,则可得到一条反映利率(r)与国民收入(Y)之间相互关系的曲线,即 LM 曲线,如图 9－17 所示。LM 曲线上任何一点都是 $L=M$,即货币市场上实现了均衡。LM 曲线向右上方倾斜,表明在货币市场上实现了均衡时,利息率与国民收入呈同方向变动,即利息率高则国民收入高,利息率低则国民收入低。

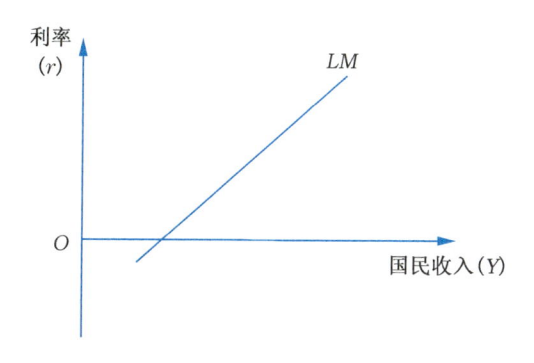

图 9－17 LM 曲线

(二) 为什么 LM 曲线向右上方倾斜

在货币市场上,利率与国民收入呈同方向变动可以用凯恩斯主义的货币理论来解释。根据这一理论,货币需求(L)由 L_1 与 L_2 组成。L_1 代表货币的交易需求和预防需求,取决于国民收入,与国民收入同方向变动,记为 $L_1=L_1(Y)$,即国民收入水平越高,对货币的交易需求和预防需求越多;反之则越小。L_2 代表货币的投机需求,取决于利率,与利率反方向变动,记为 $L_2=L_2(r)$,即利息率越低,人们越愿意持有货币进行证券投资;反之,利息率提高,则人们更愿意减少手中持有的投机性货币而存入银行。货币的供给(M)是指实际货币供给量,由中央银行的名义货币供给量与价格水平决定。货币市场的均衡条件是:

$$M=L=L_1(Y)+L_2(r)$$

从上式可以看出,当货币供给既定时,随着国民收入(Y)的增加,货币的交易需求与预防需求(Y_1)将增加,为了保持货币市场均衡($L=M$),货币的投机需求(L_2)必然减少,而 $L_2(r)$ 是利率的减函数,L_2 要减少,r 必须上升。L_1 的增加是国民收入增加的结果,而 L_2 的减少又是利率上升的结果。因此,国民收入(Y)增加,利率必然要上升;反之,Y 减少,r 必然要下降,这样才能在货币供给既定的情况下,通过使 Y 和 r 保持同方向变化关系来调整对货币的需求,使调整后的货币需求等于既定的货币供给,保持货币市场的均衡。所以,在货币市场上实现均衡时,国民收入与利率之间必然是同方向变动的关系。

(三) LM 曲线的移动

货币需求和货币供给的变化,都会使 LM 曲线发生相应的变动,如图 9－18 所示。

第一,货币供给的变动。如果其他条件不变,货币供给量的变动将引致 LM 曲线的同方向移动,即货币供给增加,使 LM 曲线向右下方移动,货币供给减少使 LM 曲线向左上方移动。因为当货币需求不变时,货币供给增加必然使利率下降,利率下降又刺激投资和消费,从而使国民收入增

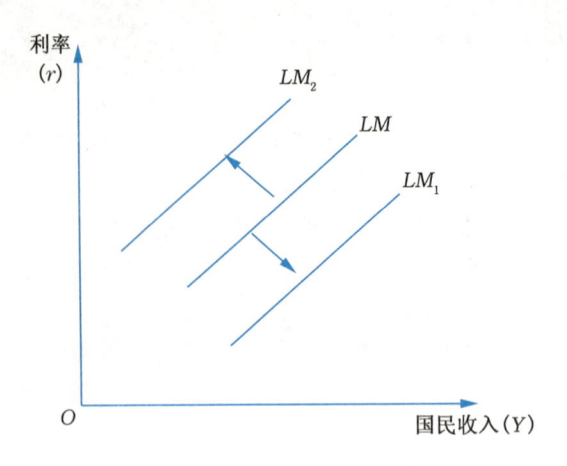

图 9-18 LM 曲线的移动

加;反之亦然。

第二,货币投机需求变动。如果其他条件不变,货币投机需求增加,LM 曲线将向左上方移动;如投机需求减少,则 LM 曲线将向右下方移动。这是因为货币供给不变时,货币投机需求增加,货币市场上将出现供不应求,这引致利率上升,国民收入下降,从而 LM 曲线向左上方移动;反之,货币投资需求减少,则 LM 曲线向右下方移动。

第三,货币交易需求变动。如果其他条件不变,货币交易需求增加,货币市场上也会供不应求,同样会引致利率上升,国民收入下降,LM 曲线向左上方移动;反之,则向右下方移动。

需要指出的是,在使 LM 曲线移动的三个因素中,应该特别重视货币供给量变动这个因素。因为货币政策的内容正是通过货币当局根据货币需求情况,调节货币供给量,从而调节利率和国民收入来达到货币政策的目的的。

五、产品和货币市场的一般均衡

(一) 两个市场同时达到均衡时的利率与收入

把 IS 曲线与 LM 曲线结合在一起,就可以得出说明产品市场和货币市场同时实现均衡时利率与国民收入之间关系的 IS—LM 模型。

从前面的分析得知,在 IS 曲线上,有一系列利率与相应的收入组合可以使得产品市场达到均衡;在 LM 曲线上,又有一系列利率与相应的收入组合可以使得货币市场达到均衡。但能够使得产品市场和货币市场同时达到均衡的利率与收入却只有一个。这一均衡的利率和收入可以在 IS 曲线和 LM 曲线的交点上求得,其数值可以通过求解 IS 和 LM 的联立方程得到。

【做中学 9—3】 已知产品市场和货币市场的均衡模型分别为:$I=1\,250-250r$,$S=-500+0.5y$,$M=1\,250$,$L=0.5y+1\,000-250r$,求均衡收入和利率。

解:$I=S$ 时,$y=3\,500-500r$(IS 曲线)

$L=M$ 时,$y=500+500r$(LM 曲线)

当产品市场和货币市场同时达到均衡时,$IS=LM$。因此,联立这两个 r 与 y 的方程,得:$y=2\,000$,$r=3$。

当 $r=3$ 及 $y=2\,000$ 时,同时可满足 $I=S$、$L=M$ 及 $IS=LM$,因此,是产品市场和货币市场同时均衡时的均衡利率和均衡收入。

均衡利率和均衡收入也可用图形来表示。如图 9-19 所示,IS 和 LM 曲线的交点的横坐标和纵坐标形成了均衡收入和利率。在交点 E 处，实际支出等于计划支出，实际货币供给等于实际货币需求。在交点 E 之外的任何区域，都是不均衡的。

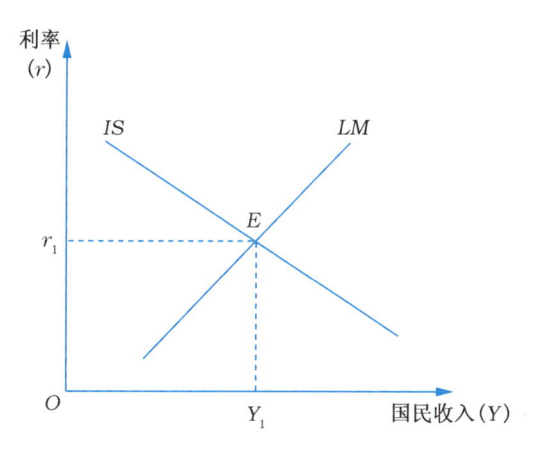

图 9－19　产品和货币市场的一般均衡

（二）均衡收入和利率的变动

均衡收入与利率是由 IS 曲线和 LM 曲线共同决定的，其中任一条曲线的变动或两条曲线的同时变动都将影响均衡收入和利率的水平。

1. 假定 LM 曲线不变，IS 曲线变动对均衡收入与利率的影响

当 LM 曲线不变时，IS 曲线向右上方移动不仅会促使收入提高，而且利率会随之上升，如图 9－20 所示。这是因为 IS 曲线的右移是出于自发支出（投资、消费或者政府支出）的增加，这种计划支出的增加使得产出和收入增加；收入增加后，货币的交易需求也会增加。由于货币供给不变（LM 曲线的不变意味着实际货币供给不变），因此，人们只能出售有价证券来获取从事交易所需的货币，这会引致证券价格下跌，利率上升。同理，当 LM 不变时，IS 曲线的左移会引起利率和收入下跌。

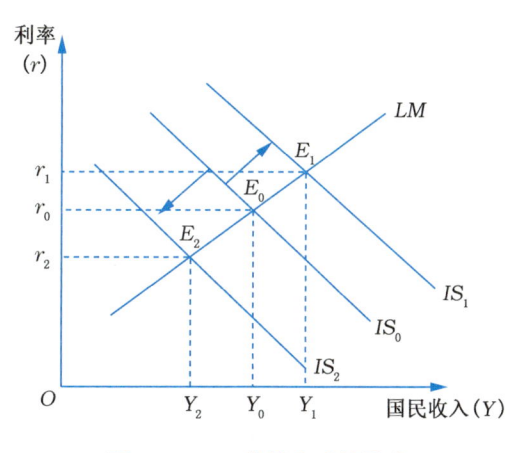

图 9－20　IS 曲线变动的影响

2. 假定 IS 曲线不变，LM 曲线变动对均衡收入与利率的影响

当 IS 曲线不变而 LM 曲线向右下方移动时，收入提高，利率下跌，如图 9－21 所示。这是因为 LM 曲线的右移意味着货币的实际供给增加了，在产品市场的供求没有发生变化（意味着货币的需求没有发生变化），货币供给的增加必然引致利率的下跌，而利率的下跌刺激消费和投资，从而

使得收入增加。相反,当 LM 曲线向左上方移动时,利率上升,收入下降。

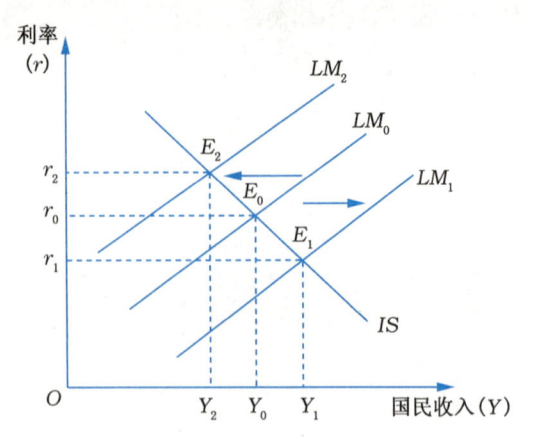

图 9—21　LM 曲线变动的影响

3. 假定 IS 曲线和 LM 曲线同时变动

在 IS 和 LM 曲线的交点上同时实现了产品和货币市场的均衡,然而,这一个均衡不一定是充分就业的均衡。如图 9—22 所示,IS_1 和 LM_1 决定的均衡收入为 Y_1,但充分就业的收入却为 Y_f。在这种情况下,短期之内靠市场的自发调节,无法实现充分就业的均衡,这就需要依靠国家的财政政策或者货币政策来进行调节。财政政策是通过政府的支出或者税收的变动来调节国民收入的,如果政府增加支出或者减少税收,或者双管齐下,IS 曲线将移动到 IS_2,达到充分就业的产出水平。货币政策是货币当局(中央银行)通过改变货币供应量来改变利率与收入的,当中央银行增加货币供给时,LM 曲线将向右下方移动,同样可以达到充分就业的产出水平。当然,政府也可以同时采取改变税收、改变政府支出、改变货币供应量来同时实现 IS 和 LM 曲线的移动。

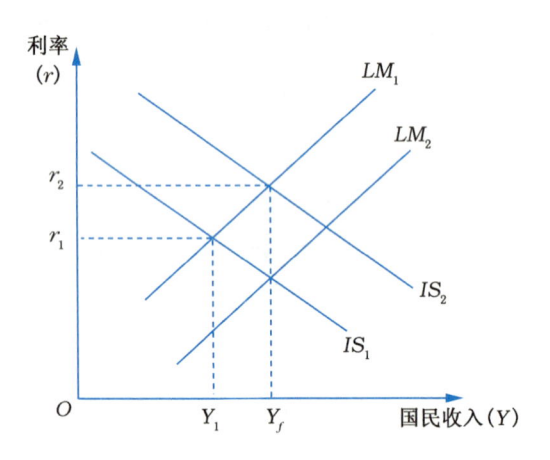

图 9—22　IS 和 LM 曲线的移动和新的均衡

IS—LM 模型分析了储蓄、投资、货币需求和货币供给是如何影响国民收入和利率的。根据这个模型的性质和特点,国家为实现收入的均衡增长,在利率很低时,可以实行扩张性的财政政策;在利率很高时,可以实行扩张性的货币政策。同时,在任何情况下,都必须是财政政策与货币政策相配合,既要产品市场均衡,也要货币市场均衡,不能顾此失彼。

任务六　AD—AS 曲线

一、总需求

（一）总需求函数和总需求曲线

1. 总需求函数

总需求（Aggregate Demand，AD）是经济社会对产品和劳务的需求总量。总需求由消费需求、投资需求、政府需求和国外需求构成，即 $AD=C+I+G+NX$。消费、投资、出口也被称为刺激经济增长的"三驾马车"。

总需求函数，是指产品市场和货币市场同时达到均衡时的物价水平（P）与均衡国民收入（Y）之间的依存关系。总需求函数可以表示为：

$$Y=f(P)$$

在其他条件不变的情况下，当物价水平（P）提高时，均衡国民收入（Y）减少；当物价水平（P）下降时，均衡国民收入（Y）增加。两者的变动方向相反。

2. 总需求曲线

总需求曲线，是表明产品市场与货币市场同时达到均衡时总需求与价格水平之间关系的曲线。总需求曲线为一条向右下方倾斜的曲线，即价格水平上升，总需求减少；价格水平下降，总需求增加。如图9-23所示。

（二）总需求曲线的移动

1. 自发总需求变动

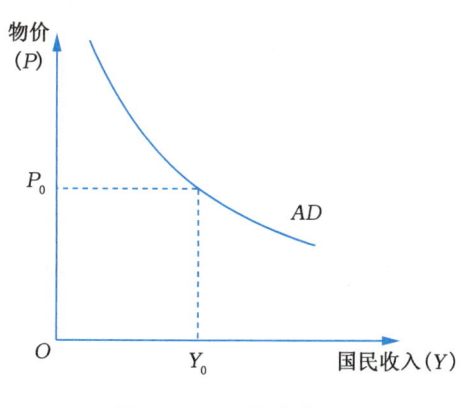

图9-23　总需求曲线

自发总需求变动会引起总需求曲线的移动，如图9-24所示。当自发总需求增加时，总需求曲线平行向右上方移动，AD_0 上升到 AD_1，表示在相同的价格水平下，社会的总需求增加了，如自发投资支出的增加或政府支出的增加，会引起总需求曲线向右移动，引起国民收入增加。当自发总需求减少时，总需求曲线向左移动，AD_0 下移到 AD_2，表示在相同的价格水平下，社会的总需求减少了，如自发投资支出的减少或政府支出的减少，引起 AD 曲线向左移动。

2. 自发储蓄的变动

自发储蓄的增加会引起总需求曲线 AD 向左移动，自发储蓄的减少引起总需求

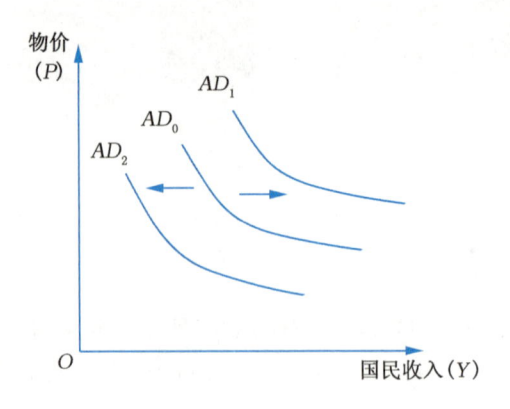

图 9—24 总需求曲线的移动

曲线 AD 向右移动。因此，自发储蓄变动对国民收入变动的影响，在量上与自发投资变动的作用相同，在方向上则相反。

3. 货币供给的变化

在国民收入未达到充分就业国民收入的区间（中间区间），货币供给增加会引起总需求曲线 AD 向右移动，货币供给减少会引起总需求曲线 AD 向左移动。由此可见，在中间区间货币供给与国民收入正相关，货币供给增加会使国民收入增加，货币供给减少会使国民收入减少。

二、总供给

（一）总供给函数和总供给曲线

1. 总供给函数

总供给（Aggregate Supply，AS）是经济社会的总产出。总供给主要由劳动力、生产性资本存量和技术状态所决定。总供给函数表示总产量与一般价格水平之间的关系，其几何图形表示为总供给曲线。

价格水平影响总产量的基本过程如下：

(1) 价格水平的变化影响实际工资。若名义工资不变，则实际工资与价格水平反方向变动。

(2) 实际工资的变化又影响劳动市场的供求。劳动供给与实际工资同方向变动，劳动需求与实际工资反方向变动；劳动供求决定实际就业量。因此，若其他条件不变，实际工资就通过劳动市场影响就业量。

(3) 就业量的变化影响总产量。若其他条件不变，总供给随就业量的增加而增加，反之亦然。

2. 总供给曲线

总供给曲线是表明物品市场与货币市场同时达到均衡时，总供给与价格水平之间关系的曲线。它反映了在每一既定的价格水平上，所有企业愿意提供的产品与劳务的总和。总供给取决于资源利用的情况。在不同的资源利用情况下，总供给曲线，即总供给与价格水平之间的关系是不同的。我们可以用图 9—25 来说明总供给曲线的不同情况：

第一种情况：$a \rightarrow b$，这时总供给曲线是一条与横轴平行的线，这表明在价格水平不变的情况下，总供给可以增加。这是因为资源还没有得到充分利用，社会上存在着一部分闲置资源，所以，总供给数量会随着总需求的增加而增加，即可以在不提高价格的情况下，增加总供给。这种情况是凯恩斯提出来的，所以这种水平的总供给曲线称为"凯恩斯主义总供给曲线"。

第二种情况：$b \rightarrow c$，这时总供给曲线是一条向右上方倾斜的线，这表明总供给与价格水平同方

价格
(P)

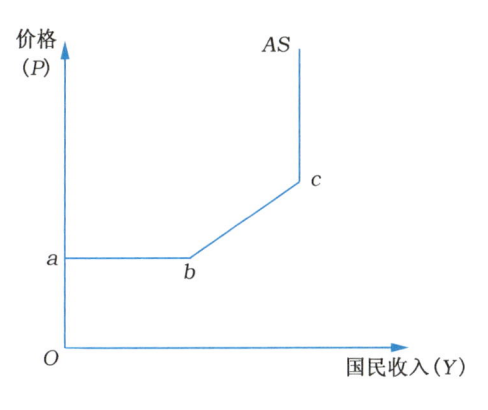

图 9-25　总供给曲线

向变动。这是因为在资源接近充分利用的情况下,产量增加会使生产要素的价格上升,从而成本增加,价格水平上升。这种情况是短期中存在的情况,所以这种向右上方倾斜的总供给曲线称为"短期总供给曲线"。

第三种情况:c 以上,这时总供给曲线是一条垂线,这表明无论价格水平如何上升,总供给也不会增加。这是因为资源已经得到了充分的利用,即经济中实现了充分就业,总供给已无法增加。在长期总是会实现充分就业的,因此,这种垂直的总供给曲线称为"长期总供给曲线"。

(二)总供给曲线的移动

在资源条件既定,即潜在的国民收入水平既定的条件下,凯恩斯主义总供给曲线和长期总供给曲线是不变的。但短期总供给曲线是可以变动的,可用图 9-26 来说明短期总供给曲线变动的情况。

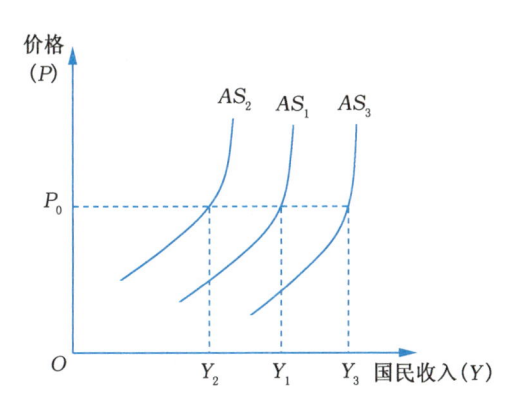

图 9-26　短期总供给曲线的移动

造成总供给曲线移动的因素有很多,其中最重要的是四点:

(1)投资要素价格水平的变动。在其他条件不变的情形下,由于工资、原材料、能源等投资要素价格水平提高时,企业获利的可能性就会降低。如果商品的价格水平不变,企业只能以调整产量来适应市场的变化,成本上升,产量下降;相反,成本下降,产量增加。这意味着在同一价格水平,产品供给量增加或者减少。

(2)生产率的变动。在其他条件不变的情形下,生产率提高,则单位投入可以生产更多的产品,这意味着产品的单位成本逐步下降。如果价格水平不变,竞争企业为占有更多的份额,必然会增加产出量,引致总供给曲线向右移动;反之,则向左移动。

(3)劳动和资本等生产要素变动。生产要素的增加意味着在价格水平不变的基础上生产能力将会提高,这必然引致总供给曲线向右移动;反之,资源减少,总供给曲线向左移动。

(4)风险态度的变化。生产过程总是伴随着风险,当宏观经济进入衰退期时,风险增加,而企业承担风险的能力和意愿却在下降,例如,企业并不清楚衰退将持续多久,也不知道经济的复苏能否恢复对他们生产的特定产品的需求。如果衰退是未预期到的或者比预期要长,那么企业将会有超额的存货即超过他们意愿持有的储备。他们已经为这些产品支付了工资却没能够把产品销售出去收回任何现金。企业很清楚,如果他们继续生产而销售停留在低水平上,他们的现金状况将会很快恶化。作为应对措施,企业将会减少任意价格水平上愿意供给的数量,因此当经济进入衰退时,企业愿意供给的数量将会减少,即总供给曲线向左移动。

除了上述四种主要因素外,天灾人祸也会引致总供给曲线的移动。例如,地震和战争会极大地减少经济中的资本存量,结果是任意数量的劳动所能生产的仓储数量都会减少,这将引致总供给曲线的向左移动。

三、总需求—总供给模型

(一)总需求—总供给模型介绍

以上分别总结了总需求曲线和总供给曲线,现在我们把总需求曲线与总供给曲线结合在一起来说明国民收入与价格水平的决定。总需求—总供给模型是分析宏观经济情况与政策的一种很有用的工具,可以用图9-27来说明总需求—总供给模型。

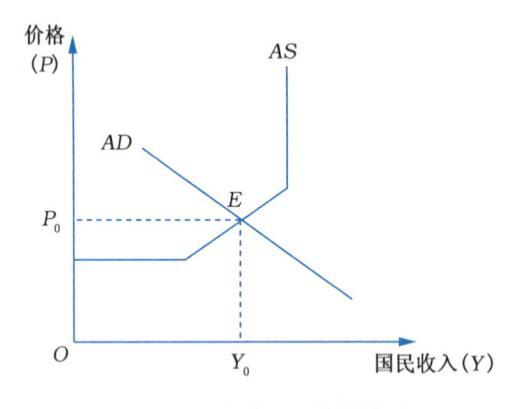

图9-27 总需求—总供给模型

在图9-27中,总需求曲线 AD 与总供给曲线 AS 相交于 E 点,这时就决定了均衡的国民收入水平为 Y_0,均衡的价格水平为 P_0。

(二)总需求与总供给均衡的变动

从图9-27可知总供求均衡点决定均衡国民收入和均衡价格总水平,均衡点的位置又取决于 AD 曲线和 AS 曲线的位置,AD 曲线和 AS 曲线位置的任何移动都将引致均衡点的变动,而凡是价格总水平以外的其他因素所引起的总供求的变动都会引起 AD 曲线或 AS 曲线的移动,从而引致均衡国民收入的变动。

1. 总需求曲线移动对国民收入与价格水平的影响

在总需求—总供给模型中,假定总供给曲线 AS 不变,总需求变动对国民收入与价格水平的影响根据总供给曲线的不同情况而不同。

(1)凯恩斯主义总供给曲线情形

在凯恩斯主义总供给曲线这种情况时,总需求的增加会使国民收入增加,而价格水平不变,总需求的减少会使国民收入减少,而价格水平也不变,即总需求的变动不会引起价格水平的变动,只会引起国民收入的同方向变动。可用图9—28来说明这种情况。

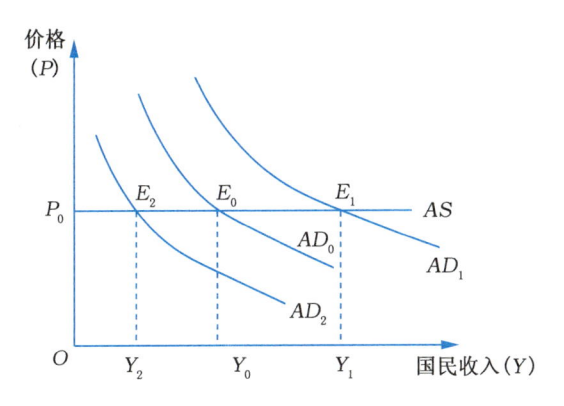

图9—28 凯恩斯主义总供给曲线

在图9—28中,AS为凯恩斯主义总供给曲线。AS与AD_0相交于E_0,决定了国民收入为Y_0,价格水平为P_0。总需求增加,总需求曲线由AD_0移动到AD_1,这时AD_1与AS相交于E_1,决定了国民收入为Y_1,价格水平仍为P_0,这就表明了总需求增加使国民收入由Y_0增加到Y_1,而价格水平未变。相反,总需求减少,总需求曲线由AD_0移动到AD_2,这时AD_2与AS相交于E_2,决定了国民收入为Y_2,价格水平仍为P_0,这就表明了总需求减少使国民收入由Y_0减少到了Y_2,而价格水平未变。

(2)短期总供给曲线情形

在这种总供给曲线情况时,总需求的增加会使国民收入增加,价格水平也上升;总需求的减少会使国民收入减少,价格水平也会下降,即总需求的变动会引起国民收入与价格水平的同方向变动。可用图9—29来说明这种情况。

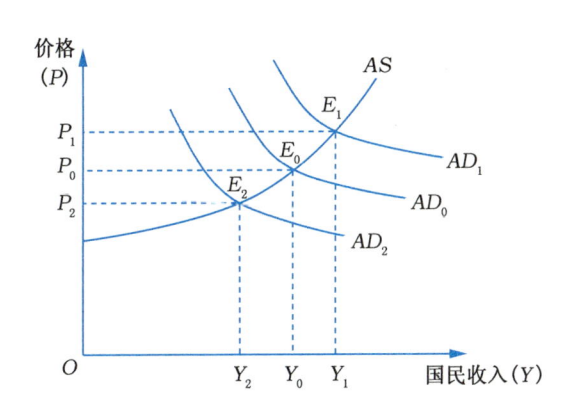

图9—29 总需求曲线变动与短期总供给曲线

在图9—29中,AS为短期总供给曲线,AS与AD_0相交于E_0,决定了国民收入为Y_0,价格水平为P_0。如果总需求增加,总需求曲线由AD_0移动到AD_1,这时AD_1与AS相交于E_1,决定了国民收入为Y_1,价格水平为P_1。这表明总需求增加使国民收入由Y_0增加到Y_1,使价格水平由P_0上升为P_1。如果总需求减少,总需求曲线由AD_0移动到AD_2,这时AD_2与AS相交于E_2,决定了国民收入为Y_2,价格水平为P_2。这表明总需求减少使国民收入由Y_0减少到Y_2,使价格水平由

P_0 下降为 P_2。

(3) 长期总供给曲线

在这种总供给曲线情况时,由于资源已得到了充分的利用,所以总需求的增加只会使价格水平上升,而国民收入不会变动;同样,总需求的减少也只会使价格水平下降,而国民收入不会变动,即总需求的变动会引起价格水平的同方向变动,而不会引起国民收入的变动。可用图9-30来说明这种情况。

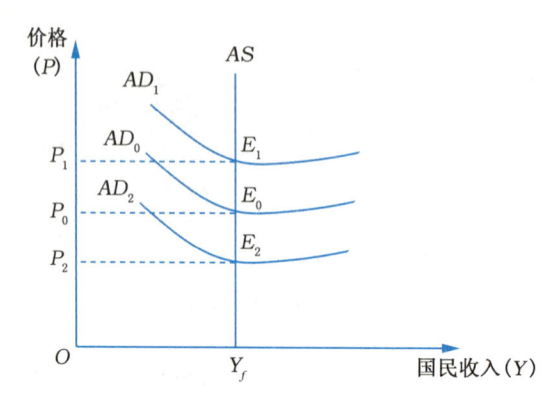

图9-30 总需求曲线变动与长期总供给曲线

在图9-30中,AS为长期总供给曲线,AS与AD_0相交于E_0,决定了充分就业的国民收入水平Y_f,价格水平为P_0。如果总需求增加,总需求曲线由AD_0移动到AD_1,这时AD_1与AS相交于E_1,决定了充分就业的国民收入水平仍为Y_f,价格水平为P_1,这表明总需求增加使价格水平由P_0上升为P_1,而国民收入仍为Y_f。如果总需求减少,总需求曲线由AD_0移动到AD_2,这时AD_2与AS相交于E_2,决定了国民收入仍为Y_f,价格水平为P_2,这表明总需求减少使价格水平由P_0下降为P_2,而国民收入仍为Y_f。

2. 短期总供给变动对国民收入和价格水平的影响

短期总供给是会变动的,这种变动同样会影响国民收入与价格水平。在总需求不变时,总供给的增加,即产量的增加会使国民收入增加,价格水平下降;而总供给的减少,即产量的减少会使国民收入减少,价格水平上升,可用图9-31来说明这种情况。

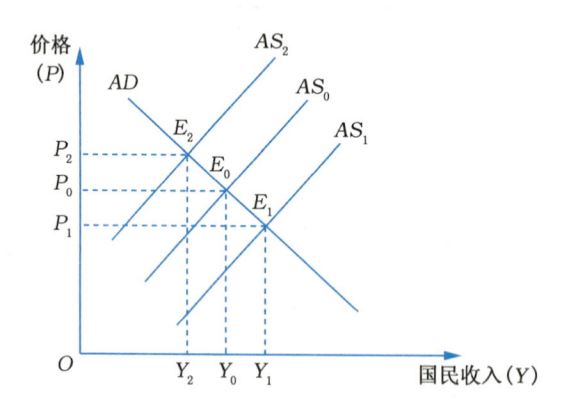

图9-31 短期总供给曲线变动对国民收入与价格水平的影响

在图9-31中,AS_0与AD相交于E_0,决定了国民收入水平为Y_0,价格水平为P_0。当总供给增加时,供给曲线由 AS_0 移动到 AS_1,AS_1 与 AD 相交 E_1,决定了国民收入为 Y_1,价格水平为 P_1,这表明由于总供给的增加,国民收入由 Y_0 增加到了 Y_1,而价格水平由 P_0 下降为 P_1。当总供给减少时,例如洪水摧毁农作物、要求企业减少排污量的新环境保护法规等,这些状况的出现都可以看作是不利的供给冲击,因为它直接抬高了企业的生产成本,总供给曲线会向左上方移动。在这种情形下,我们会发现国民收入会由 Y_1 降低到 Y_2,同时价格水平会上升到 P_2,总供给曲线由 AS_0 移动到 AS_2,AS_2 与 AD 相交 E_2,决定了国民收入为 Y_2,价格水平为 P_2。这表明由于总供给的减少,国民收入由 Y_0 减少到了 Y_2,而价格水平由 P_0 上升为 P_2。这种实际国民收入下降而价格水平上升的现象称作"滞胀"。

从以上分析中,我们发现国民经济均衡的形式有以下三种:

(1)低水平的均衡。它表现为社会产出水平低,生产能力利用不足,失业人数众多,国民经济很不景气,这种不均衡状态为总需求不足所造成。

(2)高水平的均衡。它表现为产出水平高,生产能力得到充分利用,失业问题基本解决,国民经济结构比较合理,呈现经济繁荣但不过度的局面。

(3)超能力的均衡。它仅仅表现为货币的均衡,实际上是货币供给过多,可供物资太少。此时总需求与总供给的均衡是通过物价的上涨来实现的,所以通货膨胀比较严重。

【注意】一国应当争取实现第二种均衡,尽量避免第一种和第三种均衡,因为第一种均衡是国民经济萎缩的均衡;第三种均衡是总供给小于总需求,国民经济过度膨胀的均衡。

四、政府在总供求平衡中的作用

(一)经济过冷时刺激总需求

当一国的宏观经济中总供给大于总需求(卖多买少)时便形象地称为"经济过冷"。当一国宏观经济不平衡,出现经济过冷时,一方面有许多产品在仓库里压着,另一方面有大量储蓄在银行里存着,大量劳动力过剩,总供给大于总需求。这时,企业想卖出产品,就得降价卖。原材料厂家想让生产厂家买他的原材料,必须便宜卖,人家才肯买,否则卖不出去。当生产企业把商品送到超市时,超市经理会要求先卖掉货物再结账。这种总供给大于总需求的结果,只能引致物价指数下降。

在经济过冷时,政府要做的是刺激总需求,即刺激消费,允许贷款买房、贷款买车;刺激投资,发行国债,进行基础设施建设,这样使水泥的需求上来了、钢铁的需求上来了、修路大军的劳动力需求上来了;刺激出口,给企业出口退税,拓展外需空间。通过刺激总需求的"组合拳",消化多余的总供给,使总供给等于总需求,最终使宏观经济得到平衡发展。

(二)经济过热压缩总需求

当一国的宏观经济中总需求大于总供给(买多卖少)时被形象地称为"经济过热"。资本因为虚假需求引致的供给增加是市场经济过热的根本原因。当资本增长速度超过市场实际所需要的周期量后,在一定时期内就出现相应的市场资源短缺与一定资源的过剩同时出现的矛盾现象。在一定时期其会表现经济高速发展与物价指数的双高现象。依据经济学的定义看,实际增长率超过了潜在增长率称作经济过热,它的基本特征表现为经济要素总需求超过总供给,由此引发物价指数的全面持续上涨。

同步思考

根据总需求—总供给模型,宏观经济政策有效果吗?

分析:总需求—总供给模型告诉我们,政府的宏观经济政策在特定情况下是有效果的。当总供给曲线处于凯恩斯主义总供给曲线阶段和短期总供给曲线阶段时,政府宏观经济政策是可以改变国民收入水平和价格水平的;但当总供给曲线处于长期总供给曲线阶段时,政府任何的宏观经济政策只会影响价格水平,而不会影响国民收入水平,因而在长期中,宏观经济政策是无效的。

◆ 关键术语

国内生产总值　支出法　收入法　部门法　国民生产总值　消费函数　乘数　货币需求　货币供给　均衡利率　IS 曲线　LM 曲线　总需求　总供给

◆ 应知考核

一、单项选择题

1. 下列哪一项应计入 GDP?（　　）
A. 购买一辆二手车　　　　　　　　B. 购买普通股票
C. 汽车制造企业买进 10 块钢板　　　D. 银行向某企业收取一笔贷款利息

2. 下面哪一项不属于经济学上的投资?（　　）
A. 企业增加一批库存商品　　　　　B. 建造一批商品房
C. 居民购买一套新建商品房　　　　D. 家庭购买公司债券

3. 假如某国 2024 年的名义 GDP 为 3 600 亿美元,并且假如从 2022 年到 2024 年,价格水平上升了 20%,那么,以 2022 年价格衡量,2024 年的 GDP 为（　　）。
A. 3 000 亿美元　　B. 3 200 亿美元　　C. 3 400 亿美元　　D. 3 600 亿美元

4. 支出法核算 GDP 的表达式为（　　）。
A. GDP＝C＋G＋I＋NX　　　　　B. GDP＝C＋S＋T
C. GDP＝C＋I＋X　　　　　　　　D. GDP＝C＋G＋I

5. 如果其他因素既定不变,利率降低,将引起货币的（　　）。
A. 交易需求量增加　　　　　　　　B. 投机需求量增加
C. 投机需求量减少　　　　　　　　D. 交易需求量减少

6. 在其他条件不变的情况下,（　　）会引起总需求曲线向右方移动。
A. 物价水平不变时利率上升　　　　B. 货币供给量增加
C. 税收增加　　　　　　　　　　　D. 物价水平下降

7. 政府支出的增加使 IS 曲线（　　）。
A. 向左移动　　　B. 向右移动　　　C. 保持不动　　　D. 斜率增大

8. LM 曲线上每一点都表示使（　　）。
A. 货币供给等于货币需求的收入和利率的组合
B. 货币供给大于货币需求的收入和利率的组合
C. 产品需求等于产品供给的收入和利率的组合
D. 产品需求大于产品供给的收入和利率的组合

9. 国内生产总值是指一定时期内生产的（　　）的市场价值。
A. 商品和服务　　　　　　　　　　B. 最终商品和服务
C. 中间商品和服务　　　　　　　　D. 所有商品和服务

10. 在两部门经济模型中,如果边际消费倾向值为 0.8,那么自发支出乘数值应该是（　　）。

A. 4　　　　　　B. 2.5　　　　　　C. 5　　　　　　D. 1.6

二、多项选择题

1. 下列选项计入 GDP 的有(　　)。
A. 小王购买了一辆二手汽车　　　B. 政府对失业人员的补贴
C. 李叔食用自家种的大豆　　　　D. 在中国工作的瑞士人的收入
2. 用支出法核算 GDP 时,应包括的项目有(　　)。
A. 居民消费支出　　　　　　　　B. 政府转移支付
C. 政府购买　　　　　　　　　　D. 居民对债券的支出
3. 用收入法计算 GDP 应包括的要素有(　　)。
A. 政府转移支付　　　　　　　　B. 工资
C. 资本折旧　　　　　　　　　　D. 间接税
4. 三部门经济是由(　　)组成的经济。
A. 企业　　　　　　　　　　　　B. 居民
C. 国外　　　　　　　　　　　　D. 政府
5. 货币需求的动机包括(　　)。
A. 交易动机　　　　　　　　　　B. 预防动机
C. 投机动机　　　　　　　　　　D. 需求动机

三、判断题

1. 农民生产并用于自己消费的粮食不计入 GDP。　　　　　　　　　　　　(　　)
2. 决定投资乘数大小的关键因素是边际消费倾向值。　　　　　　　　　　(　　)
3. 出于交易动机和谨慎动机的货币需求,既与收入有关,又与利率有关。　(　　)
4. IS 曲线不变,LM 曲线右移会使利率上升、收入下降。　　　　　　　　 (　　)
5. 个人从公司债券和政府债券上都获得利息收入,则按照收入法,两种利息都应计入 GDP。
　　　　　　　　　　　　　　　　　　　　　　　　　　　　　　　　　　(　　)

四、简答题

1. 边际消费倾向与边际储蓄倾向之间的关系是怎样的?
2. 投资为什么对国民收入有乘数作用? 其发生作用的前提条件是什么?
3. 人们对货币需求的动机有哪些?
4. 什么是 IS 曲线和 LM 曲线?
5. 什么是总供给曲线? 它有哪几种不同的形态?

五、计算题

1. 假设某经济社会的消费函数为 $C=100+0.8Y$,投资为 500 亿元。试求:
(1)均衡收入、消费和储蓄;
(2)若投资增至 1 000 亿元,增加的收入是多少?
2. 假定某社会消费为 $C=100+0.8Y$,投资 $I=150-6r$,货币供给 $M=150$(价格水平为 1),货币需求 $L=0.2Y-4r$。试求:
(1)画出 IS 曲线和 LM 曲线;

(2)产品市场和货币市场同时达到均衡时利率与收入;
(3)该社会的投资乘数。

3.如果总供给曲线为AS＝250,总需求曲线为AD＝300－25P。试求:
(1)供求均衡点的价格水平和收入水平为多少?
(2)如果总需求曲线向右平移10%,其他条件不变,新的供求均衡点的价格水平和收入水平为多少?
(3)如果总供给曲线向左平移10%,其他条件不变,新的供求均衡点的价格水平和收入水平为多少?

应会考核

■ 观念应用

在IS和LM两条曲线相交时所形成的均衡收入是否就是充分就业的国民收入?为什么?

■ 技能应用

假定某经济社会的消费函数C＝100＋0.8Y,投资为50亿美元,计算其均衡收入、消费、储蓄和投资乘数,并计算当投资增加到100亿美元时均衡收入的增量。

■ 案例分析

从"绿色GDP"到"有效GDP"

GDP是一个国家(地区)一定时期内生产的最终产品和劳务的市场价值总值,历来是衡量一个国家(地区)经济社会发展水平的重要指标。但GDP在衡量经济水平时存在着几个重要缺陷:①它对所有的生产一视同仁,而不管生产是"有益的"还是"有害的",这导致了一系列荒诞的结果。比如,相向而行的两辆车擦肩而过不增加GDP,但撞车了反而增加GDP,因为撞车了要警察来处理,撞坏了的车要修理或者重新买新的,被撞伤了的人要住医院。再如,青山绿水不增加GDP,环境污染却增加GDP,因为污染导致疾病,看病增加了GDP……②它只管生产而不管消耗,创造100元产品消耗90元的资源和消耗10元资源在GDP统计上是没有区别的。③它只管生产而不管使用,一个物品五成新就报废和一成新报废在GDP上反映不出来,这虽然增加了GDP但导致了浪费。④它只管交易的,不管没有交易的,因此请人做钟点工会增加GDP,而自己做家务则不增加GDP。总而言之,它不能准确衡量我们到底享用了多少物品和劳务。当然,尽管GDP存在各种缺陷,但由于物质是基础,而GDP可以简单、客观地计量和比较各个国家(地区)的物品和劳务产量,所以它还是不可或缺的。其他指标如幸福指数、人类发展指数等则难以测算,主观性也比较强。因此,现在要克服GDP的缺陷,使其更准确地衡量一个国家(地区)的人们享用了多少物品和服务。

绿色GDP概念就是用来克服缺陷的,其理念就是在生产的总效用中减去生产产生的负效用,即只核算其真正效用、有效效用。所谓绿色GDP,一般是指扣除了环境、资源代价的GDP。绿色GDP与GDP相比,考虑了资源消耗和环境污染问题但最大的困难在于环境和资源的定价。环境是公共品,无法界定产权,无法交易也就无法计算其市场价值,资源有交易,但交易价格只反映当前市场供求,而不能反映其未来的、实际的价值。比如,物种灭绝的价值就很难计量。当然,现在有一些方法可以部分解决上述问题,比如环境,就有两种方法可对其进行估计,一种是测定在不同环境中的房地产的价格可以推算出人们愿意为新鲜空气或青山绿水付出多大的代价;另一种是对限定的污染权进行拍卖或无偿分配,形成排污权市场,从而确定污染的价格。前者是从消费的角度,后者是从生产的角度。

然而,即使绿色GDP解决了技术问题,仍然没有完全克服GDP的缺陷,因为它只解决了环境和污染问题,其他问题仍然没有得到解决,比如撞车增加 GDP、浪费增加 GDP,绿色 GDP 都不能加以校正。

因此,有学者又提出有效 GDP 的概念。有效 GDP 就是一个国家(地区)的人们在一定时期内享用的产品和劳务的价值总量(这里不考虑进出口问题)。注意用的词是"享用"而不是"生产",因为生产的根本目的是让人们享用,而不是增加 GDP。核算 GDP 的最终目的是衡量一个国家(地区)的人们在一定时期内到底享用了多少产品和劳务。

这个概念就可以解决 GDP 的上述各种问题。享用,首先是用,浪费了的物品未尽其用,因此应该扣除浪费的那一部分。其次,享用是享受地用,因此带来负效用的产品和劳务是不应该算进GDP 的,比如生病、污染、洪涝灾害、撞车……它们产生了负效用,应该从总 GDP 中扣除。资源消耗对子孙后代是一种负效用,也应该从总 GDP 中扣除。从另一个角度来看,资源本身的价值不是"生产"出来的,也应该扣除,即:有效 GDP＝GDP－消耗资源的价值－污染环境的价值－其他负效用产品和劳务价值－浪费的产品和劳务的价值。

那么,有效 GDP 具体应该如何核算呢？可以在绿色 GDP 的基础上进行核算。洪水、火灾、地震、战争中损失的产品和劳务价值应该从 GDP 中扣除。这样就不会出现"洪水有利,可以增加GDP"的荒谬现象、看病住院的费用应该从 GDP 中扣除、还没有到使用寿命就报废的物品的剩余价值应该从 GDP 中扣除。

当然,有效 GDP 的概念可能还需要进一步完善,其核算方法的完善就更需要艰巨的工作。

资料来源:曹更生、杨民:"从'绿色 GDP'到'有效 GDP'",《光明日报》,2007 年 2 月 6 日。

问题:

1. 绿色 CDP 弥补了原有 GDP 的哪些缺陷？
2. 案例中有效 GDP 在绿色 GDP 的基础上又有哪些改进？
3. 你如何看待新时代我国的新发展理念与绿色 GDP 的关系？

项目实训

【实训任务】

通过本项目的实训,使学生学会通过网络查询和分析我国有关的国民收入数据。

【实训情境】

登录中华人民共和国国家统计局网站(www.stats.gov.cn),查询和比较近三年来我国东、中、西部地区的人均 GDP、城镇居民的人均可支配收入、农村居民的人均纯收入等数据,列出其中的最高水平与最低水平,分析差距产生的原因。

【实训要求】

撰写《我国东、中、西部国民收入水平比较与分析报告》,参考格式如下:

1. 近三年来,我国东、中、西部地区国民收入情况(如人均 GDP、城镇居民的人均可支配收入、农村居民的人均纯收入等)。
2. 我国东、中、西部地区国民收入差距较大的主要原因分析。
3. 缩小我国东、中、西部地区国民收入差距的对策思考。

《我国东、中、西部国民收入水平比较与分析报告》		
项目实训班级：	项目小组：	项目组成员：
实训时间：　　年　　月　　日	实训地点：	实训成绩：
实训目的：		
实训步骤：		
实训结果：		
实训感言：		

项目十　直面失业问题——失业与通货膨胀理论

● **知识目标**

　　理解：失业的含义、分类；失业对经济的影响。
　　熟知：通货膨胀的含义、分类及原因。
　　掌握：通货膨胀对经济的影响；长、短期菲利普斯曲线的应用。

● **技能目标**

　　能正确运用失业理论和通货膨胀理论研判宏观经济运行情况；能正确运用菲利普斯曲线研判宏观经济政策的有效性。

● **素质目标**

　　能够正确领会和理解经济运行的逻辑关系与基本规律，能够对失业与通货膨胀进行简单分析，具备初步分析问题、分析问题的能力，树立正确的世界观、人生观和价值观，做到学思用贯通、知信行统一。

● **思政目标**

　　通过本项目的学习，了解国家经济发展趋势和未来发展方向，有助于增强学生对未来经济发展的信心，激发创新精神，为未来的经济发展作出贡献。具备严谨的学习态度，增进对国家整体经发展水平的了解，提高对中国经济发展新阶段和新规律的认识。

● **项目引例**

国家统计局：600多万青年失业 "求职难" "招工难" 并存

　　2023年以来，国内需求稳步扩大，消费带动作用增强，市场用工需求增加，促进就业形势整体好转。1—5月，社会消费品零售总额同比增长9.3%，比一季度明显加快。相对于工业，服务业就业容量较大，尤其是2023年以来，接触型服务业快速恢复，交通运输、住宿餐饮、旅游等行业较快增长，对就业的带动作用明显增强。1—5月，服务业生产指数同比增长9.1%，有利于就业扩大。同时，各地区、各部门深入实施就业优先政策，大力开拓市场化就业渠道，强化重点群体就业支持，促进创业带动就业，开展职业技能培训，健全完善就业公共服务体系，为就业稳定发挥积极作用。

　　当前就业总量压力和结构性问题仍不容忽视，青年人就业压力依然较大，高技能人才短缺，"求职难"和"招工难"并存,促进就业供需总量平衡、结构合理,仍需要加力。

总的来看,青年失业率处在高位。初步测算,5月份,16~24岁青年人总量大概有9 600多万。16~24岁很多是在校学生未真正进入劳动力市场,进入劳动力市场寻找工作的有3 300多万。这3 300多万中有2 600多万已经找到工作,600多万目前还在寻找工作。目前来看,青年人中失业的共600多万。下阶段,随着经济持续好转,就业保持总体稳定有较好支撑。

资料来源:杜雨敖:"国家统计局:'求职难'和'招工难'并存,600多万青年人还在找工作",《新民晚报》,2023年6月15日。

请问:我国城镇调查失业率统计科学规范?能否客观反映我国城镇就业情况?

● 引例导学

我国劳动力调查制度自建立以来不断健全完善,我国城镇调查失业率统计科学规范,与国际标准接轨,能够客观反映我国城镇就业情况。我国按照国际劳工组织关于就业、失业的统计标准,将16岁及以上人口划分成三类,即就业、失业、非劳动力。按照国际劳工组织的标准,就业人口是指在调查参考期内,通常为一周,为了取得劳动报酬或经营收入而工作一小时及以上和因休假、临时停工等暂时离岗的人。失业人口是指没有工作,在近期寻找工作,并能立即去工作的人。这些人有工作能力、工作意愿。非劳动力人口是指16岁及以上既不属于就业人口也不属于失业人口的人。

● 知识支撑

任务一 失业理论

一、失业及失业率

宏观经济学有四大目标,即充分就业、经济增长、物价稳定和国际收支平衡。其中,充分就业是宏观经济学的第一目标。宏观经济学中的充分就业有两种理解:一是广义的理解,是指所有的生产要素都参与生产的状态,即所有的生产要素都就业才是充分就业;二是狭义的理解,专指劳动这种生产要素,即经济中消灭周期性失业的就业状态。由于衡量资本和自然资源的就业比较困难,所以通常所说的充分就业是指劳动这种生产要素参与生产的状态。

与就业相对应的是失业。失业(Unemployment)是指有劳动能力、愿意接受现行工资水平但仍然找不到工作的现象,即劳动的完全闲置状态。处于失业状态的劳动力称为失业者。

最常用的失业状况衡量标准是失业率。失业率衡量了闲置的劳动产能,是反映一个国家或者地区失业状况的主要指标。失业率与经济增长率具有反向的对应变动关系,其具体计算公式为:

$$失业率 = \frac{失业人数}{劳动力总人数} \times 100\%$$

启智润心 失业率"登记"改"调查",让数据更精准

城镇登记失业率是衡量经济社会发展的一个重要指标。但2021年政府工作报告中首次用城镇调查失业率替代城镇登记失业率,提出2020年年末全国城镇调查失业率降到5.2%,2021年的就业目标是城镇新增就业1 100万人以上,城镇调查失业率控制在5.5%左右。国家"十四五"规划纲要明确,"十四五"期间我国城镇调查失业率要控制在5.5%。据2023年国民经济运行情况新闻发布会消息,2023年全国城镇调查失业率平均值为5.2%,比2022年下降0.4个百分点,全国城镇新增就业1 244万人,高校毕业生等青年就业基本稳定、持续好转,农村劳动力外出务工规模继续

增加,脱贫人口务工规模达到3 397万人。

请问：什么是失业率？城镇登记失业率和城镇调查失业率有何差异？哪一个更能反映实际的失业情况？

【明理善行】 失业率是失业人口与劳动力的比率，它是表示一国失业严重程度的指标，也是反映宏观经济状况的一个重要指标。城镇登记失业率是指在城镇就业登记机构注册登记的失业人数与城镇劳动力人口之比，它主要反映的是政府登记失业人数的情况。而城镇调查失业率则是指通过抽样调查得到的在某一时期内处于失业状态的城镇人口占城镇劳动力人口的比例。两者在调查对象、调查方法、指标含义和计算方法等方面存在差异，所发挥的作用不尽相同。调查失业率在全面、准确、及时反映我国宏观经济运行情况、劳动力市场资源配置状况，服务宏观管理和科学决策方面必不可少；登记失业率在政府制定出台就业政策、提供精准就业服务方面具有重要作用。一般而言，城镇调查失业率更能反映实际的失业情况。

就业是民生之本。中共十八大以来，以习近平同志为核心的党中央把促进就业放在经济社会发展的优先位置，坚持就业优先战略和积极就业政策，推动实现更加充分、更高质量的就业。受"新冠"疫情影响，我国城镇就业压力加大，失业率明显上升，但就业稳定的基础条件没变，随着统筹疫情防控和经济社会发展一系列政策措施的实施，各项稳就业政策落地见效，就业形势逐渐改善。近年来，我国服务业保持较快发展，吸纳就业能力还会不断增强。创业创新持续深入推进，市场主体数量持续增加，也将继续发挥带动就业"倍增器"作用。各类新经济蓬勃发展，就业新形态和新机会不断涌现，创造更多就业岗位。就业形势保持稳定就能拥有牢固的经济基础。2023年的政府工作报告提及"就业"一词近30次，延续了近年来的高度关注。其中，要求"落实落细就业优先政策，把促进青年特别是高校毕业生就业工作摆在更加突出的位置，切实保障好基本民生"。这些暖心的政策都诠释了在我国就业是最大的民生。

二、失业的分类

（一）根据主观愿意就业与否，可分为自愿失业与非自愿失业

1. 自愿失业

自愿失业是指工人所要求的实际工资超过其边际生产率，或者说不愿意接受现行的工作条件和收入水平而未被雇用造成的失业。由于这种失业是由劳动人口主观不愿意就业而造成的，所以称为自愿失业，无法通过经济手段和政策来消除，因此不是经济学研究的范围。

2. 非自愿失业

非自愿失业是指有劳动能力、愿意接受现行工资水平但仍然找不到工作的现象。这种失业是由客观原因所造成的，因而可以通过经济手段和政策来消除。

【注意】 经济学中所讲的失业是指非自愿失业。

（二）非自愿失业可分为摩擦性失业、结构性失业和周期性失业

1. 摩擦性失业

摩擦性失业是指生产过程中难以避免的、由于转换职业等原因而造成的短期、局部失业。这种失业的性质是过渡性的或短期性的。它通常起源于劳动的供给一方，因此被视为求职性失业，即一方面存在职位空缺，另一方面存在着与此数量对应的寻找工作的失业者。这是因为劳动力市场信息不完备，企业找到所需雇员以及失业者找到合适工作都需要一定的时间。摩擦性失业在任何时期都存在，随着经济结构的变化有增强的趋势，但从经济和社会发展的角度来看，这种失业存在是正常的。

2. 结构性失业

结构性失业是指劳动力的供给和需求不匹配所造成的失业。其特点是既有失业，也有职位空缺，失业者或者没有合适的技能，或者居住地点不方便，因此无法填补现有的职位空缺。结构性失业是由经济变化导致的，这些经济变化引起特定市场和区域中特定类型劳动力的需求相对低于其供给。这可能由以下原因导致：①技术变化。原有劳动者不能适应新技术的要求，或者技术进步使得劳动力的需求下降。②消费者偏好的变化。消费者对商品和服务的偏好的改变，使得某些行业扩大而另一些行业缩小，处于规模缩小行业的劳动力因此而失去工作岗位。③劳动力的不流动性。流动成本的存在制约着失业者从一个地方或一个行业流动到另一个地方或另一个行业，从而使得结构性失业长期存在。

3. 周期性失业

周期性失业是指在经济周期中的衰退或萧条期，因社会总需求下降而造成的失业。当经济发展处于一个周期中的衰退期时，社会总需求不足，因而企业的生产规模也缩小，从而导致较为普遍的失业现象。周期性失业对不同行业的影响是不同的，一般来说，需求的收入弹性越大的行业，对周期性失业的影响越严重。也就是说，随着人们收入的下降，产品需求大幅度下降的行业，周期性失业情况比较严重。通常，用紧缩性缺口来说明这种失业产生的原因。紧缩性缺口是指实际总需求小于充分就业的总需求时二者之间的差额。图10-1说明了紧缩性缺口与周期性失业之间的关系。

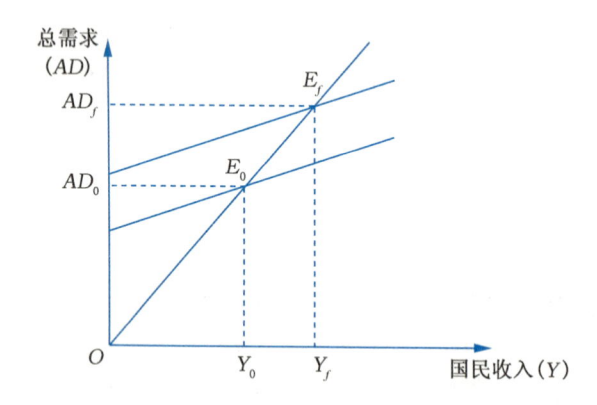

图10-1 紧缩性缺口与周期性失业的关系

在图10-1中，横轴OY代表国民收入，纵轴AD代表总需求。当国民收入为Y_f时，经济中实现了充分就业，Y_f为充分就业时的国民收入，实现这一国民收入水平所要求的总需求水平为AD_f，即充分就业的总需求。但实际的总需求为AD_0，这一总需求水平决定的国民收入为Y_0，Y_0小于Y_f，这就必然引起失业。Y_0小于Y_f是由AD_0小于AD_f造成的。因此，实际总需求AD_0与充分就业总需求AD_f之间的差额就是造成这种失业的根源。这种失业是由总需求不足引起的，所以也称为"需求不足的失业"。

除了上面主要的失业类型外，经济学中常说的失业类型还包括隐藏性失业。所谓隐藏性失业，是指表面上有工作，但实际上对产出并没有作出贡献，即有"职"无"工"。也就是说，这些工作人员的边际生产力为零。当经济中减少就业人员而产出水平没有下降时，即存在着隐藏性失业。美国经济学家阿瑟·刘易斯曾指出，发展中国家的农业部门存在着严重的隐藏性失业。

三、失业的影响——奥肯定律

失业会产生诸多影响，一般可以将其分成两种：社会影响和经济影响。

一方面,失业的社会影响虽然难以估计和衡量,但它最易为人们所感受到。失业威胁着作为社会单位和经济单位的家庭的稳定。家庭的要求和需要得不到满足,家庭关系将因此而受到损害。此外,家庭之外的人际关系也会受到失业的严重影响。一个失业者会在就业的人群中失去自尊和影响力,在情感上受到打击。

另一方面,失业的经济影响可以用机会成本的含义来理解。当失业率上升时,经济中本可由失业工人生产出来的商品和服务就损失了。从产出核算的角度看,失业者的收入总损失等于生产的总损失,因此,丧失的产量是计量周期性失业损失的主要尺度,因为它表明经济处于非充分就业状态。

20世纪60年代,美国经济学家阿瑟·奥肯根据美国的数据,提出了经济周期中失业变动与产出变动的经验关系,被称为奥肯定律。奥肯定律的内容是:失业率每高于自然失业率一个百分点,实际GDP将低于潜在GDP两个百分点。换一种方式说,相对于潜在GDP,实际GDP每下降两个百分点,实际失业率就会比自然失业率上升一个百分点。

奥肯定律揭示了产品市场与劳动市场之间极为重要的关系,描述了实际GDP的短期变动与失业率变动的联系。根据这个定律,我们可以通过失业率的变动推测或估计GDP的变动,也可以通过GDP的变动预测失业率的变动。例如,实际失业率为8%,高于6%的自然失业率2个百分点,则实际GDP就将比潜在GDP低4%左右。

近年来,大量的农村富余劳动力转移到城镇就业,城镇新增的适龄就业人员也有较大的就业需要。这就使得我国面临着较大的就业压力,就业问题是我国政府宏观经济政策要解决的主要问题之一。奥肯定律给我们提供了一个可能的解决方案,即保持GDP的高速增长,这样一方面能迅速提高我国人民的生活水平,另一方面能较好地解决未来的就业压力。

四、自然失业率

在一个变化快速的现代社会中,永远存在着职业流动和行业的结构性兴衰,所以,总有少部分人会处于失业的状态。现代经济学认为,当一个社会中的周期性失业被消灭,只剩下摩擦性失业和结构性失业等失业类型时,这个社会就实现了充分就业。与充分就业相对应的一个含义是自然失业。

所谓充分就业,是指在现有工作条件和工资水平下,所有愿意工作的人都参加了工作的就业量。充分就业并非人人都有工作,而是消灭了周期性失业时的非自愿性失业状态。充分就业与自然失业的存在并不矛盾甚至可以并存,实现了充分就业时的失业率称为自然失业率或充分就业的失业率。

所谓自然失业率,是指在没有货币因素干扰的情况下,让劳动市场和产品市场的自发供求力量起作用时,总需求和总供给处于均衡状态下的失业率。换句话说,自然失业率(Natural Rate of Unemployment)就是指经济中消灭了周期性失业以后的失业率,即摩擦性失业和结构性失业占劳动人口的比重。自然失业率的高低取决于劳动力市场的完善程度和经济状况等因素。自然失业率由各国政府根据实际情况确定,各国在各个时期所确定的自然失业率不尽相同。经济学家普遍认为4%~6%的失业率是正常的,此时社会处于充分就业状态。如美国在一个较长的时期内确定其自然失业率为5%,也就是说,当美国的失业率在5%或以下时,政府就不会采取有关措施来干预劳动市场的运行。因此,如何确定一个符合本国国情的自然失业率,是各国政府面临的一个较大的课题。

同步思考

充分就业是100%就业吗?

答:充分就业不是100%就业。现代经济学认为,当一个社会中的周期性失业被消灭,只剩下摩擦性失业和结构性失业等失业类型时,这个经济社会就实现了充分就业。

五、失业的治理

(一)摩擦性失业的治理

摩擦性失业经常被看作是一种自愿失业,其原因就在于这种失业局面的出现往往与求职者的不同要求有关,另外也与用工信息不对称有关。因此,对摩擦性失业的治理应该从以下两个方面入手:

其一是对劳动者来说,劳动者要对自身的情况有很清楚的了解,要清楚自己在社会上的处境和能够胜任的大致的工作目标和就业方向。

其二是对社会而言,社会应该设立较规范的职业介绍机构,定期发布劳动力需求的信息,即要以尽可能多的传播途径传播就业的有关信息以达到减少摩擦性失业的目的。

(二)结构性失业的治理

大多数国家在经济增长的过程中会出现经济结构的变化,而经济结构的变化必然会引起结构性失业。政府要接受伴随经济增长的经济结构变化,制定与其相适应的政策以解决失业问题。主要措施包括:①加强基础教育和职业教育,促进高等教育;②对青年及成年劳动力进行工作技能训练;③对失业者给予训练和再训练等。同时,鼓励劳动密集型产业的发展,支持中小企业发展。其目的是按照经济发展对劳动力提出的新要求来调节和改善劳动力供给,进而达到减少失业的目的。

(三)周期性失业的治理

通过前面的讲述我们知道,在三种失业中,周期性失业是由于有效需求不足引起的。也就是说,它是由劳动力市场以外的原因造成的,因此对周期性失业的治理不能靠劳动力市场来解决。对于该种失业,国家应该积极干预经济,也就是运用财政政策和货币政策,通过对社会总需求的调节,实现社会总需求等于总供给,达到经济增长和平衡的目标。

1. 扩张性的财政政策

扩张性的财政政策包括增加政府支出与减税。具体来说,①政府工程支出与购买的增加有利于刺激私人投资,转移支付的增加可以增加个人消费,这样就会刺激总需求。②减少个人所得税可以使个人可支配的收入增加,从而消费增加;减少公司所得税可以使公司收入增加,从而增加投资,这样也会刺激总需求。

2. 扩张性的货币政策

扩张性的货币政策包括各类货币政策工具的运用。具体来说,①降低法定准备率,以便商业银行能够在活期存款额不变的条件下扩大放款;②降低再贴现率,促进商业银行向中央银行借款;③买进政府债券,增加商业银行的存款。上面这三种方式都有助于商业银行扩大放款,增加货币供应量,降低利息率,增加总需求。

同步思考

"十三五"期间中国人力资源结构矛盾更加突出,技能人才更加短缺。其中,高级工程师、高级技师和技师供求缺口十分突出,岗位空缺与求职人数比率相对较高,相当于每人可以选择1.8~1.9个岗位。人社部印发《"技能中国行动"实施方案》提出,"十四五"时期,要通过实施技能中国行动,新增技能人才4 000万人以上。到2025年,仅制造业十大重点领域技能人才缺口将达到近3 000万人。

请问:(1)此种失业属于哪种失业类型?

(2)政府可以通过哪些措施给予解决?

(3)作为当代大学生,如何应对就业市场上这种就业结构失衡的问题?

学思践悟　　就业优先，夯实民生之本

2023年政府工作报告提出，在2023年发展主要预期目标中，城镇新增就业1 200万人左右，城镇调查失业率控制在5.5%左右。习近平总书记指出，就业是最大的民生工程、民心工程、根基工程，是社会稳定的重要保障，必须抓紧抓实抓好。2023年是全面贯彻落实二十大精神的开局之年，做好稳就业工作至关重要。要坚持以实施就业优先战略为引领，以高质量充分就业为目标，稳存量、扩增量、提质量、兜底线，全力确保就业局势总体稳定。党中央高度重视就业工作，二十大对就业工作做出了一系列重要部署，为实现高质量充分就业指明了方向，也让做好今年的就业工作有信心、有底气。经济持续恢复向好，为稳就业奠定坚实基础。随着我国经济逐步恢复，将带动就业需求扩大，为稳就业保就业奠定坚实基础。特别是交通物流、居民出行增加，将带动住宿餐饮、旅游等服务业恢复，有利于吸纳更多就业。就业政策有力有效，为稳就业提供强大支撑。随着稳就业、保就业的政策红利持续释放，将为稳定和扩大就业提供有力支撑。认真落实政府工作报告要求，深入实施就业优先战略，探索建立就业友好型现代化产业体系。实施重点产业集群急需紧缺人才支持计划和制造业技能根基工程，实现经济发展与促进就业的良性循环。

落实落细就业优先政策，切实保障好基本民生。政府工作报告提出，落实落细就业优先政策，把促进青年特别是高校毕业生就业工作摆在更加突出的位置，切实保障好基本民生。代表委员表示，要坚持把稳就业作为重大政治责任，落实落细稳就业各项举措，全力以赴做好稳就业工作。着力抓好高校毕业生就业，稳定就业水平。2023年高校毕业生规模达1 158万人，再创新高，促进就业的任务艰巨。应进一步完善毕业生就业创业的支持政策，从渠道拓展、岗位推送、见习培训、困难帮扶等多方面协同发力。着力促进重点群体就业，兜牢民生底线。重点群体稳，则就业大局稳。扎实做好农民工、下岗失业人员就业工作，是稳就业保就业的重中之重。

资料来源：李心萍等："就业优先，夯实民生之本"，《人民日报》，2023年3月7日。

【悟有所得】　稳就业关乎我国经济长久发展和长治久安。全面贯彻落实二十大精神，要抓好就业这个最基本的民生，全力做好稳就业工作。促进就业工作是一项长期的工作也是一项关注民生、为民谋福的崇高事业，确保就业局势持续稳定向好也是我国经济和社会发展新阶段的必然要求。要以习近平新时代中国特色社会主义思想为指导，全面贯彻落实二十大精神，优先做好稳就业工作，坚定信心，团结奋斗。

任务二　通货膨胀理论

一、通货膨胀的含义和特征

（一）通货膨胀的含义

通货膨胀（Inflation）是通货供应量过度增加导致物价持续上涨、货币不断贬值的过程。具体来说，一是通货膨胀是指总体物价水平持续、普遍地上涨，局部或个别产品的价格上涨，以及季节性、偶然性和暂时性的价格上涨，都不属于通货膨胀。二是通货膨胀是与纸币发行过多联系在一起的，资源短缺、商品质量提高等原因引起的价格上涨，不能算通货膨胀，只有当纸币发行量超过了宏观经济的实际需要量，才能形成通货膨胀。

（二）通货膨胀的特征

1. 通货膨胀是指物价水平的普遍上涨

通货膨胀不是指一种或几种商品的价格上涨，而是指物价水平的普遍上涨，即物价总水平的上

涨。如果只是一种或少数几种商品的价格在上涨,我们不能断定就是发生了通货膨胀。比如,我们不能单从房价的上涨就推断发生了通货膨胀。

2. 通货膨胀是与纸币发行过多联系在一起的

引起物价上涨的原因有很多,如资源短缺、结构失调和商品质量提高等,但仅仅是这些原因引起的价格上涨,不能算作通货膨胀,只有当纸币发行量超过了客观经济过程的实际需要量,才能称为通货膨胀。

3. 通货膨胀时期物价水平的上涨必须持续一定时期

通货膨胀条件下的物价上涨必须持续一定时期。如果物价只是一次性、暂时性和季节性上涨,都不能称为通货膨胀。比如,节假日期间,宾馆、饭店的收费标准一般都会上升,我们不能就说是发生了通货膨胀。因为节假日过后,这些收费标准都会由于客人的减少而降低。

二、通货膨胀的衡量

衡量通货膨胀的指标是物价指数。物价指数是表明商品价格从一个时期到下一个时期变动程度的指数。它一般采用加权平均的方式,即根据某种商品在总支出中所占的比重来确定其价格的加权数的大小。物价指数的计算公式如下:

$$物价指数 = \sum P_t Q_t \div \sum P_0 Q_t \times 100\%$$

式中:P_0、P_t 分别为基期和本期的价格水平,Q_t 是本期的商品量(式中采用的是报告期加权平均法,计算物价指数还有一种方式——基期加权法,即用基期的商品量作为权数来计算物价指数)。

根据计算物价指数时商品和服务种类的不同,可以计算出三种主要的物价指数。

(1)消费者价格指数(Consumer Price Index,CPI),也称零售物价指数或生活费用指数,是衡量各个时期居民个人日常生活用品和服务的价格水平变化的指标。这是与居民个人生活最为密切的物价指数,因为这个指标最能衡量居民货币的实际购买力水平。

(2)生产者价格指数(PPI),又称批发价格指数,是衡量各个时期生产者在生产过程中用到的产品的价格水平的变动而得到的指标。通常,这些产品包括产成品和原材料。

(3)GDP折算指数,是衡量各个时期所有商品和服务的价格变化的指标。

我们可以根据物价指数计算出一定时期内物价上升或下降的精确幅度,也就是通常所说的通货膨胀率。所谓通货膨胀率,是指从一个时期到另一个时期内价格水平变动的百分比。其计算公式为:

$$通货膨胀率 = (P_t - P_{t-1}) \div P_{t-1} \times 100\%$$

式中,P_t 和 P_{t-1} 分别为 t 时期和 $(t-1)$ 时期的价格水平。

【做中学 10-1】 假定某国上一年的物价水平为102,今年的物价水平上升到108,那么这一时期的通货膨胀率为多少?

$$通货膨胀率 = (P_t - P_{t-1}) \div P_{t-1} \times 100\% = (108 - 102) \div 102 \times 100\% = 5.82\%$$

三、通货膨胀的分类

(一)按照价格上升的速度分类,可分为温和的通货膨胀、奔腾的通货膨胀、超级通货膨胀

(1)温和的通货膨胀又称爬行的通货膨胀,是指每年物价上升的比例在10%以内。一般认为,这种温和的通货膨胀不会对经济造成巨大的恶性影响,甚至还有经济学家认为这种缓慢而持续的价格上升对经济和收入的增长有积极的刺激作用。

(2)奔腾的通货膨胀又称加速的通货膨胀,是指年通货膨胀率在10%以上、100%以下。这时,货币流通速度提高而实际购买力下降,这种通货膨胀对经济具有较大的破坏作用。当这种通货膨

胀发生以后,由于价格上涨速度快、上涨幅度大,公众预期价格还会进一步上涨,因而会采取各种手段来维持自己的财富,如将货币换成房产、黄金和珠宝等保值商品,或者大量地囤积商品,从而使得产品市场和劳动力市场的均衡遭到破坏,正常的经济运行秩序被破坏,经济体系受损。

(3)超级通货膨胀又称恶性的通货膨胀,是指通货膨胀率在100%以上。发生这种通货膨胀时,价格持续猛涨,人们都想尽快地使货币脱手,从而大大加快了货币流通速度。其结果是货币完全失去了人们的信任,购买力大幅下降,各种正常的经济联系遭到破坏,最终导致价格体系完全崩溃。在严重的情况下,还会出现社会动乱。

(二)按照对不同商品的价格的影响分类,可分为平衡的通货膨胀、非平衡的通货膨胀

(1)平衡的通货膨胀,即每种商品的价格都按相同的比例上升。这里所指的商品价格包括生产要素以及各种服务的价格,如工资率、租金、利率等。

(2)非平衡的通货膨胀,即各种商品价格上升的比例并不完全相同。如近年来,我国房地产价格上升迅速,而一般日用消费品(如家电、汽车等)的价格反而有下降的趋势。

(三)按照人们的预期程度分类,可分为未预期到的通货膨胀、预期到的通货膨胀

(1)未预期到的通货膨胀,即人们没有预料到价格会上涨,或者是价格上涨的速度超过了人们的预期。

(2)预期到的通货膨胀,即人们预料到价格会上涨。

四、通货膨胀产生的原因

(一)需求拉动型通货膨胀

需求拉动型通货膨胀又称超额需求型通货膨胀,是指总需求超过总供给所引起的一般物价水平普遍而持续的上涨。通俗来说,这种通货膨胀是"过多的货币追逐过少的商品",因而物价上涨。

下面用图10-2来说明总需求是如何拉动物价上涨的。在图中,横轴Y表示国民收入,纵轴P表示一般价格,AD为总需求曲线,AS为总供给曲线。AS起初为水平状态,这表示在国民收入水平较低时,总需求的增加不会引起价格水平的上涨,图中总需求从AD_0增加到AD_1,国民收入也从Y_0的水平上升到Y_1,但价格仍保持在P_1的水平上。当国民收入增加到Y_1时,总需求继续增加,此时将引致国民收入和一般价格水平同时上升,图中总需求从AD_1增加到AD_2时,国民收入从Y_1增加到Y_2的水平,价格也从P_1上升到P_2的水平。也就是说,在这个阶段,总需求的增加,在提高国民收入的同时也拉升了一般价格水平。当国民收入增加到潜在的水平Y_f时,国民经济已经处于充分就业的状态。在这种情况下,总需求的增加只会拉动价格上升,而不会使国民收入增加。图中总需求从AD_3上升到AD_4,国民收入仍然保持在Y_f的水平,但物价水平却从P_3上升到P_4。

这就是说,当经济体系中有大量资源闲置时,总需求的增加不会引起物价上涨,只会促使国民收入增加;当经济体系中的资源接近充分利用时,总需求的增加会同时拉升国民收入和一般价格水平;当经济体系中的资源利用达到充分就业状态时,总需求的增加不会使国民收入增加,而只会导致一般价格水平上升。

(二)成本推动型通货膨胀

成本推动型通货膨胀又称成本通货膨胀或供给通货膨胀,是指在没有超额需求的情况下,由供给方面成本的提高所引起的通货膨胀。可以用图10-3来说明。

在图10-3中,原来的总供给曲线AS_0与总需求曲线AD决定了国民收入水平为Y_0,价格水平为P_0;成本增加后,总供给曲线向左上方移动到AS_1,总需求保持不变,从而决定了新的国民收入为Y_1,价格水平为P_1,价格水平由P_0上升到P_1是由成本的增加所引起的,这就是通常所说的成本推动型通货膨胀。

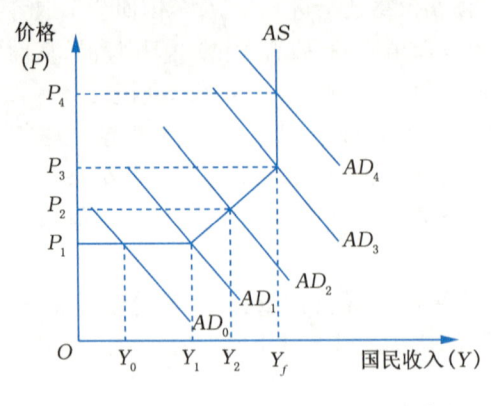

图 10-2 需求拉动型通货膨胀

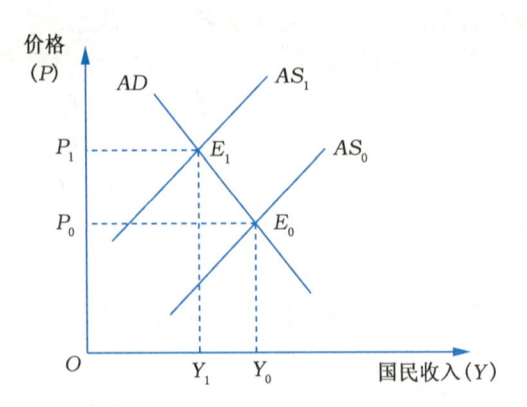

图 10-3 成本推动型通货膨胀

引起成本增加的原因并不完全相同,因此成本推动型通货膨胀又可以分为以下几种:

1. 工资成本推动的通货膨胀

工资是企业成本中的主要组成部分之一,工资水平的上升会引致企业成本增加,企业因此会提高商品和服务的价格,从而导致通货膨胀。工资的增加往往是从个别部门开始的,但由于各部门之间工资的攀比行为,个别部门工资的增加往往会引致整个社会的工资水平上升,从而引起普遍的通货膨胀。这种通货膨胀一旦形成,会引致"工资—物价螺旋式上升",即工资上升引起物价上升,物价上升又引起工资上升。这样,工资与物价不断互相推动,形成严重的通货膨胀。

2. 利润推动的通货膨胀

利润推动的通货膨胀也称价格推动的通货膨胀,是指市场上具有垄断地位的企业为了增加利润而提高价格所引起的通货膨胀。尤其是在工资增加时,垄断企业以工资的增加为借口,可能会大幅度地提高物价,使物价的上升幅度大于工资的上升幅度,其差额就是利润的增加。这种利润的增加使物价上升,形成通货膨胀。

3. 原材料成本推动的通货膨胀

原材料成本推动的通货膨胀是指企业生产中所需要的原材料价格上升推动商品和服务的价格上升而形成的通货膨胀。在现代经济中,某些能源或关键的原材料供给不足,会引致其价格上升,进而引起企业成本上升,如石油价格的上升,或者是某种进口原材料价格的上升等。最典型的事例是 20 世纪 70 年代覆盖整个西方发达国家的滞胀(即经济停滞和通货膨胀同时发生),其主要根源之一就在于当时石油价格的大幅上升。

(三)结构型通货膨胀

1. "瓶颈"制约

在有的国家,由于缺乏有效的资源配置机制,使得资源在各部门之间的配置严重失衡,有些行业生产能力过剩,另一些行业,如农业、能源、交通部门则严重滞后,形成经济发展的"瓶颈"。当这些"瓶颈"部门的价格因供不应求而上涨时,便引起其他部门,甚至是生产过剩部门的连锁反应,形成一轮又一轮的价格上涨。

2. 需求移动

社会对产品和服务的需求不是一直不变的,它会不断从某一部门转移到另外一个部门,而劳动力及其他生产要素的转移则需要时间。因此,原先处于均衡状态的经济结构可能因需求的移动而出现新的失衡。那些需求增加的行业,价格和工资将上升,但是需求减少的行业,由于价格和工资刚性的存在,却未必会发生价格和工资的下降。其结果是需求的转移引致了物价的总体上升。

3.劳动生产率增长速度的差异

一国经济可根据劳动生产率增长速度的差异划分为不同的部门。如果不同部门内的货币工资增长率都与本部门劳动生产率增长速度一致,则价格水平就可以维持在原有的物价上。但是落后部门的工人往往要求与先进部门相同的货币工资上涨率。由于这一压力,货币工资的整体水平便与先进部门的劳动生产率同比例增长。其结果是落后部门的生产成本便上升,进而带来物价整体水平的上升。

【注意】 结构型通胀的发生同样要以货币扩张为条件,因为在货币总量不变的条件下,这些结构性的因素也只能带来相对价格的变化,而不是整体价格的上涨。

【学中做 10-1】 委内瑞拉的通货膨胀

委内瑞拉是一个拥有丰富石油资源的南美国家,却陷入了严重的经济危机。该国的通货膨胀率已经达到了惊人的水平,导致货币贬值、物价飞涨、民生困顿。

委内瑞拉的通货膨胀主要有以下几个原因:①过度依赖石油收入。委内瑞拉的石油储量是世界第一,石油出口占其GDP的90%以上,是其经济的命脉。然而,由于国际油价波动和美国的制裁,委内瑞拉的石油收入大幅下降,导致财政赤字和外汇短缺。②过度印发货币。为了弥补财政缺口和维持高福利政策,委内瑞拉政府大量印发本币玻利瓦尔,导致货币供应过剩和购买力下降。③过度管制市场。为了控制物价和汇率,委内瑞拉政府实施了严格的市场管制措施,如设定价格上限和固定汇率等。然而,这些措施并没有有效抑制通货膨胀,反而导致市场失灵和黑市泛滥。④外部冲击和内部动荡。委内瑞拉面临着美国等国家的经济制裁和政治干预,以及国内的反对派和社会抗议等不利因素,影响了其经济稳定和信心。

委内瑞拉的通货膨胀对其经济和社会造成了严重的影响:①经济衰退和贫困加剧。由于通货膨胀导致生产成本上升,消费需求下降、投资信心低迷,委内瑞拉的经济持续萎缩。据国际货币基金组织(IMF)估计,委内瑞拉的GDP从2015年的3 236亿美元降至2020年的472.6亿美元,累计下降了85%。同时,该国的贫困率也大幅上升,联合国数据显示,2020年有96%的委内瑞拉人生活在贫困线以下。②物价飙升和货币崩溃。由于通货膨胀导致玻利瓦尔急剧贬值,物价飞涨,民众生活水平大幅下降。据委内瑞拉央行公布的数据,该国2021年12月通胀率达到7.6%,连续4个月保持在个位数,但仍远高于正常水平。

资料来源:舒晓婷:"委内瑞拉'摆脱'恶性通胀 2022年经济迎来'窗口期'",《21世纪经济报道》,2022年1月17日。

请问:委内瑞拉的通货膨胀从经济学角度来看由哪些原因引起?如果货币供应量不变,通货膨胀会一直持续下去吗?

分析:委内瑞拉的通货膨胀问题可以从多个角度来看待。以下是其中一些可能的角度:货币供应增长过快、经济萎缩、外部因素、失败的货币政策、需求过度增长。解决通货膨胀问题需要综合考虑经济的各个方面,并采取合适的政策措施来解决问题。

通货膨胀是由多个因素引起的,包括货币供应量、需求增长、成本推动和经济发展等。虽然货币供应量是其中一个重要的因素,但其他因素也会发挥作用。当货币供应量不变时,通货膨胀可能趋于稳定或逐渐减少。这是因为通货膨胀的速度取决于经济活动和需求,而不仅仅取决于货币供应量。如果经济活动放缓、需求下降,企业利润受到压制,价格上涨的压力可能会减轻。此外,货币供应量不变还可能导致金融紧缩和经济衰退。在经济周期中,货币供应量通常会根据经济的需求进行调整,以促进经济增长和稳定。如果货币供应量长期不变,可能会限制金融机构的贷款能力,导致企业投资和消费减少,最终拖累整体经济表现。

因此,通货膨胀的持续与否不仅取决于货币供应量,而且取决于整体经济状况、需求和其他经济因素的相互作用。

五、通货膨胀对经济的影响

(一)通货膨胀的收入再分配效应

通货膨胀意味着人们手中持有的货币的购买力下降,从某种程度上来讲,是人们过去劳动成果的缩水。也就是说,通货膨胀会引致人们的实际收入水平发生变化,这就是通货膨胀的再分配效应。通货膨胀对不同经济主体的再分配效应是不同的。

1. 通货膨胀对靠固定货币收入维持生活的人不利

对固定收入阶层来说,其收入是固定的货币数额,落后于上升的物价水平。也就是说,他们获得货币收入的实际购买力下降,其实际收入因通货膨胀而减少,如果他们的收入不能随通货膨胀率变动的话,他们的生活水平必然降低。在现实生活中,靠政府救济金维持生活的人比较容易受到通货膨胀的冲击,因为政府救济金发放水平的调整相对较慢。此外,工薪阶层、公务员以及其他靠福利和转移支付维持生活的人,都比较容易受到这种冲击。

2. 通货膨胀对储蓄者不利

随着价格的上涨,存款的购买力就会降低,那些持有闲置货币和存款在银行的人会受到影响;同样,像保险金、养老金以及其他具有固定价值的证券财产等(本来是作为防患于未然和养老的),在通货膨胀中,其实际价值也会下降。

3. 通货膨胀还会在债务人与债权人之间产生收入再分配的作用

具体来说,通货膨胀牺牲了债权人的利益而使债务人得益。例如,A 向 B 借款 1 万元,约定一年以后归还,假定这一年中发生了通货膨胀,物价上涨了一倍,那么一年后 A 归还给 B 的 1 万元只能购买到原来一半的商品和服务。也就是说,通货膨胀使得 B 损失了一半的实际收入。

课堂讨论 通货膨胀对经济的影响

通货膨胀作为经济运行过程中经常出现的一种现象,通常会对经济生活产生多方面的影响。

(1)在出现平衡的和可预期到的通货膨胀的情况下,每一种商品、每一种生产要素的价格,包括劳动的价格都会按同一比例上升,人们的货币收入和财富的市场价值也会按相同比例上升,此时:①通货膨胀会对拥有固定货币收入的人产生不利影响;②通货膨胀会对储蓄者产生不利的影响,使储蓄者的收入水平下降。

(2)通货膨胀通过影响人们手中财富的实际价值实现了收入和利益的再分配:①在债权人与债务人之间,通货膨胀将有利于债务人而不利于债权人;②在企业与工人之间,通货膨胀将有利于企业而不利于工人;③在政府与公众之间,通货膨胀将有利于政府而不利于公众。

在一个竞争性的经济中,无论是消费者还是生产者,他们都会根据价格信号的变动调整自己的消费行为和生产行为,从而使资源配置发生改变。

资料来源:李贺主编:《经济学基础》第 2 版,上海财经大学出版社 2021 年版,第 240 页。

(二)通货膨胀的产出效应

1. 随着通货膨胀的出现,产出增加

这就是需求拉动型通货膨胀的刺激,促进了产出水平的提高。这种情况产生的前提条件是有一定的资源闲置。当一个经济体系有一定的资源闲置时,物价温和地上涨会刺激人们的购买欲望,从而使消费增加,拉动就业和产出水平提高。

2. 成本推动的通货膨胀导致失业

这就是说,通货膨胀引起就业和产出水平的下降。这种情况产生的前提条件是经济体系已经实现了充分就业。此时,如果发生成本推动的通货膨胀,原来总需求所能购买的实际产品的数量将会减少。也就是说,当成本推动的压力抬高物价水平时,既定的总需求只能在市场上支持一个较小的实际产出。因此,实际产出会下降,失业率会上升。

3. 超级通货膨胀导致经济崩溃

首先,当物价持续上升时,居民和企业都会产生通货膨胀的预期,即估计物价会再度升高。在这种情况下,人们为了不让自己的储蓄和现行的收入贬值,而宁愿在价格上升前将货币花掉,从而产生过度消费,导致储蓄和投资都会减少,产出水平下降。其次,随通货膨胀而来的是生活费用的上升,劳动者会要求提高工资,企业成本上升,导致企业生产规模缩小,产出水平下降。再次,企业在通货膨胀率上升时会力求增加存货,以便在稍后按高价出售以增加利润,从而使得市场可供销售的货物减少,使物价进一步上升。最后,当出现恶性通货膨胀时,情况会变得更糟糕,经济体系极有可能会陷入崩溃。

六、通货膨胀的治理对策

(一)在财政政策方面,主要采取紧缩性财政政策

1. 减少政府预算,压缩政府公共工程支出和政府购买

这样能够抑制政府投资,减少政府对商品和劳务的需求,缓和通货膨胀的压力;同时因减少政府财政支出而减少财政赤字。

2. 降低政府转移支付水平,减少社会福利费用

除了失业救济金、养老金等福利费用外,其他福利、津贴等都要随经济的过热而压缩。这样能减少居民的可支配收入,从而抑制消费需求的膨胀,缓解通货膨胀的压力。

3. 增加税收

通过增加税收,可以增加政府收入,弥补财政赤字;同时,增加税收以后,企业和居民的实际收入减少,从而减少了企业的投资支出和居民的消费支出,最终可以控制总需求的膨胀。

4. 对部分商品开征特别消费税

通货膨胀时期不同商品的供求矛盾不同,因此可以考虑对部分需求特别旺盛的商品开征特别消费税。通过这些商品的高税率来限制其过度膨胀的需求。

(二)在货币政策方面,主要采取紧缩性货币政策

1. 提高商业银行的法定存款准备金率

这样可以减少商业银行贷款的发放,继而通过银行创造货币的机制减少货币供应量,从而提高利息率,最终减少社会总需求。

2. 提高再贴现率

通过提高再贴现率,可以减少商业银行向中央银行的借款,从而减少商业银行的货币供应量。这就势必带来银行信贷的紧缩和利息率的上升,有利于控制银行信贷的膨胀,最终减少社会总需求。

3. 通过开展公开市场业务卖出政府债券

这样能够从商业银行和公众那里收回货币,从而减少货币供应量,进而促进利息率的上升,最终减少社会总需求。这是最重要且经常被利用的一种抑制通货膨胀的政策工具。

4. 直接提高利息率

利息率的提高会增加信贷资金的使用成本,从而减少信贷的发放;还可以吸收储蓄存款,减少消费和投资,以减轻通货膨胀的压力。

(三)其他政策

1. 收入政策

根据成本推动型通货膨胀理论,通货膨胀是由于成本增加,特别是工资成本的增加引起的,所以通过对工资和物价进行调控来抑制通货膨胀。由于这项政策控制的重点是工资,所以又称收入政策。

2. 指数化政策

指数化政策是为了消除通货膨胀造成的一部分人受益、另一部分人受害的分配不公的不利影响,维持社会原有利益分配格局。具体做法是,定期根据通货膨胀率来调整工资、利息、债券收益以及其他收入的名义价值,以使其实际价值保持不变。指数化政策主要包括工资指数化和税收指数化等措施。

任务三 菲利普斯曲线

在宏观经济学中,失业与通货膨胀的关系主要是用菲利普斯曲线来说明的。

一、菲利普斯曲线的含义

1958年,在英国任教的新西兰经济学家菲利普斯在研究了1861—1957年的英国失业率和货币工资增长率的统计资料后,提出了一条用以研究失业率与货币工资增长率之间替代关系的曲线,这就是菲利普斯曲线(Phillips Curve)。具体来说,它是指当失业率高时,通货膨胀率就低;当失业率低时,通货膨胀率就高,如图10—4所示。该图中,横轴代表失业率 u,纵轴代表通货膨胀率 π,向右下方倾斜的曲线 PC 即为菲利普斯曲线。

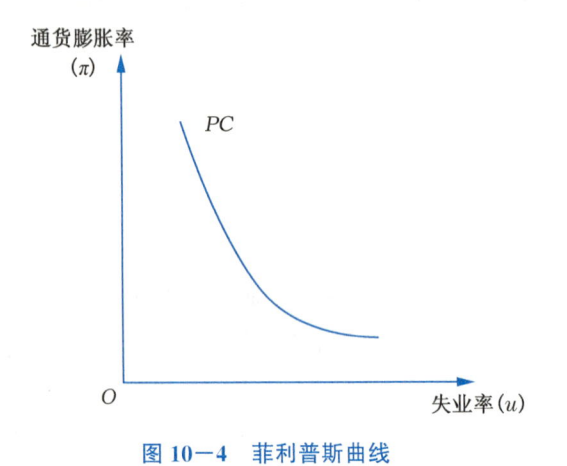

图10—4 菲利普斯曲线

二、菲利普斯曲线的应用

菲利普斯曲线意味着可以用较高的通货膨胀率为代价,来降低失业率或实现充分就业;而要降低通货膨胀率和稳定物价,就要以较高的失业率为代价。也就是说,失业率与通货膨胀率之间存在着一种"交替关系",想要降低或提高其中的一个,就要以提高或降低另一个为代价。

具体而言,一个经济社会首先要确定一个临界点,由此确定一个失业与通货膨胀的组合区域。如果实际的失业率和通货膨胀率组合在组合区域内,则政策的制定者可以不采取调节措施;如果在区域之外,则可以根据菲利普斯曲线所表示的关系进行调节。图10—5说明了这种调节过程。

在图10—5中,假定当时失业率和通货膨胀率在4%以内时,经济社会被认为是安全的或可以

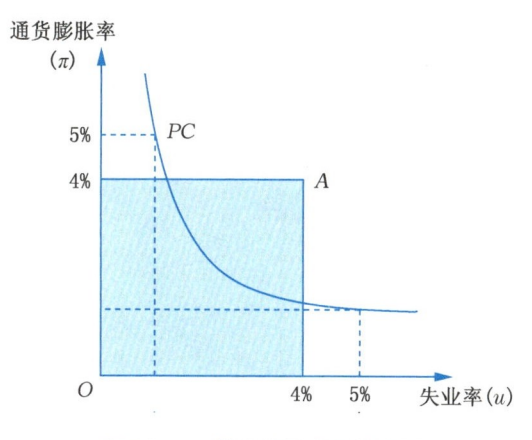

图 10－5　菲利普斯曲线的应用

容忍的。这时在图中就得到了一个临界点,即 A 点,由此形成的一个四边形的区域,称为安全区域(图中的阴影部分)。如果该经济社会的实际失业率与通货膨胀率组合落在安全区域内,则政策制定者无须采取任何措施(政策)调节。

如果实际的通货膨胀率高于 4%,如达到了 5%,该经济社会的失业率仍在可接受的范围内,经济政策制定者可以采取紧缩性政策,以提高失业率为代价降低通货膨胀率。从图 10－5 中可以看到,当通货膨胀率降到 4% 以下时,经济社会的失业率在可以接受的范围内。

如果实际的失业率高于 4% 时,如为 5%,这时根据菲利普斯曲线,政策制定者可以采取扩张性政策,以提高通货膨胀率为代价降低失业率。从图 10－5 中可以看出,当失业率降到 4% 以下时,经济社会的通货膨胀率在可接受的范围内。

三、短期菲利普斯曲线与长期菲利普斯曲线

1968 年,美国货币学派代表人物弗里德曼指出了菲利普斯曲线分析的一个严重缺陷,即它忽略了影响工资变动的一个重要因素:工人对通货膨胀的预期。根据这种观点,人们预期通货膨胀率越高,名义工资增加就越快,由此,弗里德曼提出了短期菲利普斯曲线的含义。

这里所说的"短期",是指从预期到需要根据通货膨胀做出调整的时间间隔。短期菲利普斯曲线就是预期通货膨胀保持不变,表示通货膨胀率与失业率之间关系的曲线。在短期中,工人来不及调整通货膨胀预期,预期的通货膨胀率可能低于以后实际发生的通货膨胀率。这样,工人所得到的实际工资可能少于先前预期的实际工资,从而实际利润增加,刺激了投资,就业增加,失业率下降。在这个前提下,通货膨胀率与失业率之间存在着交替关系。也就是说,向右下方倾斜的菲利普斯曲线在短期内是可以成立的,因此,在短期内引起通货膨胀率上升的扩张性财政政策与扩张性货币政策是可以起到减少失业的作用的。这就是通常所说的宏观经济政策的短期有效性。

在长期中,工人将根据实际发生的情况不断调整自己的预期,工人预期的通货膨胀率与实际发生的通货膨胀率迟早会一致。这时工人会要求增加名义工资,使实际工资不变,从而通货膨胀就不会起到减少失业的作用。也就是说,在长期中,失业率与通货膨胀率之间并不存在交替关系,因此,长期菲利普斯曲线是一条垂直于横轴的线。并且,在长期中,总能实现充分就业,经济社会的失业率将处于自然失业率的水平,因此,通货膨胀率的变化不会影响长期中的失业率水平。

由于人们会根据实际发生的情况不断调整自己的预期,所以短期菲利普斯曲线将不断移动,从而形成长期菲利普斯曲线,如图 10－6 所示。

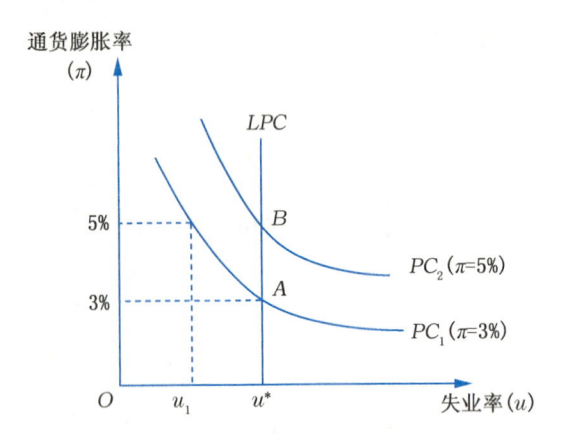

图 10-6　从短期 PC 到长期 PC

在图 10-6 中，假定某一经济体系处于自然失业率 u^*、通货膨胀率为 3% 的 A 点，此时若政府采取扩张性政策，以使失业率降低到 u_1，由于扩张性政策的实施，总需求增加，引致价格水平上升，通货膨胀率也上升至 5%。由于在 A 点处，工人预期的通货膨胀率为 3%，而现在实际的通货膨胀率为 5%，高于其预期的通货膨胀率。于是就会发生图中短期菲利普斯曲线 $PC_1(\pi=3\%)$ 所示的情况，失业率由 u^* 下降到 u_1，而通货膨胀率则从 3% 上升到 5%。

当然，这种情况只是短期的，经过一段时间，工人们会发现价格水平的上升和实际工资的下降，这时他们便要求提高货币工资，即从原来的 3% 调整到现在的 5%。伴随着这种调整，实际工资回落到原有的水平，相应地，企业生产和就业也都回到了原有的水平，失业率又回到了原来的 u^*，但此时，经济已经处于具有较高通货膨胀率预期（即 5%）的 B 点。

以上过程重复下去，在短期内，由于工人不能及时改变预期，存在着失业与通货膨胀之间的交替关系，表现在图形上，便有诸如 PC_1、PC_2……的各条短期菲利普斯曲线。随着工人预期通货膨胀率的上升，短期菲利普斯曲线也不断上升。

从长期来看，工人预期的通货膨胀与实际的通货膨胀是一致的，因此，企业不会增加生产和就业，失业率也就不会下降，从而便形成了一条与自然失业率重合的长期菲利普斯曲线（LPC）。

同步思考

长期菲利普斯曲线是一条垂直于横轴的直线，这意味着什么？

答：这意味着在长期，不存在失业与通货膨胀的交替关系。换句话说，从长期来看，政府运用扩张性政策不但不能降低失业率，还会使通货膨胀率不断上升，这也就是通常所说的宏观经济政策的长期无效性。

课程思政　　"新冠"疫情对中国失业与通货膨胀关系的影响

2018 年，面对复杂的内外部经济环境，中央经济工作会议首次提出"六稳"[①]方针。2020 年 4 月，在突如其来的疫情冲击、外部不确定性持续上升的情况下，中央又提出"六保"[②]新任务。

1. 失业率

"新冠"疫情对我国青年人口就业的冲击较大，失业率的年均值由 2018—2019 年的 11% 左右，

[①] "六稳"是指稳就业、稳金融、稳外贸、稳外资、稳投资、稳预期工作。
[②] "六保"是指保居民就业、保基本民生、保市场主体、保粮食能源安全、保产业链供应链稳定、保基层运转。

上升到2020—2021年的14%左右、2022年的18%左右。由此可见,在我国"新冠"疫情暴发的高峰期,受到居家隔离等抗疫政策的影响,市场经济受到了一定程度的影响,失业率发生了不同程度的上升,对居民收入及生活水平也造成了一定的负面影响。

2. 通货膨胀率

2020年,"新冠"疫情对居民消费造成了严重冲击,2020年居民消费倾向降至72.74%,较2019年下降近2.3个百分点;2021年居民消费倾向继续回升。从微观视角看,按照家庭调查数据计算的居民消费倾向体现了居民个人负担的消费支出,对消费变化的反映更为直观。疫情初期,基于家庭调查数据的居民消费倾向大幅下跌,从2019年末的70.15%跌落至2020年1季度的59.36%,创2013年以来季度最低值,2021年居民消费倾向回升至68.6%;季度消费倾向的变化与疫情形势波动高度相关,2022年上半年消费倾向回升至63.67%,比"新冠"疫情前水平低7个百分点左右。

由此可见,我国"新冠"疫情暴发高峰期,我国居民各方面的生活开支水平均发生了提高,其中,以食品烟酒等生活必需品的开支涨幅最为突出。

通过以上两方面的分析可以看出,我国失业率和通货膨胀率发生了同步增长。

【思政感悟】 在我国经济波动的上升期,受到劳动力供给因素、劳动力需求因素、国有企业改革及结构调整因素等的影响,我国城镇失业率并没有随之下降。在"新冠"疫情暴发的特殊时期,我国失业率与通货膨胀率呈现出同向变动的正相关关系的原因是什么呢?根据经济学基本供求关系原理,当劳动力的供给下降时,会引致劳动力工资水平上升,从而引致生产成本上升,进而引致物价水平的上升。"新冠"疫情的暴发对经济增长带来了危机,也对劳动力市场需求造成了负面影响,加剧了失业率的攀升。

在"新冠"疫情暴发的特殊时期,居家隔离办公政策也促生了新的经济发展模式。虽然远程办公在更早以前已被国民所熟知,但相对来说仍较为小众。而此次疫情的暴发促使了大批公司采用了居家办公的模式,保持业务运营,帮助员工遵守社交距离要求。众多学校与教辅机构也纷纷采取网络直播授课的方式开展教学活动。

【三省吾身】 "新冠"疫情将推动中国制造生产方式、中国人整体工作和生活方式、中国公共服务的自助化和自动化水平提升,传统上中心外围支配的发展模式向均衡化方向发展。如能把握机遇,对我国的生产发展、公共服务、教育体系等进行相应的调整,减少不必要的人工成本,推动智能化的生产生活方式转型与变革,此次"新冠"疫情对中国的冲击,将会成为推动中国经济高质量发展革命的一次宝贵契机。

关键术语

摩擦性失业　结构性失业　周期性失业　通货膨胀　需求拉动型通货膨胀
成本推动型通货膨胀　奥肯定律　结构型通货膨胀　菲利普斯曲线

应知考核

一、单项选择题

1. 假设某国总人口为3 000万人,就业者为1 500万人,失业者为500万人,则该国的失业率为(   )。

   A. 17%　　　　　　B. 34%　　　　　　C. 25%　　　　　　D. 10%

2. 充分就业的含义是（　　）。
A. 人人都有工作，没有失业者　　B. 消灭了周期性失业时的就业状态
C. 消灭了自然失业时的就业状态　　D. 消灭了失业时的就业状态

3. 周期性失业是指（　　）。
A. 由于某些行业生产的季节性变动所引起的失业
B. 由于总需求不足而引起的短期失业
C. 由于劳动力流动不能适应劳动力需求变动所引起的失业
D. 由于经济中劳动力的正常流动引起的失业

4. 在宏观经济学中，失业和通货膨胀的关系主要用（　　）来说明。
A. 菲利普斯曲线　　B. 奥肯定律　　C. 基尼系数　　D. 洛伦茨曲线

5. 衡量居民货币实际购买力水平的物价指数为（　　）。
A. 消费者物价指数　　B. 生产者价格指数　　C. GDP 折算指数　　D. 通货膨胀率

6. 成本推动型通货膨胀包括（　　）。
A. 工资推动通货膨胀　　B. 需求膨胀推动通货膨胀
C. 货币过度发行导致通货膨胀　　D. 部门间生产率增长差别导致通货膨胀

7. 关于菲利普斯曲线的形状，一般认为它（　　）。
A. 向右下倾斜　　B. 是一条水平线
C. 是一条垂直线　　D. 短期内向右下倾斜，长期内为垂直线

8. 具有过渡性或短期性的失业是指（　　）。
A. 摩擦性失业　　B. 结构性失业　　C. 周期性失业　　D. 自愿失业

9. 根据菲利普斯曲线，降低通货膨胀率的办法是（　　）。
A. 减少货币供给量　　B. 增加货币供给量
C. 降低失业率　　D. 提高失业率

10. 在通货膨胀的治理对策中，采取的紧缩性货币政策不包括（　　）。
A. 提高法定存款准备金　　B. 提高贴现率
C. 公开市场业务　　D. 增加税收

二、多项选择题

1. 宏观经济学的四大目标包括（　　）。
A. 充分就业　　B. 经济增长　　C. 物价稳定　　D. 国际收支平衡

2. 周期性失业的治理对策有（　　）。
A. 扩张性财政政策　　B. 紧缩性财政政策　　C. 扩张性货币政策　　D. 紧缩性货币政策

3. 按照价格上涨幅度加以区分，通货膨胀包括（　　）。
A. 温和的通货膨胀　　B. 奔腾的通货膨胀　　C. 平衡式通货膨胀　　D. 非平衡式通货膨胀

4. 按照人们的预期程度，通货膨胀可分为（　　）。
A. 预期的通货膨胀　　B. 非预期的通货膨胀　　C. 放开的通货膨胀　　D. 抑制的通货膨胀

5. 菲利普斯曲线表明（　　）。
A. 失业率越低，通货膨胀率越低　　B. 失业率越高，通货膨胀率越高
C. 失业率越低，通货膨胀率越高　　D. 失业率越高，通货膨胀率越低

三、判断题

1. 在一个国家中,自然失业率是一个固定不变的数字。（   ）
2. 由劳动力的供给与需求不匹配所造成的失业是摩擦性失业。（   ）
3. 通货膨胀是指一般物价水平普遍的、持续的上升。（   ）
4. 短期菲利普斯曲线是一条向右下方倾斜的曲线。（   ）
5. 一般认为,比较温和的通货膨胀有利于经济的发展。（   ）

四、简答题

1. 什么是失业？失业有哪些种类？
2. 什么是奥肯定律？
3. 什么是需求拉动型通货膨胀？
4. 做图说明需求拉动型通货膨胀是如何产生的。
5. 什么是菲利普斯曲线？

五、计算题

考虑一个只生产三种产品的简单经济体,使用表10－1中的信息,计算以CPI表示的2023年的通货膨胀率。

表10－1

产品	数量	基准年(2017)价格(元)	2022年价格(元)	2023年价格(元)
奶茶	2	10.00	11.00	16.2
铅笔	10	2.00	2.45	2.4
袜子	6	15.00	15.00	14.00

应会考核

■ 观念应用

1. 充分就业与自然失业互相矛盾吗？为什么？
2. 菲利普斯曲线在短期内和长期内的形状是不同的,这说明了什么问题？

■ 技能应用

做图说明需求成本推动型通货膨胀是如何产生的。

■ 案例分析

菲利普斯曲线在美国的应用

菲利普斯曲线描述了通货膨胀与失业之间的交替关系,这是为了纪念第一个研究这种关系的经济学家而命名的。在20世纪70年代末80年代初,美国陷入了滞胀的困境。当时,通货膨胀率高达14%,失业率高达6%,而经济增长率不到1.5%。为了解决这个问题,美联储主席沃尔克于1979年上任后,把反通货膨胀作为他的中心任务。他提高了贴现率,减少了货币量,但到1980年2月通货膨胀率仍高达14.9%,而失业率也高达10%。尽管面临各种压力,沃尔克继续实施紧缩政策,最终在1984年将通货膨胀率降至4%,拉动了20世纪80年代的经济繁荣。这说明了菲利普斯曲线的存在,即在通货膨胀与失业之间存在一种权衡关系。

问题：

1. 短期中失业与通胀的关系是什么?
2. 联系实际谈一谈菲利普斯曲线在我国的应用情况。
3. 长期中失业与通胀的关系是什么?

▼ 项目实训

【实训任务】
通过本项目的实训,使学生学会并理解通货膨胀。

【实训情境】
1. 分小组谈论目前中国所处的经济态势,当前是通货紧缩还是通货膨胀,或其他?
2. 结合国家最新的财政政策,谈谈你的看法。
3. 你认为这些政策中哪些会对目前的中国经济状况有效?你是否发现哪些财政政策在实际效果上并没有达到预期效果?

【实训要求】
撰写《对通货膨胀的认识》报告。

《对通货膨胀的认识》		
项目实训班级:	项目小组:	项目组成员:
实训时间:　年　月　日	实训地点:	实训成绩:
实训目的:		
实训步骤:		
实训结果:		
实训感言:		

项目十一　把握经济脉络——经济增长和经济周期理论

● **知识目标**

理解：经济增长的含义；经济增长的源泉。
熟知：内生、外生经济周期理论；乘数—加速数模型。
掌握：经济增长理论与模型；可持续发展理论；经济周期的含义及其分类。

● **技能目标**

能正确运用经济增长理论和经济周期理论来解释与研判宏观经济运行情况。

● **素质目标**

能够正确领会和理解经济运行的逻辑关系与基本规律，能够对经济增长和经济周期进行简单分析，具备初步分析问题、解决问题的能力，树立正确的世界观、人生观和价值观，做到学思用贯通、知信行统一。

● **思政目标**

通过本项目的学习，培养学生的经济素养，认识世界的多样性和复杂性，提高学生的思维能力，增强学生的国家意识；关注社会问题，增强社会责任感，树立正确的价值观；了解国家经济发展趋势，提高学生的思维能力，为社会发展做出贡献。

● **项目引例**

你比贵妃生活得还好

炎炎夏日，你正在空调房间内品尝刚刚上市的荔枝，是否想起一句杜牧《过华清宫》里的诗句——一骑红尘妃子笑，无人知是荔枝来。这句诗描写杨贵妃在长安城外骊山的行宫避暑，等待从岭南快马送来的荔枝。那时，要尝到岭南荔枝，非常艰难，就算马不停蹄地辗转送到，也色变、香变、味变了。当然，贵妃等得心急如焚，一见山下有快马而至，老百姓还不知道发生什么事情，她已笑逐颜开，因为只有她才"知是荔枝来"。纵使是皇帝宠爱的贵妃，想吃荔枝也是件很奢侈的事情，并且害得皇帝背负着昏君误国的骂名。即使是富可敌国的古代贵族、皇亲国戚也无法看电视，无法网上购物，无法享受高铁、飞机带来的便捷。你比贵妃还富有吗？虽然现在你可能是普通人，但是你过得比她好。

资料来源：李贺主编：《经济学基础》第 2 版，上海财经大学出版社 2021 年版，第 249 页。

● 引例导学

由于经济的发展，今天普通人在生活上比以前的皇帝还要好。经济增长是经济学研究的核心和永恒的议题，经济增长能够带来经济规模的扩大和经济结构的演进。接下来带您深入了解经济增长的重要性以及经济增长的源泉。

● 知识支撑

任务一　经济增长理论

一、经济增长的含义

一般来说，经济增长（Economic Growth）是指一个国家或一个地区生产商品和服务能力的增长。如果考虑到人口增加和价格变动情况，经济增长应当包括人均福利的增长。库兹涅茨给"经济增长"下了这样的定义：为居民提供日益繁多的经济产品能力的长期上升，这种不断增长的能力是建立在先进技术以及所需要的制度和思想意识的相应调整的基础上的。这个含义由三个部分组成：①提供商品和服务能力的长期上升，从而不断提高国民生活水平，是经济增长的结果，也是经济增长的标志；②先进技术是经济增长的基础或者说必要条件；③制度与思想意识的调整是技术得以发挥作用的必要条件。

案例鉴赏　　　　经济增长是化解一切社会矛盾的基础

清华大学中国与世界经济研究中心主任李稻葵教授在《大国大时代——中国经济报告会》某年开篇论坛上表示，经济增长是化解一切社会矛盾的基础。

中国经济短期的目标是稳增长，增长确实是化解一切社会矛盾的基础。有人说所有经济问题，都不能单独来看，所有经济问题都是做除法。除法是什么呢？如果把 GDP 当成分母，GDP 增长速度快，一切经济问题都能够从大变小、从小变无；如果反过来，GDP 增长速度慢，那么一切经济问题都可能被放大。

二、经济增长的源泉

人们发现，经济增长的"发动机"必定安装在增长要素的四个轮子上，即资本、劳动力、自然资源和技术。经济学家经常用生产函数来描述生产中所用的投入量与产出量之间的关系。图 11—1 说明了一国潜在的产出（也就是一个社会在一定时期内所能生产出来的最高产出水平）是如何决定的。

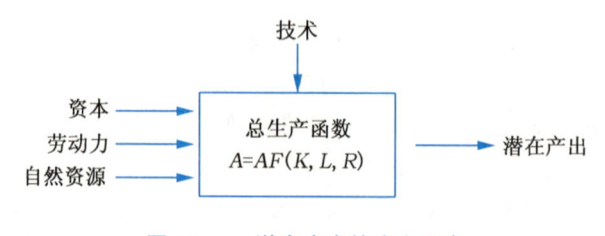

图 11—1　潜在产出的决定因素

资本 ┐
劳动力 ┼→ 总生产函数 $A=AF(K, L, R)$ →潜在产出
自然资源 ┘
技术 ↓

从图 11—1 可以看出，无论是发展中国家还是发达国家，其经济增长的源泉都包括四个方面的

因素:资本、劳动力、自然资源和技术。总生产函数将上述因素综合考虑在一起,即:

$$Q=AF(K,L,R) \quad (11-1)$$

其中,Q 为产出,K 为资本对产出的贡献,L 为投入的劳动力,R 为投入的自然资源,A 为经济中的技术水平,F 为生产函数。

根据总生产函数公式可知,经济增长来源于三个方面的贡献:资本的贡献、劳动力的贡献和技术的贡献。因此,经济增长的源泉归结为以下三个方面:

1. 资本

用于生产物品或劳务的设备、建筑物存量称为物质资本,或简称资本。例如,建筑工地用的吊车、升降机、水泥浇筑机等设备能大大提高建筑生产效率。经济增长中一定要有资本的增加,英国古典经济学家亚当·斯密就曾把资本的增加作为国民财富增加的源泉。

2. 劳动力

劳动力的增加可分为劳动力数量的增加和劳动力质量的提高。应该说,这两个方面都有促进经济增长的作用。劳动力质量的提高则依靠劳动者科学文化水平、技术水平和健康水平的提高。经济越发展,技术装备越复杂,就越需要高素质的劳动力队伍;经济发展的规模越庞大,就越需要与之相适应的具有一定规模的劳动力数量。

同步思考　　　　　　　教育——人力资本投资

教育——人力资本投资——对于一个国家的长期经济繁荣至少与物质资本同样重要。一些经济学家认为,人力资本对经济增长特别重要。因为人力资本带来正的外部性,即一个人的行为对旁观者福利的影响。例如,受教育的人会产生一些提高生产率的新想法,而这些新想法会被社会上更多人采用,从而提高社会劳动生产率,这就是教育的外部收益。国家实行义务教育,投入大量的补贴到教育中正是基于此原因。另外,穷国则面临着人才外流的风险,获得高等教育的人移民到富国,或者穷国学生到富国学习先进知识,但是毕业后却不回国,这使得穷国的人力资本越发缺乏。

在中国农村一些农民子弟,家庭供其读完高中或者大学,"家读穷了,眼读瞎(近视)了",毕业后却仍是应聘打工,仍难成为白领。农民是最讲实际的,眼前的实惠和利益使他们认为如今上不上高中或者大学都一样,与其花大钱、费大劲去读书,不如趁早去打工挣钱。一些人便总结出诸如"上学就是为了能考上大学""如果考不上大学,书读再多也没有用"等结论。这种对教育采取功利化的价值取向,对农村学生的辍学现象起到了推波助澜的作用。

资料来源:李贺主编:《经济学基础》第 2 版,上海财经大学出版社 2021 年版,第 251 页。

思考:你对这个问题是怎么看的呢?

3. 技术

技术在经济增长中的作用体现在生产率的提高上,即同样多生产要素的投入能够提供更多的产出。100 年前大多数美国人在农场干活,这是因为农业技术要求大量的生产投入才能养活整个国家。现在,由于农业技术的进步,少数人就可以生产足以养活整个国家的食物。在工业中,由于先进技术的使用,使得工厂的劳动生产率大幅度提高。从当今世界各国经济发展进程看,知识进步与发展是技术进步中最重要的内容,是经济增长的根本动力。

以上三个方面的影响因素称为经济因素,在现代社会中非经济因素对经济增长也具有重要的影响。非经济因素主要是指政治因素和制度因素,这些都是资本、劳动力和技术充分发挥作用的社会基础条件。

案例鉴赏　　应用农业物联网　农田装上"千里眼"和"顺风耳"

无论身在何地,只要打开手机、计算机,就可一览苗情,田间管理也可遥控操作;无论产品身处何方,通过扫描其专属身份编码,便可详知生产、加工、运输的所有环节……

农业物联网技术的应用使得滨海新区农业正步入"智慧农业时代",加速农业增产、农民增收。在汉沽茶淀镇的一个葡萄大棚内可以看到,大棚中央安装着一个Web GIS传感器,可以实时地将数据传输给智能控制系统,自动计算棚内的微小昆虫,再结合植物叶面分析系统,农户可以判定葡萄病虫害的发生动态,从而调节作物的生长环境。

该系统在生产前可以给农户建议,在生产过程中可以预警病虫害,在产后可以反馈种植信息,并把这些试验区采集到的信息通过农村广播和手机短信发布给更多的葡萄种植户,形成针对新区葡萄生产的一个决策服务平台。该系统还将集成测土配方施肥、节水灌溉等技术,为大棚通风、喷洒农药、浇灌施肥等提供参考,让对葡萄种植的外行也能根据建议开展种植。

据了解,去年以来,滨海新区在农业种植、水产养殖等方面推广了物联网技术,给农田装了"千里眼"和"顺风耳"。通过实时监控,农田里的农作物"四情"、养殖环境参数都被自动检测出来,运用编好的程序进行数据处理、统计分析,为政府决策、农业技术指导和生产经营提供了全方位的信息服务。

资料来源:"天津农田装'千里眼'田间管理遥控操作",《物联网世界》,2013年5月10日。

课程思政　　　　低碳转型与绿色增长的中国经验

改革开放40多年来,中国经济增长率位居世界前列。与此同时,经济增长的"副产品"——碳排放仍然处于较高水平。在此背景下,实现"双碳"目标对于我国建设社会主义现代化国家和满足人民美好生活需要具有重大意义,也是我国作为负责任大国推动构建人类命运共同体的重要体现。

2023年《政府工作报告》提出,加强生态环境保护,促进绿色低碳发展;稳步推进节能降碳;统筹能源安全稳定供应和绿色低碳发展,科学有序推进碳达峰、碳中和。《政府工作报告》对"双碳"目标下的低碳转型和绿色增长提出了更高的要求,各个层面推动"双碳"目标实现的具体路径已经展开,技术路线不断成熟,治理方案不断优化,实现低碳转型与绿色增长将是未来中国经济发展的方向。

资料来源:张自然:"低碳转型与绿色增长的中国经验",《中国发展观察》,2023年第4期。

【思政感悟】 习近平总书记在中共二十大报告中指出:"中国式现代化是人与自然和谐共生的现代化","必须牢固树立和践行绿水青山就是金山银山的理念,站在人与自然和谐共生的高度谋划发展"。要以习近平生态文明思想为根本遵循和行动指南,立足全面建成社会主义现代化强国、实现第二个百年奋斗目标,坚持不懈推进生态优先、节约集约、绿色低碳发展,不断开创美丽中国建设新局面。

绿色转型是中国未来发展的重要目标。中国绿色发展取得了世人瞩目的成就,与发展同样重要的是绿色转型。绿色转型主要包括四方面:一是绿色转型与技术进步共生发展;二是绿色转型的速度对能源安全和经济波动有着重要的影响;三是绿色转型更需要政府财政支持;四是区域和行业面对的冲击不平衡需要转移支付来补偿。

碳排放从存量转向流量,达到流量和存量的平衡是中国低碳转型的终极目标。过去使用能源,更多是使用地球上的存量,包括煤炭、石油等存量能源。现在面临的首要问题是碳排放问题;其次是存量能源的可耗竭性问题。

现在要从过度用存量慢慢转向用流量。比如太阳能就是流量,我们要逐步在流量端进行改革,使流量和存量保持合理比例，这样的发展才是可持续的，这也是我们解决碳问题的核心观点。

【三省吾身】 人不负青山，青山定不负人。我们应坚持以习近平新时代中国特色社会主义思想为指导，全面贯彻习近平生态文明思想，保持战略定力，脚踏实地、久久为功，坚定不移走绿色低碳高质量发展道路，推动建设更加美好的世界。

三、经济增长理论与模型

（一）哈罗德—多马模型

哈罗德—多马模型是20世纪40年代分别由英国经济学家R.哈罗德和美国经济学家E.多马提出的。他们所提出的模型基本相同，故合称哈罗德—多马模型。

哈罗德—多马模型是以一些严格的假定条件为前提条件的，这些假设主要包括：①整个社会只生产一种产品，这种产品既可以作为消费品，也可以作为资本品。②生产中只使用两种生产要素——劳动与资本，这两种生产要素为固定技术系数（即它们在生产中的比率是固定的），不能互相替代。③规模收益不变，在生产规模扩大时不存在收益递增或递减的情况。④技术水平不变。有了这些基本假定后，可以给出该模型的基本公式：

$$G = S \div C \quad (11-2)$$

在上式中，G 代表国民收入增长率，即经济增长率；S 代表储蓄率，即储蓄量在国民收入中所占的比例；C 代表资本—产量比率，即生产一单位产量所需要的资本量。根据这一模型的假设，资本与劳动的配合比率是固定不变的，从而资本—产量比率也是不变的。这样，经济增长率实际就取决于储蓄率。从该公式中可知，在资本—产量比率不变的条件下，储蓄率高，则经济增长率高；储蓄率低，则经济增长率低。可见，这一模型强调的是资本增长对经济增长的作用，分析的是资本增加与经济增长之间的关系。

哈罗德—多马模型根据上述公式，分别提出实际增长率、有保证的增长率和自然增长率三个含义，用来分析经济长期稳定增长的条件与波动的原因。

（1）实际增长率（G）是实际发生的增长率。它由实际储蓄率（S）和实际资本—产量比率（C）决定，即：

$$G = S \div C$$

（2）有保证的增长率，也称为均衡增长率（G_W）或合意增长率，是长期经济发展中理想的增长率。它由合意的储蓄率（S_D）的合意资本—产量比率（C_R）决定，即：

$$G_W = S_D \div C_R \quad (11-3)$$

（3）自然增长率（G_N）是长期经济发展中人口增长和技术进步所允许达到的最高增长率。它由最适宜的储蓄率（S_O）和合意的资本—产量比率（C_R）决定，即：

$$G_N = S_O \div C_R \quad (11-4)$$

哈罗德—多马模型认为，实现经济长期稳定的增长条件是实际增长率、均衡增长率与自然增长率相一致，即 $G = G_W = G_N$。如果这三种增长率不一致，就会引起经济的波动。

（二）新古典经济增长模型（外生经济增长理论）

新古典增长理论代表人物索洛用改变资本—产量比率的办法来解决哈罗德—多马模型的一些难题。

新古典增长理论的基本假定包括：①社会储蓄函数 $S = sY$，其中 s 是作为参数的储蓄率；②劳动力按一个不变的比率（n）增长；③生产的规模报酬不变。这样，在一个只包括居民和企业的两部门经济体系中，经济的均衡是投资等于储蓄（即 $I = S$），也就是说，投资或资本存量的增加等于储蓄。资本存量的变化等于投资减去折旧，当资本存量为 K 时，假定折旧是资本存量 K 的一个固定

比率 σK（$0<\sigma<1$），则资本存量的变化 ΔK 为：
$$\Delta K = I - \sigma K$$

根据 $I = S = sy$，上式可写为：
$$\Delta K = sy - \sigma K$$

1. 新古典经济增长模型的基本公式和含义

在资本、储蓄（投资）和产出之间的关系中，由于资本存量变化对资本存量的影响是明显的和直观的，产出对储蓄的影响可以由储蓄函数来解释，因此，在上述体系中，需要着重说明储蓄对资本存量变化的影响。由两部门经济的均衡条件及一系列假设可以得出新古典增长模型的基本公式：

$$\Delta k = sy - (n+\delta)k \tag{11-5}$$

其中，k 为人均资本，y 为人均产量，s 为储蓄率，n 为人口增长率，δ 为资本的折旧率。

上述关系式表明，人均资本的增加等于人均储蓄 sy 减去 $(n+\delta)k$ 项。$(n+\delta)k$ 项可以这样来理解：劳动力的增长率为 n，一定量的人均储蓄必须用于装备新工人，每个工人占有的资本为 k，这一用途的储蓄为 nk。同时，一定量的储蓄必须用于替换折旧资本，这一用途的储蓄为 δk。总计为 $(n+\delta)k$ 的人均储蓄被称为资本的广化。人均储蓄超过 $(n+\delta)k$ 的部分则引致了人均资本 k 的上升，即 $\Delta k>0$，这被称为资本的深化。因此，新古典增长模型的基本公式可以表述为：

$$资本深化 = 人均储蓄 - 资本广化$$

上式表明：若其他条件相同，储蓄率（或投资率）较高的国家通常比较富裕，在这些国家中，劳动力人均资本量较高，因此人均产量也较高。相反，根据新古典增长模型，人口增长率较高的国家通常比较贫穷。这些国家面对人口增长，为保持资本—劳动比率不变，需要把更大比例的收入用于储蓄和投资。这种资本广化的要求使得资本深化变得更为困难，从而使得人均资本量减少。

2. 稳态分析

稳态是指一种长期均衡状态。在稳态时，人均资本达到均衡值并维持在均衡水平不变，忽略技术变化，人均产量也达到稳定状态，即 K 值和 Y 值达到一个持久性水平。实现稳态，即 $\Delta K = 0$，即人均储蓄必须正好等于资本的广化，其条件是：

$$sy = (n+\delta)k$$

稳态意味着 y 和 k 值固定，但总产量 Y 和资本总量 K 都在增长。稳态时，总产量和总资本存量的增长率均与劳动力的增长率相同，均为 n 值。

（1）在新古典增长模型中，储蓄率的变动对经济的影响

在新古典增长模型中，一方面，储蓄率上升会引致人均资本上升，而人均收入是人均资本的增函数，因而储蓄率上升会增加人均产量，直到经济达到新的均衡为止。储蓄率下降的结果则反之。另外，稳态意味着：

$$\frac{\Delta Y}{Y} = \frac{\Delta N}{N} = \frac{\Delta K}{K} = n$$

可以看出，储蓄率的变动不能影响稳态的增长率，从这点上说，储蓄率的变动只有水平效应，没有增长效应。

在图 11-2 中，经济最初位于 C 点的稳定均衡。现在假定人们想增加储蓄，这使储蓄曲线上移至 $s'f(k)$ 的位置，这时新的稳态为 C'。比较 C 点和 C' 点，可知储蓄率的增加提高了稳态的人均资本和人均产量。

新古典增长理论在这里得到的结论是：储蓄率的增加影响不了稳定增长率（因为这一增长率是独立于储蓄率的），但能提高收入的稳态水平。

（2）在新古典增长模型中，人口增长对经济的影响

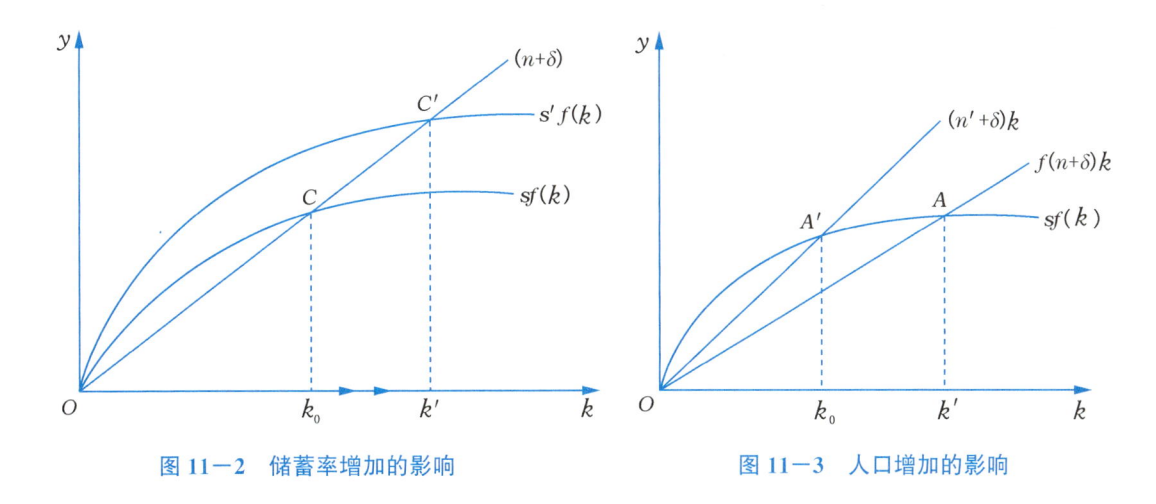

图 11-2　储蓄率增加的影响　　　　　图 11-3　人口增加的影响

新古典增长理论虽然假定劳动力按一个不变的比率 n 增长,但当把 n 作为参数时,就可以说明人口增长对产量增长的影响,如图 11-3 所示。

图 11-3 中,经济最初位于 A 点的稳态均衡。现在假定人口增长率从 n 增加到 n',则图中的 $(n+\delta)k$ 线便发生移动变为 $(n'+\delta)k$ 线,这时,新的稳态均衡为 A' 点。比较 A' 点与 A 点可知,人口增长率的增加降低了人均资本的稳态水平(从原来的 k' 减少到 k_0),进而降低了人均产量的稳态水平。这是从新古典增长理论中得出的一个重要结论。

可以看出,当人口增长率上升,总产量的稳定增长率也上升。同时,由于 A 点和 A' 点都是稳态均衡点,故人口增加对人均资本和人均产量的增长率都不产生影响。

(三)内生经济增长理论

以往增长理论将储蓄率、人口增长和技术进步等有关经济增长的重要因素视作外生变量(即一个给定的量),也就是说,这些因素是经济增长的动力而不是经济增长的后果,而在现实经济中,储蓄率的变化、人口增长率的变化和技术进步不仅是经济增长的动力,而且是经济增长的后果,因而不可能是一个外生变量,而是随着经济增长而变化的量。内生增长理论试图避免这一缺陷,将这些重要因素作为内生变量,用规模收益递增和内生技术进步来说明各国经济如何增长,其显著特点是将增长率内生化,故称内生增长理论。

内生增长理论比较集中地讨论了"技术进步"这一因素在经济增长中的作用。该理论认为,一个经济社会的技术进步快慢和路径是由这个经济体系中的居民、企业在经济增长中的行为决定的。该理论主要代表人物罗默认为,企业通过增加投资的行为,提高了知识水平,知识有正的外部性,从而引起物质资本和劳动等其他要素也具有了收益递增的特点。另一代表人物卢卡斯认为,发达国家拥有大量人力资本,经济持续增长是人力资本不断积累的结果。还有的学者强调从事生产过程也是获得知识的过程,即所谓的"干中学"。"干中学"积累起来的经验使劳动力和固定资产的效率在生产过程中不断提高。总之,技术进步是经济体系的内生变量。

内生增长理论对现实有着较强的指导意义,根据其观点,政府应当通过各种政策,例如对研究和开发提供补贴、对教育事业给予支持、用税收等政策鼓励资本积累等来促进经济增长。

同步思考

根据中国人民银行资料统计显示:2023 年本外币贷款余额 242.24 万亿元,同比增长 10.1%。人民币贷款余额 237.59 万亿元,同比增长 10.6%。本外币存款余额 289.91 万亿元,同比增长

9.6%。人民币存款余额 284.26 万亿元,同比增长 10%。这对经济增长会产生什么影响?

分析:经济增长理论告诉我们,一国储蓄率的高低是影响其经济增长的重要因素,因为储蓄规模决定了投资规模,我国历来储蓄率偏高,但近年来出现了大量的银行存款贷不出去的现象。也就是说,储蓄不能完全转化为投资,将会制约经济增长的速度。

启智润心　　　中国经济韧性强、潜力大、活力足

十年间,经济实力实现历史性跃升。2012—2021 年,我国国内生产总值(GDP)从 53.9 万亿元增至 114.9 万亿元,翻了一番多,年均增速 6.6%,为同期世界平均增速的两倍多,对世界经济增长的贡献率超过 30%。2012—2021 年,我国城镇新增就业年均超过 1 300 万人,物价涨幅连续 10 年低于 3%,实现了增长合理、就业充分、物价稳定的优化组合。面对突如其来的"新冠"疫情,我国统筹疫情防控和经济社会发展,2020 年成为全球唯一实现经济正增长的主要经济体,2021 年最终核实 GDP 增长 8.4%,2022 年顶住下行压力实现 GDP 增长 3.0%,经济总量达到 121 万亿元。得益于科学有效应对,"新冠"疫情发生以来的 3 年间,我国经济年均增长 4.5%,远高于世界经济约 1.8% 的年均增速,也远高于美国、欧元区、日本的年均增速,在世界主要经济体中保持领先。

同时,以创新驱动发展。坚持创新在我国现代化建设全局中的核心地位,全社会研发经费投入连续 7 年保持两位数增长,2022 年投入总量迈上 3 万亿元新台阶,投入强度跃上 2.55% 的新高度,超过法国、荷兰等创新型国家,进一步接近经济合作与发展组织(OECD)国家平均水平。我国国家战略科技力量明显增强,研发人员总量跃居世界首位,关键核心技术实现新突破,战略性新兴产业发展壮大,国家创新能力综合排名由 2012 年的第 34 位上升至 2022 年的第 11 位,成功迈入创新型国家行列。

资料来源:"中国经济韧性强、潜力大、活力足",华声在线,2023 年 2 月 10 日。

【明理善行】　中共十八大以来,以习近平同志为核心的党中央团结带领全党全国各族人民,谱写了经济快速发展和社会长期稳定两大奇迹的新篇章,取得了彪炳中华民族发展史册的历史性胜利。进入新时代,在习近平新时代中国特色社会主义思想的科学指引下,我国经济社会发展取得历史性成就、发生历史性变革,历史性地解决了绝对贫困问题,如期全面建成小康社会,经济实力、科技实力、综合国力显著增强,发展的平衡性、协调性、包容性持续提高。新时代中国青年应开拓创新、勇立潮头,为推动中国大踏步赶上时代锐意改革、拼搏奋进。

四、可持续发展理论

(一)可持续发展的含义

"可持续发展"一词最早见于 1962 年美国海洋生物学家蕾切尔·卡森(Rachel Carson)的著作《寂静的春天》。1972 年,联合国人类环境研讨会议正式提出"可持续发展"的概念。1987 年,联合国世界环境与发展委员会发布报告——我们共同的未来,将可持续发展定义为:"既能满足当代人的需要,又不对后代人满足自身需要的能力构成危害的发展。"1992 年 6 月,联合国在巴西里约热内卢举行环境与发展大会,明确提出把可持续发展作为人类迈向 21 世纪的共同发展战略,首次将可持续发展由概念落实为全球的行动。

可持续发展的核心是发展,可持续发展鼓励经济增长,而不是以环境保护为名压制经济增长。生态可持续发展是基础,经济可持续发展是手段,社会可持续发展是目标。人类共同追求的应该是自然、经济和社会复合系统的持续、稳定、健康发展。可持续发展理论的基本特征可以简单地归纳为经济可持续发展(基础)、生态(环境)可持续发展(条件)和社会可持续发展(目的)。

1. 经济可持续发展

它强调经济增长的必要性,必须通过经济增长提高当代人的福利水平,增强国家实力和增加社会财富。可持续发展不仅要重视经济增长的数量,而且要追求经济增长的质量。这就是说,经济发展包括数量增长和质量提高两部分。数量的增长是有限的,而依靠科学技术进步,提高经济活动中的效益和质量,采取科学的经济增长方式才是可持续的。

2. 生态(环境)可持续发展

经济和社会发展不能超越资源和环境的承载能力。可持续发展以自然资源为基础,同生态环境相协调。它要求在保护环境和资源永续利用的条件下,进行经济建设,保证以可持续的方式使用自然资源和环境成本,使人类的发展控制在地球的承载力之内。要实现可持续发展,必须使可再生资源的消耗速率低于资源的再生速率,使不可再生资源的利用能够得到替代资源的补充。

3. 社会可持续发展

发展不仅仅是经济问题,单纯追求产值的经济增长不能体现发展的内涵。可持续发展的观念认为,世界各国的发展阶段和发展目标可以不同,但发展的本质应当包括改善人类生活质量,提高人类健康水平,创造一个保障人们平等、自由、教育和免受暴力的社会环境。这就是说,在人类可持续发展系统中,经济发展是基础,自然生态(环境)保护是条件,社会进步才是目的。而这三者又是一个相互影响的综合体,只要社会在每一个时间段内都能保持与经济、资源和环境的协调,这个社会就符合可持续发展的要求。

(二)经济可持续发展

经济可持续发展以"低消耗、低污染、高效益"为主要特征,实施清洁生产和文明消费。从增长方式来说,集约型经济增长方式就是可持续发展在经济方面的体现。集约型经济增长方式是指依靠技术创新,提高劳动者素质和资金、设备、原材料的利用率等实现经济增长的方式。自可持续发展概念诞生以来,与之相关的新经济理念不断涌现,如生态经济、循环经济、低碳经济、知识经济、绿色经济等,新型经济正在世界范围内不断发展。在我国,发展新型经济已被写入社会经济发展规划和政府文件,成为政府政策支持的重点对象,并取得了不俗的业绩。2002年,中共十六大把"可持续发展能力不断增强"作为全面建成小康社会的目标之一。经济可持续发展是以保护自然资源环境为基础、以激励经济发展为条件、以改善和提高人类生活质量为目标的发展理论和战略。它是一种新的发展观、道德观和文明观。经济可持续发展的新理念为:生态经济、循环经济、低碳经济、知识经济和绿色经济。

学思践悟　　　　　　**中国经济增长模式将发生变化**

中国的经济增长模式正在发生重大变化,从过去依赖"投资+房地产+出口"的三驾马车,向"制造业+绿色转型+国内消费"的新模式转移,这是一种前所未有的模式。工业和信息化部最新发布的数据显示,2023年,中国制造业的增加值占全球的近30%,连续14年位居世界第一,这说明中国在制造业和非制造业方面都有着令人振奋的表现。中国PMI指数也超出了市场预期,反映了中国的零售业、运输业和建筑业的活跃程度都有了大幅提升。其中,建筑业的商务活动指数达到了56.9%。与此同时,中国在绿色转型方面也取得了显著的进步。科技的发展为能源转型提供了强大的支撑,未来将加快新能源投资、电网改革、新能源相关基础设施建设等方面的步伐。据媒体报道,结合"十四五"规划的重点内容,绿色刺激政策预计将为相关行业带来累计44.6万亿的投资空间。

在消费方面,1—2月的数据显示,春节期间消费和旅游人次都有所增长但人均消费水平仍然偏低,这反映了人们对未来仍然存在一定的不确定感。研究表明,最近政府和企业联合发放的消费券效果很好,政府和企业发放的定向消费券拉动效应达到了500%,这是一种有效促进消费的方式。

资料来源：肖睿平："连续十四年全球第一'中国制造'有底气更有实力"，消费日报网，2024年1月23日。

请问：你认为发展中国家应该如何把经济增长模式从不可持续性向可持续性转变。

【悟有所得】 发展中国家可以采取以下措施将经济增长模式从不可持续性向可持续性转变：制定环境保护和资源利用规划；推动清洁能源转型；加强环保投资；推进循环经济；建立节能减排目标；加强生态文明建设；等等。关于我国经济增长模式，中共二十大报告提出："推动经济实现质的有效提升和量的合理增长。"这充分体现了推动高质量发展的坚定决心，为今后一个时期经济发展指明了方向。我们要全面贯彻二十大精神，完整、准确、全面贯彻新发展理念，坚持以推动高质量发展为主题，把实施扩大内需战略同深化供给侧结构性改革有机结合起来，增强国内大循环内生动力和可靠性，提升国际循环质量和水平，加快建设现代化经济体系，着力提高全要素生产率，着力提升产业链供应链韧性和安全水平，着力推进城乡融合和区域协调发展，推动我国经济发展行稳致远，为全面建成社会主义现代化强国奠定坚实的物质技术基础。

【做中学 11-1】 2020年11月3日，习近平总书记就《中共中央关于制定国民经济和社会发展第十四个五年规划和二〇三五年远景目标的建议》起草的有关情况向全会作说明，提出"十四五"经济增长速度目标，明确提出到2035年实现经济总量或人均收入翻一番目标。根据经济增长理论，分析如何实现2035年人均收入水平达到中等发达国家水平，比现在翻一番。

分析：

(1) 当前，中国已步入高质量发展阶段，经济规模的较快增长与人均GDP水平的不断提升是一个国家持续发展以及迈向现代化的重要基础，在2020—2035年中国迈向社会主义现代化强国的关键时期，必须保证一定的经济增长速度。

(2) 经济增长理论是研究解释经济增长规律和影响制约因素的理论，其中经济增长是指根据通胀调整后的产出水平的提高。经济增长理论将经济增长的动力归为资本、有效劳动力、人力资本以及全要素生产率(TFP)。为实现翻一番的目标，首先要有足够的资本投资，其次要有足够的有效劳动力和教育投入，最后要有较高的TFP。

①资本存量方面，固定资产投资增速或将继续保持稳中有降的趋势，我国要提高投资效率、提升资本质量。经济增长理论指出，随着资本存量逐步收敛至稳态水平，资本积累的增速会相应地不断放缓；从中国经济实际情况来看，消费占GDP比重上升、投资占GDP比重下降也是未来的发展趋势；此外，房地产投资和基建投资也将受到制约。虽然高投资发展模式难以持续，但中国可以通过提高投资效率和资本质量，进一步增强资本对经济增长的拉动作用。具体而言：一要保持房地产市场的平稳发展；二要避免大规模基建，财政政策以减税降费为主；三要进一步完善政府部门权责清单，激发投资积极性。

②劳动力供给方面，人口老龄化不断加速，2020—2035年中国的劳动适龄人口(15~64岁)数量将继续呈现下降态势，并且降幅将持续扩大，要多措并举延缓其负面影响。第一，延迟退休，扩大劳动力规模；第二，发展人工智能，以机器人代替部分劳动力；第三，深化户籍和土地制度改革，促进人口流动以优化劳动力供给结构。

③人力资本积累方面，近年来中国人力资本增速放缓，需要加强公共教育支出，特别是对农村地区教育和职业教育的投入；需要推进人力资本要素市场化配置，提升人力资本增长速度，加快质量型人口红利的释放。

④全要素生产率(TFP)方面，增长理论表明，持续增长只能来自技术的持续改进；从现实来看，2016年以来中国TFP增速开始呈现回升势头。我国需要通过市场化改革促进资源配置效率提升与技术进步。一方面，要推动资金、土地与劳动等要素市场的市场化改革，从而提高资源配置效率；

另一方面,要增强市场主体创新动力,激励企业从事创新活动,进而提高 TFP 增速及其对中国经济增长的贡献率。

任务二 经济周期理论

一、经济周期的含义

经济周期(Business Cycle),又称商业周期或商业循环,是指国民收入及经济活动的周期性波动。现代宏观经济学认为,经济周期是经济增长率上升或下降的交替过程。根据这一含义,衰退不一定表现为 GDP 绝对量的下降,而主要是 GDP 增长率的下降,即使其值不是负值,也可以称之为衰退,经济学上称之为增长性衰退。

【学中做 11-1】"经济周期是指实际 GDP 或总产量绝对量上升和下降的交替过程。"这种理解对吗?

分析:在现代宏观经济学中,经济周期发生在实际 GDP 相对于潜在 GDP 上升(扩张)或下降(收缩或衰退)的时候。经济周期一般是指经济增长率的上升和下降的交替过程,而不是经济总量的增加和减少。

二、经济周期的阶段

经济周期的基本变动规律是国民经济增长态势呈现出繁荣、衰退、萧条和复苏四个不同的阶段,并交替循环往复进行。一个完整的经济周期包括两个大的阶段:扩张阶段和收缩阶段。这两个阶段可以再细分,扩张阶段可以分为复苏和繁荣两个阶段,收缩阶段可以分为衰退和萧条两个阶段,其中繁荣和萧条是两个主要的阶段,衰退和复苏是两个过渡性阶段。

为了便于分析,可以把经济发展的周期性变动的规律通过图 11-4 来表示。

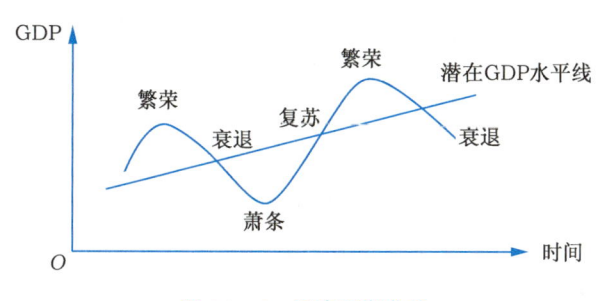

图 11-4 经济周期曲线

图 11-4 中的正斜率的直线是经济的长期增长趋势线。由于经济在总体上保持着或多或少的增长,所以经济增长的长期趋势是正斜率的。经济周期大体上经历周期性的四个阶段:繁荣、衰退、萧条和复苏。

(1)繁荣阶段(高涨阶段)

在这一阶段,生产迅速增加,投资增加,信用扩张,价格水平上升,就业增加,公众对未来乐观。当就业与产量水平达到最高,这时经济就开始进入衰退阶段。

(2)衰退阶段(危机阶段)

在这一阶段,生产急剧减少,投资减少,信用紧缩,价格水平下降,企业破产倒闭,失业急剧增加,公众对未来悲观。萧条的最低点称为谷底,这时就业与产量跌至最低。

(3)萧条阶段

在这一阶段,生产、投资、价格水平等不再继续下降,失业人数也不增加。这是国民收入与经济活动低于正常水平的一个阶段,即在低水平上徘徊向前。但这时由于存货减少,商品价格、股票价格开始回升,公众的情绪由悲观逐渐转为乐观。

(4)复苏阶段(恢复阶段)

在这一阶段,经济开始从低谷全面回升,投资不断增加,商品价格水平、股票价格、利息率等逐渐上升,信用逐渐活跃,就业人数也在逐渐增加,公众的情绪逐渐高涨。但产量或产值等相关经济指标恢复到衰退前的最高水平时,就进入了新一轮的繁荣高涨阶段。

三、经济周期的分类

(一)短周期(短波):基钦周期

1923年,英国约瑟夫·基钦在《经济因素中的周期与倾向》中,根据美国和英国1890—1922年的利率、物价、生产和就业等统计资料,从企业生产过多时就会形成存货,从而减少生产的现象出发,发现在40个月中存货出现了有规律的上下波动。该理论认为,经济波动有大周期和小周期之分,小周期平均长度为40个月,一个大周期通常由两三个小周期构成。这种约40个月的周期被称为基钦周期或短周期。

(二)中周期(中波):朱格拉周期

1862年,法国经济学家克里门特·朱格拉在《论法国、英国和美国的商业危机以及发生周期》中对比较长的工业经济周期进行了研究,并根据生产、就业人数和物价水平等指标,确定了每个经济周期的时间为9~10年。

朱格拉在研究人口、婚姻、出生、死亡等统计数据时,注意到经济事物存在着有规律的波动现象。他认为,存在着危机或恐慌并不是一种独立的现象,而是社会经济运动三个连续阶段(繁荣、衰退、萧条)中的一个。三个阶段的反复出现就形成了周期现象。

(三)长周期(长波):康德拉季耶夫周期

1925年,苏联经济学家康德拉季耶夫通过研究美国、英国、法国和其他一些国家长期的时间序列资料,认为经济中存在着一个长达50~60年的经济周期,这种周期即为经济中的长周期。

(四)另一种长周期:库兹涅茨周期

美国经济学家库兹涅茨在1930年提出了一种与房地产建筑业相关的经济周期,这种周期长度为15~25年,平均长度为20年左右。这种长周期与人口增长而引起的建筑业增长与衰退相关,是由建筑业的周期性波动引起的,并且,在工业国家中产量增长呈现递减的趋势。这个周期又被称为库兹涅茨周期或建筑业周期。

(五)经济周期的综合:熊彼特周期

奥地利经济学家熊彼特综合了前人的研究成果,认为经济中存在着长、中、短三种不同类型的周期,每个长周期的长度约为48~60年,其中包含了六个中周期;每个中周期的长度为9~10年,其中包含了三个短周期;短周期约为40个月,三个短周期构成一个中周期,18个短周期构成一个长周期。他以重大创新为标志,划分了三个长周期:第一个长周期从18世纪80年代到1842年,是"产业革命时期";第二个长周期从1842年到1897年,是"蒸汽和钢铁"时期;第三个长周期是1897年以后,是"电气、化学和汽车时期"。在每个长周期中仍有中等创新所引起的波动,这就形成了若干中周期,每个中周期中还有小创新引起的波动,这就形成了若干短周期。

四、经济周期的特征

（一）总体经济活动

经济周期被定义为总体经济活动的波动，而不是某一个具体的经济变量的波动，如实际GDP。虽然实际GDP是测量总体经济活动最近似的单个指标，但是经济活动的其他指标如就业、价格水平和金融市场变量，对理解经济周期也是非常重要的。

（二）扩张和衰退

在经济分析中，可以把经济周期划分为四个阶段：繁荣、衰退、萧条和复苏。衰退阶段是由繁荣转向萧条的过渡阶段，复苏阶段是由萧条转向繁荣的过渡阶段。也可以把经济周期划分为两个阶段：衰退和扩张。总体经济活动的下降称为衰退，如果下降比较严重，就称为萧条；总体经济活动的上升称为扩张。经济周期两个阶段相互交替的转折点，分别称为波峰和波谷。在经济到达波峰之后，经济开始下降；在经济到达波谷之后，经济开始增长。一般来说，我们把总体经济从一个波谷到下一个波谷的时间内所经历的扩张和紧随其后的衰退，或者总体经济从一个波峰到下一个波峰的时间内所经历的衰退和紧随其后的扩张，称为一个经济周期。

（三）规律性

经济周期是指总体经济活动的波动，并不是指几个部门或仅仅几个经济变量的波动，并且扩张或衰退总是同时在许多经济活动中发生。因此，要完整地反映整个经济的活动周期，就必须包括较多的经济指标，并且这些指标在经济周期中一般具有一定的规律性。

（四）持续性

经济学家常常将经济周期称为经济循环。因为按照严格的定义，周期是指有规律的、可预测的现象或事件发生的时间间隔，或者说固定的时间长度。而我们定义的经济周期，并非周期性发生，既不是按照某一规律或某一时间间隔发生的，也并不总是持续一个固定的时间长度。但是，经济周期却是循环发生的，它总是按照"扩张—波峰—衰退—波谷"这一标准形态周而复始地出现。因此，我们可以说经济周期实际上并不具有周期性，但具有循环性。

（五）循环性

经济周期的时间长短存在着较大的差别，有的经济周期可能不到一年，有的则长达几年甚至数十年。一旦经济衰退产生，总体经济将维持衰退一段时期，或者一年或者更长时间。类似地，一旦扩张开始，经济增长倾向于持续一段时期。这种衰退之后进一步衰退的倾向，以及增长之后进一步增长的倾向被称为经济周期的持续性。

五、经济周期成因分析

（一）消费不足理论

该理论的代表人物是英国经济学家霍布森。该理论认为，资本主义不合理的分配制度是引发经济周期的原因，经济衰退的原因在于消费不足，而消费不足是由于收入中用于储蓄的部分过多，用于消费的部分太少。收入的分配不均，使富人得到的收入过多，他们的消费却有限，而穷人得到的收入过少，消费也有限。如果收入分配再平均一些，社会消费就不会不足，经济也不会出现波动。

（二）投资过度理论

该理论的代表人物是奥地利经济学家哈耶克和米塞斯。该理论认为，经济周期产生的原因不是投资太少，而是投资过度。投资过度是指生产资本品和耐用品部门的发展超过了生产消费品部门的发展。经济扩张时，引起经济繁荣，引致对生产资料等投资品需求的增加。资本品和耐用品的增长速度比消费速度要快，形成经济结构性失衡；经济衰退时，资本品的下降速度也比消费品的下降速度要快。正是由于资本品和耐用品的投资过度才造成了整个经济的波动。

(三)货币信用过度理论

该理论的代表人物是英国经济学家霍特里。该理论认为,经济波动是银行货币和信用波动的结果,因此经济周期是一种货币现象。当银行货币和信用扩张时,就会引致利率下降,从而引起信用扩张,生产扩张,投资增加,供给增加,收入与需求上升,物价上涨,经济活动水平上升,经济进入繁荣阶段,进而引起通货膨胀,促使下调利率;而如果银行货币和信用紧缩,生产萎缩,投资减少,经济活动水平下降,这样就会引致利率上涨,从而引起投资减少,供给减少,收入与需求下降,物价下跌,经济活动水平下降,走向衰退。

(四)心理周期理论

这种理论认为,经济波动的原因是由于公众心理反应的周期性变化而引起的。当人们对未来持乐观态度时,消费活跃,投资增加,经济处于繁荣状态;当人们对未来持悲观态度时,消费低迷,生产减少,投资下降,经济走向衰退。人们对社会经济的心理态度是乐观与悲观交替进行的,因此经济也是繁荣与衰退交替进行的。

(五)有效需求不足理论

该理论的观点是凯恩斯对经济周期原因做出的解释。他认为,决定就业的各种因素的影响都会成为引致商业周期出现的原因,其中消费倾向、灵活偏好和资本边际效率三者为主要影响因素。只有当实现充分就业时,经济才会平稳发展,而就业不足必然导致社会有效需求不足,因此产生经济周期性波动也就不可避免。

(六)创新周期理论

该理论认为,技术革命和发明创新不是均匀连续的过程,而是存在高潮阶段和低潮阶段。当创新成功时,能给创新者带来巨大的利润,使其他企业组织竞相仿效,形成创新浪潮;当经济创新处于高潮时,银行信用扩张,投资膨胀,经济活动就进入繁荣时期。随着创新的普及,盈利机会消失,银行信用收缩,投资下降,经济活动就会进入低潮阶段,经济活动就走向萧条。正是经济活动过程中的创新活动存在着高潮阶段和低潮阶段,才导致经济上升与下降,形成经济周期。

(七)政治周期理论

该理论认为,经济波动的原因是政府交替执行扩张性政策与紧缩性政策的结果。政府为了实现充分就业,实行扩张性的财政政策和货币政策,以此实现经济繁荣。但是,财政赤字和通货膨胀会引起公众的反对,于是政府又不得不转而实行紧缩性政策,这样也就人为地造成了经济衰退。也就是说,政府干预经济才造成了经济的波动,经济波动周期性的根源在于充分就业与价格水平稳定之间存在着固有的矛盾。

课堂讨论　　"中国大妈"扫金被套的深层原因

国际黄金市场和大宗商品某年4月份演出了一幕惊险剧。国际金价在几个交易日之内下挫30%左右。在如此短的时间内,行情出现如此巨大的跌幅让市场大为震惊。当然,更为戏剧化的一幕还属所谓"中国大妈"在黄金价格暴跌之后的大扫货,这个奇观吸引了全世界的注意力,引出了多种版本。4月22日,上海黄金交易所的黄金交易量创下了破纪录的43.3吨,在接下来的一个交易周内,有四天的日成交量超过30吨,直到"五一"假期之后,日成交量才逐步回落到20吨左右。另外,这种黄金大收购行为大有冲出国门、走向世界的势头。在海外各地珠宝店抢购黄金的中国游客的背影一时之间成了一道耐人寻味的风景。伴随而来的,则是国际金价在大跌之后的缓慢反弹。素来是华尔街投行风向标的高盛公司也在4月底给客户的报告中明确建议客户停止做空黄金。这不禁让世人惊叹,难道独步天下的华尔街金融大鳄们这次真要向中国大妈低头服软了不成?

传说中的中国大妈可以在投资渠道缺乏和通胀隐忧的双重挤压之下,将自己的积蓄砸向已经并不"便宜"的黄金,或许可在短期内影响金价的走势,却无助于改变黄金中长期价格的颓势。在这背后起作用的,正是我们怎么也逃不出的经济规律,而并非"中国大妈"们省吃俭用攒下的辛苦钱。那么,"中国大妈"扫金被套后面的深层原因到底是什么呢?解开这个谜底,还需要从经济周期说起。

资料来源:李贺主编:《经济学基础》第2版,上海财经大学出版社2021年版,第260页。

六、内生经济周期理论与外生经济周期理论

(一)内生经济周期理论

该理论认为是经济体系的内部因素引致了经济的周期性波动。这类理论并不否认经济体系外部因素对经济的冲击作用,但它强调经济中这种周期性波动是经济体系内的因素引起的。最具有代表性的内生经济周期理论是萨缪尔森提出的乘数—加速数原理的相互作用理论,稍后将详细介绍。此外,比较有名的内生经济周期理论还包括纯货币理论、投资过度理论、消费不足理论、心理周期理论等。

1. 纯货币理论

纯货币理论认为,经济周期是一种纯粹的货币现象。经济中周期性的波动完全是由于银行体系交替地扩张和紧缩信用所造成的。根据这一理论,其他非货币因素也会引起局部的萧条,但只有货币因素才能引起普遍的萧条。

2. 投资过度理论

投资过度理论认为,由于各种原因的存在,促使了投资的增加,这种增加会引起经济的繁荣,繁荣首先表现在对投资品(即生产资料)需求的增加以及投资品价格的上升方面。这就更加刺激了对资本品的投资,资本品的生产过度发展引起了消费品生产的减少,从而形成结构的失衡。而资本品生产过多必将引起资本品过剩,于是出现了生产过剩的危机,经济进入了萧条。也就是说,过度增加投资引发了经济的周期性波动。

3. 消费不足理论

消费不足理论认为,经济中出现萧条与危机是因为社会对消费品的需求赶不上消费品的增长,而消费需求不足又引起对资本品需求不足,进而使整个经济出现生产过剩危机。消费不足的根源主要是由于国民收入分配不平等所造成的穷困人口购买力不足和富裕人口的过度储蓄。

4. 心理周期理论

心理周期理论强调心理预期对经济周期各个阶段形成的决定作用。这种理论认为,预期对人们的经济行为具有决定性的影响,乐观与悲观预期的交替引起了经济周期中的繁荣与萧条的交替。

(二)外生经济周期理论

与内生经济周期理论不同,外生经济周期理论认为是经济体系外部的因素引致了经济的周期性波动。这种理论并不否认经济中的内在因素(如投资、货币等)的重要性,但强调引起这些因素变动的根本原因在经济体系之外。比较有代表性的外生经济周期理论包括创新经济周期理论、太阳黑子理论等。

1. 创新经济周期理论

创新经济周期理论源于著名经济学家熊彼特。他认为创新就是建立一种新的生产函数,是企业家对生产要素进行的新的组合,即把一种从未有过的关于生产要素和生产条件的"新组合"引入生产流转。那么,如何才能实现生产要素的新的结合呢?有两条途径:一是进行技术创新,促使生产要素比例变化,如机器生产代替手工生产;二是进行制度创新,通过制度创新来激发生产要素更大的生产潜力,如实施员工持股计划等。

2.太阳黑子理论

太阳黑子理论是利用太阳黑子的活动来解释经济周期,由英国经济学家杰文斯父子提出并加以论证。该理论认为,太阳黑子的活动对农业生产影响很大,而农业生产的状况又会影响工业生产和整个经济。太阳黑子活动的周期性决定了经济活动的周期性。这种理论把经济周期的根本原因归结为太阳黑子的活动,是典型的外生经济周期理论。现代经济学家认为,太阳黑子对农业生产的影响是非常有限的,而农业生产对整个经济的影响也是有限的,因此在现代工业社会中,这种理论没有多大的说服力。

七、乘数—加速数模型

(一)乘数—加速数模型概述

这是现代宏观经济中最具代表性的内生经济周期理论,其代表人物是美国经济学家萨缪尔森。假设由于新发明的出现使投资的数量增长,投资数量增长会通过乘数作用使收入增加。当人们的收入增加时,他们会购买更多的商品和服务,从而使整个社会的商品和服务销售数量增加。通过下文所介绍的加速原理的作用,销售量的增长会促进投资以更快的速度增长,而投资的增长又使国民收入增长,从而销售数量再次上升。如此循环反复,国民收入不断增加,于是社会便处于经济周期的扩张阶段。

然而,社会的资源总是有限的,收入的增加迟早会达到资源所能容许的顶峰。一旦经济达到经济周期的顶峰,收入就不再增加,从而销售量也不再增长。根据下文所述的加速原理,销售量增长的停止意味着投资量下降为零。由于投资的下降,收入减少,从而销售量也因之而减少。又根据加速原理,销售量的减少使得投资进一步减少,而投资的下降又使国民收入进一步下降。如此循环反复,国民收入会持续下降。这样,社会便处于经济周期的衰退阶段。

收入的持续下降使社会最终达到经济周期的谷底。这时,由于衰退阶段的长时期负投资,生产设备逐年减少,所以仍在营业的一部分企业会感到有必要更新设备。这样,投资开始增加,收入开始上升,上升的国民收入通过加速原理又一次使经济进入扩张阶段,于是,一次新的经济周期又开始了。

(二)加速原理

在宏观经济学中,产量水平的变动与投资支出数量之间的关系被称为加速原理。一般来说,更多的产量需要更多的资本,进而需要用投资来扩大资本存量。在一定限度内,企业有可能用现有的资本通过集约地使用来生产更多的产品,但对企业来说,总有一个最优的资本—产量比率。不同企业的资本—产量比率是不同的,并且资本—产量比率会随着社会技术和生产环境的变动而发生变动。为了简单起见,假定这个比率在一段时间内保持不变,以 K 代表资本,Y 代表产量水平,v 代表资本—产量比率,即一定时期内每生产一单位产量所需要的资本存量,则有:

$$K_t = vY_t$$

在上式中,K_t 是 t 期的资本存量,而 Y_t 是 t 期的产出水平。由此式可知,资本存量的增加可以促使产出水平的增加,而资本存量的增加取决于一段时间内的净投资。设 I_t 是 t 时期的净投资,则有:

$$I_t = K_t - K_{t-1}$$

将 $K_t = vY_t$ 代入上式中,可得:

$$I_t = K_t - K_{t-1} = vY_t - vY_{t-1} = v(Y_t - Y_{t-1}) \tag{11-6}$$

上式表明,t 时期的净投资额决定于产量从 $t-1$ 时期到 t 时期的变动量乘以资本—产量比率。如果 Y_t 大于 Y_{t-1},则在 t 时期内有正的净投资。也就是说,净投资取决于产量水平的变动,变动的幅度大小取决于资本—产量比率的大小。资本—产量比率 v 通常被称为加速数。

由于总投资是由净投资与重置投资(即折旧)构成,因而有:

$$t \text{ 时期总投资} = v(Y_t - Y_{t-1}) + t \text{ 时期的折旧}$$

由这两个公式表示的加速原理说明,如果加速数为大于1的常数,资本存量所需要的增量必须超过产量的增加。应当指出,加速原理发生作用是以资本存量得到了充分利用,且生产技术不变,从而资本—产量比率固定不变为前提的。

案例鉴赏

假设 $v=2$(即资本—产量比率为2),折旧率为10%,根据表11—1说明加速原理。

表11—1 加速原理数字说明

年份	产量	资本量	净投资	折旧	总投资
1	100	200	—	20	20
2	120	240	40	24	64
3	140	280	40	28	68
4	160	320	40	32	72
5	160	320	0	32	32
6	150	300	-20	30	10

根据表11—1,可以得出加速原理的基本内容:第一,投资是产量变动率的函数,而不是产量变动的绝对量的函数。也就是说,投资的变动取决于产量变动率,而不是产量变动量。第二,投资的变动大于产量的变动。当产量增加时,投资的增加率大于产量的增长率(在该表中,从第1年到第2年,产量增加了20%,而总投资增加了220%),当产量减少时,投资的减少也大于产量的减少(在该表中,从第5年到第6年,产量减少6.25%,而总投资减少了68.75%),这就是加速的含义。投资的变动大于产量的变动是因为现代生产是一种"迂回生产",即采用了大量的机器设备,这导致刚开始时必然引起大量的投资。同理,在产量减少时,投资也会减少更多。加速原理所体现的正是这种现代化大生产的特点。第三,要使投资增长率保持不变,产量就必须维持在一定的增长率(在该表中,第2年到第3年和第3年到第4年,要使净投资保持不变,产量的增长率应分别达到17%和14%)。如果产量维持原有水平,投资一定会下降(在表中,从第4年到第5年,产量没变,总投资减少了56%)。这说明经济发展到一定阶段时,要再实现高增长率是非常困难的。

(三)乘数—加速数模型

乘数—加速数模型将乘数原理与加速原理结合起来,以说明经济周期产生的原因,这一模型的基本表达式如下:

$$\begin{cases} Y_t = C_t + I_t + G_t & (11-7) \\ C_t = c + Y_{t-1} \quad (0 < c < 1) & (11-8) \\ I_t = v(C_t - C_{t-1}) \quad (v > 0) & (11-9) \end{cases}$$

其中,(11—7)式为产品市场均衡公式,即收入恒等式。为简便起见,假定政府购买 $G_t = G$(常数)。(11—8)式为简单的消费函数,它表明本期消费是上期收入的线性函数。(11—9)式表明了本期投资是本期消费与上期消费的差与加速数的乘积(在上面关于加速原理的介绍中,是把投资作为本期和上一期的收入之差的函数来论述的。在一般情况下,消费量和收入大致会保持固定的比率,所以加速原理也可以用本期与前期消费的改变量来表示)。将(11—7)式和(11—8)式代入(11—9)

式,可得:

$$Y_t = c + Y_{t-1} + v(C_t - C_{t-1}) + G_t \qquad (11-10)$$

在表 11-2 中,假设边际消费倾向 c 为 0.5,加速数 v 为 1,政府每期开支 G_t 为 1 亿元。在这些假定下,若不考虑第 1 期以前的情况,那么,从上期国民收入中产生的本期消费为零,引致投资当然也为零,因此,第 1 期的国民收入总额就是政府在第 1 期的支出 1 亿元。

表 11-2　　　　　　　　　　　乘数和加速数的相互作用

t	G_t	C_t	I_t	Y_t	经济变动趋势
1	1.00	0.00	0.00	1.00	—
2	1.00	0.50	0.50	2.00	复苏
3	1.00	1.00	0.50	2.50	繁荣
4	1.00	1.25	0.25	2.50	繁荣
5	1.00	1.25	0.00	2.25	衰退
6	1.00	1.125	−0.125	2.00	衰退
7	1.00	1.00	−0.125	1.875	萧条
8	1.00	0.937 5	−0.062 5	1.875	萧条
9	1.00	0.937 5	0.00	1.937 5	复苏
10	1.00	0.968 75	0.031 25	2.00	复苏
11	1.00	1.00	0.031 25	2.031 25	繁荣
12	1.00	1.015 625	0.015 625	2.031 25	繁荣
13	1.00	1.015 625	0.00	2.015 625	衰退
14	1.00	1.007 812 5	−0.007 812 5	2.00	衰退

第 2 期政府支出仍为 1 亿元,但由于第 1 期有收入 1 亿元,在边际消费倾向为 0.5 的情况下,第 2 期引致消费 $C_2 = cY = 0.5 \times 1 = 0.5$ 亿元,第 2 期的引致投资 $I_2 = v(C_2 - C_1) = 1 \times (0.5 - 0) = 0.5$ 亿元,因此,第 2 期的国民收入 $Y_2 = G_2 + C_2 + I_2 = 1 + 0.5 + 0.5 = 2$ 亿元。同样可以计算出第 3 期收入为 2.5 亿元,第 4 期的收入为 2.5 亿元,以下各期的收入也都可以计算出。

从(11-10)式和表 11-2 中可以看出,边际消费倾向越大,加速数越大,政府支出对国民收入变动的作用也越大。

可以看出,在社会经济生活中,投资、收入和消费相互影响、相互调节,通过加速数,上升的收入和消费会引致新的投资,通过乘数,投资又使收入进一步增长。根据这种解释,只要政府对经济干预,就可改变或缓和经济波动。例如,采取适当政策刺激投资、提高劳动生产率以提高加速数、鼓励消费等措施,就可以克服或缓和经济萧条。

同步思考

经济活动产生周期性波动的主要原因是什么?

答:经济活动产生周期性波动的根源来自两个方面:一是经济体系内部的原因,如乘数—加速数原理的作用、货币原因、投资过度等;二是经济体系外部的原因,如社会的重大创新等。

关键术语

经济周期　经济增长　乘数—加速数原理

应知考核

一、单项选择题

1. 经济周期的四个阶段依次是（　　）。
   A. 繁荣、衰退、萧条、复苏
   B. 繁荣、萧条、衰退、复苏
   C. 复苏、萧条、衰退、繁荣
   D. 萧条、衰退、复苏、繁荣

2. 中周期的每一个周期为（　　）。
   A. 5~6年　　　B. 9~10年　　　C. 25年左右　　　D. 50年左右

3. 50~60年一次的经济周期称为（　　）。
   A. 基钦周期
   B. 朱格拉周期
   C. 康德拉季耶夫周期
   D. 库兹涅茨周期

4. 乘数原理和加速原理的联系在于（　　）。
   A. 前者说明投资的变化对国民收入的影响；后者说明国民收入变化对投资的影响
   B. 两者都说明投资是怎样产生的
   C. 前者解释经济如何走向繁荣；后者说明经济怎样陷入萧条
   D. 前者解释经济如何陷入萧条；后者说明经济怎样走向繁荣

5. 持续时间约为15~25年的经济周期是由经济学家（　　）提出的。
   A. 基钦　　　B. 朱格拉　　　C. 库兹涅茨　　　D. 康德拉季耶夫

6. 下列各项中属于外生经济周期理论的是（　　）。
   A. 投资过度论　　B. 心理周期论　　C. 消费不足论　　D. 太阳黑子周期论

7. 根据哈罗德模型，当资本—产量比率为4、储蓄率为20%时，则经济增长率为（　　）。
   A. 5%　　　B. 20%　　　C. 25%　　　D. 80%

8. 加速原理表明（　　）。
   A. 资本存量的增加导致产出水平的减少
   B. 资本存量的增加促使产出水平的增加
   C. 投资增加促使GDP大幅增加
   D. 投资增加导致GDP大幅减少

9. （　　）认为经济波动是银行货币和信用波动的结果，经济周期是一种货币现象。
   A. 消费不足理论
   B. 投资过度理论
   C. 货币信用过度理论
   D. 有效需求不足理论

10. 经济活动之所以发生周期性的波动，是由于（　　）。
    A. 乘数的作用
    B. 加速数的作用
    C. 技术变动的冲击
    D. 乘数和加速数的相互作用

二、多项选择题

1. 经济周期繁荣阶段的特征有（　　）。
   A. 生产迅速增加　　B. 投资增加　　C. 价格水平上升　　D. 失业严重

2. 内生经济周期理论包括（　　）。
   A. 纯货币理论　　B. 投资过度理论　　C. 消费不足理论　　D. 心理周期理论

3. 经济增长的源泉有（　　）。
   A. 资本　　　B. 劳动力　　　C. 战争　　　D. 技术

4. 哈罗德模型的假设条件包括（　　）。

A. 社会只生产一种产品
B. 生产中只使用劳动和资本两种生产要素
C. 规模收益不变
D. 技术水平不变
5. 哈罗德模型提出的三个增长率的含义是（　　）。
A. 实际增长率　　B. 技术进步增长率　C. 有保证的增长率　D. 自然增长率

三、判断题
1. 经济增长和经济发展所研究的问题是一样的。（　　）
2. 经济增长的必要条件是技术进步。（　　）
3. 经济周期是指国民收入和经济活动的周期性波动。（　　）
4. 朱格拉周期是一种短周期。（　　）
5. 经济增长最基本的标志是技术进步。（　　）

四、简答题
1. 经济增长与经济发展的关系是怎样的？
2. 简述乘数—加速数模型的基本思路。
3. 库兹涅茨给经济增长所下的定义是什么？
4. 影响经济增长的因素是什么？
5. 简述内生经济周期理论与外生经济周期理论。

五、计算题
假设实际储蓄率为 0.4，实际资本—产量比率为 3，合意储蓄率为 0.5，合意的资本—产量比率为 4，自然增长率为 8%。
请计算：(1)实际增长率；(2)有保证的增长率；(3)最适宜的储蓄率。

应会考核

■ 观念应用
你认为经济增长有极限吗？你对经济增长的价值如何看待？
■ 技能应用
"经济周期是指实际 GDP 或总产量绝对量上升和下降的交替过程。"这种说法对吗？
■ 案例分析

经济增长与经济发展的区别

2022 年第四季度，中国 GDP 同比增长 8.1%，高于市场预期的 7.9%，创下几年来的最高水平。中国在抗击"新冠"疫情和推动经济复苏方面取得了显著成效，同时也在加快转变发展方式，优化产业结构，提高创新能力，促进绿色低碳发展，在保障民生福祉等方面取得了积极进展。中国的经济发展不仅为本国人民带来了福祉，而且为世界经济稳定和增长作出了重要贡献。

经济增长与经济发展是两个经济学上常用的概念，但它们之间在定义、规模、影响等方面有着明显的区别。经济发展和经济增长是相互关联但含义不同的概念。经济发展指的是随着产出增长而出现的经济结构和一般社会经济条件变化的过程。经济发展以经济增长为基础，但其含义更为综合,包括居民收入、生活水平、社会福利、经济结构等各项指标。与此不同,经济增长是一个比较单一的经济目标,侧重于体现经济活动量的变化过程。经济发展侧重于经济活动的质量状况,即如何使经济增长转化为社会各种经济条件的改善,从而促进经济的发展。对经济增长的研究主要关注在什么条件下有利于经济增长,而对经济发展的研究则不仅包括如何促进经济增长,而且要研究如何为经济的持续增长创造良好的经济条件。

问题:

你认为在我国现阶段如何做好发展与增长的权衡。

项目实训

【实训任务】

通过本项目的实训,使学生能运用经济周期理论解释和分析实际经济波动。

【实训情境】

1. 登录中国国家统计局网站,查阅 2000—2023 年间的《中国统计年鉴》中关于国内生产总值增长率的相关数据。
2. 根据查阅到的数据,绘制国内生产总值增长率曲线图。
3. 根据国内生产总值增长率曲线图研判在此期间的经济周期变化情况。
4. 收集有关信息,分析在此期间经济周期性波动的主要原因。

【实训要求】

撰写《我国经济周期分析(2000—2023)》,参考格式如下:

1. 2000—2023 年 GDP 增长率变化情况(曲线图)。
2. 2000—2023 年经济周期性波动分析。
3. 2000—2023 年经济周期性波动的原因分析。

《我国经济周期分析(2000—2023)》		
项目实训班级:	项目小组:	项目组成员:
实训时间: 年 月 日	实训地点:	实训成绩:
实训目的:		
实训步骤:		
实训结果:		
实训感言:		

项目十二　政府调节经济——宏观经济政策理论

● **知识目标**

理解：宏观经济政策的含义；宏观经济政策的目标。
熟知：宏观经济政策的理论基础。
掌握：财政政策工具及其政策效应；货币政策工具及其政策效应。

● **技能目标**

能准确判断一国实施现行宏观经济政策的缘由；能准确判断一国现行宏观经济政策的内容、预期目标；能客观分析一国现行宏观经济政策的实际效果。

● **素质目标**

能够正确领会和理解经济运行的逻辑关系与基本规律，坚定中国特色社会主义道路自信、理论自信、制度自信、文化自信，能够对宏观经济政策进行简单分析，具备初步分析问题、解决问题的能力，树立正确的世界观、人生观和价值观，做到学思用贯通、知信行统一。

● **思政目标**

通过本项目的学习，增强学生对宏观经济政策理论与实践的理解，引导学生了解新时代我国宏观调控体系的变化，树立正确的大局观意识。对学生进行价值引领和精神塑造，培养学以致用、经世济民的思想，树立根植于国家、时代的人生价值，助力实现学生的全面发展和健康成长。

● **项目引例**

中国2024年继续实施积极财政政策和稳健货币政策

中央经济工作会议于2023年12月11日至12日在北京举行。业内专家表示，本次会议主要围绕中央政治局会议确定的方针原则，对2024年经济工作做出全面部署和安排。本次会议要求继续"加大宏观调控力度"，意味着宏观政策将保持连续性和稳定性，这将有助于改善社会预期、提振市场信心。中央经济工作会议要求，2024年要坚持稳中求进、以进促稳、先立后破，多出有利于稳预期、稳增长、稳就业的政策，在转方式、调结构、提质量、增效益上积极进取，不断巩固稳中向好的基础。要强化宏观政策逆周期和跨周期调节,继续实施积极的财政政策和稳健的货币政策,加强政策工具创新和协调配合。

请问:积极财政政策和稳健货币政策应该怎么做?

● **引例导学**

作为宏观经济政策最重要的两个部分,继续实施积极财政政策和稳健货币政策有利于保证政策的延续性和稳定市场对政策环境的预期。积极的财政政策要适度加力、提质增效,稳健的货币政策要灵活适度、精准有效。发挥好货币政策工具总量和结构双重功能,盘活存量、提升效能,引导金融机构加大对科技创新、绿色转型、普惠小微、数字经济等方面的支持力度,为当前中国经济转型升级、深入推进改革筑牢扎实稳固的基础。

● **知识支撑**

任务一　宏观经济政策

一、宏观经济政策的目标

宏观经济政策(Macro-economic Policy)是指国家或政府有意识、有计划地运用一定的政策工具,调节控制宏观经济的运行,以达到一定的政策目标。

(一)充分就业

充分就业是指包含劳动在内的一切生产要素都以愿意接受的价格参与生产活动的状态。充分就业包含两种含义:①除了摩擦失业和自愿失业之外,所有愿意接受各种现行工资的人都能找到工作的一种经济状态,即消除了非自愿失业就是充分就业。②包括劳动在内的各种生产要素,都按其愿意接受的价格,全部用于生产的一种经济状态,即所有资源都得到充分利用。

(二)物价稳定

物价稳定是指物价总水平的稳定。一般用价格指数来衡量一般价格水平的变化。价格稳定不是指每种商品价格的固定不变,也不是指价格总水平的固定不变,而是指价格指数的相对稳定。价格指数又分为消费物价指数(CPI)、批发物价指数(PPI)和国民生产总值折算指数(GNP Deflator)三种。

(三)经济增长

经济增长是指在一个特定时期内经济社会所生产的人均产量和人均收入的持续增长。它包括:①维持一个高经济增长率;②培育一种经济持续增长的能力。一般认为,经济增长与就业目标是一致的。经济增长通常用一定时期内实际国民生产总值年均增长率来衡量。

(四)国际收支平衡

国际收支平衡的目标要求做到汇率稳定,外汇储备有所增加,进出口平衡。国际收支平衡不是消极地使一国在国际收支账户上经常收支和资本收支相抵,也不是消极地防止汇率变动、外汇储备变动,而是使一国外汇储备有所增加。适度增加外汇储备被认为是改善国际收支的基本标志。

以上四大目标之间既存在互补关系,也有交替关系。互补关系是指一个目标的实现对另一个目标的实现有促进作用。例如,为了实现充分就业水平,就要维持必要的经济增长。交替关系是指一个目标的实现对另一个有排斥作用。例如,物价稳定与充分就业之间就存在着两难选择。为了实现充分就业,必须刺激总需求,扩大就业量,这一般要实施扩张性的财政政策和货币政策,由此就会引起物价水平的上升。而为了抑制通货膨胀,就必须实施紧缩性财政政策和货币政策,又会引起失业率的上升。

在制定经济政策时,必须对经济政策目标进行价值判断,权衡轻重缓急和利弊得失,确定目标的实现顺序和目标指数高低,同时使各个目标能有最佳的匹配组合,使所选择和确定的目标体系成为一个和谐的、有机的整体。

二、宏观经济政策的工具

(一)需求管理

需求管理是指通过调节总需求来达到一定政策目标的宏观经济政策工具。它包括财政政策和货币政策。需求管理是要通过对总需求的调节,实现总需求等于总供给,达到既无失业又无通货膨胀的目标。它的基本政策有实现充分就业政策和保证物价稳定政策两个方面。在有效需求不足的情况下,也就是总需求小于总供给时,政府应采取扩张性的政策措施,刺激总需求增长,克服经济萧条,实现充分就业;在有效需求过度增长的情况下,也就是总需求大于总供给时,政府应采取紧缩性的政策措施,抑制总需求,以克服因需求过度扩张而造成的通货膨胀。需求政策是以凯恩斯的总需求分析理论为基础制定的,是凯恩斯主义所重视的政策工具。

(二)供给管理

供给学派理论的核心是把注意力从需求转向供给。供给管理是通过对总供给的调节,来达到一定的政策目标。供给管理政策具体包括控制工资与物价的收入政策、指数化政策、人力政策和经济增长政策。

1. 收入政策

它是指通过限制工资收入增长率从而限制物价上涨率的政策,也称工资和物价管理政策。之所以对收入进行管理,是因为通货膨胀有时是由成本(工资)推进所造成的。收入政策的目的就是抑制通货膨胀。它有以下三种形式:①工资与物价指导线。根据劳动生产率和其他因素的变动,规定工资和物价上涨的限度,其中主要是规定工资增长率。②工资、物价的冻结,即政府采用法律和行政手段禁止在一定时期内提高工资与物价。这些措施一般是在特殊时期采用,在严重通货膨胀时也被采用。③税收刺激政策,即以税收来控制增长。

2. 指数化政策

它是指定期地根据通货膨胀率来调整各种收入的名义价值,以使其实际价值保持不变。主要有:①工资指数化;②税收指数化,即根据物价指数自动调整个人收入调节税等。

3. 人力政策

它又称就业政策,是一种旨在改善劳动力市场结构,以减少失业的政策。其主要有:①人力资本投资。由政府或有关机构向劳动者投资,以提高劳动者的文化技术水平与身体素质,适应劳动力市场的需要。②完善劳动市场。政府应该不断完善和增加各类就业介绍机构,为劳动力的供求双方提供迅速、准确而完全的信息,使劳动者找到满意的工作,企业也能得到其所需要的员工。③协助劳动者进行流动。对劳动者流动的协助包括提供充分的信息、必要的物质帮助与鼓励。

4. 经济增长政策

其主要有:①增加劳动力数量和提高劳动力质量。增加劳动力数量的方法包括提高人口出生率、鼓励移民入境等;提高劳动力质量的方法是增加人力资本投资。②资本积累。资本的积累主要来源于储蓄,可以通过减少税收、提高利率等途径来鼓励人们储蓄。③技术进步。技术进步在现代经济增长中起着越来越重要的作用。因此,促进技术进步成为各国经济政策的重点。④计划化和平衡增长。现代经济中各部门之间协调的增长是经济本身所要求的,国家的计划与协调要通过间接的方式来实现。

(三)国际经济政策

国际经济政策是对国际经济关系的调节。现实中每一个国家的经济都是开放的,各国经济之间存在着日益密切的往来与相互影响。一国的宏观经济政策目标中有国际经济关系的内容(即国际收支平衡),其他目标的实现不仅有赖于国内经济政策,而且有赖于国际经济政策。因此,在宏观经济政策中也应该包括国际经济政策。

三、宏观经济政策的理论基础

宏观经济政策的理论基础是凯恩斯主义经济学的总需求决定国民收入的理论,即 IS-LM 模型。该模型说明了商品市场和货币市场同时达到均衡时利息率和国民收入是如何决定的,并且指出了模型中的 IS 曲线和 LM 曲线的位置变动会对均衡的利息率水平和国民收入水平产生何种影响。该模型是分析财政政策和货币政策效应的工具。

在 LM 曲线的不同区域,财政政策和货币政策的有效性有着很大的不同。LM 曲线可以呈现水平、递增和垂直三种形式。据此,可以把 LM 曲线划分为凯恩斯区域(萧条区域)、中间区域和古典主义区域,如图 12—1 所示。

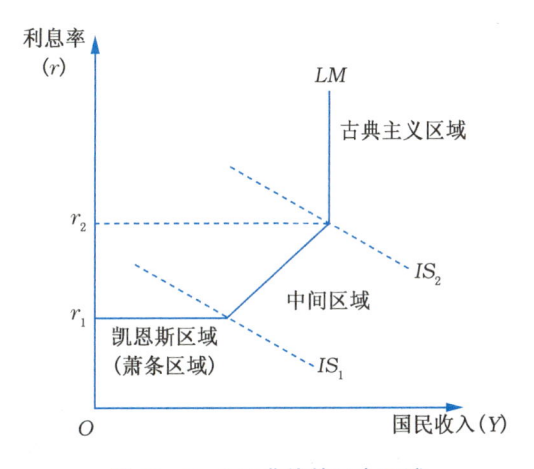

图 12—1 LM 曲线的三个区域

图 12—1 中,在凯恩斯区域,IS 变动对国民收入影响最大,而 LM 变动对国民收入没有影响,因而财政政策有效,货币政策无效;在古典主义区域,IS 变动只影响利息率,不影响均衡国民收入,而 LM 变动则对国民收入产生最大影响,因而货币政策有效,财政政策无效;在中间区域,财政政策和货币政策都影响均衡国民收入和利息率,财政政策和货币政策均有效。

案例鉴赏　　　　　需求学派政策和供给学派政策

需求学派政策是一些影响国内需求和吸收量的总增长水平或总增长率的措施。这些政策包括与传统的宏观经济政策相联系的整套财政、货币和国内信贷措施。虽然这些政策也影响生产和供应,但是这些影响比较抽象,所以对这些主要影响总吸收量的政策最好称之为"注重需求"的政策。

供给学派政策的目的,是要在保持国内需求的一定水平上增加国内经济所供应的货物和劳务的数量。这种注重供应的政策从广义上可分成两类:第一类是这样一些政策,它们的目的是提高像资本和劳动力这样的生产要素在相互竞争的用途之间的使用和分配效益,以增加当前的产值。这类政策包括那些减少由于价格僵化不变、垄断、税收、补贴和贸易限制造成的经济失调现象的措施。第二类包括那些目的在于提高生产能力的长期增长率的政策。在这个类目里包括一些刺激国内储蓄和投资的措施。同样重要的还有一些目的在于增加外国储蓄流入量的政策,不管这种外国储蓄是以私人贷款、外国直接投资,还是以增加开发援助的形式流入的。这两类供给学派政策显然是相互关联的,因为那些增加当前产值的政策本身可能引致储蓄和投资的流量增加,并且提高生产能力的增长率。

资料来源:李贺主编:《经济学基础》第 2 版,上海财经大学出版社 2021 年版,第 271 页。

任务二　财政政策理论

一、财政政策的内容与运用

(一)财政政策的内容

宏观财政政策是国家调控经济,实现政策目标最主要的政策工具之一。所谓财政政策(Fiscal Policy),是指政府为提高就业水平、减轻经济波动、防止通货膨胀、实现稳定增长而采取的税收和政府支出等政策,即政府为了实现其宏观经济政策目标而对其收入和支出水平所做出的决策。

财政政策的主要内容包括政府支出与政府收入。

1. 政府支出

(1)政府支出内容。主要包括:社会福利支出;国家防务和安全支出;债务利息支出;教育和职业训练支出;交通、公路、机场、港口和住宅的支出;等等。

(2)政府支出方式。主要有:政府购买和政府转移支付。

①政府购买是指政府对商品和服务的购买。其特点是以取得商品和服务为目的的有偿支出,是一种实质性的支出。它可以使经济资源的利用从私人部门转到公共部门。

②政府转移支付是指政府单方面的、无偿的资金支付,包括社会保障、社会福利支出、政府对农业的补贴等。其特点是不以取得商品和服务作为报偿的支出。它是货币性支出,是通过政府把一部分人的收入转给另一部分人,整个社会的收入总量并没有变化,变化的仅是收入总量在社会成员之间的分配比例。

案例鉴赏

表 12—1　　　　　　　　　2023 年中央一般公共预算收入预算表　　　　　　　　　单位:亿元

项　　目	2022 年 执行数	2023 年 预算数	预算数为上年 执行数的百分比(%)
一、税收收入	89 975.12	98 365.00	109.3
国内增值税	24 255.05	33 290.00	137.2
国内消费税	16 698.81	16 880.00	101.1
进口货物增值税、消费税	19 994.78	20 610.00	103.1
进口货物增值税	18 964.79	19 560.00	103.1
进口消费品消费税	1 029.99	1 050.00	101.9
出口货物退增值税、消费税	−16 258.06	−19 600.00	120.6
出口货物退增值税	−16 220.00	−19 550.00	120.5

续表

项　目	2022年执行数	2023年预算数	预算数为上年执行数的百分比(%)
出口消费品退消费税	−38.06	−50.00	131.4
企业所得税	27 866.45	29 050.00	104.2
个人所得税	8 953.77	9 810.00	109.6
资源税	108.48	85.00	78.4
城市维护建设税	259.41	270.00	104.1
印花税	2 759.33	2 520.00	91.3
其中:证券交易印花税	2 759.33	2 520.00	91.3
船舶吨税	53.02	55.00	103.7
车辆购置税	2 398.35	2 480.00	103.4
关税	2 860.29	2 915.00	101.9
其他税收收入	25.44		
二、非税收入	4 909.86	1 800.00	36.7
专项收入	234.52	220.00	93.8
行政事业性收费收入	638.64	340.00	53.2
罚没收入	596.70	220.00	36.9
国有资本经营收入	1 240.08	160.00	12.9
国有资源(资产)有偿使用收入	2 028.12	760.00	37.5
其他收入	171.80	100.00	58.2
中央一般公共预算收入	94 884.98	100 165.00	105.6
中央财政调入资金	12 665.00	7 250.00	57.2
从预算稳定调节基金调入	2 765.00	1 500.00	54.2
从政府性基金预算调入	9 000.00	5 000.00	55.6
从国有资本经营预算调入	900.00	750.00	83.3
支出大于收入的差额	26 500.00	31 600.00	119.2
新疆生产建设兵团体制性收入	450.46	475.77	105.6

注:1.中央一般公共预算支出大于收入的差额=支出总量(中央一般公共预算支出+补充中央预算稳定调节基金+向政府性基金预算调出资金)−收入总量(中央一般公共预算收入+中央财政调入资金)。

2.从2022年起,新疆生产建设兵团参照地方编制预算,预算由汇入中央本级调整为汇入地方预算。为完整反映中央财政收支,本表中增列"新疆生产建设兵团体制性收入"反映新疆生产建设兵团在中央对地方转移支付之外通过自有财力安排的收入。新疆生产建设兵团上述收入已经计入地方收入,不再重复计作中央收入。

2.政府收入

政府的收入整体上来源于税收和公债两个部分。税收是政府收入中最主要的部分,这里着重介绍。各国的税收通常由许多具体的税种组成,且依据不同的标准可以对税收进行不同的分类。

(1)按照课税对象的性质,税收可以分为财产税、所得税和流转税三大类。①财产税是对不动产(或房地产),即土地和土地上的建筑物等所征收的税,主要包括财产税、遗产税等。②所得税是指对个人或公司的收入征收的税,例如对个人的工薪收入和股票债券存款等资产的收入以及公司的收入所征收的所得税。③流转税是对流通中的商品和服务买卖的总额征税,包括增值税、消费税、关税等。流转税是目前我国最大的税类。

(2)按税负能否转嫁,税收可以分为直接税和间接税两种。①直接税是直接征收的、不能再转嫁给别人的税,如财产税和所得税。②间接税是间接向最终消费者征收的、作为生产商和销售商转嫁给最终消费者的税,如消费税和进口税。

(3)按照收入中被扣除的比例,税收可以分为累退税、累进税和比例税三种。①累退税是税率随征税对象数量增加而递减的一种税,即收入越大,税率越低。②累进税是税率随征税对象数量的增加而递增的一种税,即课税对象数额越大,税率也越高。上述的财产税和所得税一般是累进税。③比例税是税率不随征税对象数量的变动而变动的一种税,即按固定比例从收入中征税,多适用于流转税,如财产税和大部分关税,一般属于比例税。

政府支出的主要来源是税收。政府当年的税收与支出之间的差额称为预算余额(Budget Balance)。预算余额为零称为预算平衡(Balanced Budget),若为正数称为预算盈余,若为负数称为预算赤字。如果政府增加支出而没有相应地增加税收,或者减少税收而没有相应地减少支出,这种做法称为赤字财政(Deficit Financed)。当政府发生预算赤字时,就可以通过发行公债向公众借钱或增发货币来弥补。

(二)财政政策的运用

1. 财政政策的一般运用

财政政策就是要运用政府开支与税收来调节经济。①在经济萧条时期,总需求小于总供给,经济中存在失业,政府就要采取扩张性的财政政策,包括增加政府支出与减税。减税可以增加企业和居民的可支配收入,从而增加消费和投资;政府支出的增加则直接刺激总需求,从而可能使经济走出萧条。②在经济繁荣时期,总需求大于总供给,经济中存在通货膨胀,政府则要通过紧缩性的财政政策来压抑总需求,以实现物价稳定。紧缩性的财政政策包括减少政府支出与征税。减少政府支出直接使总需求下降;征税可以减少居民和企业的消费与投资。财政政策的目标和特点如表12—2所示。

表12—2　　　　　　　　　财政政策的目标和特点

政策目标	政策特点	财政收入政策	财政支出政策
实现充分就业	扩张性财政政策	减少政府税收	增加政府支出
抑制通货膨胀	紧缩性财政政策	增加政府税收	减少政府支出

2. 酌情使用的财政政策

它是政府根据经济形势的需要,主动采用的增减政府收支的决策。例如,当认为总需求非常低,即出现经济衰退时,政府应通过削减税收、降低税率、增加支出或双管齐下以刺激总需求。反之,当认为总需求非常高,即出现通货膨胀时,政府应增加税收或减少支出以抑制总需求。究竟什么时候采取扩张性财政政策、什么时候采取紧缩性财政政策,应由政府对经济发展的形势加以分析权衡,斟酌使用。

但是,在采用以上财政政策过程中会遇到许多制约因素。主要有:①时滞。认识经济形势、做出决策、实施财政政策都需要一定的时间,因此,财政政策往往不能起到很好的作用。②不确定性。实施财政政策时,政府要面临乘数大小难以准确地确定,以及从采取财政政策到实现预定目标之间

项目十二 政府调节经济——宏观经济政策理论 311

的时间难以准确预测的困境。③外在的不可预测的随机因素的干扰,也可能导致财政政策达不到预期效果。④"挤出效应"的存在。政府增加支出,会挤占私人投资支出,从而使财政政策的效果减小。

同步思考　积极的财政政策要加力提效,稳健的货币政策要精准有力

2023年政府工作报告中指出,要坚持稳字当头、稳中求进,保持政策连续性针对性,加强各类政策协调配合,形成共促高质量发展合力。积极的财政政策要加力提效。赤字率拟按3%安排。完善税费优惠政策,对现行减税降费、退税缓税等措施,该延续的延续,该优化的优化。做好基层"三保"工作。稳健的货币政策要精准有力。保持广义货币供应量和社会融资规模增速同名义经济增速基本匹配,支持实体经济发展。保持人民币汇率在合理均衡水平上的基本稳定。产业政策要发展和安全并举。促进传统产业改造升级,培育壮大战略性新兴产业,着力补强产业链薄弱环节。科技政策要聚焦自立自强。完善新型举国体制,发挥好政府在关键核心技术攻关中的组织作用,突出企业科技创新主体地位。社会政策要兜牢民生底线。落实落细就业优先政策,把促进青年特别是高校毕业生就业工作摆在更加突出的位置,切实保障好基本民生。

资料来源:贺浪莎等:"更好统筹经济政策和其他政策",《经济日报》,2023年3月9日。

分析:①精准有效实施积极的财政政策,推动经济运行保持在合理区间。②强化财税政策支持和引导,坚定实施扩大内需战略。③推动创新发展和产业升级,提高经济质量效益和核心竞争力。④坚持尽力而为、量力而行,加强基本民生保障,落实就业优先政策。⑤完善财政支农政策,支持全面推进乡村振兴。⑥坚持资金投入同污染防治攻坚任务相匹配,大力推动绿色发展。⑦做好重点领域风险防范化解工作,确保财政经济稳健运行、可持续。⑧坚持系统集成、协同高效,加快建立现代财税体制,完善税收制度。⑨健全制度机制,进一步强化财政管理和监督,加强预算执行管理。⑩深化对外财经务实合作,拓展国际合作新空间。

二、内在稳定器

(一)内在稳定器的含义

内在稳定器(Built-in Stabilizers)又称自动稳定器,是指财政制度本身所具有的能够调节经济波动、维持经济稳定发展的作用。也就是说,它是经济系统本身存在的一种会减少各种干扰对国民收入冲击的机制,能够在经济繁荣时期自动抑制膨胀,在经济衰退时期自动减轻萧条,无需政府采取任何行动。具体表现在:当国民收入下降时,它会自动地引起政府支出的增加和税收的减少,从而阻止国民收入进一步下降;当国民收入增加时,它又会自动地引起政府支出的减少和税收的增加,从而避免经济的过度膨胀。

(二)内在稳定器的功能

1. 累进税制度

当经济繁荣时,随着生产扩大、就业增加,人们收入随之增加,而通过累进的所得税所征收的税额也自动地以更快的速度增加,税收以更快的速度增加意味着人们可支配收入的增幅相对较小,从而使消费和总需求增幅也相对较小,最终遏制总需求扩张和经济过热。当经济衰退时,国民产出水平下降,个人收入和公司利润普遍下降,在税率不变的条件下,政府税收会自动减少,留给人们的可支配收入也会自动地减少一些,从而使消费和总需求也自动地少下降一些,从而起到缓解经济衰退的作用。

2. 政府转移支付制度

同税收的作用一样,政府转移支付有助于稳定可支配收入,从而有助于稳定在总支出中占很大

比重的消费支出。当经济出现衰退与萧条时,由于失业人数增加,穷人增多,符合救济条件的人数增多,失业救济和其他社会福利支出就会相应增加,从而间接地抑制人们的可支配收入的下降,进而抑制消费需求的下降。当经济繁荣时,由于失业人数减少和穷人减少,福利支出额也自行减少,从而抑制可支配收入和消费的增长。

3. 农产品价格维持制度

经济萧条时,国民收入下降,农产品价格下降,政府按照支持价格收购农产品,可使农民的收入和消费维持在一定水平;经济繁荣时,国民收入上升,农产品价格上升,政府减少对农产品的支持,并抛售农产品,限制农产品价格的上升,抑制农民收入的增长,减少总需求。农产品价格维持制度有助于减轻经济波动,故被认为是稳定器之一。

但是,当经济发生严重的萧条和通货膨胀时,内在稳定器不但不能使经济恢复到没有通货膨胀、充分就业状态,而且会起到阻碍作用。例如,当经济陷入严重萧条时,政府采取措施促使经济回升,但是当国民收入增加时,税收趋于增加,转移支付却减少,使经济回升的速度减缓,这时内在稳定器的变化都与政府的需要背道而驰。所以,在关键时期还是要靠财政货币政策的干预,内在稳定器只能起到配套作用。

三、赤字财政政策与公债

(一)凯恩斯主义主张运用赤字财政政策的理由

在经济萧条时期,财政政策是增加政府支出,减少政府税收,这样就必然出现财政赤字。凯恩斯认为,财政政策应该为实现充分就业服务,因此必须放弃财政收支平衡的旧信条,实行赤字财政政策。凯恩斯主义经济学家认为,赤字财政政策不仅是必要的,而且是可能的。①债务人是国家,债权人是公众。国家与公众的根本利益是一致的。②政府的政权是稳定的。这就保证了债务的偿还是有保证的,不会引起信用危机。③债务用于发展经济,使政府有能力偿还债务、弥补赤字。另外,政府实行赤字财政政策是通过发行公债来进行的。公债直接卖给中央银行,而不是直接卖给公众。

(二)公债政策

公债(National Debt)是指政府的举债行为。它一般与财政赤字相联系,当年的公债与同期财政赤字相等,而累积的公债则等于历年的财政赤字再减去财政结余。公债的持有形式有:银行部门持有、私人持有、公司持有和国外持有。政府公债政策的积极作用有以下几点:

1. 有利于政治上的稳定

特别是财政支出大幅度增加时,如果大幅度地提高税率来弥补赤字,往往会引起纳税人的普遍不满,以致影响整个社会的稳定。如果以借债的形式筹措资金,人们是比较容易接受的。

2. 有助于将项目受益者与纳税人联系在一起

政府用大量财政支出兴办公共工程(如高速公路、水利工程等),受益者可能要分布或延续到几代人中去,如果用大量征税的办法来支付这些建设项目的费用,结果是把整个费用重担都压到了项目建设时期那些纳税人身上,真正的受益者或大多数的受益者反而没有负担。如果采用举债的办法,可在短期内筹措大量资金,使这些公共项目尽快上马,然后从税收中将这些资金收回来,使这些项目所需资金更多地分摊到它的受益人身上。

3. 有助于刺激经济

增加税收,公众的收入降低,会对经济产生紧缩的作用。而公债与税收不同,它是政府暂时将公众手中的部分钱借走,对经济是有刺激作用的。

同步思考

酌情使用的财政政策是如何采用的？

分析：酌情使用的财政政策是政府根据对经济形势的分析，主动采用的增减政府收支的决策。例如，当认为总需求非常低，即出现经济衰退时，政府应通过降低税率、增加支出或双管齐下以刺激总需求。反之，当认为总需求非常高，即出现通货膨胀时，政府应增加税收或减少支出以抑制总需求。

启智润心　　2023年积极的财政政策最大的特点——加力"提效"

第一，"加力"就是要适度加大财政政策扩张力度。在2022年全国一般公共预算支出26.06万亿元的基础上，2023年统筹财政收入、财政赤字、贴息等政策工具，适度扩大财政支出规模。合理安排地方政府专项债券规模，适当扩大投向领域和用作项目资本金范围，持续形成投资拉动力。持续增加中央对地方转移支付，向困难地区和欠发达地区倾斜，兜牢兜实基层"三保"底线。

第二，积极的财政政策还要"提效"，就是要提升政策效能。一方面，完善税费优惠政策，增强精准性和针对性；另一方面，优化财政支出结构，有效带动扩大全社会投资，促进消费。

【明理善行】 我国财政资金取之于民、用之于民，不管有多大困难，也要确保基本公共服务投入只增不减、确保各项惠民政策落实落地、确保每件民生实事扎实完成，让人民群众得到更多实惠。案例引导学生了解当前我国财政政策的动态，切实体会我国财政坚持以"人民为中心"，增强制度自信。

【学中做12—1】　　积极的财政政策的运用

材料一：2023年1月1日起，我国对1 020项商品实施低于最惠国税率的进口暂定税率；1月2日起，我国对原产于印度尼西亚的部分商品实施《区域全面经济伙伴关系协定》（RCEP）协定税率；7月1日起，我国将对62项信息技术产品的最惠国税率实施第八步降税……

材料二：2023年，我国积极的财政政策加力提效。进一步完善税费优惠政策，突出对中小微企业、个体工商户以及特困行业的支持，让企业多减一些负担。优化政策组合工具，在打基础、利长远、补短板、调结构上加大投资，落实国家重大战略任务财力保障。党政机关继续过紧日子，更好节用裕民。积极支持科技攻关、乡村振兴、教育、绿色发展等重点领域。持续增加中央对地方转移支付，提高地方财力保障水平。推进基本公共服务保障标准体系建设。套紧财经纪律的"紧箍咒"，坚决制止违法违规举债行为，牢牢守住不发生系统性风险底线。

请问：

(1) 解读材料一中的经济信息。

(2) 结合材料二分析我国积极的财政政策加力提效的重要意义。

任务三　货币政策理论

货币政策的根本目标是帮助经济达到无通货膨胀、充分就业条件下的总产出水平。通过改变经济中的货币供给，货币政策有助于稳定总产出、就业和价格水平。

一、凯恩斯主义的货币政策

（一）货币政策概述

货币政策（Monetary Policy）是指中央银行通过对货币供给量的调节来调节利息率，再通过利息率的变动来影响总需求。凯恩斯主义货币政策的直接目标是利息率，最终目标是总需求变动。

【注意】货币政策与财政政策的不同之处在于:财政政策是直接影响社会总需求的规模,中间不需要任何变量;而货币政策则是通过货币当局货币供给量的变化来调节利率进而间接地调节总需求,因而货币政策是间接地发挥作用的。

(二)货币政策的工具

1. 公开市场业务

所谓公开市场业务(Open Market Operation),是指中央银行在金融市场上公开买卖政府债券,以控制货币供给和利率的政策行为。中央银行在金融市场上公开买进或卖出政府债券,通过扩大或缩减商业银行存款准备金,从而引致货币供给量的增减和利率的变化,最终影响物价和就业水平。

公开市场业务过程大致如下:当经济过热时,即中央银行认为市场上货币供给量过多,出现通货膨胀,便在公开市场上出售政府债券,承购政府债券的既可能是各商业银行,也可能是个人或公司。当商业银行购买政府债券后,准备金会减少,可以贷款的数量也减少。通过货币乘数的作用,整个社会的货币供给量将会按一定比例减少。反之,当经济萧条时,市场上出现银根紧缩,这时中央银行可在公开市场上买进政府债券,商业银行通过政府的购买增加了准备金,个人或公司出售债券所得现金也会存入银行。这样,各商业银行的准备金即可增加,银行的贷款能力也可以扩大,再通过货币乘数的作用,整个市场的货币供给量成倍数增加。因此,中央银行可以通过公开市场业务增加或减少货币供给量,以实现宏观经济调控的目的。

2. 调整再贴现

贴现和再贴现是商业银行和中央银行的业务活动之一。一般商业银行的贴现是指客户因急需使用资金,将所持有的未到期票据出售给商业银行,兑换现款以获得短期融资的行为。但商业银行若因储备金临时不足等原因急需现金时,则商业银行可以将这些已贴现的但仍未到期的票据出售给中央银行,请求再贴现。中央银行有义务帮助解决商业银行的流动性问题。这样,中央银行从商业银行手中买进已贴现了的但仍未到期的银行票据的活动就称为再贴现。在再贴现时同样要预先扣除一定百分比的利息作为代价,这种利息就称为中央银行对商业银行的贴现率,即再贴现率。这就是再贴现率的本意。但在当前美国,商业银行不再主要用商业票据而是用政府债券作为担保向中央银行借款。所以,现在把中央银行给商业银行及其他金融机构的借款称为"贴现",相应的放款利率称为"贴现率"。

中央银行可以通过变动再贴现率调节货币供给量。如果中央银行感到市场上银根紧缩,货币供给量不足时,便可以降低再贴现率,商业银行向中央银行的"贴现"就会增加,从而使商业银行的准备金增加,可贷出去的现金增加,通过货币乘数的作用,使整个社会货币供给量成倍数增加。反之,如果市场上银根放松,货币供给量过多,中央银行可以提高再贴现率,商业银行就会减少向中央银行的"贴现",于是商业银行的准备金减少,可贷出去的现金也减少,通过货币乘数的作用,社会上的货币供给量将成比例减少。

中央银行调整贴现率对货币供给量的影响不是很大,实际上中央银行调整贴现率主要是表达自己的意图,而不是发挥调整贴现率对货币供给量的直接影响。

案例鉴赏　　中国人民银行的再贴现政策及其发展历程

再贴现是中央银行对金融机构持有的未到期已贴现商业汇票予以贴现的行为。在我国,中央银行通过适时调整再贴现总量及利率,明确再贴现票据选择,达到吞吐基础货币和实施金融宏观调控的目的,同时发挥调整信贷结构的功能。

自1998年以来,为适应金融宏观调控由直接调控转向间接调控,加强再贴现传导货币政策的效果、规范票据市场的发展,中国人民银行出台了一系列完善商业汇票和再贴现管理的政策。改革再贴现、贴现利率生成机制,使再贴现利率成为中央银行独立的基准利率,为再贴现率发挥传导货币政策的信号作用创造了条件。适应金融体系多元化和信贷结构调整的需要,扩大再贴现的对象和范围,把再贴现作为缓解部分中小金融机构短期流动性不足的政策措施,提出对资信状况良好的企业签发的商业承兑汇票可以办理再贴现,将再贴现最长期限由 4 个月延长至 6 个月。

自 2008 年以来,为有效发挥再贴现促进结构调整、引导资金流向的作用,中国人民银行进一步完善再贴现管理:适当增加再贴现转授权窗口,以便于金融机构尤其是地方中小金融机构法人申请办理再贴现;适当扩大再贴现的对象和机构范围,城乡信用社、存款类外资金融机构法人、存款类新型农村金融机构,以及企业集团财务公司等非银行金融机构均可申请再贴现;推广使用商业承兑汇票,促进商业信用票据化;通过票据选择明确再贴现支持的重点,对涉农票据,县域企业和金融机构及中小金融机构签发、承兑、持有的票据优先办理再贴现;进一步明确再贴现可采取回购和买断两种方式,提高业务效率。

资料来源:李贺主编:《经济学基础》第 2 版,上海财经大学出版社 2021 年版,第 278 页。

3. 调整法定存款准备金率

中央银行可以通过改变商业银行的法定准备金率来控制货币供给。由于商业银行必须依法留足准备金,因而在存款数量既定的条件下,商业银行的贷款量减少。调整准备金率通过整个银行体系存款倍数扩大或收缩机制对货币供给数量产生很大的影响。举例说明,假定现有的法定准备金率为 20%,若某一家银行得到额外的 100 元存款,即货币供给量增加 100 元,则该银行将按照 20% 的准备金率留有 20 元的准备金,然后将超额部分[100×(1-20%)]贷给消费者或企业,即个人或企业得到 80 元的贷款。假设得到这笔款项的人将它存入第二家银行,则第二家银行增加了 80 元的存款。与第一家银行一样,第二家银行留下 16 元作为准备金,将其余的[100×(1-20%)×(1-20%)]贷给个人或企业,即经济中又多出了 64 元的货币。如此不断地继续下去,最初银行系统中只增加存款 100 元,但最终存款的增加量可以达到:$100+80+64+\cdots=100+100\times(1-20\%)+100\times(1-20\%)^2+\cdots=100\div[1-(1-20\%)]=100\div20\%=500$ 元。

整个银行体系内存款增加的数量会按法定准备金率 20% 的倒数,即按 5 倍扩大。相反,若第一家银行因客户提取而损失存款,那整个银行系统中的存款将成倍缩小。一般来说,如果法定存款准备金率为 R_d,而银行系统中最初存款数量的改变量为 ΔD,那么银行系统中存款改变量最多可以达到 $\Delta D/R_d$,即银行系统中存款的改变量为原有存款量的 $1/R_d$ 倍。由于法定准备金 R_d 小于 1,因而银行系统存款扩大或者缩小的倍数大于 1。

在存款额改变量既定的条件下,如果法定准备金率变动,则银行系统中存款总额的改变量扩大或者缩小的规模就会变动。在上面的例子中,如果准备金率从 20% 下调到 10%,那么存款扩张规模便从 5 增加到 10 倍,扩大到 1 000 元。因此,调整法定准备金率的手段被认为是最严厉的货币政策。

在以上三大主要货币政策工具中,从理论上说,调整法定准备金率是中央银行调整货币供给最简单的办法。由于法定准备金率的变动,在短期内会引致较大幅度的货币扩张或收缩,其作用十分显著,所以在实践中很少使用。调整再贴现率政策除了上述所讲的期限短等限制外,它还有在实行过程中比较被动的缺点。这是因为中央银行可以通过降低贴现率使商业银行来借款,但它不能强迫商业银行来借款。若商业银行不向中央银行借款,或借款数量很小,则贴现率政策执行效果就不明显。实施再贴现率政策是利率变化和信贷松紧的信号。一般来说,在贴现率变化以后,银行的利率也随之改变。

公开市场业务与上述两项政策工具相比有下述优点：①公开市场业务可以按任何规模进行，中央银行既可以大量也可以小量买卖政府债券，使货币供给量发生较大的或迅速的变化。②公开市场业务比较主动和灵活，且可以连续进行。即使中央银行会出现某些政策失误，也可以及时纠正。③公开市场业务还可以比较准确地预测出其对货币供给的影响。一旦买进或卖出一定数量、金额的证券，就可以根据货币乘数估计出货币供给量增加或减少了多少。基于上述原因，公开市场业务就成为中央银行控制货币供给量最重要、最常用的工具。

除了上述三种调节货币供给量的主要工具外，中央银行还有其他一些次要的货币政策工具。例如，道义上的劝告、控制利息率的上限以及"垫头规定"的局部控制等。

（三）货币政策的运用

在经济萧条时，总需求小于总供给，为了刺激总需求，就要采用扩张性的货币政策，即在公开市场买进有价证券，降低贴现率并放松贴现条件，或者降低准备金率等。扩张性货币政策可以提高货币供给量，降低利息率，刺激总需求增长。

在经济繁荣时，总需求大于总供给，为了抑制总需求，就要采用紧缩性的货币政策，即在公开市场卖出有价证券，提高贴现率并严控贴现条件，或者提高准备金率等。紧缩性的货币政策有助于减少货币供给量，提高利息率，抑制总需求增长。

二、货币主义的货币政策

货币主义是20世纪五六十年代，在美国出现的一个经济学流派，也称货币学派。其创始人为美国芝加哥大学教授弗里德曼。货币学派在理论上和政策主张方面，强调货币供应量的变动是引起经济活动和物价水平发生变动的根本的和起支配作用的原因。货币主义学派理论主要由现代货币数量论和自然率假说构成。

（一）现代货币数量论

货币主义学派把货币作为影响经济的最重要因素，认为物价水平或名义收入水平是货币需求与货币供应均衡的结果，但货币供应由法律和货币当局的政策决定，是外生的。因此，货币数量论主要研究货币需求的决定因素。

（二）自然率假说

货币主义学派认为私人经济具有内在的有效性和稳定性，国家干预会破坏其稳定性。这种内在的有效性和稳定性称作自然率假说。它认为自由市场经济具有内在的动态平衡机制，外生力量只能产生短期影响，而不能影响其长期均衡。

其他主要论点有：一是货币数量变动引致了货币收入的短期波动；二是货币数量在长期只影响价格和货币收入，不影响实际收入和就业量，因此通货膨胀归根到底是一种货币现象；三是货币供给量在短期内会影响实际国民收入和就业量。

另外，弗里德曼强烈反对国家干预经济，主张实行一种"单一规则"的货币政策。这就是把货币存量作为唯一的政策工具，由政府公开宣布一个在长期内固定不变的货币增长率，这个增长率（如每年增加3%~5%）应该是在保证物价水平稳定不变的条件下与预计的实际国民收入在长期内会有的平均增长率相一致。

凯恩斯主义货币政策与货币主义货币政策的对比，如表12—3所示。

表12—3　　　　　　　　凯恩斯主义货币政策与货币主义货币政策的对比

	凯恩斯主义货币政策	货币主义货币政策
目标	通过利率调节总需求	通过控制货币量实现物价稳定

续表

	凯恩斯主义货币政策	货币主义货币政策
机制	货币量→利率→总需求	货币量→物价
手段	公开市场业务、再贴现率、准备金率	单一规则的货币政策

课堂讨论　　中国人民银行的公开市场业务

中国公开市场操作包括人民币操作和外汇操作。外汇公开市场操作于 1994 年 3 月启动,人民币公开市场操作于 1998 年 5 月 26 日恢复交易,规模逐步扩大。自 1999 年以来,公开市场操作发展较快,目前已成为中国人民银行货币政策日常操作的主要工具之一,对于调节银行体系流动性水平、引导货币市场利率走势、促进货币供应量合理增长发挥了积极的作用。

从交易品种看,中国人民银行公开市场业务债券交易主要包括回购交易、现券交易和发行中央银行票据。其中,回购交易分为正回购和逆回购两种。正回购为中国人民银行向一级交易商卖出有价证券,并约定在未来特定日期买回有价证券的交易行为,正回购为央行从市场收回流动性的操作,正回购到期则为央行向市场投放流动性的操作。逆回购为中国人民银行向一级交易商购买有价证券,并约定在未来特定日期将有价证券卖给一级交易商的交易行为,逆回购为央行向市场上投放流动性的操作,逆回购到期则为央行从市场收回流动性的操作。现券交易分为现券买断和现券卖断两种,前者为央行直接从二级市场买入债券,一次性地投放基础货币;后者为央行直接卖出持有债券,一次性地回笼基础货币。中央银行票据即中国人民银行发行的短期债券,央行通过发行央行票据可以回笼基础货币,央行票据到期则体现为投放基础货币。

资料来源:李贺主编:《经济学基础》第 2 版,上海财经大学出版社 2021 年版,第 281 页。

分析:公开市场业务与法定存款准备金率、再贴现率被称为中央银行的三大货币政策工具,是中央银行调整货币供应量、实现既定货币政策目标的主要手段之一。上述内容介绍了中国人民银行公开市场业务的主要操作手段。央行票据是中央银行为调节商业银行超额准备金而向商业银行发行的短期债务凭证,其实质是中央银行债券。之所以称作中央银行票据,是为了突出其短期性特点,从已发行的央行票据来看,期限最短的 3 个月,最长的也只有 1 年。

学思践悟　　稳健的货币政策要更加注重灵活适度

中国人民银行货币政策委员会提出,稳健的货币政策要更加注重灵活适度。要跟踪世界经济金融形势变化,加强对国际经济形势的研判分析,加强国际宏观经济政策协调,集中精力办好自己的事。创新和完善宏观调控,稳健的货币政策要更加注重灵活适度,把支持实体经济恢复发展放到更加突出的位置。"新冠"疫情对我国经济的冲击总体可控,我国经济增长保持韧性,长期向好的基本面没有改变。稳健的货币政策体现了前瞻性、针对性和逆周期调节的要求,大力支持疫情防控、复工复产和实体经济发展,宏观杠杆率基本稳定,金融风险有效防控,金融服务实体经济的质量和效率逐步提升。贷款市场报价利率改革效果显现,贷款实际利率明显下降,人民币汇率总体稳定,双向浮动弹性提升,应对外部冲击的能力增强。要运用多种货币政策工具,保持流动性合理充裕,保持物价水平总体稳定。有效发挥结构性货币政策工具的精准滴灌作用,引导大银行服务重心下沉,推动中小银行聚焦主责主业,健全具有高度适应性、竞争力、普惠性的现代金融体系。下大力气疏通货币政策传导,继续释放改革促进降低贷款实际利率的潜力,引导金融机构加大对实体经济特别是小微、民营企业的支持力度,推动供给体系、需求体系和金融体系形成相互支持的三角框架,促进国民经济整体良性循环。进一步扩大金融高水平双向开放,提高开放条件下经济金融管理能力和防控风险能力。

资料来源:吴雨:"央行:稳健的货币政策要更加注重灵活适度",新华社,2020年3月28日。

【悟有所得】 金融资源是有限的。我国在制定宏观经济政策的过程中坚持把普惠性和突出重点结合起来,优化金融资源配置,把钱用在"刀刃"上,努力追求金融资源配置效益最大化。"新冠"疫情冲击了既有的经济社会秩序,我国宏观经济政策制定将金融工作重点放在支持受疫情影响较大的领域。要按照党中央关于统筹推进疫情防控和经济社会发展工作的部署,坚持稳中求进工作总基调,推进金融供给侧结构性改革,精准落实疫情防控和复工复产各项举措,用结构性、功能性、差别化的政策举措,解决经济运行中的梗阻、痛点和难点问题,为把疫情造成的损失降到最低限度、奋力完成全年经济社会发展目标任务而服务。

三、财政—货币政策的相互配合

(一)宏观经济政策的选择

究竟选择哪一种政策更有利,这涉及许多因素。这里我们以扩张性财政政策与扩张性货币政策为例,分析两者对社会经济产生的不同影响来说明这一问题。

从 IS-LM 模型中可以看出,扩张性的财政政策和货币政策都可以扩大总需求,增加国民收入,但它们对利率的作用方向却不同。扩张性财政政策会使利率水平上升,而扩张性货币政策会使利率水平下降。正是由于二者对利率作用的方向不同,引致总需求内部结构不同。

在 IS-LM 模型中,扩张性货币政策使 LM 曲线向右移动,使国民收入水平上升和利率水平下降。随着国民收入的增加,人们的可支配收入上升,消费需求也相应增加。同时,由于利率水平的下降,有利于投资需求的增加,尤其是与利率关系密切的住房投资更是如此。因此,扩张性货币政策会使总需求中的消费需求和投资需求增加。

上述两种政策对社会经济的影响如表12—4所示。

表12—4 财政政策与货币政策的影响

政策工具		国民收入	利率	消费	投资
扩张性货币政策		增加	下降	增加	增加
扩张性财政政策	1.增加政府购买支出	增加	提高	增加	减少
	2.减税	增加	提高	增加	减少
	3.增加转移支付	增加	提高	增加	减少
	4.投资津贴	增加	提高	增加	减少

从表12—4中可见,不同的政策对社会总需求的影响不同,因此,决策者在决定选择哪种政策时,首先要考虑产生社会总需求不足的主要原因是什么,然后对症下药,以促使经济回升。

(二)两种政策的组合使用

1.当经济萧条时

此时,可以把扩张性财政政策与扩张性货币政策组合使用,这样能更有力地刺激经济。扩张性财政政策使总需求增加但提高了利率水平,采用扩张性货币政策就可以抑制利率的上升,以消除或减少扩张性财政政策的挤出效应,使总需求增加。

2.当经济出现严重通货膨胀时

此时,可实行"双紧"组合,即采用紧缩性财政政策与紧缩性货币政策来降低需求,控制通货膨胀。一方面采用紧缩性的财政政策,从需求方面抑制通货膨胀;另一方面采用紧缩性货币政策,从货币供给量方面控制通货膨胀。由于紧缩性财政政策在抑制总需求的同时会使利率下降,而紧缩性货币政策使利率上升,从而不使利率的下降起到刺激总需求的作用。

3. 当经济萧条但又不太严重时

此时,可采用扩张性财政政策与紧缩性货币政策的组合。这样是为了在刺激总需求的同时抑制通货膨胀,这种组合的结果往往对增加总需求作用不确定,却能够使利率上升。

4. 当经济中出现通货膨胀又不太严重时

此时,可采用紧缩性财政政策与扩张性货币政策相配合。一方面用紧缩性财政政策压缩总需求;另一方面用扩张性货币政策降低利率、刺激投资,以免财政过度紧缩而引起衰退。

应用 IS-LM 模型,可以分析宏观经济政策各种组合使用的政策效应,如表 12—5 所示。

表 12—5　　　　　　　　　财政政策和货币政策组合使用的政策效应

政策组合	产　出	利　率
扩张性财政政策和紧缩性货币政策	不确定	上升
紧缩性财政政策和紧缩性货币政策	减少	不确定
紧缩性财政政策和扩张性货币政策	不确定	下降
扩张性财政政策和扩张性货币政策	增加	不确定

总之,财政政策与货币政策必须相互配合,不能互相冲突。两种政策的目标都是实现既无失业,又无通货膨胀的经济运行状态。

【做中学 12—1】　　　积极的财政政策和稳健的货币政策相结合

某年 12 月,中央经济工作会议在北京举行。在转变发展方式、优化经济结构、转换增长动力的攻关期,在世界经济增长持续放缓、国内经济下行压力加大的关键期,明确方向、保持定力、提振信心格外重要。为此,中央经济工作会议指出,宏观政策要强化逆周期调节,继续实施积极的财政政策和稳健的货币政策。积极的财政政策要加力提效,实施更大规模的减税降费,较大幅度增加地方政府债券的规模,稳健的货币政策要松紧适度,保持流动性合理充裕,解决好小微企业融资难和融资贵的问题。

请问:(1)材料中措施体现了宏观调控的哪些手段?这些手段常见的各有哪些?

(2)结合材料说明为保持经济的平稳运行,政府应当怎样发挥作用?

课程思政　　　　　印度诗人泰戈尔讲述的故事

一个老者携孙子去集市卖驴。路上,开始时孙子骑在驴背上,爷爷在地上牵着毛驴走,有人指责孙子不孝。听到指责后,祖孙二人立刻调换了位置。调换位置后,又听到有人指责老人虐待孩子。于是,祖孙两人都骑上了驴。一位老太太看到后又为驴鸣不平,说他们不顾驴的死活。最后,祖孙二人都从驴背上下来了,徒步跟驴走,不久又听到有人讥笑:"看! 一定是两个傻瓜,不然为什么放着现成的驴不骑呢?"爷爷听罢,叹口气说:"还有一种选择就是咱俩抬着驴走,可这样一来,岂不更让人笑掉大牙?"

资料来源:李贺主编:《经济学基础》第 2 版,上海财经大学出版社 2021 年版,第 283 页。

请问:这则故事对相机抉择的财政政策与货币政策有何启示?

【思政感悟】　我们在做出抉择的时候,往往不能决断。涉及政府对宏观经济进行调控时,应该根据市场情况和各种调节措施的特点，机动灵活地选择一种或几种政策措施，这就是相机抉择。

【三省吾身】 各套宏观政策都有自己的特点：作用的程度不同，政策的生效时间不同，政策发生影响的范围大小不一样，政策遇到的阻力大小也不同。有人将政府比作一名医生，要善于根据国民经济出现的不同症状选择松紧有度的政策配方。

四、财政政策与货币政策的关系

（一）财政政策与货币政策的共性

财政政策与货币政策有着诸多的共同点，它们在目标、管理、环节和运行等方面存在着内在联系。

1. 目标的统一性

财政政策与货币政策都属于为实现宏观经济目标所采取的经济政策，它们的调控总体目标是统一的，即促进经济增长、保持物价稳定、实现充分就业和促进收支平衡。

2. 管理的影响性

财政政策直接影响着财政收入和财政支出，其结果是节余、赤字或基本平衡，对社会总需求具有重大的影响；货币政策直接影响着货币供应量和信贷投放量，是社会总需求的动态反映。

3. 环节的分配性

财政和货币都属于再生产过程中的分配环节，体现再分配的不同层次。在不兑现信用货币的情况下，会出现超越当年国民收入再分配的结果，从而导致货币超量发行，或是在社会总供给过剩或相对过剩时可能出现支出紧缩，银行借贷、货币供给过少，以致出现社会总需求不足的现象。

4. 运行的联系性

在经济运行方面，社会资金、货币流通的统一性和货币资金在各部门之间的相互流动性，使财政、信贷和货币发行具有不可分割的内在联系，如果任何一方发生变化都会引起其他方面的变化，最终引起社会总需求和总供给的变化。

（二）财政政策与货币政策的差异

财政政策与货币政策既有共同之处，又有一定的区别。其区别包括实施主体、作用机制、运用方式、调节重点、使用工具、调节范围和政策时滞等方面的差异。

1. 实施主体的差异。

财政政策是由政府财政部门具体实施的，而货币政策则是由中央银行具体实施的。尽管某些西方国家的中央银行在名义上归属财政部领导，但大多数国家的货币政策是由中央银行独立操作的。

2. 作用机制的差异

财政政策更多地偏重于公平，其主要责任是直接参与国民收入分配并将集中起来的国民收入在全社会范围内进行再分配，从收支上影响社会总需求的形成。而货币政策则更多地偏重于效率，其主要责任是通过信贷规模的伸缩来影响消费需求和投资需求，进而引导资源流向效益好的领域。

3. 运用方式的差异

财政政策可由政府通过直接控制和调节来实现，要控制总需求可通过提高税率、增加财政收入、压缩财政支出等方式实施。而货币政策是中央银行运用各种调节手段影响商业银行的行为，商业银行则相应调整对企业和居民的贷款规模，从而影响社会需求。因此，货币政策运用的间接性较强，财政政策运用的直接性较强。

4. 调节重点的差异

财政政策调节直接作用于社会经济结构，间接作用于供需总量平衡，主要通过扩大或缩小支出规模达到增加或抑制社会总需求的目的。而货币政策调节则直接作用于经济总量,间接作用于经济结构,主要通过货币投放和再贷款等措施控制基础货币量,实现对社会总需求的直接调节。

5. 使用工具的差异

财政政策与货币政策在调控经济运行的工具方面有着较大的不同,如财政政策工具主要包括财政体制、税收制度、收费政策、公共预算、政府公债、财政补贴和财政贴息等。而货币政策工具主要包括货币供应量、存款准备金、利率、再贴现率和公开市场操作等。

6. 调节范围的差异

财政政策的调节范围较为广泛,其调节范围包括经济领域和非经济领域。而货币政策的调节范围基本限于经济领域,其他领域则是次要的。例如,在缩小收入分配差距方面,财政政策可利用累进税率和财政补贴等手段来发挥作用,货币政策则无能为力,甚至货币政策的利息机制还在一定程度上扩大这种差距。

7. 政策时滞的差异

财政政策从确定到实施的过程较为复杂,外部时滞较短,对经济所产生的作用较为直接,如调整税率时企业的收支状况就会立即发生变化。而货币政策运用较为方便,外部时滞较长,对经济目标起间接调控作用。

(三)财政政策与货币政策的优势和缺陷

1. 财政政策与货币政策的优势

财政政策的优势相对于货币政策而言,主要表现:在调节公平分配、结构调整、经济增长、资源配置和充分就业等方面,作用更显突出;在弥补市场缺陷上,对私人不愿投资(如各类公益事业)和不适合投资(如自然垄断行业)的领域,能更有效地调整和优化经济结构,发挥优化资源配置的功能;通过税收优惠、转移支付等能更有效地调整和优化经济结构,促进区域经济协调发展;通过财政收支的变化直接影响社会总需求,运用财政补贴等手段可实现政府的特殊调控;财政支出可直接刺激消费和投资,且具有手段多、力度大和见效快等优点。

货币政策的优势相对于财政政策而言,主要表现:货币政策有利于稳定物价和平衡国际收支,尤其在经济体制转轨时期更显突出;通过货币供求总量的调整,能够保持社会经济总供给与总需求的基本平衡;通过存贷款基准利率、法定存款准备金率和再贴现率,对调节物价总水平的作用突出;通过利率调整可调节国民的消费与储蓄,如通过高利率鼓励储蓄、低利率刺激消费和投资的需求;货币政策的操作是一种经济行为,对经济的调节作用比较平缓,有利于发挥市场机制作用,且具有灵活性等优点。

综上所述,从宏观调控的财政政策与货币政策两个主要手段来看,财政政策在公平分配、结构调整、经济增长、资源配置和充分就业等方面较货币政策更有优势,而货币政策的优势在于稳定物价和平衡国际收支。

2. 财政政策与货币政策的缺陷

财政政策的缺陷相对于货币政策而言,主要表现:财政政策对社会总需求的调节不如货币政策直接,前者一般只改变总量中的比例和分布,后者则直接作用于总量;对经济的调节作用容易对市场机制形成冲击,震动较大,不易形成"微调"的效果;财政政策的作用过程主要是经济干预,不是靠经济行为主体的竞争、市场供求关系和市场机制,因而对提高资金的使用效率缺少刺激;财政政策的制定是经济决策和政策决策的过程,需要经过一定的法定程序,实行起来灵活性较小。

货币政策的缺陷相对于财政政策而言,主要表现在:货币政策难以解决国民收入分配不公的问题;在弥补市场机制的缺陷和推动各部门经济的协调发展等方面,不如财政政策直接和有效,如货币政策对推动那些私人不愿投资和不适合投资的事业发展的作用不如财政政策明显或直接;由于货币政策存在传导环节多、时间长，易受各种因素的干扰等情况，在调整经济结构和促进区域经济协调发展方面难以直接、有效地发挥作用，特别是在国民经济结构严重失衡的情况下，单靠货币政策难以有效地解决问题。

关键术语

宏观经济政策　　财政政策　　货币政策　　内在稳定器　　公债

应知考核

一、单项选择题

1. 宏观经济政策的目标是（　　）。
   A. 充分就业和物价稳定
   B. 物价稳定和经济增长
   C. 同时实现充分就业、物价稳定、经济增长和国际收支平衡
   D. 国际收支平衡和充分就业

2. 以下各项不能增加政府财政收入的是（　　）。
   A. 税收　　　　　B. 公债　　　　　C. 罚款　　　　　D. 转移支付

3. 中央银行在公开市场上买进和卖出各种有价证券的目的之一是（　　）。
   A. 调节债券价格　　　　　　　　　B. 调节利息率
   C. 调节货币供应量　　　　　　　　D. 调节货币需求量

4. 公开市场业务是指（　　）。
   A. 商业银行的信贷活动
   B. 中央银行增加或减少对商业银行的贷款
   C. 中央银行在金融市场上买进或卖出有价证券
   D. 商业银行卖出有价证券

5. 中央银行提高贴现率会引致（　　）。
   A. 货币供给量的增加和利息率提高　　B. 货币供给量的减少和利息率提高
   C. 货币供给量的增加和利息率降低　　D. 货币供给量的减少和利息率降低

6. 宏观经济政策的首要目标是（　　）。
   A. 充分就业　　　B. 物价稳定　　　C. 经济增长　　　D. 国际收支平衡

7. 改善国际收支的基本标志是（　　）。
   A. 增加外汇储备　B. 减少外汇储备　C. 增加黄金储备　D. 减少黄金储备

8. 凯恩斯主义所重视的宏观政策工具是（　　）。
   A. 需求管理　　　B. 供给管理　　　C. 国际经济政策　D. 以上都可以

9. 收入政策的目标是（　　）。
   A. 工资与物价指导线　　　　　　　B. 制止通货膨胀
   C. 工资物价的冻结　　　　　　　　D. 税收刺激政策

10. 政府实行赤字财政政策是通过（　　）来进行的。
    A. 税收　　　　　B. 发行公债　　　C. 政府制度　　　D. 罚款

二、多项选择题

1. 宏观经济政策的工具有（　　）。
   A. 需求管理　　　B. 供给管理　　　C. 国际经济政策　　　D. 国际人文政策
2. 供给管理政策包括（　　）。
   A. 收入政策　　　B. 指数化政策　　　C. 人力政策　　　D. 经济增长政策
3. 扩张性财政政策包括（　　）。
   A. 增加政府购买支出　　　　　　B. 减少政府购买支出
   C. 增税　　　　　　　　　　　　D. 减税
4. 内在稳定器的功能包括（　　）。
   A. 所得税　　　B. 转移支付　　　C. 农产品价格　　　D. B 和 C
5. 中央银行调节货币供给的政策工具主要包括（　　）。
   A. 调整法定存款准备金率　　　　B. 调整再贴现率
   C. 道义劝告　　　　　　　　　　D. 公开市场业务

三、判断题

1. 政府的财政支出政策主要通过转移支付、政府购买和税收对国民经济产生影响。（　　）
2. 财政政策的内在稳定器作用是稳定收入水平，但不稳定价格水平和就业水平。（　　）
3. 宏观经济政策的理论基础是 IS-LM 模型。（　　）
4. 政府转移支付是以取得商品和服务作为报偿的支付。（　　）
5. 政府支出的主要来源是税收。（　　）

四、简答题

1. 凯恩斯主义主张运用赤字财政政策的理由是什么？
2. 供给管理政策的具体内容有哪些？
3. 调整法定存款准备金率的作用是什么？
4. 如何比较凯恩斯主义货币政策与货币主义货币政策？
5. 简述财政政策和货币政策的相互配合。

五、计算题

假设某银行吸收存款 100 万元，法定准备金率为 10%，请计算：
(1) 按规定银行要留多少准备金？
(2) 通过银行信贷能创造出多少货币？
(3) 如果准备率下调至 5%，能创造出多少货币？
(4) 结合(2)和(3)的计算结果，对中央银行调整法定准备金率的政策效果做出评价。

应会考核

■ 观念应用

银行"创造"货币供给

在现代社会，货币的供给是由银行"创造"的。这一点大家很难理解，我们一般认为手中的货币是由印钞厂印刷出来的。人们不理解银行为什么能创造货币呢？现在就让我们看一看银行是怎样创造货币供给的。

我们把钱存入银行,银行不能将这些钱全部贷出去,因为我们随时有可能再到银行取我们的存款,银行留的这部分货币称作准备金。现在我们来看银行是怎样把钱"创造"出来的。例如,我国的法定准备率是10%,一个储户有1 000元存入中国工商银行,工商银行必须把100元留下交给中央银行——中国人民银行,它只能贷出900元。有一个人正好去中国工商银行借900元买一台空气净化器,到了一家大卖场把900元交给收银员,这个大卖场又把这900元存入它的开户银行——中国农业银行。当农业银行收到这笔钱时,它不能把这900元全都贷出去,必须把其中的90元(10%)上交人民银行,只能贷出810元。这时正好有一个人想买一辆山地车,去农业银行借钱,当他借到810元后,去商场用它买到了山地车。这家商场又把这810元送到它的开户银行——中国建设银行。建设银行接到这笔钱后还要把法定准备金81元(10%)交给中国人民银行,它只能贷出729元。如此下去,储户的1 000元通过银行系统不断的存贷过程,最后变成多少钱呢?银行新增存款是10 000元。通过这个例子,可以知道钱是怎样从银行"创造"出来的。中国人民银行并没有多印钞票,这就是银行通过信用活动创造出来的。所以,商业银行具有创造货币的功能。我们经济生活中的货币供应,是在银行循环往复的存贷过程中创造出来的。

现代社会经济是一环一环扣在银行身上而加速运行的。当有一天大家都不到银行存钱,或把钱从银行取出来放到自己家里藏起来,整个经济的"链条"就断掉了。

讨论题:
1. 为什么银行能"创造"货币?
2. 为什么把钱放在家中保存对经济的危害性很大?

■ 技能应用

分析并说明宏观经济政策四大目标之间的关系。

■ 案例分析

把握宏观经济治理规律,坚持供需双侧协同发力

改革开放以来,随着从计划经济体制向市场经济体制转型,我国不断探索适合自己国情的宏观经济调控方式、方法和政策。进入新时代,中共十八届三中全会明确提出了以国家发展战略和规划为导向、以财政政策和货币政策为主要手段的宏观调控体系。2020年5月,中共中央、国务院印发的《关于新时代加快完善社会主义市场经济体制的意见》提出了"宏观经济治理"的概念,要求"完善宏观经济治理体制"和"进一步提高宏观经济治理能力"。2020年10月,"十四五"规划建议中要求"健全宏观经济治理体系"。二十大报告进一步强调:健全宏观经济治理体系,发挥国家发展规划的战略导向作用,加强财政政策和货币政策协调配合,着力扩大内需,增强消费对经济发展的基础性作用和投资对优化供给结构的关键作用。从"宏观经济调控"到"宏观经济治理",这是中共中央对新时代中国经济运行和经济发展规律的认识深化,也是中国式现代化进程中推进治理体系与治理能力现代化的重大理论创新,是习近平经济思想新的丰富和发展。

问题:
请分析你是如何理解宏观经济治理的。

项目实训

【实训任务】
通过本项目的实训,使学生能熟练运用所学理论分析和解释现实中的宏观经济政策。

【实训情境】

1. 收集现阶段我国宏观经济政策的趋向、内容、手段等相关信息。
2. 分析我国采取现行宏观经济政策的原因及预期目标。

【实训要求】

撰写《我国现行宏观经济政策分析》,其参考格式如下:

1. 我国现行宏观经济政策的取向、内容和主要政策手段。
2. 我国中央政府采取现行宏观经济政策的主要原因。
3. 我国现行宏观经济政策的预期目标。

<div align="center">《我国现行宏观经济政策分析》</div>		
项目实训班级:	项目小组:	项目组成员:
实训时间:　　年　　月　　日	实训地点:	实训成绩:
实训目的:		
实训步骤:		
实训结果:		
实训感言:		

参考文献

[1] 李贺主编:《财政学》第3版,上海财经大学出版社2024年版。
[2] 唐树伶主编:《经济学基础》第4版,高等教育出版社2023年版。
[3] 鲁朝云等主编:《经济学教学案例》,东北财经大学出版社2023年版。
[4] 孙迎春、孟庆海主编:《经济学基础》,东北财经大学出版社2023年版。
[5] 吴学军主编:《经济学基础》第7版,东北财经大学出版社2023年版。
[6] 高鸿业主编:《经济学基础》第3版,中国人民大学出版社2022年版。
[7] 曼昆:《经济学原理》第8版,北京大学出版社2022年版。
[8] 冯瑞主编:《经济学基础》第3版,高等教育出版社2022年版。
[9] 刘华编著:《经济学基础》第6版,大连理工大学出版社2022年版。
[10] 吴汉洪编著:《经济学基础》第6版,中国人民大学出版社2022年版。
[11] 常艳花:《微观经济学课程思政教学设计与案例》,东北财经大学出版社2022年版。
[12] 高鸿业主编:《西方经济学:宏观部分》第8版,中国人民大学出版社2021年版。
[13] 高鸿业主编:《西方经济学:微观部分》第8版,中国人民大学出版社2021年版。
[14] 李贺主编:《经济学基础》第2版,上海财经大学出版社2021年版。
[15] 陈晓玲等主编:《宏观经济学课程思政案例集》,西南财经大学出版社2021年版。
[16] 李贺主编:《货币银行学》,上海财经大学出版社2021年版。
[17] N.格里高利·曼昆:《宏观经济学》第10版,中国人民大学出版社2020年版。
[18] 《西方经济学》编写组主编:《西方经济学》,高等教育出版社2020年版。
[19] 王瑞杰、李军编著:《经济学基础教程》第3版,清华大学出版社2020年版。
[20] 邓先娥、汪芳主编:《经济学基础》第3版,人民邮电出版社2019年版。
[21] 曲宏飞等主编:《经济学基础》第2版,清华大学出版社2019年版。
[22] 林燕主编:《微观经济学》,上海财经大学出版社2018年版。
[23] 唐斌等主编:《经济学基础》第3版,清华大学出版社2017年版。
[24] 徐教道主编:《经济学基础》第3版,上海财经大学出版社2017年版。
[25] 哈尔·R.范里安等:《微观经济学》第9版,格致出版社2015年版。
[26] 保罗·萨缪尔森、威廉·诺德豪斯:《微观经济学》第19版,人民邮电出版社2012年版。
[27] 保罗·萨缪尔森、威廉·诺德豪斯:《宏观经济学》第19版,人民邮电出版社2012年版。